Customary Law Today

Laurent Mayali • Pierre Mousseron
Editors

Customary Law Today

Springer

Editors
Laurent Mayali
Berkeley Law
University of California
Berkeley, CA, USA

Pierre Mousseron
Faculty of Law
University of Montpellier
Montpellier, France

ISBN 978-3-030-10360-6 ISBN 978-3-319-73362-3 (eBook)
https://doi.org/10.1007/978-3-319-73362-3

Printed on acid-free paper

This Springer imprint is published by the registered company Springer International Publishing AG part of Springer Nature.
The registered company address is: Gewerbestrasse 11, 6330 Cham, Switzerland

Preface: From Facts to Law

Facts, Law, and Customary Law

Facts or law. A situation would have to be *de facto* or *de jure*. Like most legal divisions, this one is excessive. It tends to exaggerate the difference and the distance between facts and law. Law would require a deliberative process, whether parliamentary, administrative, judicial, or contractual in order to transform facts into law. As we know, this process is not always necessary. Norms can be based on the mere generalization of repeated behaviors in certain communities[1]: this is our understanding of customary law. This part of the law is based on behaviors, *i.e.,* on personal facts and social practices. It consists of informal norms such as usages, customs, and traditions that do not go through a deliberative process. This being said, customary law is not totally immediate. It requires the repetition of these behaviors in order to become a practice and their generalization within a community. Through this process, facts are introduced into the legal system; past facts help to shape the future.

Limited Role of Customary Law in Law Schools

Customary law often tends to be neglected as an object of study. It is particularly true in the USA and even more so in the French law schools, which tend to focus mainly on rules deriving from statutes, cases, and contracts. This academic situation is crucial as it shapes the legal minds and governs the practices of the legal profession. This limited role of contemporary customary law is due to various factors:

[1]Other social sciences than law are more flexible and accept to use the term of "norm" to identify behaviors which create some social pressure (Jones 2006, pp. 251–275).

First, a general and somehow shortsighted view tends to reduce the "real" law to rules enforceable before courts.

Second, the dominance of statutory law results in the development of an extraordinary and detailed network of statutory rules. The development of this legal network is promoted by the development of new technologies and uses of comprehensive data banks that expedite statutory legal research. When statutory rules do not exist, contractual ones often take over.

Third, academic legal research on customs is often too limited. While some important publications exist,[2] their authors lament the difficulty to prove the existence of usages.

Fourth and last, scholars often present customary law as conservative, inegalitarian, partial, arbitrary,[3] and inefficient.[4]

We should nowadays reconsider the reason of these factors and their justification.

Legal rules exist before judicial decisions and even out of courts. Parliaments are only representatives of the people who have sovereignty. Parliaments only enact the law on behalf of the people. Why should it be so negative to have rules flow from the people themselves?

Statutory rules often tend to take too long to be enacted.[5] In addition, they are often seen as biased. The complementary role of contract does not seem as appropriate today as most contracts are not even read before being signed. In this respect, one may wonder whether it would not be sometimes just as fair to interpret and enforce contract provisions based on their general purpose rather than on the basis of an alleged and often artificial will of the parties.

Big data quantitative research and the possibility to obtain custom have significantly reduced the problem of proving the existence of customary rules.

Criticisms of customary law are subject to arguments which have particularly been developed in the post-modern era where general and global solutions are challenged by special and local rules.

In addition, confidence in the neutrality of statutory law amounts today to some level of willful blindness.

---

[2]Among contemporary authors, we give particular credit to Deumier (2002) and Polanski (2007).

[3]Bernstein (1999), p. 710.

[4]Schwarcz and Chang (2012), n°3: "*In areas of complexity, our limited ability to process information often requires us to simplify reality in order to make decisions. Modern finance, for example, has become so complex that the financial community routinely relies on these types of simplifications, or heuristics. Thus, the financial community routinely determines the creditworthiness of securities by relying on formalistic credit ratings and assesses the risk on financial products by relying on simplified mathematical models. Without this reliance, financial markets could not operate. When reliance on heuristics becomes routine and widespread within a community, it can develop into a custom. Society benefits as long as such a "heuristic-based custom" reasonably (...) approximates reality. In the financial sector, however, rapid changes in markets and products have disconnected some of these customs from reality, leading to massive failures. Increasing financial complexity is also accelerating the rate of change, threatening future failures.*"

[5]Drobak (2012), n°1470.

This situation calls for an academic effort to gather, complement, and structure customary law as an effective system of rules. This effort has started. Some have proposed transnational hypernorms independent of the national ones.[6] With respect to contracts, some authors have shown that taking usages into account could limit the transaction costs through standard provisions.[7] Various professional communities work in favor of a transnational law under new Latin words such as *lex mercatoria*, *lex sportiva*,[8] or *lex electronica*.

This effort has to be pursued.

Purpose of This Book

Customary law is not only a thing of the past or of the future. It already exists in various practices. We just do not always see it. In this context, the goal of this volume is to observe customary law as it is, and not necessarily as it is recognized today.

The contributions published in this volume expand the traditional concept of the rule of law. In spite of some pessimistic views about the future of Customary Law (See E. Rakowski, p. 143), we think that lawyers should not focus narrowly on statutory law. We also think that the teaching of law tends to focus too much on pathological situations. We suggest looking more to the impact of practices on the daily legal life. In the same way as case law has become effective in France thanks to its effective impact,[9] we believe that the observation of practices calls for a better consideration of the role of usages, customs, and traditions in our legal systems. The idea is not to replace statutory law but to complement it with observations born out of customary practice.

Our approach participates in a revival of a "positivisme sociologique" as presented by Alexandre Viala: « Que ce soit sous l'impulsion d'un François Gény, fondateur de l'école du droit libre, d'un Georges Gurvitch pour qui le droit ne saurait trouver sa source dans le droit lui-même mais dans l'efficience réelle de la conduite des hommes (G. Gurvitch, L'expérience juridique et la philosophie pluraliste du droit, Pedone 1935, p. 19) ou d'un Léon Duguit qui n'a cessé de pourfendre les fictions subjectivistes sur lesquelles repose l'ordre juridique hérité de la philosophie

---

[6]Donaldson and Dunfee (1999). Thus, the European Union Court of Justice has held that Incoterms enacted by the International Chamber of Commerce were usages (CJUE 9 juin 2011, *ElectroSteel Europe SA c. Edil Centro SpA*, Aff. 87/10).

[7]Kraus and Walt (2000). The incorporation strategy has been challenged in particular by Bernstein, Working Paper electronically available at http://www.law.uchicago.edu/academics/publiclaw/index.html). This author observes that usages are most often used to interpret specific clauses and that evidence is brought more by employees than experts (20% of cases). Thus, Lisa Bernstein invites to substitute norms that would be easier to evidence than usages.

[8]Ballal and Mousseron (2013), p. 131.

[9]Devinat (2011), p 81.

du droit naturel moderne, tous défendent l'ontologie d'un droit spontané qui jaillirait directement des faits sociaux. Tout se passe comme si, au moment de ce tournant sociologique, l'univers juridique était traversé par un « processus d'invasion du droit par le fait » (S. Goyard-Fabre, Les fondements de l'ordre juridique, PUF Coll. « L'interrogation philosophique » 1992, p. 169) ».[10]

This application of customary law promotes a more efficient and beneficial legal practice. The traditional image of legal services often seems too artificial and far from reality. The examination of customary law will require a better acknowledgment of local cultures. This way, it will favor a more personalized form of legal services that will not be as likely to be outsourced.

Prospectively, customary law should provide legal tools that could support the claims in favor of the development of a supranational cyberspace law,[11] civil disobedience,[12] or even a better understanding between religious communities.

Birth of This Book

The schools of Law of Berkeley and Montpellier have for many years fostered strong academic and scholarly relations including a common interest in customary law that was initiated by legal historical research and is now expanded to the study of contemporary legal issues. In Montpellier, the members of the Institut des Usages have undertaken the task of analyzing this other side of the law through the organization of conferences, the publication of books, the creation of a website, and various consultations on the current existence of customary practices in diverse branches of the law.[13]

The contributions published in this volume examine and test the significance and the impact of practices, usages, and customs in today's legal world in both the civil and common law traditions.

Content of This Book

The papers published in this volume cover some aspects of the definition, authority, and implementation of customary rules in domestic, transnational, and international laws.

The first contribution outlines various legitimizations of usages as source of enforceable norms in a system of positive law (M. Grignon, p. 3).

---

[10] Viala (2010).

[11] Polanski (2007).

[12] Bove and De Luca (2016).

[13] Les usages: l'autre droit de l'entreprise (2014) LexisNexis, Collection Droit & Professionnels, (Paris) and the website: http://bibliotheque-des-usages.cde-montpellier.com.

A second set of contributions deal with general customary law by addressing such issues as the legal definition of traditions (A. Brès, p. 15), the determination of the scope of usages (M. Bourdeau, p. 31), the impact of customary law on property rights (C. Sanchez-Saëz, p. 41), or the relationship between model contracts and usages (Ph. Grignon, p. 53). These essays will enrich general customary law.

A third set of contributions focus on some specific national areas: French tax law (L. Chatain, p. 75), US law of capital markets (P. Echeverri, p. 101), US law of inheritance (Eric Rakowski, p. 143), French constitutional law (E. Sales, p. 159), Israelian contract law (A. Slomiansky, p. 195), French criminal law (M.-C. Sordino, p. 217), or US federal common law (A. Tyler, p. 233).

A fourth group of contributions deal with European (G. Cerqueira, p. 257), or international areas such as E. commerce (S. Kablan and A. Oulaï, p. 291), international arbitration (P. Mousseron, p. 307), or international public customary law (J. Yoo and I. Stradner, p. 315).

It is our hope that these diverse studies will contribute to the necessary rethinking of the role of customs in contemporary legal systems and provide stimulating ideas for the legal profession. They already fostered vigorous comparative exchanges. These exchanges were mutually beneficial to the contributors that were trained in diverse legal traditions. Its resulting success further attests to the unique nature of customary law as a common point of interest across legal systems and its capacity of adaptation in contemporary law.

We would like here to thank the authors for their participation in this first symposium, for their contribution to this volume and more generally to customary law.

Laurent Mayali
Pierre Mousseron

References

Ballal O, Mousseron P (2013) Plaidoyer pour les usages du sport. Jurisport 132:131

Bernstein L (1999) The questionable empirical basis of Article 2's incorporation strategy: a preliminary study. Univ Chic Law Rev 66:710

Bernstein L. Usage in the courts: the flawed evidentiary basis of Article 2'S incorporation strategy. Working Paper. http://www.law.uchicago.edu/academics/publiclaw/index.html

Bove J, De Luca E (2016) Du sentiment de justice et du devoir de désobéir. Indigène Editions, Paris

Deumier P (2002) Le droit spontané. Economica

Devinat M (2011) La fonction de la pratique dans la description du rôle de la jurisprudence en droit privé in Les pratiques, sources de normativité, Rencontres juridiques Montpellier-Sherbrooke, Faculté de Droit de Montpellier et Sherbrooke, p 81

Donaldson T, Dunfee TW (1999) Ties that bind, a social contracts approach to business ethics. Harvard Business School Press
Drobak JN (2012) Réguler à contretemps ou les conséquences imprévues de la réponse des Etats à la crise, JCP éd. E, n°1470
Jones T (2006) "We always have a beer after the meeting". How norms, customs, conventions, and the like explain behavior. Philos Soc Sci 36(3):251–275
Kraus JS, Walt SD (2000) In defense of the incorporation strategy. In: The Jurisprudential Foundations of Corporate and Commercial Law. Cambridge
Polanski PP (2007) Customary law of the Internet, in the search for a supranational cyberspace law. Information Technology & Law Series, T.M.C. Asser Press, The Hague
Schwarcz SL, Chang L (2012) The custom-to-failure cycle. Duke Law J, n°3
Viala A (2010) Philosophie du droit. Ellipses, Paris

Contents

Contributors

Marie Bourdeau Université de Perpignan, Perpignan, France

Aurélie Brès Faculté de Droit de Montpellier, Montpellier, France

Gustavo Cerqueira Université de Reims, Reims, France

Lise Chatain Faculté de Droit de Montpellier, Montpellier, France

Pablo Echeverri Robbins Collection, Berkeley Law, UC Berkeley, CA, USA

Maxime Grignon Sciences Po., Paris, France

Philippe Grignon Faculté de Droit de Montpellier, Montpellier, France

Serge Kablan Université Laval, Québec, QC, Canada

Laurent Mayali Berkeley Law, UC Berkeley, Berkeley, CA, USA

Pierre Mousseron Faculté de Droit de Montpellier, Montpellier, France

Arthur Oulaï Université de Sherbrooke, Sherbrooke, QC, Canada

Eric Rakowski Berkeley Law, UC Berkeley, CA, USA

Éric Sales Faculté de Droit de Montpellier, Montpellier, France

Crystelle Sanchez-Saëz Faculté de Droit de Montpellier, Montpellier, France

Arlette Slomiansky Faculté de Droit de l'Université Hébraïque de Jérusalem, Jerusalem, Israel

Marie-Christine Sordino Faculté de Droit de Montpellier, Montpellier, France

Ivana Stradner Berkeley Law, Berkeley, CA, USA

Amanda L. Tyler Berkeley Law, Berkeley, CA, USA

John Yoo Berkeley Law, Berkeley, CA, USA

Part I
Philosophical Foundations

Usage et légitimité

Maxime Grignon

Abstract We have examined ways of legitimizing usages i.e. places in modern or contemporary literature where one could observe a preliminary study of the status, role and legitimacy of usages. Such preliminary efforts to conceptualize usages were identified in the works of authors as different as Hume, Burke or Hayek. With Hume, usage acquired its legitimacy as an internal acquired faculty crucial for the good functioning of the society; with Hayek, as the basis of something like an institution; with Burke, as the gardian of continuity which was not a reaction, but to the contrary, what could allow some form of continuity between past, present and future.

1 Introduction

Dans cet article, nous chercherons à interroger la notion d'usage suivant un angle philosophique et problématique ; notamment, nous nous poserons la question suivante, qui nous paraît essentielle: comment, et dans quelle mesure, l'usage peut-il prétendre valoir comme règle de droit ? En d'autres termes, il s'agit ici de se demander d'où l'usage tire la force normative qui lui est propre, quelles sont les sources de sa *légitimité* ainsi que leur justification.

En effet, en l'absence de texte écrit ou de codification agréée par tous, l'usage est cet aspect de l'existence commune dont on se réclame pour revendiquer la conformité d'un comportement, la normalité d'une conduite ou d'une pratique : il se caractérise tant comme une *défense* que comme une *exigence*. Défense, dans la mesure où il vient ennoblir l'action qui se fait ici présent en lui conférant l'épaisseur et la sanction d'un passé[1] commun ; exigence, puisque son absence créée un trouble dans l'ordre normal des choses, provoque une irrégularité, un manquement qui ne saurait être passé sous silence. Par conséquent, on ne saurait trop insister sur la nature

[1] À ne pas confondre avec une forme de passéisme.

M. Grignon (✉)
Sciences Po, Paris, France
e-mail: maxime.grignon@sciencespo.fr

L. Mayali, P. Mousseron (eds.), *Customary Law Today*,
https://doi.org/10.1007/978-3-319-73362-3_1

contraignante de l'usage qui en fait tout l'intérêt pour le juriste. Car, indiscutablement, il est un pouvoir, une influence, un biais par lequel nous agissons d'une certaine manière et pas d'une autre, mais aussi une attente qui est parfois invoquée comme un droit. Toutefois, ce droit est d'une nature toute particulière puisque, n'étant inscrit nulle part, hormis en la mémoire des hommes, il doit d'une certaine manière être considéré comme « hors-la-loi ».

Or, c'est cette position d'extériorité, située à la marge des repères instaurés par le droit traditionnel qui fait à la fois l'intérêt juridique de l'usage ainsi que le lieu de sa problématicité. En tout cas celle-ci redouble, selon nous, l'acuité de la question relative à sa légitimité et la nécessité de mener l'enquête philosophique en ce sens. En effet, contrairement au droit sous sa forme courante, l'usage ne bénéficie en aucune manière de la procédure de légitimation induite par l'inscription au sein d'un dispositif institutionnel et politique faisant consensus ; sa justification, si elle existe, doit être recherchée ailleurs. En outre, il ne nous faut pas non plus sous-estimer la dimension polémique que comporte cette recherche : car, enquêter sur les titres de légitimité de l'usage, reconnaître par conséquent le potentiel de normativité et d'obligation qui est impliqué par celui-ci, n'est-ce pas du même coup prendre le risque de juxtaposer l'une à l'autre deux manières d'être du droit (l'une, classique, passant par le Code et l'autre, plus souterraine, impliquant un rapport complexe au temps) dans une relation qui, s'il peut-être de complémentarité, pourrait tout aussi bien être d'exclusion ?

Ces questions demeurent en suspens, et c'est pourquoi il peut sembler pertinent de prendre un peu de recul et de tenter de glaner quelques éléments de réponse en parcourant la pensée de certains auteurs philosophiques ayant abordé de près ou de loin, directement ou indirectement la question des usages.

2 La pensée des usages: la matrice humienne

Il n'est peut-être pas inutile, avant d'aborder ce que l'on pourrait appeler la « pensée des usages », d'effectuer quelques mises au point d'ordre conceptuel. Dans cette visée, il nous semble pertinent de procéder à certaines distinctions et, notamment, de clarifier le rapport entre *usage, habitude* et *pratique*.

Premièrement, s'il nous faut produire une définition de l'usage, l'on affirmera la chose suivante : *l'usage, c'est une certaine manière de faire, associée à une exigence de régularité et de généralité*. Par-là, on remarque qu'il se différencie (tout en les impliquant) de la pratique (qui est une manière de faire mais sans impliquer nécessairement de généralisation) et de l'habitude (qui renvoie davantage au processus même de la généralisation qu'à une manière de faire déterminée). L'usage renvoie donc à ces deux termes tout en leur restant irréductible ; il convoque tour à tour chacune de leur strate de sens sans toutefois se laisser résorber dans l'une d'entre elle. Il est donc essentiel, lorsque l'on pose la question de l'usage, de garder à l'esprit cette polyphonie impliquée par la notion.

Deuxièmement, il importe de conserver au maximum la neutralité axiologique du terme. En effet, par usage, on entend ici toute forme imaginable de manière de faire régulière, indépendamment de la question du bon ou du mauvais usage. Notons qu'il ne s'agit pas, par cette précision, d'une tentative d'évacuer ou d'éluder la question (car celle-ci demeure essentielle) mais plutôt de souligner le fait que celle-ci ne peut être résolue que dans un moment ultérieur du questionnement.

Ces précisions étant apportées, il est désormais temps d'aborder ce que l'on appellera la première *matrice de légitimation* de l'usage, et que nous croyons déceler dans la pensée du philosophe écossais David Hume. Nous nous inspirerons, pour ce faire, des thèses évoquées dans son texte de vulgarisation de sa pensée le plus célèbre et intitulé *Enquête sur l'entendement humain* (Hume 2006).

Ce choix peut, au premier abord, paraître déroutant; en effet, si l'on lit à la lettre le texte de Hume, il saute assez rapidement aux yeux que la question de l'usage, tel que les juristes la conçoive, n'y est pas abordée en tant que telle[2]. En effet, l'enquête menée par Hume dans son ouvrage est avant tout conçue comme une procédure d'investigation visant à rendre compte de ce qu'il nomme les pouvoirs de l'esprit humain, à clarifier leurs rapports, à délimiter strictement les lieux de certitude du savoir afin de combattre les écueils et les prétentions absurdes de la « mauvaise métaphysique » (*section 1*). C'est donc au sein d'une entreprise que l'on pourrait qualifier d'épistémologique que l'auteur choisit lui-même de situer sa démarche, c'est à dire en l'orientant autour d'une problématique directement liée à un questionnement portant sur la connaissance humaine. À cet égard donc, il semblerait que l'on s'éloigne de toute considération portant sur la valeur juridique de l'usage.

Pourtant, une seconde lecture du texte humien doit nous permettre de nous dégager de cette impression, et cela d'autant plus si l'on considère que la clé de voute de l'édifice conceptuel que l'auteur essaie de mettre en œuvre réside dans la notion de *coutume* (ou d'habitude, selon les textes, les deux termes recevant une détermination de sens équivalente). Prenons pour exemple symptomatique le texte suivant:

> C'est seulement par la COUTUME que nous sommes déterminés à supposer le futur en conformité avec le passé. Lorsque je vois une boule de billard se mouvoir vers une autre, mon esprit est immédiatement porté par l'habitude à attendre l'effet ordinaire, et il devance ma vue en concevant la seconde bille en mouvement. Il n'y a rien dans ces objets, à les considérer abstraitement et indépendamment de l'expérience, qui me conduise à former une conclusion de cette nature: et même après que j'ai eu l'expérience d'un grand nombre d'effets répétés de ce genre, il n'y a aucun argument qui me détermine à supposer que l'effet sera conforme à l'expérience passée. Les pouvoirs par lesquels agissent les corps sont entièrement inconnus. Nous percevons seulement leurs qualités sensibles: et quelle raison avons-nous de penser que les mêmes pouvoirs seront toujours unis aux mêmes qualités sensibles?
>
> ***Ce n'est donc pas la raison qui est le guide de la vie, mais la coutume.***[3] C'est elle seule qui, dans tous les cas, détermine l'esprit à supposer la conformité du futur avec le passé. Si facile

[2]Il est même probable que le terme d'usage n'apparaisse pas dans le texte.

[3]Souligné par nous.

> que cette démarche puisse paraître, la raison, de toute éternité, ne serait jamais capable de s'y engager[4]

Que retenir de cet extrait? Premièrement, le point essentiel, du point de vue de la dramaturgie du texte, est que Hume opère un déclassement sans précédent philosophique de la Raison. En effet, alors que, depuis au moins l'époque des dialogues platoniciens, celle-ci est traditionnellement envisagée (et vénérée) comme la pièce maîtresse au sein de laquelle s'origine tout l'effort de la pensée humaine, Hume n'hésite pas à faire valoir deux autres principes, négligés à tort selon lui par la tradition, et qui sont l'expérience et la coutume[5]. Autrement dit, ce n'est pas en usant des pouvoirs de notre raison que nous sommes capables de produire des inférences (de prévoir, par exemple, que la boule de billard A heurtant la boule de billard B provoquera la mise en mouvement de cette dernière) ; mais c'est, au contraire, en tant que l'expérience nous a informé d'une répétition (A provoque le plus souvent le mouvement de B) qu'une habitude (ou une coutume) s'est formée en nous, c'est à dire une disposition interne de l'esprit qui nous conduit à lier ensemble A et B au sein d'une relation de *causalité,* si bien que l'apparition de la cause A conduit insensiblement l'esprit à envisager par *anticipation* sa conséquence coutumière B.

Ce qui se produit chez Hume, ce n'est donc pas la négation du rôle de la raison dans le processus de la connaissance, mais plutôt une atténuation ou une minoration de la prépondérance jusqu'alors sans partage qui lui était accordée dans les textes classiques. En effet, désormais, la pertinence de raison se limitera aux *relations d'idées* (section IV) qui correspondent plus ou moins au domaine des mathématiques, tandis que le vaste champ des *relations de faits* (qui correspondent à tous les objets dont nous pouvons faire l'expérience et donc, par conséquent, à la vie pratique dans son intégralité) sera dévolu à la coutume.

Ainsi, on comprend mieux pourquoi c'est la coutume qui est le guide de la vie humaine et non pas la raison: c'est que notre esprit, dans sa structure complexe, peut-être décrit comme une machine à anticiper; c'est que la tissu même de notre existence pratique s'organise suivant un faisceau de relations causales que l'expérience et la coutume établissent entre les choses, suivant une ensemble d'inférences et de dispositions acquises que nous ne questionnons plus tant elles nous apparaissent naturelles. Tout l'effort de la pensée humienne consiste à renouer avec l'étrangeté constitutive mais oubliée de nos associations les plus courantes, à ôter de notre pensée cette pellicule d'évidence qui dissimule l'ambiguïté de notre rapport au monde.

Précisons désormais en quoi les acquis de cette matrice conceptuelle humienne peuvent, selon nous, passer pour un premier vecteur de légitimation de l'usage. Certes, Hume dans son texte nous parle de coutume (ou d'habitude) et non pas d'usage; mais nous avons montré plus haut que la tension conceptuelle œuvrant au

---

[4]Hume (2016), p. 57.

[5]Et notons que ces deux principes peuvent-être lus comme l'expression de ce que l'on a appelé le *scepticisme* et l'*empirisme* de Hume.

sein de ce terme requiert une certaine souplesse concernant l'emploi strict des termes. Contentons-nous donc d'affirmer que, par là-même, Hume appartient à cette catégorie de penseurs qui appuient davantage sur la dimension de généralisation et de répétition de l'usage. Quoi qu'il en soit, la teneur du propos humien nous intéresse directement dans la mesure où il est mis en évidence que c'est l'usage lui-même qui joue un rôle déterminant dans la constitution de notre esprit, qu'il façonne ses attentes et, lorsqu'il vient à manquer, ses déceptions. Il y a donc, à n'en pas douter, une disposition psychologique du comportement produite par une longue expérience des usages, et qui va venir structurer la trame même des relations sociales et professionnelles entre individus. C'est donc ce caractère uniformément répandu de la disposition qui lui octroie sa légitimité, et, ce faisant, nous avons ainsi mis à jour un premier vecteur de légitimation de l'usage.

3 La matrice hayekienne

On ne présente plus F.A.Hayek en sa qualité de Nobel d'économie; on ne présente plus les thèses controversées qui ont fait sa célébrité et qui ont contribué à faire de lui l'un des pères fondateurs du néolibéralisme, adulé par certains, honni par d'autres. Mais, ce que l'on ignore, c'est que l'auteur de *La route de la servitude* (pamphlet libéral dédié « aux socialistes de tous les pays ») et également l'auteur d'un grand œuvre philosophique auquel il a consacré une part non négligeable de son existence et qu'il n'a cessé de remanier jusqu'à sa mort en 1992. Cet ouvrage, intitulé *Droit, Législation, Liberté récapitule* de façon systématique l'essentiel de ses grandes thèses politiques et nous intéresse directement dans la mesure où il met en jeu une conception de la *règle* qu'il nous incombe désormais d'étudier de près dans le cadre de ce que nous avons nommé la « pensée des usages[6] ».

Pour comprendre la position philosophique défendue par Hayek dans ses textes, il importe de cerner au mieux l'adversaire théorique qu'il se constitue et dont il cherche à mettre en évidence les impasses conceptuelles. Celui-ci, Hayek le désigne à de très nombreuses reprises sous le nom de « constructivisme rationaliste » ; ainsi, par exemple, remarquons que le premier essai qui ouvre les *Nouveaux essais de Philosophie, de Science Politique, d'Économie et d'Histoire des Idées* est intitulé par l'auteur « Les erreurs du constructivisme ». Qu'entend donc Hayek par ce dernier terme et quelle est la teneur des objections qu'il formule ?

Par ce mot de constructivisme, il entend dénoncer une posture intellectuelle dont la genèse serait attribuable à Descartes et qui se caractériserait par la survalorisation des concepts de volonté et de planification: « *La croyance en la supériorité de la volonté et de la planification délibérées sur les forces spontanées de la société n'est entrée explicitement dans la pensée européenne qu'avec le rationalisme constructiviste de Descartes*[7] ». Outre l'allusion moins que discrète aux « dangers »

[6]Hayek (1998).

[7]Hayek (2007), p. 159.

représentés par la montée du socialisme planificateur, la notion de constructivisme telle qu'elle est élaborée ici désigne avant tout une attitude méthodologique qui consiste à placer l'homme en position d'*inventeur* par rapport aux institutions de la société et de la civilisation. Soit, en d'autres termes: c'est suivant l'esquisse projetée par un dessein rationnel, un « plan » situé dans une relation d'antécédence que ces dernières auraient été élaborées. Or, c'est bien cela que refuse Hayek, puisqu'il déduit fort bien qu'une telle thèse impliquerait l'illusion d'une société réformable et aménageable à l'infini au gré des désirs et des besoins « *puisque l'homme a créé par ses propres moyens les institutions de la société et de la civilisation, il doit également être en mesure de les modifier à volonté afin de satisfaire ses désirs ou ses souhaits*[8] ».

À cette position, Hayek va répliquer par l'élaboration d'une pensée complexe inspirée à la fois par les théories de l'évolution et par une célèbre formule d'Adam Ferguson évoquant « The results of human action but not of human design[9] » que l'on pourrait traduire par « Le résultat de l'action humaine mais non d'un dessein humain». L'idée principale en est la suivante: bien loin d'être la conséquence d'une volonté délibérée, démiurgique et organisatrice, les institutions seraient au contraire enfantées par un lent processus de sélection et d'affinement de certains usages ayant cours au sein d'une société donnée et permettant au groupe qui les applique de prospérer. C'est en ce sens qu'elles résultent de la conduite humaine (de l'action conforme aux usages se pratiquant à l'intérieur d'un champ social donné) mais non d'un dessein qui leur serait antérieur, puisque, si la mise en application par les individus de « bonnes » règles de conduite peut suivre des voies conscientes ou inconscientes (bien que d'après Hayek ces usages demeurent le plus souvent à l'état informulé par ceux qui les observent, si bien que c'est en ce sens qu'il va être possible de parler d'une transmission ne passant pas par le discours), elles n'ont toutefois certainement pas pour objectif la création d'institutions déterminées. Soit: les institutions naissent des usages, mais les usages, eux, n'ont au départ pas vocation à accoucher des institutions; c'est là le paradoxe auquel Hayek cherche à nous rendre sensible.

Or, c'est cette généralisation à l'ensemble d'une société tout entière d'un certain nombre de « bons » usages qui va créer ce que Hayek appelle, selon une célèbre formule, *un ordre spontané*. Nous allons donc maintenant essayer de préciser à grands traits ce qu'il entend par cette expression et, notamment, la différence entre ordre spontané et ordre fabriqué.

En effet, il faut, selon Hayek, se départir de la mauvaise habitude de pensée qui nous conduit à considérer l'apparition de tout ordre comme étant uniquement « *dû à quelque dessein d'un esprit pensant* ». C'est là l'attitude du rationalisme constructiviste qui ne peut concevoir l'ordre qu'en qualité d'arrangement opéré par quelqu'un.

---

[8]Hayek (2008), p. 26.

[9]Ferguson (1992), p. 187.

Besoin est donc, pour expliquer la nature de l'ordre qui s'effectue au sein d'une société donnée, d'enrichir la pensée d'une nouvelle distinction. Celle-ci, Hayek va l'élaborer en recourant aux termes grecs de *Taxis* et de *Cosmos*. Ainsi il y a donc d'une part la *Taxis*, c'est à dire l'ordre fabriqué, qu'on peut décrire encore comme « *une construction, un ordre artificiel ou, spécialement quand il s'agit d'un ordre social avec direction, comme une organisation* » ; et, d'autre part, le Cosmos, « *ordre mûri par le temps(...) ordre spontané* ». Ordre en tout cas qui est l'œuvre de l'action humaine mais non d'un dessein humain, pour reprendre la formule de Ferguson.

Comme on peut le voir, les notions d'usage et de règle sont au cœur de la pensée hayekienne de l'ordre social; elles sont pour l'auteur essentielles dans la mesure où elles constituent un rempart contre les errances du constructivisme rationaliste et sa prétention à interagir sur les équilibres fragiles obtenus par l'ordre spontané (ou *Cosmos)* de la société.

Ce point est d'autant plus essentiel dans le cadre de notre propos que, si l'on en croit Hayek, le préjugé constructiviste aurait désormais investi la sphère du droit et lui dicterait ses exigences intellectuelles propres, citons pour preuve le texte suivant:

> Toute l'idée selon laquelle le droit est seulement ce qu'un législateur a voulu, et que l'existence du droit présuppose la volonté d'un législateur, est à la fois fausse dans les faits, est impossible à mettre en œuvre pratiquement de manière cohérente. Non seulement le droit est bien plus ancien que la législation, mais il est même antérieur à un État organisé: toute l'autorité du législateur et toute celle de l'État découlent de conceptions préexistantes de la justice, et aucun système juridique organisé ne peut être appliqué sans un cadre de règles largement acceptées, mais souvent inorganisées. Il n'a jamais existé, et il ne peut exister de système de règles explicites « sans faille ». Non seulement toute loi qui est faite par l'homme ne fait que viser à la justice sans pour autant la créer, non seulement aucune loi faite par l'homme n'est jamais parvenu à remplacer toutes les règles de justice déjà admises qu'elle présuppose, ni même à se dispenser de références explicites à de telles conceptions inorganisées de la justice, mais tout le processus de développement, de modification et d'interprétation du droit deviendrait lui-même totalement incompréhensible si nous fermions les yeux sur l'existence d'un tel cadre de règles inorganisées dont le droit organisé tire tout son sens. L'ensemble de cette conception positiviste du droit vient de l'interprétation anthropomorphique réfutée par les faits qui voit dans les institutions qui ont crû spontanément le produit d'un dessein que nous devons au rationalisme constructiviste[10]

Récapitulons désormais l'acquis et la source de légitimation que constitue la pensée hayekienne dans le cadre de notre recherche sur les usages. Nous avons en effet cherché à montrer que tout l'effort de l'auteur consiste à dénoncer la tendance constructiviste qui œuvre majoritairement au sein de la réflexion sur la genèse des institutions et, notamment, de la réflexion juridique et de sa conception du droit. Car cette dernière commet l'erreur de comprendre le droit comme une création issue de la volonté du législateur alors que pour Hayek, au contraire, c'est en quelque sorte par le bas qu'il faut envisager la source de légitimité du droit, c'est à dire par l'influence qui s'exerce au sein de la société civile. Or, cette influence, la société civile l'acquiert par l'adoption d'un certain nombre d'usages, lesquels vont alors valoir comme règles de bonne conduite dans la mesure où leur respect produit des effets bénéfiques pour

---

[10]Hayek (2007), pp. 167–168.

le groupe auxquels ils s'appliquent. Par conséquent, notons que c'est l'usage qui devient dans cette pensée source de normativité pour le droit et non l'inverse.

4 La matrice burkienne

« *Burke a écrit un ouvrage révolutionnaire contre la révolution* » : C'est là la célèbre formule du romancier allemand Novalis commentant les non moins fameuses *Réflexions sur la Révolution française* du philosophe irlandais Edmund Burke. Il est ici inutile de s'étendre sur la catégorisation politique de l'homme Burke, député traditionaliste en 1789 et digne héritier et continuateur du courant anti-lumières qui vit le jour à la fin du 17ème siècle. Il convient seulement ici de rappeler qu'il fut l'un des adversaires les plus farouches des acquis et des idéaux que les évènements français (avec le soutien des acteurs libéraux) menaçaient de venir implanter en Angleterre. C'est pourquoi il est ici d'autant plus essentiel de ne pas succomber au préjugé qui consisterait à ne voir dans les écrits de Burke que l'expression d'un ressentiment réactionnaire mal étayé par la pensée. Car la charge que Burke assène aux principes soutenant la déclaration des droits de l'homme et du citoyen est réellement forte, si bien qu'elle continuera à inspirer toute une génération de penseurs dont fera notablement partie le jeune Marx. Essayons maintenant de reproduire de façon succincte les moments forts de cette critique burkienne et de préciser par la suite en quoi cette pensée nous intéresse dans le cadre particulier de notre réflexion.

L'axe central de son argumentation lui est inspiré par sa position traditionaliste qui érige les usages et les coutumes au fondement de la société. Il y a, dans la position burkienne, l'idée très nette qu'il faut préserver une forme de continuité entre passé, présent et avenir, et que c'est une telle continuité qui devra se révéler garante de l'ordre social et de la bonne marche des institutions: « *Le passé, lui, a enregistré toutes les expériences fondatrices et déterminé les conventions légitimées à la fois par leur existence et leur transmission*[11] ».

Ce qui est fondamental dans cette conception, c'est que le passé va jouer un rôle *légitimateur* dans la mesure où c'est par lui que se fait et s'enregistre l'esprit d'un peuple. Ce qui ne veut cependant pas dire que Burke serait farouchement opposé à tout idéal de *progrès*; mais seulement que ce dernier, dans sa marche rénovatrice, doit accepter de se conformer à un certain nombre de règles fondamentales qui sont l'héritage d'une nation. Autrement dit, les nouveautés, les innovations peuvent (et doivent) trouver leur place au sein de la société, mais à condition d'adopter une posture qui est celle du *respect* à l'égard de cela qui a eu lieu et dont l'influence continue de s'exercer au sein du présent. Par conséquent, s'il n'est pas impossible que la continuité, quelquefois, suive une ligne que l'on pourrait qualifier d'*ascendante*, il faut cependant pour Burke condamner fermement ce qui appartient à l'ordre de la rupture, ce qui se présente sous l'aspect d'une ligne brisée, d'une cassure.

[11]Burke (2016).

C'est précisément cette brutalité de la discontinuité que le philosophe va critiquer dans la révolution de 1789 et ses idéaux. Les révolutionnaires français sont en effet accusés d'avoir « *déchiré le tissu social, substituant ainsi à la sage gestion du progrès naturel une dictature de principes abstraits, coupé de tout le concret historique* ». La Déclaration des droits de l'homme serait donc, à cet égard, comme la négation de ce lent processus de maturation qui fait pour Burke la force et la sagesse des sociétés humaines; car, ne reposant sur aucun usage établi par le temps ou l'expérience, elle fait figure de création *ex nihilo*, elle est à la lettre surgie de nulle part et ne peut prétendre s'appliquer à tel ou tel peuple particulier, étant conçue pour s'appliquer indistinctement à tous. C'est en ce sens que Bentham déclarera que « *Burke prend le parti de l'autorité des morts contre le droit et contre la liberté des vivants* », ce qu'il ne faut pas entendre en un sens nécessairement négatif ou critique.

Ainsi, comme on peut le voir, de la même manière que chez Hayek, les usages occupent une place centrale dans la pensée de Burke en tant qu'ils constituent comme un horizon normatif que le droit écrit se doit de respecter s'il ne veut pas risquer de briser les équilibres que de longues habitudes ont contribué à façonner. Toutefois si, chez Hayek, l'argumentation se servait de l'idée d'une genèse des institutions par les usages pour contrecarrer les velléités expansionnistes du constructivisme juridique, on remarque que Burke ce sert de la même thématique mais en insistant sur le fait que le droit se doit d'assurer la continuité entre l'usage et la législation, et que la légitimé de l'un et inséparable de la légitimité de l'autre.

5 Conclusion

Nous avons donc parcouru, pour les besoins de notre recherche, ce que nous avons appelé des matrices de légitimation de l'usage; c'est à dire des lieux, dans la pensée moderne ou contemporaine, dans lesquels s'esquissait quelque chose comme une réflexion sur le statut des usages, leur place dans la société, la légitimité de leur normativité. Cette amorce de conceptualisation et de préoccupation, nous avons cru pouvoir la déceler chez des penseurs aux univers aussi variés que Hume, Burke ou encore Hayek. En effet, chez Hume, l'usage acquerrait sa légitimité en tant que disposition intérieure acquise, essentielle à la bonne marche de la société; chez Hayek, en tant qu'il constituait le socle même assurant la possibilité de quelque chose comme une institution; chez Burke, en tant qu'il était garant d'une continuité qui ne devait pas être conçu comme une réaction mais, au contraire, comme ce qui permettait de préserver une certaine forme de continuité entre passé, présent et futur.

Dans le cas de Hayek et de Burke, nous avons vu également que la mobilisation d'une pensée sur les usages permettait aussi de répondre à une certaine forme de violence exercée par le législateur: violence du constructivisme juridique, violence des idéaux révolutionnaires français. Ce qui ne signifie pas pour autant que les usages soient, par nature, nécessairement pacifiques: car, à n'en pas douter, il est également des pratiques et des habitudes qui sont également l'expression d'une domination. Seulement, ce que nous souhaitions montrer, c'est qu'à la normativité de la loi et du Code, il est parfois possible et salutaire d'opposer un autre régime de normativité, également légitime mais d'une autre manière, celui de l'usage.

Références

Burke E (2016) Réflexions sur la révolution française. Les Belles Lettres, Paris
Ferguson A (1992) An essay on the history of civil society. Cambridge university Press
Hayek FA (1998) Law, legislation and liberty. Routledge, Londres
Hayek FA (2007) Essais de philosophie, de science politique et d'économie. Les Belles Lettres, Paris
Hayek FA (2008) Nouveaux essais de philosophie, de science politique, d'économie et d'histoire des idées. Les Belles Lettres, Paris
Hume D (2006) Enquête sur l'entendement humain. Flammarion, Paris
Hume D (2016) Abrégé du Traité de la nature humaine. Allia, Paris

Part II
General Customary Law

Tradition in the French Legal System: Outward Signs and Usefulness

Aurélie Brès

Résumé Dans son acception juridique, la tradition correspond à un procédé consistant à transmettre à une personne la possession d'un objet par remise de la main à la main. La tradition est cependant fréquemment évoquée dans les textes et décisions de jurisprudence dans son sens courant de pratique héritée du passé. La présente recherche s'intéresse à la tradition en tant que manifestation du droit coutumier aujourd'hui.

L'étude s'efforce en premier lieu de définir la tradition par rapport à d'autres formes de pratiques suivies, comme les usages ou la coutume. A ce titre, la tradition constitue d'abord le reflet d'un héritage. Elle se forme par la répétition d'une pratique sur une longue période, et se caractérise ainsi par son ancienneté. Par ailleurs, il est fréquent que la tradition ne soit admise par le droit contemporain que lorsqu'elle a été observée de manière ininterrompue. La tradition présente également un caractère historique. Elle se rattache à des époques historiques, et entretient même souvent un lien avec des événements historiques. Elle présente encore la caractéristique d'être enracinée dans un groupe humain, et ancrée territorialement. Elle exprime ainsi généralement l'identité d'un territoire. En revanche, elle se distingue de la coutume en ce qu'elle ne s'accompagne pas d'une croyance générale dans le caractère obligatoire de cette pratique, ou dans le fait qu'elle soit légalement autorisée. La tradition apparaît ensuite comme le reflet d'une culture, parce qu'elle constitue un mode de transmission d'un savoir ou d'un progrès, d'une expérience propre à un groupe humain, qu'il s'agisse d'un savoir-faire empirique ou technique, ou d'une compétence abstraite. La naturelle culturelle de la tradition la différencie de l'usage, dès lors qu'il n'y a pas de transmission systématique d'un savoir par l'usage.

L'ensemble de ces caractères donne à la tradition une force particulière. L'application de la qualification de tradition à une pratique, de préférence à d'autres notions, permet de lui donner une autorité supplémentaire. La notion de tradition a ainsi souvent un effet renforçant, justificatif. Il est fréquent que l'existence d'une tradition soit invoquée pour justifier un comportement qui semble contraire à

A. Brès (✉)
Faculté de Droit de Montpellier, Montpellier, France
e-mail: aurelie.bres@umontpellier.fr

L. Mayali, P. Mousseron (eds.), *Customary Law Today*,
https://doi.org/10.1007/978-3-319-73362-3_2

l'éthique ou à la déontologie. L'ancienneté et la répétition de la pratique sont mises en avant parce qu'elles conféreraient à celle-ci une forme de normalité. La nature culturelle des traditions constitue également le fondement privilégié de leur admission, d'une part parce que la culture fait l'objet d'une protection spécifique, mais encore parce que de nombreux intérêts sont attachés à la préservation des manifestations culturelles. L'argument n'est cependant pas toujours suffisant lorsque le maintien de la tradition entre en conflit avec des droits subjectifs reconnus ou des règles de Droit objectif.

A l'inverse, l'utilisation du terme "tradition" peut parfois avoir pour effet de diluer l'intensité de la notion. A travers ce concept, le Droit appréhende en effet des phénomènes sociologiques qui n'ont normalement pas vocation à être saisis par le Droit. La notion de tradition a alors un effet expansif. Par ailleurs, parce que le terme de tradition a une connotation un peu moins juridique que celui d'usage, le recours à la notion de tradition apparaît dans certains contextes comme un moyen de minimiser la force d'une pratique.

1 Introduction

1.1 The Definition of Tradition

Tradition in its usual meaning tallies with a way of doing, thinking, in a social or professional group, inherited from the past, or a way of passing on abstract or concrete knowledge, from one generation to the next through speech, writing or example.[1]

Tradition is a prominent concept in canon law.[2] Tradition is the Word of God not written in the Bible, but passed on by the education of the Apostles and reached from generation to generation until us. With the holy writings, it is one of the sources of the Revelation.

In the French legal system, it is used to refer to a wide range of practices. Though some articles refer to this concept, it has no legal definition as the transmission of knowledge inherited from the past.

The term "tradition" however has a legal sense, stemming from Latin, where "traditio" related to the material delivery of a thing. In France's legal system, tradition thus refers to a process that involves passing on to someone the possession of an object by handing it from hand to hand.[3] The transfer of property is not linked to that material handing over, but the latter is necessary to the formation of "real contracts", that is to say contracts which are formed only by handing over an object. Before securities were dematerialized, tradition also referred to a way of passing on specific to bearer

[1]Dictionary Le Petit Robert de la langue française (2017).

[2]See Ratzinger (2007).

[3]E.g. Art. 938 and 1607 French Civil Code, Art. L. 523-8 French Commercial Code.

securities, that was made by a mere material handing of bearer securities from hand to hand.

But the present survey will only focus on tradition as a long-standing practice, as an element of today's customary Law.[4]

1.2 The Aim of the Present Analysis

This study will attempt to define tradition in comparison with other kinds of observed practices, like usages or customs. The analysis of the hypotheses in which tradition is cited, or acknowledged by some articles or courts, will also help to assess the usefulness of the concept for those who refer to it. In addition, it will highlight the contribution of the concept with respect to closely related concepts.

The first section of the plan will try to characterize the concept of tradition.

It will first attempt to show that tradition is the reflection of heritage. The study will next highlight the cultural nature of tradition, by explaining how tradition is the reflection of a culture.

The second section of the plan will focus on the usefulness of the concept of tradition.

It appears that people often refer to tradition to justify some behavior. The cultural nature of such practices and their long persistence are frequently the special basis of their acknowledgment. Therefore, naming a practice "tradition" gives it a specific strength, especially in regard to usages. In this case, the concept of tradition has a positive and reinforcing effect.

But tradition may also have a diluting effect. Indeed, the concept of tradition has a widening effect, because Law encompasses sociological phenomena that are usually outside the field of Law. Moreover, in some contexts, the term of tradition exceptionally has no reinforcing effect, but a minimizing one compared to usage.

2 The Characterization of the Concept of Tradition

2.1 Tradition, the Reflection of Heritage

Tradition appears as an age-old and deep-rooted practice.

---

[4]Both meanings of the word are however connected: see Glenn (2003), p. 271, explaining that tradition is nothing else but human memory, that it is based on a capture of information by the memory or a material support, but that it also implies a transmission, a *traditio*, to be alive. See also Atias (1997)

2.1.1 An Age-Old Practice

First of all, tradition is characterized by its long existence. Tradition is shaped by a repeated practice over a long period.

2.1.1.1 The Repetition of a Practice

Tradition, an Example of Spontaneous Law

On this account, tradition is an example of spontaneous law, which springs, uncompelled, from the continued and general repetition of the same behavior by members of a group. It can take different shapes. This can be for instance the way people farm the land, grow vineyard, use terms, or reason. It can be observed by a more or less large community, a profession, a state.

Uninterrupted Tradition, a Common Condition in Today's Law to Permit Tradition

Tradition is often not permitted by today's law unless it has been observed uninterruptedly. For instance, article 521-1 in "Code pénal" (criminal code) criminalizes severe ill-treatment or cruelty towards pets, tame or captive animals, but exempt bull-running and bullfighting when there is a local uninterrupted tradition.[5]

In this regard, the way the legal system formerly considered tradition is not always decisive. Some *praeter legem* traditions, that supplement existing standards, or more fill gaps in the law, carry on whether they are legally admitted or not. Some *contra legem* traditions happen to be followed whereas they do not comply with some legal principles, or are directly prohibited. In this way, in some cases, legal prohibition proves to be inefficient in front of people's resistance, mostly because it is not strictly enforced by authorities due to its unpopularity. Such was the case before bullfighting was regulated when state's regional top representatives tried to prohibit bullfighting in the places where this tradition was enduring.[6] When legal prohibition proves to be efficient, tradition frequently comes to an end, or is temporarily interrupted before it is again observed because it is permitted or less strictly repressed.

2.1.1.2 The Origin of the Practice

The Historical Nature of Tradition

Tradition has a historical nature. It belongs to remote historical times, and is often linked to historic events. Such is the case of the tradition of "les Ostensions

[5]But judicial decisions state that bullfighting is an uninterrupted tradition when this tradition has been deep-rooted in local people's mores in a continuous way, even if bullfights stopped for a moment.

[6]On this point, see Tifine (2002) and Peroz (1998).

limousines", which was examined in litigations over public financial support.[7] After an epidemic wrought terrible devastation among the population in 994, a bishop decided to bring together the inhabitants around a saint's relics and organize a processional march to carry those relics to the top of a hill.

Historical research is interesting, and can be used as evidence in trials, to prove original geographic location of tradition, or to check whether it has been followed continuously within the passing years.

The Absence of Recent Tradition

There is no recent tradition. Tradition can be differentiated from usages on that point. There are centuries-old usages,[8] but recent ones too. Usages are also based on repeated behaviors, but they can be repeated over a shorter time than traditions. This is why there are usages in computer science,[9] whereas it is a modern invention. Similarly, there are usages in the way European Union courts publish their judicial decisions,[10] and in the way European Union institutions work.[11]

Traditions can also be differentiated from best practices, which are not generally based on repeated former behaviors, but conversely aim at correcting previous practices by replacing them with new ones.[12]

---

[7]See Charret (2010), concl. ss. CAA Bordeaux, December 21st 2010, Grande Confrérie de Saint-Martial et autres, n° 10 BX 00542, approving TA Limoges, December 24th 2009, n° 0900948. See also on this case CE, February 15th 2013, Association Grande Confrérie de Saint Martial et autres, req. 347049 et 347050, concl. E. Cortot-Boucher, RFDA 2013.335, note M. Comte-Perrier.

[8]Such as the usages of insurance brokerage, dating back to 1935 as for ground insurance, or the usage in South-Western France ("Hautes Landes") vesting the property of drainage or fence ditches to the owner of the field when the ditch separates a field from a wood (CA Pau, November 24th 2015, n° 14/02133). For other examples, see Mousseron (2010).

[9]On this point see e. g. CA Paris, May 7th 2015, n° 12-22044—January 9th 2015, n° 12/17974; CA Douai, July 3rd 2014, n° 13-03311; CA Grenoble, April 10th 2014, n° 12-00274.

[10]See TPIUE, March 13th 2013, T-229/11, Inglewood e.a. / Parlement, point 34, stating that publication on the Parliament's intranet site, in accordance with the common practices of the Parliament, was sufficient as regards an act taken by the European Parliament Office, since what was in issue was not a measure in respect of which Article 254 EC provided for publication in the Official Journal. See also CJCE, April 29th 2004, Parlement/Ripa di Meana e.a., C-470/00 P, Rec. p. I-4167, point 67, stating that the European Parliament's traditional methods of internal communication may be considered sufficient to ensure that its members are actually informed of the amendments it makes to the Rules Governing the Payment of Expenses and Allowances.

[11]See Ministerial Answer, JOAN May 28th 2013, p. 5506, answering question n° 22670, explaining that when the Chairman of The Committee for European Affairs of the Senate sends a letter to the Chairman of the European Commission asking him to seize the European Food Safety Authority, the Chairman of the Commission addresses within 3 months the request of the assembly which seized him.

[12]See Mousseron (2014), n° 18.

2.1.2 A Deep-Rooted Practice

Tradition is also a deep-rooted practice. It is rooted in a human group and firmly established in a territory.

2.1.2.1 Roots in a Human Group

A Strong Attachment to Tradition

Tradition is deeply rooted in people's mores and attitudes. In this way, there's an enduring tradition on May 1st, people usually sell lily of the valley on public roads. They are not authorized to use public domain, but they are not penalized. Similarly, contrary to the United States, the French state is run on a very strong centralist tradition.[13]

Tradition can also be rooted in a profession's habits. Such is the case in the wine sector where wine growers in the region of Champagne use their last name to market their wines.[14]

No Opinio Juris

Even if tradition is deeply-rooted, there isn't however any general belief that it is compulsory or legally authorized. Tradition, on this point, differs from custom. Like tradition, custom is based on a material element, a usage observed over a long period of time. But it also implies a psychological element, l'*opinio juris*, the belief of a group's members in the compulsory nature of the practice.[15]

2.1.2.2 Roots in a Territory

The Variety of Geographical Areas Where Tradition Is Found

Tradition can be found in geographical areas of very different sizes. There may be supranational traditions. For instance, the European Court of Justice has noted that there are constitutional traditions common to the member States, and therefore considers that the principle of effective judicial protection forms a general principle in the European Union Law. Tradition can also be nationwide, like republican traditions.[16] But tradition can be local as well. Festive traditions like bullfighting,

---

[13]See Dupuis (2000) and Rosanvallon (2006).

[14]See CA Paris, October 6th 2015, n° 14/05667.

[15]See Valette (1907), Lebrun (1922) and Gény (1999).

[16]See Rudelle (1987) and Saint-James (2015). See also the Preamble of the French Constitution of October 27th 1946, referring to the traditional mission of the State.

or some traditional hunting techniques, are followed in specific regions. Finally, some traditions are unique to local councils.[17]

The Importance of Territory in the Acknowledgment of Traditional Practices

Nevertheless, the role of territory is important in the acknowledgment of traditional practices.

First of all, today's acknowledgment of tradition is often subject to a practice traditionally observed in a territory. Even if traditions conflicting with legal rules can be allowed by exception, lawmakers and courts don't let them spread outside their territory of origin. Bullfighting is thus limited to the only regions where there is an uninterrupted local tradition.[18]

Nevertheless, the concept of territory used to limit the scope of application of traditions is diverse. In some cases, what matters is the geographical area strictly speaking, the region or the town. Cockfighting is thus only permitted in towns with an uninterrupted tradition.[19] In some other cases, territory is not considered geographically. For instance, the concept of uninterrupted local tradition mentioned in the article ruling bullfighting has been interpreted in a broad sense as a demographic group.[20] The demographic group doesn't coincide with the geographic or administrative territory of a town or even a "département" (nearly the same as a county). This concept is less restrictive and gives the judge wider discretion.[21]

Furthermore, acknowledging traditions serves as a way to preserve the identity of territories. Indeed, tradition expresses the identity of a territory. For instance, the tradition of giving everyone free access to sheep pens in mountains and breeding areas[22] shows the spirit of mutual assistance in these areas where living conditions are harsh. Within states, the consideration of traditions helps to preserve the identity of overseas territories, regions and localities. In this way, the organization of patriotic ceremonies in front of war memorials is left to the initiative of local authorities, in order to take into account the traditions specific to each locality, county or region. Similarly, picking and "affouage", that is to say wood cutting by locals on public domain, are permitted when they are traditional local practices.[23] The Treaty on the Functioning of the European Union equally displays the will to preserve the member States' traditions. Several of its articles refer to those traditions. For example, article 13 specifies that the European Union must take animals' well-

[17]Such as local architectural traditions referred to by Art. L111-4 of the French Urban Planning Code, created by ord. n° 2015-1174, September 23rd 2015, ou some religious events.

[18]French Criminal Code, Art. 521-1, al. 7.

[19]French Criminal Code, Art. 521-1, al. 7, *in fine*.

[20]On this point, see Tifine (2002), who also points out that the adjective "local" can be connected with a municipality, as well with a region, or a country.

[21]Civ. 1re, February 7th 2006, n° 03-12804 ; Civ. 2e, June 10th 2004, n° 02-17121 ; Civ. 2e, November 22nd 2001, n° 00-16452 ; Crim, September 16th 1997, n° 96-82649 ; Crim, May 27th 1972, n° 72-90875.

[22]CA Pau, September 29th 2009, n° 08/02854.

[23]French General Local Authorities Code, Art. L. 2411-10.

being into account when it enforces its policy while abiding by legal or administrative measures and the State members' usages in regard to religious rituals, cultural traditions or regional heritage. As for article 67, it asserts that the Union is a space of freedom, security and justice in accordance with fundamental rights and the different judicial systems and traditions of the member States.

But acknowledgment or allowance of some traditions also reveal political choices.

For instance, the numerous traditional rural practices taken into consideration indicate a will to protect rural territories. Those traditions are often granted an exceptional statute. Home distillers, that is to say the wine growers who can produce their own alcohols, are subject to a specific tax system in order to preserve the traditions of rural territories.[24] In 2015, a decision of "*Conseil d'Etat*",[25] France's top administrative jurisdiction, even quashed some articles of a decree[26] which curtailed the use of the commercial name "fromage fermier" (farmhouse cheese) to the sole cheese matured in a farm. It created an exception to protect old and traditional practices of maturation outside farm holdings in some regions.[27] Conversely, court rulings are sometimes based on the nontraditional nature of a practice to prohibit its use.[28]

2.2 *Tradition, the Reflection of a Culture*

Particularly because of its old age, tradition is the reflection of a culture.[29]

2.2.1 Highlighting the Cultural Nature of Tradition

2.2.1.1 Passing Down Knowledge or Advances

Tradition forms a way of passing down knowledge or advances.

As regards the content of passed down knowledge, it may be first of all some empirical or technical know-how, like a hunting technique,[30] or a way of enjoying

[24] E. g. French General Tax Code, Art. 317, extended by Law n° 2011-1977 of December 28th 2011.

[25] CE, 17th of April 2015, n° 374602.

[26] Decree n° 2007-628 of April 27th 2007.

[27] See also Ministerial Answer of September 15th 2015, p. 7002.

[28] See also Commission implementing regulation (EU) n° 1245/2013 of November 28th 2013, approving minor amendments to the specification for a name entered in the register of protected designations of origin and protected geographical indications (Fourme de Montbrison): using caustic soda to treat cereals and their by-products is forbidden because it is not a traditional practice.

[29] See Granger (1979), stating that tradition is the passing down through generations of the cultural heritage peculiar to one given human group, and Rouland (1994).

[30] See French Environmental Code, Art. L. 424-4, al. 3, referring to traditional modes and methods of hunting.

oneself. Secondly, passed down knowledge may also be an abstract skill, like societal organization. Republican and constitutional traditions are part of this category too. Tradition may also pass down an intellectual method, like making the difference between obligations of conduct and obligations of result in French civil Law. This differentiation, dating back to Roman Law, was reformulated by Demogue, a lawyer, at the beginning of the twentieth century. It consists of distinguishing between obligations by which the contracting party commits himself to a result, and those by which he only commits himself to do his best to achieve that result. If this difference was not enshrined by the recent reform of the civil Code, scholars consider it is meant to last, precisely owing to its traditional nature and intellectual interest.[31] European jurisdictions often highlight judicial concepts partaking of a European judicial tradition common to member States.

The cultural nature of tradition forms a specific character of tradition compared with usage. Indeed, tradition systematically passes down knowledge, whereas there is no systematic passing down of knowledge by usages. Some usages are based on knowledge, like medical professional usages, but other usages don't bring about anything specific, like the usage allowing employees to help themselves to falls of work surfaces for their own use.[32]

2.2.1.2 Passing Down of an Experience Unique to a Human Group

Moreover, tradition is the passing down of an experience unique to a human group, which explains the diversity of traditions, as well as the diversity in the ways it is passed down, by speech, writing, or example.

2.2.2 Acknowledging the Cultural Nature of Tradition

The cultural nature of tradition is often acknowledged by positive Law.

The cultural nature of tradition is asserted by laws targeting specific traditions. For instance, article L. 665-6 of the Rural Code created in 2014 states that wine, vineyards, spirituous beverages and beers, produce of local traditions, are part and parcel of France's cultural, culinary and landscape protected heritage.

Similarly, numerous traditions are inscribed on the list of French Intangible Cultural Heritage. This is a list each State Party must draw up to ensure identification of that heritage with a view to safeguarding, as enforced by the UNESCO Convention for the Safeguarding of the Intangible Cultural Heritage. According to that text, each State Party must take the necessary measures to ensure the safeguarding of the

[31]See Jourdain (2016).

[32]CA Rennes, January 13th 2017, n° 14/08584. See also CA Angers, July 2nd 2013, n°11/02894, the usage allowing employees to help themselves to materials and pieces of wood left aside.

Intangible Cultural Heritage present in its territory.[33] For instance, are part of the list "les Ostensions limousines", or the French guild system, which is a unique means to pass on knowledge and know-how related to stone-masonry, cabinetmaking, metal, leather and culinary crafts. It is a traditional way of passing on knowledge. Training on average lasts 5 years, when the apprentice regularly moves from town to town, in France and abroad, to discover diverse know-how. Then the apprentice must make a masterpiece, which is examined and assessed by guild members. Guild system also favors the passing on traditional know-how. Has also been inscribed on the list since 2009 the tradition of French carpenters' layout skills in roof building. Layout in roof building groups together graphical means dating from the thirteenth century in France, helping to express through drawing with the utmost accuracy the volumes of a building and the size of wood pieces. It is the subject of specific teaching, apart from architecture theory and practice.

Finally, courts often refer to the concept of "cultural tradition".

Conversely, if the constitutional jurisdiction characterized bullfighting as cultural events in some countries as Peru,[34] the French criminal Code is careful not to acknowledge the cultural nature of tradition. Moreover, whereas bullfighting had been on the list of France's Intangible Heritage since 2011, it was crossed off from that list in 2016.

3 The Usefulness of the Reference to Tradition

All these characteristics particularly enhance tradition, especially in comparison with other practices. When a practice is characterized as a tradition, in preference to other concepts, it gives this practice an additional strength. The concept of tradition has a justificatory and reinforcing effect, insofar as the cultural nature of traditions and their ancient origin are frequently put forward to justify their upholding.

3.1 A Reinforcing Effect

3.1.1 A Justificatory Effect

It is common for people to refer to tradition in order to justify behaviors contrary to general ethics or professional codes of ethics. An age-old and repeated practice is put forward because it would make a behavior somewhat normal. In this way, politicians

[33] Art. 11, "Role of States Parties".

[34] On this point, see De Monredon (2016), explaining how the cultural nature of bullfighting is an essential argument for its acknowledging before Constitutional courts in countries where there is a strong bullfighting tradition, such as Columbia, Ecuador, Spain, France, Mexico, Peru and Venezuela, particularly because the South American constitutions attach importance to cultural diversity.

asserted that a tradition existed for some time to justify a current practice among political staffs, namely the appointment of prime ministers' chiefs of staff as detached prefects (state top regional representatives). Such practice has been lately criticized by the Court of Audit.[35] This appointment bestows the civil servant status on the chief of staff. Thenceforth, he can make contributions for his pension, and benefits from job security, which protects him when there's a new prime minister. But he doesn't perform a prefect's duties, he only carries the title, so that this practice is denounced as a privilege.

A long and deep-rooted tradition also helps justifying some dispensations in statutory regulations. Such is the case in the agriculture sector where there is a firm tradition of mutual assistance in families. It is common for nearby farmers or family members to help harvesting or plowing, or lend the adequate agricultural equipment. Such tradition is acknowledged by the Rural Code[36] and courts. In this way, provided the voluntary helper is given some independence in his work, he's not replaced when absent, and his help remains episodic, traditional mutual assistance is permitted by the courts.[37] That tradition allows farmers to free themselves from compulsory work procedures set by the Labour Code and the Social Insurance Code. Mutual assistance is not regarded as a kind of undeclared work penalized by the Labour Code. Traditions thus counteract the article punishing this infringement.

As for bullfighting, referring to tradition is sometimes a means to escape criminal or civil liability. The "Conseil d'Etat", French top administrative court, stated for instance that a mayor who had not regulated the celebration shootings during weddings committed no fault because these shootings were a traditional practice in the municipalities concerned.[38]

3.1.2 A Promoting Effect

The cultural nature of tradition is often an argument for its acknowledgment, first because culture benefits from a specific protection, but also because many interests are linked to culture. The concept of tradition then has a justificatory effect.

3.1.2.1 The Principle

Protection of Culture

Some traditions last particularly because of their cultural nature, whereas they go against the prohibition of mistreatment of pets or tame animals. Such is the case of

[35]French Court of Audit, n° 70412 of July 9th 2014, released on September 23rd 2014.

[36]French Rural Code, Art. L. 325-1 to L. 325-3.

[37]Soc. May 17th 1972, Bull. civ. V, n° 358, RD rur. 1972. 387, note G. C.—Soc. January 25th 1990, Bull. civ. V, n° 33.

[38]CE, July 9th 1982, n° 33778, Cne d'Ouroux-en-Morvan, Rec. CE 1982, p. 2820.

birdlime hunting, which a bill regarding biodiversity intended to prohibit.[39] It is a means to catch blackbirds and thrushes used as baits to hunt other birds. Hunters coat sticks with glue so that birds get stuck, then they unstick them with ash. There were so many protests from the hunters that in the end that tradition was not prohibited by the law of August 8th 2016 for biodiversity, nature and landscapes.

Culture benefits from a specific protection first because cultural rights are acknowledged and protected.

Numerous international texts protect cultural rights, like article 27 of the 1948 Universal Declaration of Human Rights, which states that everyone has the right to participate freely in the cultural life of the community, the 2005 UNESCO Convention on the Protection and Promotion of the Diversity of Cultural Expressions, or International Covenant on Economic, Social and Cultural Rights. In domestic Law, for instance, the July 7th 2016 law relating to freedom of creation, architecture and heritage, states in its article 3 that the State and local authorities must comply with cultural rights.

Legal mechanisms also protect cultural richness. It may be a general protection. In European and international Law, for instance, article 167 of The Treaty on the Functioning of the European Union states that the Union shall contribute to the flowering of the cultures of the member States, while respecting their national and regional diversity and at the same time bringing the common cultural heritage to the fore.[40] There may be, too, legal mechanisms protecting a special cultural area, for instance artistic or folkloric heritage.

Protection of the Interests Linked to Culture

Besides, many interests are linked to the persistence of traditions as cultural events. Touristic and thus economic interest linked to traditions is frequently put forward to justify the persistence of traditions.

Such is of course the case for bullfighting and bull-running, religious events,[41] but also the traditional sale of pets in fairs and markets. Since 2016, a law has been prohibiting the sale of pets in places which are not specifically dedicated to animals, as fairs and markets.[42] Its aim is to make buyers-to-be aware of the responsibilities implied by their buying, to limit animal abandonment. That prohibition was challenged, on the grounds that the sale of pets forms a real tradition in some markets or fairs, part and parcel of regional heritage as well as cultural and economic

[39]Amendment n° CD 628 voted on March 19th 2015 while the bill regarding biodiversity was being discussed.

[40]Karydis (1994), about the preservation of national cultural identity by the Community judge, through the concept of general interest, that can justify restrictions on the fundamental Community freedoms.

[41]TA Limoges, December 24th 2009, n° 0900948, recalling the historic, cultural, tourist and economic interest of the "Ostensions limousines". See also Cafarelli (2017) and Bokdam-Tognetti (2016).

[42]Art. L. 214-7 of the French Rural Code, as modified by the Ordinance n° 2015-1243 of October 7th 2015 relating to the sale and the protection of pets, entered into force on January 1st 2016.

attractiveness of the territory where they are taking place. Confronted with those arguments, the agriculture Minister doesn't seem to radically reject the possibility of keeping on selling cats and dogs in the places which are not dedicated to animals when it is a traditional practice. In a ministerial answer, he advised to get closer to local authorities.[43]

Touristic and economic interests linked to culture can be judicially protected, for instance through the concept of general interest in the protection of tourist industry and economics. The concept of general interest is a key concept of the public Law, used by administrative judges.

Furthermore, according to the General Code of territorial authorities, the latter's mission is to ensure the protection of the population's economic and social interests.[44]

3.1.2.2 The Limits

The cultural nature of tradition is an argument which sometimes proves to be insufficient to acknowledge tradition.

The Clash with Admitted Subjective Rights

On the one hand, tradition can conflict with admitted subjective rights, for instance with equality before the Law, and children's rights.

First, differences in treatment resulting from traditions can go against equality before the Law. This is the case of the differences of treatment resulting from *contra legem* traditions (against the Law) when they are prohibited.

Opponents to bullfighting had questioned the difference of treatment resulting from the prohibition by the Criminal Code in most towns, but not in those where an uninterrupted tradition can be proved. In their opinion, this was an infringement of equality before the Law. A priority question of constitutionality was then asked to the Constitutional Court. The Constitutional Court[45] had however considered that the difference of treatment between identical actions in different geographical areas were directly linked to the purpose of the article, namely local traditions promoting, which is a matter of general interest.[46] Tradition could thus be the basis of this difference of treatment.

The difference of treatment between two traditions was also questioned with regard to equality before the Law. Indeed, the Criminal Code doesn't rule bullfighting and cockfighting in the same way, because it criminalizes the creation of new cockfighting arenas but not the new places for bull-running when there is an uninterrupted tradition.

---

[43]Ministerial Answer of March 8th 2016 (JOAN p 1940).

[44]General Code of territorial authorities, Art. L. 1511-2, II.

[45]French Constitutional Court, QPC of September 21st 2012, n° 2012-271. See Mayaud (2012).

[46]See also French Constitutional Court, n° 2000-434, July 20th 2000 relating to disparity between the zones of hunting depending on departments, considering that the protection of local traditions is a matter of general interest. See also Abadie (2012).

But the Constitutional Court in a ruling discarded the infringement of equality before the Law because the situations were different. The aim of the article is to favor the gradual ending of cockfighting.[47]

Because increasing protests against bullfighting can cause public disorder, the next issue may be whether the persistence of bullfighting can be compatible with public peace.[48]

An acknowledged tradition can also be in conflict with children's rights, as enshrined by the international Convention on the Rights of the Child. This text guarantees the right for every child under 18 to a standard of living adequate for the child's physical, mental, moral and social development, and the duty for States Parties to take appropriate measures to ensure this protection.[49] The international Committee on the Rights of the Child, which is the body of the United Nation Organization, has issued a recommendation on children attending bullfights.[50] It advised taking legal and administrative measures so as to protect the children trained in bullfighting, and attending bullfights. It equally advised to raise the minimum age to attend bullfights from six to twelve. Indeed, the Committee considers that when children and teenagers take part in bullfighting activities, it is a serious violation of the Convention.

The Clash with Some Statutory Rules

On the other hand, traditions can conflict with some statutory rules. Their cultural value is often not enough to justify their upholding, even if the conflict is sometimes settled by the use of balanced solutions and compromises.

In a background of religious tensions, the issue whether religious traditions can be compatible with the principle of "laïcité", the principle of the separation of Church and State, is thorny. It was raised several times in disputes involving town officials that had installed Nativity scenes in their town halls at Christmas time. Indeed, the 1905 French Law on secularity requires to ensure the religious neutrality for public servants and services.[51] Nativity scenes are a symbol of Christmas nowadays, as the Advent calendar or the yule log, and as such they belong to festivities which, for many, lost their religious cast. They sometimes express a regional culture, and can have an ornamental, creative, playful or touristic interest. The secularization of Nativity scenes cannot be complete however, as far as they stage Nativity, while the religious symbolism of the fir tree or the figure of St Nicholas's Day, for example, gradually faded.

[47]French Constitutional Court, QPC of July 31st 2015, n° 2015-477.

[48]See Finon (2012).

[49]Art. 19.

[50]Recommendation of February 5th 2014.

[51]Law of December 9th 1905, relating to the separation of the church and the State, stating that the French Republic neither recognizes, nor puts on payroll nor subsidizes any religion. See Morange (2013).

In 2016, the "Conseil d'État", France's top administrative Court, was called upon to answer whether the installation in a public place of Christmas Nativity scenes was forbidden. It ruled that town halls could continue with Nativity scenes if the intent was "cultural, artistic, or festive" and not religious proselytism.[52] The judges specified that the religious significance of Nativity scenes had to be assessed with regard to the context, the absence of element of proselytism, and the particular conditions of their installation. When Nativity scenes are installed in public locations, existing local usages have to be taken into account.

3.2 *A Diluting Effect*

3.2.1 A Widening Effect

The concept of tradition has a widening effect, as through the concept of tradition, the Law grasps sociological phenomena that are usually outside the field of Law. Such is the case of folkloric heritage, like the fire festivals of the summer solstice in the Pyrenees, or Gwoka, that is an array of music, representative cultural songs, dances and practice of the Guadelupian identity. Both traditions are inscribed on the list of French Intangible Cultural Heritage, and therefore protected. With regard to usages, the object of tradition is more multifaceted.

3.2.2 A Minimizing Effect

Most of the time, because tradition is the reflection of heritage and culture, naming a practice "tradition" gives it a specific strength. This is not always the case however.

At the European level, many rulings of the European Court of Justice refer to the concept of tradition. In most cases however, it is a matter of identifying judicial traditions common to member States in order to interpret the general principles resulting from European Convention on Human Rights.[53] Rulings referring to a national tradition[54] are far less numerous. Moreover, in those rulings, judges seem

[52]CE, November 9th 2016, n° 395223 and n° 395122. See also TA Montpellier, December 19th 2014, n° 1405626.

[53]General Court, Case T-159/13, November 26th 2015, HK Intertrade/Consejo, pt 82, stating that the principle of effective judicial protection, which has been enshrined in Articles 6 and 13 of the Convention for the Protection of Human Rights and Fundamental Freedoms, signed in Rome on November 4th 1950, and in Article 47 of the Charter of Fundamental Rights of the European Union, is "is a general principle of EU law stemming from the constitutional traditions common to the Member States". See also ECHR, case n° 59552/08 of January 27th 2015, points 31–33, stating that the existence of a European tradition of a continuous criminal offence, understood in an objective sense, is confirmed by the research undertaken by the Court in relation to all 47 Council of Europe member States.

[54]E.g. CEDH, February 17th 2017, n° 57592/08, referring to UK judicial tradition.

to favor the term of tradition rather than usage because its connotation is less judicial. The use of the concept of tradition then turns out as a means to minimize the strength of a practice observed in a member State in comparison with the precedence of European Law.

References

Abadie P (2012) La tradition tauromachique devant le Conseil constitutionnel. Constitutions, Revue de droit constitutionnel appliqué (4):616–618

Atias CH (1997) Présence de la tradition juridique. Revue de la recherche juridique. Droit prospectif (2):387–394

Bokdam-Tognetti E (2016) Le financement des cultes dans la jurisprudence du Conseil d'État. Les nouveaux cahiers du Conseil constitutionnel (53):33–52

Cafarelli F (2017) Le financement du patrimoine religieux par les personnes publiques. LPA (65):23–32

Charret J (2010) La laïcité face à la tradition locale. AJDA (13):738–741

De Monredon E (2016) Toros, culture et constitution. RFD Const. (106):367–390

Dupuis G (2000) Le Centre et la périphérie en France: essai historique et juridique, L.G.D.J

Finon JF (2012) JCP A (Administrations et collectivités territoriales), Courses de taureaux: la tradition contre l'ordre public? n° 41, October 15th 2012, act. 656

Gény F (1999) Méthodes d'interprétation et sources du droit privé positif, 2nd edn. LGDJ, 1919, re-ed. 1995, vol I, pp 356–357

Glenn P (2003) La tradition juridique nationale. RIDC (2):263–278

Granger R (1979) Rev int dr comp 1979 (5):39

Jourdain P (2016) Quel avenir pour la distinction des obligations de résultat et de moyens? JCP G (36):1557–1559

Karydis GS (1994) Le juge communautaire et la préservation de l'identité culturelle nationale. RTD Eur 30(4):551–560

Lebrun A (1922) La coutume, ses sources, son autorité en droit privé, LGDJ

Mayaud Y (2012) Les traditions locales taurines sauvées par le Conseil constitutionnel. Revue Lamy Collectivités territoriales (85):24–25

Morange J (2013) Le "mystère" de la laïcité française. Revue du droit public (3):507–531

Mousseron P (2010) Préface. In: Mousseron P (dir.) Les usages en droit de l'entreprise, Actualités de droit de l'entreprise, vol 27. LexisNexis, Paris, pp 1–5

Mousseron P (dir.) (2014) Les usages: l'autre droit de l'entreprise. LexisNexis, Paris

Peroz H (1998) Réflexions sur la place de la tradition en droit, à propos de la tauromachie. LPA (125):9–15

Ratzinger J (2007) La Parole de Dieu: Écriture sainte, tradition, magistère, ed. Parole et Silence

Rosanvallon P (2006) Le modèle politique français: la société civile contre le jacobinisme de 1789 à nos jours. du Seuil, Paris

Rouland N (1994) La tradition juridique française et la diversité culturelle, Revue de la recherche juridique. Droit prospectif (27):381–419

Rudelle O (1987) La tradition républicaine, Pouvoirs n° 42. La tradition politique: pp 31–42

Saint-James V (2015) La "tradition républicaine" dans la jurisprudence de droit public, RDP (5):1307–1326

Tifine P (2002) A propos des rapports entre l'usage, la coutume et la loi, la "tradition locale ininterrompue" dans les textes et la jurisprudence consacrés aux corridas. RFDA (3):496–507

Valette L (1907) Du rôle de la coutume dans l'élaboration du droit privé positif actuel. Rousseau, Arthur

La délimitation du champ de l’usage

Marie Bourdeau

Abstract Usages can be compared to contracts; these two norms have similarities; however, usages have their own characteristics. This is the case concerning the delimitation of the scope of the usage.

The delimitation of the scope of the usage corresponds to the domain where usage can be observed and produce a legal effect. The latter can be distinguished from the content of the usage that is the underlying practice whose generalization may create a usage.

The delimitation of the scope of the usage is singular; however, it is not unique. Therefore, it deserves attention for more than one reason. Firstly, it is essential in order to recognize the existence of usages; secondly to determine the legal force attached to them, and finally to rule on their invocability.

Consequently, this presentation will firstly analyze the characteristics of this delimitation, and secondly its functions.

1 Introduction

Pratique répétée dotée d’une force contraignante, l’usage[1] peut être comparé à cette autre norme qu’est le contrat. En effet, au même titre que le contrat, l’usage répond à des conditions de formation.[2] La preuve de l’usage[3] doit encore, comme celle du contrat, pouvoir être établie. De la même manière que le contrat, l’usage peut avoir un effet créateur d’obligations.[4] Observons aussi que contrat et usage peuvent l’un et

[1]Si le terme usage connaît plusieurs significations, il sera ici identifié à une pratique répétée dotée d’une force contraignante. En ce sens, Mousseron (dir) (2014), p. 3 et s.

[2]Mousseron (dir) (2014), n°215, p. 41 et s.

[3]Mousseron (dir) (2014), n° 213, p. 72 et s.

[4]Sur l’effet créateur d’obligations de l’usage, Mousseron (dir) (2014), n° 267, p. 92 et s.

M. Bourdeau (✉)
Université de Perpignan via Domitia, Perpignan, France

L. Mayali, P. Mousseron (eds.), *Customary Law Today*,
https://doi.org/10.1007/978-3-319-73362-3_3

l'autre être l'objet de modifications.[5] Si des similitudes entre contrat et usage peuvent ainsi être relevées, il demeure toutefois des caractéristiques propres aux usages. La délimitation du champ de l'usage en est une.

Le champ de l'usage correspond au domaine dans lequel cet usage est observé et produit un effet juridique. Le champ de l'usage se distingue donc du contenu de l'usage, c'est-à-dire de la pratique adoptée spontanément qui en est l'objet. Matériel, géographique ou encore temporel, le champ de l'usage est loin d'être unique. Singulière, la délimitation du champ de l'usage apparaît donc également multiple. La délimitation du champ de l'usage mérite dès lors que l'on s'y intéresse. On examinera tout d'abord les caractères de cette délimitation (2) puis ses fonctions (3).

2 Les caractères de la délimitation

Délimiter le champ d'un usage nécessite tout d'abord d'identifier le champ considéré. Matériel, géographique et temporelle, la nature du champ de l'usage est en effet variée. La délimitation du champ de l'usage doit par conséquent s'effectuer en plusieurs étapes: elle est multiple (2.1). Une fois les différents champs de l'usage déterminés, leurs contours respectifs pourront être précisés. Le caractère variable de la délimitation du champ de l'usage pourra alors être mis en évidence (2.2).

2.1 Le caractère multiple de la délimitation

Le champ de l'usage n'est pas unique. Une distinction mérite en effet d'être opérée entre le champ matériel, géographique, temporel et personnel de l'usage.[6] Délimiter le champ d'un usage exige donc au préalable d'identifier pour l'usage en cause chacun de ces différents champs.

Le champ matériel de l'usage correspond à l'activité au sein de laquelle l'usage est né puis a été observé. Le champ matériel de l'usage définit ainsi « *un cadre qui pourra être celui d'une relation privée entre deux personnes, d'une entreprise, d'une place, d'un réseau, d'une profession, d'un secteur d'activité professionnel* ».[7] À titre d'illustration, l'usage codifié[8] en vertu duquel le contrat de dépôt portant

[5]Sur la modification du contrat en droit public, *cf.* notamment : Hoepffner (2009). En droit privé : Albigès (1999), p. 3 - Tallon (1998), p. 403 et s. - Cabrillac (2013), p. 227. Sur la modification des usages : Mousseron (dir) (2014), n° 412, p. 151 et s.

[6]Pour une étude détaillée de ces différents champs, cf. Les usages : l'autre droit de l'entreprise, préc., n° 137, p 45 et s.

[7]Mousseron (dir) (2014), n° 153, p. 51.

[8]L'usage en cause est expressément visé à l'article 1.F du code des usages de l'horlogerie, la bijouterie, la joaillerie, l'orfèvrerie, cadeau, édition 2003. Ce code peut être consulté sur le site de

sur des bijoux n'a pas à être signé par le dépositaire a pour champ matériel le secteur de l'horlogerie, la bijouterie, la joaillerie et l'orfèvrerie.

Le champ de l'usage est aussi géographique. Ce champ désigne alors le territoire sur lequel l'usage peut être observé. Le territoire renvoie ici à une zone géographique. Celle-ci peut être plus ou moins vaste puisqu'elle peut autant représenter une entreprise, qu'un site naturel comme une île, un port[9] ou encore une commune, une région voire un pays. Ainsi, lorsqu'en février 1987, la chambre d'agriculture de l'Ain publie dans un recueil[10] plusieurs usages agricoles, elle recense des usages qui ont pour champ géographique un département. La lecture de l'ouvrage enseigne, par exemple, que « *selon un usage ancien, la haie mitoyenne est parfois partagée en deux parties égales sur sa longueur, et chacun des voisins entretient l'une de ces moitiés, comme si elle lui appartenait à lui seul en propre* ».[11]

Matériel ou géographique, le champ de l'usage possède également une dimension temporelle. Le champ temporel de l'usage détermine la période au cours de laquelle l'usage peut être observé. Durant ce laps de temps, l'usage considéré est admis avec la même signification et le même consentement social. Exemple peut ici être pris de l'usage bancaire consistant à déterminer l'intérêt annuel sur la base de 360 jours. Le champ temporel de cet usage s'étend de la date de son apparition jusqu'en 1995 lorsque la Cour de cassation décida d'y mettre un terme.[12]

Aux champs matériel, géographique et temporel de l'usage doit encore être ajouté le champ personnel. Celui-ci permet d'identifier la catégorie de personnes qui ont connaissance de l'usage considéré. Une illustration du champ personnel de l'usage peut être donnée si l'on considère que les professionnels relevant du même secteur d'activité sont présumés avoir connaissance des usages en vigueur dans ce milieu.[13] Ces professionnels intègrent alors le champ personnel de l'usage en cause.

L'existence de plusieurs champs de l'usage conduit ainsi à reconnaître le caractère multiple de la démarche consistant à délimiter le champ de l'usage. Cette délimitation présente aussi un caractère variable.

l'institut des usages: http://bibliotheque-des-usages.cde-montpellier.com/sites/default/files/Code%20des%20usages%20Horlogerie%2C%20Bijouterie....pdf.

[9]Il est par exemple d'usage dans le port de Sète de cesser toute activité le jour de la Saint-Louis.

[10]Ce recueil est en ligne sur le site de l'institut des usages: http://bibliotheque-des-usages.cde-montpellier.com/sites/default/files/usages/catalogue/Locaux_agri_Ain.pdf.

[11]Cf. Recueil précité p. 14 en ligne sur le site de l'institut des usages.

[12]Cass. com., 10 janvier 1995, JCP éd. G 1995.II.22475, note Auckenthaller F.

[13]En ce sens : M. Salah M. Mahmoud, Usages commerciaux, Répertoire de droit commercial, Dalloz, 2007, n° 78. La jurisprudence se prononce également en ce sens lorsqu'elle admet qu'un usage soit invocable sans que les parties n'y aient consenti au motif que les parties appartiennent chacune au secteur d'activité régi par l'usage. Pour une illustration : Cass. com., 9 janvier 2001 : Bull. civ. IV, n° 9 ; Contrats, conc., consom. 2002, n° 91, obs. Leveneur L ; JCP éd. E 2001, p. 1337 note Leveneur L, appliquant l'usage après avoir relevé que « les deux parties au contrat étaient des professionnels exerçant dans le même secteur d'activité ».

2.2 *Le caractère variable de la délimitation*

Le caractère variable de la délimitation du champ de l'usage doit être observé (2.2.1) avant de pouvoir en apprécier les conséquences (2.2.2).

2.2.1 Observations

Le caractère variable de la délimitation du champ de l'usage peut être constaté dès l'origine, lorsque le champ de l'usage est circonscrit pour la première fois. Ce même caractère peut encore être observé par la suite lorsque le champ de l'usage évolue.

Ainsi, à prendre l'exemple d'un usage relevant du secteur de la métallurgie, le champ matériel d'origine de l'usage manque alors de précision: le secteur de la métallurgie vise-t-il, plus exactement, celui de la sidérurgie, de l'industrie nucléaire ou encore de la fonderie? En outre, les frontières du champ matériel d'un usage sont susceptibles d'évoluer. Ainsi, à envisager un usage né dans le secteur du textile de luxe, celui-ci pourrait tout à fait, au fil du temps, être adopté dans le secteur du textile meilleur marché. Pareillement, un usage issu du secteur du courtage en assurance pourrait progressivement être appliqué dans le milieu du courtage en immobilier. Force est donc de reconnaître que le champ matériel d'un usage présente, quelle que soit la situation envisagée, des contours variables.

La délimitation du champ géographique n'est guère plus aisée. En effet, hormis les cas où les limites de ce champ sont fixées par le législateur,[14] les frontières du champ géographique sont là encore bien souvent floues. À titre d'illustration, on peut reconnaître la difficulté de définir le champ d'origine d'un usage géographique lorsqu'un usage adopté initialement dans une commune s'est très rapidement étendu à l'ensemble d'une région ! La détermination du champ géographique peut encore être rendue délicate lorsque l'usage en cause[15] relève du commerce électronique[16] car la pratique en cause ne connaît alors que des frontières virtuelles !

[14]Tel est par exemple le cas en matière de rémunération de l'agent commercial, l'art. L. 134-5 du Code de commerce disposant que « l'agent commercial a droit à une rémunération conforme aux usages pratiqués, (...) là où il exerce son activité ».

[15]Exemple peut ici être pris de l'usage issu de la Nétiquette (charte de bonne conduite regroupant les règles de bienséance non codifiées développées par les acteurs d'internet) proscrivant la pratique dite du « spamming » laquelle correspond à l'usage abusif d'un système de messagerie se traduisant par l'envoi massif et non sollicité d'e-mails publicitaires.

[16]L'article 14 de la loi n° 2004-575 du 21 juin 2004 pour la confiance dans l'économie numérique définit le commerce électronique comme « l'activité économique par laquelle une personne propose ou assure à distance et par voie électronique la fourniture de biens ou de services. Entrent également dans le champ du commerce électronique les services tels que ceux consistant à fournir des informations en ligne, des communications commerciales et des outils de recherche, d'accès et de récupération de données, d'accès à un réseau de communication ou d'hébergement d'informations, y compris lorsqu'ils ne sont pas rémunérés par ceux qui les reçoivent ».

À l'instar du champ matériel et géographique, le champ temporel possède un périmètre difficile à définir et ce dès la formation de l'usage. Comment, en effet, déterminer avec exactitude le moment à partir duquel une pratique a pu être observée pour la première fois et celui à compter duquel elle s'est généralisée au point de pouvoir être qualifiée d'usage ? Il apparaît ainsi complexe de déterminer avec précision la date marquant le début de la période visée par le champ temporel. Cette difficulté se rencontre à nouveau en cas d'évolution du champ temporel de l'usage. En effet, la délimitation du champ temporel est encore délicate lorsqu'un usage connaît des périodes même brèves au cours desquelles il est très peu adopté voire n'est plus suivi.

Identifier les personnes ayant connaissance d'un usage est loin d'être plus évident. En effet, si la connaissance d'un usage est parfois présumée,[17] celle-ci doit le plus souvent être établie. Or, la preuve de l'existence des usages est généralement difficile à établir en raison du peu d'écrits constatant de telles pratiques. La preuve de leur connaissance en est donc également rendue plus délicate. Certes, le dépôt de codes d'usages auprès du tribunal de commerce de Paris ainsi que leur publication dans des recueils[18] mis en ligne par l'institut des usages en facilite indéniablement l'accès mais le cercle des personnes ayant connaissance d'un usage n'est pas pour autant aisé à déterminer. Les contours du champ personnel des usages ne peuvent donc, eux aussi, être fixés avec précision.

En définitive, qu'il soit matériel, géographique, temporelle ou personnel, le champ de l'usage ne peut être circonscrit avec exactitude. Ce caractère variable de la délimitation du champ de l'usage n'est pas sans conséquences.

2.2.2 Conséquences

Le caractère variable de la délimitation du champ de l'usage est source d'incertitudes. En effet, à défaut de pouvoir cerner précisément le champ d'un usage, on ne peut savoir exactement dans quel secteur, à quel endroit ou encore à quel moment, cet usage est observé. L'existence de l'usage considéré apparaît alors difficile à établir. La généralité de l'usage[19] l'est également car la condition de généralité est satisfaite lorsque le comportement objet de l'usage est respecté dans tout le champ matériel, géographique et temporel dans lequel l'usage est revendiqué.

La difficulté à délimiter le champ de l'usage présente cependant des avantages. L'incertitude qui en résulte est aussi source de flexibilité. L'interprète peut, en effet, tirer profit des contours parfois incertains du champ de l'usage pour pouvoir s'en prévaloir dans un plus grand nombre de situations. Ainsi, à reprendre l'exemple d'un usage issu du secteur de la métallurgie, celui-ci serait susceptible d'être invoqué tant à l'égard d'un professionnel de la métallurgie que de la sidérurgie ! L'interprète peut

[17]Notamment pour des professionnels relevant du même secteur d'activité.

[18]Sur les divers recueils d'usages, Mousseron (dir) (2014), n° 213, p. 72 et s.

[19]Sur ce thème, Mousseron (dir) (2014), n° 160, p. 53 et s.

encore tirer bénéfice du caractère variable du champ temporel d'un usage pour décider si l'usage est suffisamment long et continu pour revêtir un caractère obligatoire. De plus, les frontières du champ géographique de l'usage étant imprécises dès l'origine, il est d'autant plus simple d'étendre ces pratiques à d'autres territoires au gré des besoins des professionnels. Le caractère variable de la délimitation du champ de l'usage peut donc permettre une meilleure adaptation de la pratique en cause à son environnement.

À la fois source d'insécurité et de souplesse, le caractère variable de la délimitation du champ de l'usage paraît devoir s'imposer compte tenu de la nature même de l'usage. Parce que la pratique dont est originaire l'usage a été adoptée spontanément puis s'est généralisée, le champ de l'usage ne peut en effet, quelle qu'en soit la nature, être précisément délimité. Intrinsèquement lié à la nature de l'usage, le caractère variable de la délimitation du champ de l'usage s'inscrit dès lors comme une spécificité.

Après avoir examiné les caractères de la délimitation du champ de l'usage, ses fonctions méritent désormais d'être envisagées.

3 Les fonctions de la délimitation

La délimitation du champ de l'usage occupe des fonctions diverses mais toutes peuvent être rattachées soit à la formation de l'usage (3.1) soit à son application (3.2).

3.1 Lors de la formation de l'usage

Au stade de la formation de l'usage, la délimitation du champ de l'usage remplit trois fonctions.

La délimitation du champ d'un usage contribue tout d'abord à reconnaître l'existence de l'usage en cause. Établir l'existence d'un usage suppose en effet que soit identifié un comportement déterminé, généralisé mais aussi délimité. Et la délimitation de la pratique considérée doit être opérée tant sur un plan matériel, que géographique, temporel et personnel.[20] Or, c'est exactement ce en quoi consiste la délimitation des différents champs de l'usage.

La délimitation du champ de l'usage a également une incidence sur la légitimité de l'usage, c'est-à-dire sur la conformité de l'usage au Droit.[21] En effet, plus le

[20]Sur cette question, cf. Le Mousseron (dir) (2014), n° 137, p 45 et s.

[21]Pour être légitime, l'usage doit donc être conforme à une norme supérieure, juridique ou éthique, ressentie comme fondamentale par la collectivité. En ce sens et pour une étude détaillée de la légitimité de l'usage, Mousseron (dir) (2014), n°191, p. 63 et s.

champ de l'usage sera vaste, plus sa légitimité sera difficile à démontrer. À considérer par exemple un usage dont le champ matériel s'étend à plusieurs secteurs d'activités,[22] l'usage considéré devra alors respecter la réglementation applicable à chacun de ces secteurs pour être reconnu comme légitime. En outre, la légitimité de l'usage est appréciée lorsque la pratique est observée - donc au stade de la délimitation du champ de l'usage - et non lorsqu'on l'invoque. Exemple peut ici être pris de l'usage en matière de collaboration parlementaire invoqué par François Fillon pendant la campagne présidentielle de 2017.[23] Si l'usage en cause a pu être légitime à l'époque où la pratique qui en est l'objet était constatée, celui-ci ne l'était malheureusement plus lorsque l'ancien premier ministre a récemment tenté de s'en prévaloir !

La délimitation du champ de l'usage joue encore un rôle au stade de l'invocabilité de l'usage. Pour s'en convaincre, il importe tout d'abord de rappeler d'une part, que l'invocabilité d'un usage[24] désigne la faculté de s'en prévaloir et d'autre part, que l'applicabilité ou l'aptitude d'une règle à régir une situation s'inscrit comme préalable nécessaire à l'invocabilité d'un usage. Ainsi, à défaut d'être applicable dans un secteur déterminé, dans un temps et un espace donnés, un usage ne saurait être invoqué. Délimiter le champ de l'usage consiste à identifier le secteur, la période et le territoire sur lequel le comportement, objet de l'usage est observé. Délimiter le domaine d'application de l'usage consiste, lui, à déterminer le secteur, la période et le territoire sur lequel, le comportement, objet de l'usage devrait être observé. Les contours du champ de l'usage et ceux de son domaine d'application doivent donc en principe coïncider. En pareil cas, la délimitation du champ de l'usage permet alors de circonscrire le domaine d'application de l'usage et partant le domaine sur lequel l'usage est applicable. Or, l'applicabilité est un préalable nécessaire à l'invocabilité de l'usage. Par conséquent, la délimitation du champ de l'usage doit être opérée pour que l'usage puisse être invoqué. Une illustration de cette solution peut être trouvée en prenant comme référence les usages locaux. Pratiques variées[25] applicables de plein droit[26] sur un lieu restreint, ce type d'usages est invocable dès lors qu'un contrat a été conclu ou s'exécute sur leur territoire d'origine sans que les parties n'y

---

[22]L'hypothèse est notamment envisageable lorsque les activités relevant des secteurs en cause nécessitent l'exercice de pratiques communes.

[23]http://bibliotheque-des-usages.cde-montpellier.com/fillon-invente-lusagelegal.

[24]Sur ce thème, c Mousseron (dir) (2014), n° 174, p. 56 et s. – Bourdeau (2011), p. 459.

[25]Pour des illustrations : Cass. com., 27 février 1973 : Bull. civ. IV, n° 106 (usage suivi dans le Port de Rouen) - Cass. com, 13 mai 2003 : D. 2004, p. 414, note Bahans J-M et Menjucq M; JCP éd. E 2004. 384, n° 4, note Masquéfa C ; Contrats, conc., consom. 2003, n°134, note Leveneur L ; RTD civ. 2003. 727, obs. Gautier P-Y (usage en vigueur dans le vignoble Bordelais) - CA Paris, 6 mars 2002 : Jurisdata n° 2002-175750 (usage en vigueur sur les marchés de fruits et légumes).

[26]Cass. soc., 3 juillet 1952 : Bull. civ. IV, n° 569. De manière moins explicite : T. com. Calais, 3 juin 1913 : DP 1976, 2, 112, appliquant un usage en vigueur dans le port de Calais au motif que « cet usage qui a pris naissance au début de ce genre d'exploitation chez un armateur du port, a été suivi par les autres, et qu'il n'est pas à la connaissance du tribunal qu'aucun armateur s'y soit jamais soustrait » - TGI Saintes, 2 juillet 1991 : D. 1992, p 466, note Beignier B ; RTD civ. 1992. 105, obs. Mestre J - CA Paris, 6 mars 2002: préc. - Cass. com., 13 mai 2003 : préc.

aient consenti. Pour que l'usage puisse être invoqué, le territoire d'origine de l'usage doit donc être déterminé ce que permet la délimitation de son champ géographique.

D'autres fonctions sont assignées à la délimitation du champ de l'usage lors de l'application de l'usage.

3.2 Lors de l'application de l'usage

À ce stade, la délimitation du champ de l'usage s'inscrit comme étape préalable pour prouver l'usage. Il a en effet été démontré lors de cette étude que la délimitation du champ de l'usage permet de reconnaître l'existence de l'usage. Et reconnaître cette existence contribue à prouver l'usage considéré. Cette preuve ne sera pas pour autant aisée à établir d'une part, en raison du caractère variable de la délimitation du champ de l'usage et d'autre part, du fait du caractère parfois étendu du champ de l'usage. En effet, plus le champ matériel, géographique ou temporel de l'usage sera vaste, plus la preuve de son existence sera délicate à établir. En dépit de ces difficultés, la délimitation du champ de l'usage apparaît comme préalable nécessaire pour pouvoir rapporter la preuve de l'usage.

La délimitation du champ de l'usage exerce également une influence sur la valeur normative de l'usage: la force de l'effet obligatoire de l'usage est corrélée à la précision de la délimitation du champ de l'usage. En effet, un usage dont le champ est bien délimité pourra produire un plein effet juridique. Usage dont le champ est clairement circonscrit, la solidarité en matière commerciale a ainsi acquis une pleine force obligatoire. Lorsqu'au contraire, les contours du champ de l'usage sont trop imprécis, la valeur normative de cet usage est moindre. Par exemple, le fait qu'une clause de déchéance du terme[27] soit stipulée dans un nombre important de contrats de prêt bancaire ne suffit pas pour que cette clause soit implicitement contenue dans les prêts au sein desquels elle n'aurait pas été mentionnée. L'intensité de la force normative de l'usage apparaît ainsi fonction du degré de précision de la délimitation du champ de l'usage.

En définitive, que l'on s'intéresse à leur existence, leur application, leur invocabilité ou encore leur force normative, les usages se montrent riches d'enseignements. Et l'étude dédiée à la délimitation du champ de l'usage ne saurait faire figure d'exception. Spécificité de la matière, la délimitation du champ de l'usage se révèle essentielle à plus d'un titre: indispensable pour reconnaître l'existence de l'usage, elle l'est encore pour que l'on puisse conférer un plein effet juridique à l'usage et qu'il puisse être invoqué. Les usages ne semblent donc pas avoir fini de nous surprendre...

---

[27]Cette clause permet à la banque de prononcer la résiliation immédiate du contrat de prêt dès le premier incident de paiement. Sur le caractère usuel de cette clause : Cass. civ 1ère, 9 juillet 2015, pourvoi n° 14-21754.

Références

Albigès C (1999) Le développement discret de la réfaction judiciaire du contrat. Mélanges Cabrillac, Dalloz, Paris, p 3

Bourdeau M (2011) L'invocabilité des usages professionnels en matière contractuelle. RJDA 6/11, p 459

Cabrillac R (2013) Perspectives d'évolution en matière d'imprévision à la lumière du droit comparé. Mélanges Jaufret-Spinosi, Dalloz, Paris, p 227

Hoepffner H (2009) La modification du contrat administratif. LGDJ, Paris

Mousseron P (éd) (2014) Les usages: l'autre droit de l'entreprise. Lexisnexis, Paris

Tallon D (1998) La révision du contrat pour imprévision au regard des enseignements récents du droit comparé, Mélanges Sayag, Litec, p 403 et s

The Impact of Usages on Property Rights

Crystelle Sanchez-Saëz

Et quand ce serait un Royaume
Je voudrais bien savoir, dit-elle, quelle loi
En a pour toujours fait l'octroi
A Jean fils ou neveu de Pierre ou de Guillaume,
Plutôt qu'à Paul, plutôt qu'à moi.
Jean Lapin allégua la coutume et l'usage.
Ce sont, dit-il, leurs lois qui m'ont de ce logis
Rendu maître et seigneur, et qui de père en fils,
L'ont de Pierre à Simon, puis à moi Jean, transmis.
Le premier occupant est-ce une loi plus sage ?

Jean de Lafontaine, *Fables*, Le Chat, la Belette et le Petit Lapin

Abstract Alors que la propriété pourrait apparaître comme un droit absolu et imprescriptible, tel que le prévoit notamment la Constitution de 1958, les usages ne sont pas pour autant inactifs en la matière. Ceux-ci peuvent, en effet, être parfois dotés de véritables effets réels. Si l'on prend l'exemple de la possession, celle-ci a notamment deux effets à l'égard du droit de propriété. D'une part, elle permet la preuve du droit de propriété du possesseur, et d'autre part, elle assure l'acquisition de ce droit par ce dernier. Ainsi, quand bien même l'on aurait pu croire que la possession ne saurait être pourvued'effets obligatoires, compte tenu du fait de sa nature purement factuelle, il n'en reste que même dépourvue d'un tel effet, la possession détient une force normative particulière en matière d'effets réels.

C. Sanchez-Saëz (✉)
Faculté de Droit de Montpellier, Montpellier, France

L. Mayali, P. Mousseron (eds.), *Customary Law Today*,
https://doi.org/10.1007/978-3-319-73362-3_4

1 Introduction

The Declaration of the Rights of Man and of the Citizen attached to the French Constitution states that property rights are natural and imprescriptible rights.[1] As an initial reaction, no one would imagine that usages, that are mere behaviors repeated for a long period of time, could have any sort of impact on such rights. Indeed, in France, Property Law is a legislated Law codified in the Civil Code. Hence, the idea of an interference of usages in that field could sound highly hypothetical. However, the impact of usages on property rights is real.

It is necessary, above all else, to determine what kind of impact will be envisaged in this article. With regards to Property Law, we may face two types of effects. The first one, is the *effet obligationnel*. This latter corresponds to the relation and the obligations created between a creditor and its debtor. Those are called personal obligations, because they derive from the interpersonal relationship. This type of effect, is not to be confused with the *effet réel*, which is the effect directly attached to the good object of the property right. In the latter situation, there is no personal interaction involved. The effect is absolute. For instance, when the vendor sells his or her house, the transfer of ownership is an *effet réel*, that is to say, a direct effect that implies that, as soon as the vendor sold his house, no matter whether the delivery was to be delayed, the transfer of ownership would be made. There is no obligation involved, although some French authors would strive to demonstrate the opposite.[2] This is just a legal consequence of the sale of a good.

Historically, we may observe that usages, in some circumstances, could have, that type of legal consequences. The example of "possession" is topical. Under Roman Law, possession was initially considered as the practical control, somebody may have, on tangible objects. Some time after, the admission of a virtual possession of the rights of usufruct and servitude in Rome (*possessio juris*) opened the way for a considerable refinement of the notion of possession. However, in order to do so, it has been necessary to wait until the Middle-Ages, to see an attempt of rationalization of the roman work and the emergence of a coherent explanation thereof. In this respect, it should be noted that the post-glossators (and especially modern Romanists) have considered the possession of goods (*possessio rei*) the exercise of a property right.

Nowadays, possession is still defined as the exercise of a property right, irrespective of the question of its ownership.

Hence, we can see that usages may have some impact on property rights. Therefore, firstly, we will envisage the different illustrations of the impact of usages on property rights (Sect. 2), and secondly, we will try to propose a justification of this impact (Sect. 3).

---

[1]Art. 2 and 17 of the 1789 Declaration of the Rights of Man and of the Citizen attached to the French Constitution.

[2]Bloch (1988).

2 The Illustration of the Impact of Usages on Property Rights

We may face the legal consequences of Customary Law on property rights in both Public International Law (Sect. 2.1) and Private Law (Sect. 2.2).

2.1 Illustrations in Public International Law

In International Public Law, the impact of Customary Law has been demonstrated many times over. Furthermore, International Public Law has been shaped by a wide range of Customary Law influences. Customary Law also intervened to adapt International Public Law to the needs of Property Law. For instance, since the nineteenth century, the impact of custom on property rights has been established in the field of Maritime Law. Two examples may be mentioned.

The first example, which constitutes the precedent on the matter, is *The Charming Betsey* case.[3] In that case, an American merchant vessel, sailed from Baltimore on 10 April, 1800, under the name of *The Jane,* for St. Bartholomew with a cargo of flour, and afterwards proceeded to St. Thomas, where she was sold to J.S., who was born in the United States and while an infant removed to St. Thomas, of which place he became a burgher, and there carried on trade as a merchant, married there, and in 1797 took an oath of allegiance to Denmark. J.S. put a cargo on board of the schooner, calling her *The Charming Betsey,* and cleared her out for Guadaloupe. Afterwards, she was captured by a French privateer and ordered for Guadaloupe as prize, and was recaptured by the American frigate *Constellation,* Murray commander, and carried into Martinique, where the cargo was sold and the vessel was brought to the United States. The vessel and cargo were considered as having violated the law of the United States prohibiting intercourse between the United States and France, and the sale to J.S. asserted to be a cover to evade the law.

In this decision of the US supreme Court, Chief Justice Marshall held that the recapture was illegal with the justification that "[a]n act of Congress ought never to be construed to violate the law of nations if any other possible construction remains, and consequently can never be construed to violate neutral rights or to affect neutral commerce further than is warranted by the law of nations as understood in this country".

It is to be noted, that in this first case, we can see that the main concern of the judges, is to protect the rights of private people and, in particular, their property rights.

The second example, the *The Nereide* case,[4] went even further in the conceptualization of the protection of property rights by Customary Law. In that case, the

[3] *Murray v. Schooner Charming Betsey*, 6 U.S.64, 2 L.Ed.208 (1804).

[4] *The Nereide*, 13 U.S. 388 (1815).

claimant, Manuel Pinto, a native of Buenos Ayres, being in London, on 26 August, 1813, entered into a contract with John Drinkald, owner of the ship *Nereide,* whereof William Bennet was master, whereby the said Drinkald let to the said Pinto the said vessel to freight for a voyage to Buenos Ayres and back again to London. Under this contract a cargo, belonging in part to the freighter, in part to other inhabitants of Buenos Ayres and in part of British subjects, was taken on board the *Nereide,* and she sailed under convoy sometime in November, 1813. Moreover, it is to be noted that her license or passport, dated 16 November, stated her to mount 10 guns and to be manned by 16 men. On the voyage, the *Nereide* was separated from her convoy, and on 19 December, 1813, when in sight of Madeira, fell in with, and after an action of about 15 min, was captured by the American privateer *The Governor Tompkins.* She was brought into the port of New York, where vessel and cargo were libeled, and the vessel and that part of the cargo which belonged to British subjects were condemned without a claim. That part of the cargo which belonged to Spaniards was claimed by Manuel Pinto, partly for himself and partners, residing in Buenos Ayres, and partly for the other owners residing in the same place. On the hearing, this part of the cargo was also condemned. An appeal was taken to the Circuit Court, where the sentence of the District Court was affirmed *pro forma,* and from that sentence an appeal has been prayed.

The Court of Appeal mentioned the stipulation found in a treaty "that free ships shall make free goods". The judges, however, indicated that this stipulation did not imply the converse proposition, that "enemy ships shall make enemy goods". Besides, the treaty with Spain did not contain, either expressly or by implication, a stipulation that enemy ships should make enemy goods. Therefore, the Court stated that a neutral may lawfully employ an armed belligerent vessel to transport his goods, and such goods do not lose their neutral character by the armament, nor by the resistance made by such vessel, provided the neutral do not aid in such armament or resistance, although he charters the whole vessel and be on board at the time of the resistance. It was also mentioned that "the rule that the goods of an enemy found in the vessel of a friend are prize of war and those of a friend found in the vessel of an enemy are to be restored is a part of the law of nations, and has been fully and unequivocally recognized by the United States".

But above all, the Court said that "[e]ven in the case of salvage, a case peculiarly within the discretion of courts because no fixed rule is prescribed by the law of nations, Congress has not left it to this department to say whether the rule of foreign nations shall be applied to them, but has by law applied that rule. If it be the will of the government to apply to Spain any rule respecting captures which Spain is supposed to apply to us, the government will manifest that will by passing an act for the purpose. Till such an act be passed, the Court is bound by the law of nations which is a part of the law of the land".

Hence, not only Customary Law has a real impact on International Public Law, but also on Private Law.

2.2 Illustrations in Private Law

In Private Law, the notion of possession entails two types of legal impacts on property rights.

The first one, is a probative effect. Some authors argued that the possession of the good is a mode of proof of a preexisting ownership right.[5] The fact that a person possesses a good, the latter either been movable or immovable, proves that the person is not only the possessor, but also that he or she may be the owner of the good.

With regards to immovable goods, this may be explained by the fact that ownership is extremely difficult to prove. Having a sale agreement is a mere title that does not prove that the person is the owner of the good. The production of a title deed is far from being the most effective mode of proof. In fact, the title does not establish the ownership right of the purchaser of the good, but only the fact that the good was transferred to him or her. For such a transfer to have invested him or her with an ownership right, it is nevertheless necessary to determine that the seller has been the owner of the good himself. Sale agreements only permit the establishment of the right of the last successor, provided that the first alienator was really the owner of the property. Since in the vast majority of cases, it is impossible for someone to prove that the person, who sold him or her the good, is the real owner of the item, some authors saw in the proof of ownership right a *probatio diabolica.*[6]

It is to be noted that in France, the absolute proof of ownership right is impossible, there is no direct and formal evidence, such as the German '*Landbuch des Staatenbundes Deutschland*' which would allow to prove immovable ownership right. Therefore, for instance, in Corsica Island, notaries created a peculiar notarial deed, namely an "*attestation de notoriété*",[7] that would determine the ownership rights acquired by prescription for the purposes of the article 2258 of the French Civil Code. Such deed is aiming at proving the real ownership rights owner, since, according the adage *scripta publica probant se ipsa*, given the fact that notaries are appointed to establish deeds in accordance with French Law, hence the *instrumentum*, with regards to notary deeds should be undisputable. However, an *attestation de notoriété* only constitutes a fragile proof of ownership rights.

Such a deed essentially exist in Corsica Island where a « profonde anarchie du patrimoine terrien (qui) échappe à toute maîtrise juridique et humaine ».[8] It is often difficult to establish ownership rights since no written *instrumentum* that would comprise prior acquisitions. Because property ownership deeds are rare, the solution found to fix this weakness was to use a combination of prescriptive acquisition and the *attestation de notoriété*, the latter written *a posteriori*. Since the ownership rights deriving from the prescription are opposable to third parties, the interest of such an

---

[5]Troplong (1835), n° 237.

[6]Zenati-Castaing and Revet (2008), p. 364, n° 222; Carbonnier (2016), p. 1728, n° 789.

[7]Posocco (2017), p. 155 et seq.

[8]Conseil économique social et culturel de la Corse (2009).

act is not to determine the existence of an ownership right, but to formalize the existence of acts of acquisitive prescription vis-a-vis third parties.

Therefore possession of the good is the best proof of ownership. Since the possessor is presumed being the owner of the item, it is easier for him or her to prove that he or she is the real owner of the good. Possession might not be a right in itself, but may be a mode of proof of a property right. With regards to immovable goods, as soon as the possessor has possessed the good for a sufficient amount of time, then, he or she is allowed to go before a Court and invoke his or her possession as an evidence of the existence of his or her ownership right.

Acquisitive prescription, which is a proven, reliable and ancient technique, allows a person to become the owner of an immovable good by a prolonged possession.[9] Even if not unlimited,[10] the domain of acquisitive prescription is wide. Coveted immovable goods may be, either large[11] or small[12] parcel of land, stretches of land situated on the borders of larger areas,[13] roads,[14] streams,[15] yards,[16] patios,[17] rooms[18]...

With regards to movable goods, the situation is slightly different. The article 2276 of French Civil Code, underwent changes in its interpretation, that led to a complete different meaning and therefore, different legal consequences. Initially, the purpose of such a formulation was only probative. In its original sense, le rule only drew the necessary conclusions that, in terms of movable goods, it was not customary to produce a written document in order to establish the ownership rights on the good. Thereupon, the rule presumed that the one who possesses the movable good is supposed, in the absence of evidence to the contrary, that he or she is the legitimate owner of the good, even though he or she should not be able to produce any title deed.

However, such an interpretation is no more followed. Late authors construed the provision "*en fait de meuble possession vaut titre*" as the possibility for the mere possessor to assert that he or she is the real owner of the movable good. Hence, in the nineteenth century, under the influence of academics, the primary probative function of the rule was doubled by an acquisitive function.

---

[9]Posocco (2017), pp. 155–156.

[10]Only primary property rights may be acquired by prescription. Neither secondary rights, nor debt or goods belonging to the public domain may be prescribed.

[11]CA Papeete, civ. Ch., 26 June 1997; CA Papeete, civ. Ch., 15 February 2001.

[12]Cass. 3rd civ, 25 June 2003, n° 02-10.946; CA Pau, 1st Ch., 28 June 2004; CA Rennes, 1st Ch. A, 14 January 2004.

[13]CA Pau, 1st Ch., 31 March 2003; CA Paris, 2nd Ch. B, 15 September 2005.

[14]CA Pau, 1st Ch., 3 January 2005; CA Rouen, 1st Ch., 16 February 2005; CA Rouen, 1st Ch., 3 March 2005.

[15]CA Nancy, 1st Ch., 8 December 1998.

[16]CA Riom, civ. Ch., 19 February 2004.

[17]Cass. 3rd civ., 7 October 1998; CA Paris, 19th ch. A, 25 June 1996.

[18]CA Paris, 19th ch. A, 26 November 2003.

In this respect, the acquisitive function is the second legal effect usages may have on property rights.

As noted above, possession is a way of proving that a person is the owner of a good. Nonetheless, possession may lead to *usucapion* or acquisitive prescription.[19] Not only possession evidences the ownership right, but it also constitutes the element where the right starts and takes roots. As long as the possession will be public, constant, peaceable, and long enough, it will have an impact on the rights of the possessor. In other words, thanks to his or her possession, the possessor will be able to acquire an ownership right on the possessed item.

Hence, we can see that the notion of possession implies, in and of itself, two types of legal consequences, that could seem antagonists, but which are not in the end, since they lead to the same consequence, that is the acquisition of property rights.

3 The Justification of the Legal Impact of Usages on Property Rights

We have noted that possession was provided with legal impacts. On the model of usages, we can observe that the two have some elements in common. They share the same structure (Sect. 3.1), and the same normative strength (Sect. 3.2).

3.1 Structure and Vocabulary Sharing

As already defined, a usage is a behavior that has been generalized among a group and therefore provided with legal effects.

In terms of structure, with respect to the notion of possession, although some consider it as a pure fact,[20] other however, recognize that this fact, to which legal consequences are attached, constitutes, according to a usual classification, a legal fact, voluntarily lawful, from which a legal situation of possessor arises.[21] Therefore, both usages and possession derive from facts, or even legal facts, to which will be, subsequently, attached a legal impact.

In terms of vocabulary, they share the use of the same words. Indeed, possession entails the use of a good. In French, use is said "usage".[22] Hence, there is some sort of parallelism in terms of vocabulary. Possession also implies the use of a good that would be constant, for a certain time. It should be noted that a usage is established by

[19] On the notion of acquisitive prescription, *see* Zenati-Castaing and Revet (2008), p. 364, n° 222; Carbonnier (2016), p. 1728, n° 789.

[20] Ripert and Boulanger (1956), n° 2282.

[21] Bonnecasse (1935), n° 367.

[22] *Dictionnaire Larousse anglais-français* (2016) v° *use*.

the constant application of its provision, hence, time is also a common thread among the two.

Not only do they share structure and vocabulary but they also share the similar normative force.

3.2 *Normative Force Sharing*

3.2.1 Definition of the Notion of Normative Force

The normative force is a peculiar notion which could be defined as "the ability of a norm to provoke behaviors, guide conduct, influence practices and/or serve as a model or standard for judging those behaviors, conducts or practices".[23] Indeed, a legal norm is classically characterized by its compulsory and binding force. For its part, the normative force should be understood as the capacity of this legal norm to be binding on the parties and could therefore be assimilated to compulsory force.

Besides, some authors tried to draw a distinction between normativity and normative force, and say that "[n]ormativity is associated with the legally binding effects of the norm, (. . .) the expression normative force, as I understand it, goes beyond this framework, by embracing all the effects of the norm (mandatory, commendatory, influence, etc.)".[24] Others, indicate that "[w]hereas normativity describes an objective quality of norms, which exists at a given moment, the normative force questions the destiny of norms, their effectiveness in relation to their object. It focuses on the reception of standards, their impact on their environment and their recipients".[25]

In any event, it should be noted that the normative force is geometrically variable. The normative force of norms varies depending on whether you are "the author of the norms, or the recipient thereof".[26]

Normative force can be acquired, intensified or even lost. Authors declared that, if the binding force can exist *ab initio*, the norm can also acquire it *a posteriori*, because the normative force may intensify over time, either by the effect of an act, or by the intervention of the judge, who can confer it or modulate it, or even by the reception of the norm by its recipients. Correlatively, it can also exhaust itself and disappear by the effect of time.[27]

[23]Mazuyer (2009), pp. 577–589.

[24]Cazala (2009), p. 337.

[25]Thibierge (2009), p. 758.

[26]Thibierge (2009), p. 760.

[27]Thibierge (2009), p. 762.

3.2.2 The Normative Force of Usages and Possession

Usages and possession derive from facts. No legislator intervened to give them the compulsory force attached to an Act of Parliament, for instance. Nonetheless, this does not mean that these two notions do not have any normative force.

Besides, some said that normative force may be changed in compulsory force by the decision of a judge.[28] Though this argument is questionable, since judges in France do not have any legislative power, it remains possible to try to envisage such possibility, regarding possession. In this latter case, the fact that parties may invoke their possession before au judge, allows them to demonstrate their ownership right. Possession becomes ownership right, since only this latter has a compulsory force attached to it. But does the judge have any impact on the ownership right? It seems that we could argue that, along with what considered Troplong,[29] the ownership right preexists the decision of the judge. This latter merely makes public this property right, which directly derives from the possession itself.

However, it is to be noted that usages, and by way of consequence Courts decisions, may have some peculiar impacts on property rights.

On the one hand, in a recent case,[30] a Court decided that local usages prevailed over possession. In that case, Owner A owned an estate with a garden opening on a path along parcels belonging to Owner B. Owner A only had a right-of-way on the said pathway leading to the 'rue de la Vielle Ville'.

A dispute arose between both neighbors, the estate owner A argued that its neighbors (Owner B) had put in fence and planted trees narrowing the width of the path from 3.0 m to 1.0 m. An expert was designated to determine the right-of-passage ensuring a normal passage from the dominant estate, and to provide every element allowing to have a more detailed knowledge of the structure of the pathway. The Lower Court ordered Owner B to remove the fence and every tree planted by them in order to allow the normal exercise of the right-of-passage on a 3.0-m width path.

The Court of appeal noted that the servitude was conventional and after examining every property titles, stated that the access trail to the 'rue de la Vielle Ville' was included in the parcel belonging to Owner B. It was stipulated that 'this trail was to be shared with several owners to give access to the street', but nothing was specifically stipulated with regards to the width of the trail.

Besides, according to the Court of appeal, the description of the "pathway" excludes any will of the constituents to create a servitude allowing the passage of vehicles, a path being in its literal sense, and indeed in the most common sense, a "narrow path for pedestrians and cattle". Plus, according to usages and customs of

---

[28] *See e.g.* Groulier (2009). The author takes the example of the Preamble of the 1946 French Constitution to try to prove that this mere set of recommendations had been attached some sort of compulsory force thanks to the intervention of the French *Conseil d'Etat*.

[29] *Cf.* note 5.

[30] CA Paris, 1st Ch., 30 June 2017, n° 15/20640.

the Canton de Sergines, as reported by Owner A, it is customary to walk across unfenced or unseeded land. According to that usage, a right-of-way established at 1.0 m is consistent with the width of a wheelbarrow or cattle. Hence, the expert inferred that a minimum 1.0-m width right-of-way is sufficient to allow a normal use of the cultivated garden on the plot of owner A.

It followed from these various elements that there was no element that would justify that the pathway width should be established at 3.0 m as claimed by owner A. there was no real intent expressed by the parties to specifically establish a servitude on such a width. On the opposite, they seemed to have intended to establish a mere 'trail', which would mean that they only had the intention to establish a narrow path for pedestrians and cattle.

However, if we take a look at article 701 of the French Civil Code, which provides that "*the owner of a servient estate may do nothing tending to diminish its use or to make its use more inconvenient*", and article 702 of the same Code, which specifies that "*for his part, he who has a right of servitude may only use it in accordance with his instrument of title, without being allowed to make, either on the estate that owes the servitude, or on the estate to which it is owed, any change that would render the condition of the servient estate more burdensome*", one could find the judgement questionable. Indeed, according to the Court, since the 1.0-m pathway was in accordance with local usages, owner A could not ask for a 3.0-m pathway. Even though the pathway had been a 3.0 m path for more than 12 years, for the purposes of local usages, such width was not considered to have become inconvenient for the owner of the right of servitude. However, such decision could appear open to criticism in respect of the reduction of the servitude. But it seems that usages sometimes prevail over property rights.

On the other hand, sometimes, Courts could have recognized a compulsory force to possession for the purposes of usages, for instance in cases related to boundaries.

Under French Law, once an ownership right has been granted to the possessor of an immovable good, the latter has the right and even the duty to fence its estate. This is a usage to put fences and French law tends to help the implementation of such usage.[31]

Hence, in a recent case[32] where the claimant asked for the marking of boundaries of its estate by a designated expert, the Court of appeal noted that, the judicial expert pointed out that the dividing line at issue was currently marked by a very old dry stone wall which supported the land of the invoked property and which was surmounted by an antique barricade fence against which were backed wooden panels, these latter old enough in view of their general condition : a few trees grow nearby as is often the case in Provence; the expert described this limit as "old and apparent", responding to a logic of use of space in accordance with local customs.

The Court of appeal confirmed the decision of the Lower Court stating that the trial judge was right to establish, after investigating the three limits and analyzing the

[31]Carbonnier (2016), p. 1747, n° 799.

[32]CA Aix-en-Provence, 4th Ch., 15 June 2017, n° 15/18496.

facts, a dividing line of the respective estates, this line being based on possession of the premises in accordance with local customs.

Furthermore, a strong argument in favor of a real normative force of possession is the fact that, in wine industry, although domain names are not constitutive of property rights,[33] the use of a domain name entails some legal consequences.

There are examples that show that, though owners of domains are not exactly located in the area covered by the protected designation (or AOC), they can, anyway, benefit from it. In a recent *Pomerol* case, several producers requested the annulment of a decree, that intended to modify the requirement specifications in order to benefit from the protected designation *Pomerol*. The French *Conseil d'État* here stated that "[i]t appears, however, from the documents in the case-file that the specification for the AOC "Pomerol", which does not contain any element that would justify the need to locate the vinification process, wine-making, and ageing operations within the geographical area of production, it only requires, in Chapter IX entitled "Wine processing, making, ageing, filling and storage", that vinification is carried out "in accordance with local, loyal and constant practice" and does not mention in its developments devoted to the "place of origin", the natural and wine training methods. It is also clear from the documents in the file that the applicants were able to carry out their vinification, wine-making and ageing operations outside the geographical production area of the AOC "Pomerol"for decades while benefiting from this appellation. Furthermore, neither the documents in the file nor the arguments put forward by the Minister for Agriculture, Food and Forestry, the National Institute of Origin and Quality and the fact that the location of cellars and those of the applicants, in the immediate vicinity of the geographical area of production, and the grape transport operations involved therein, are such as to undermine the quality and the characteristics peculiar to them to the wines of the AOC "Pomerol". In view of all those circumstances, in so far as it approves a change in the specification for the AOC "Pomerol", which does not provide for the delimitation of any zone of immediate proximity and therefore excludes from the benefit of that appellation all Producers who do not carry out vinification, wine-making and ageing operations within the geographical area of production, the contested decree is vitiated by an error of assessment.[34]

French administration makes every effort to precisely determine what could be considered as being an appropriate neighboring area. Therefore, it may be difficult sometimes for a wine producer to match the criteria. However, in such cases, it is generally provided that the producers would be indemnified in order to adapt to the new specifications, of for the loss of profit incurred.[35] That is to say that, although

---

[33]*See* Art. L. 711-3 of the French Code of Intellectual Property; *see also* Cass. com., 18 February 2004, *PIBD* 2004, n° 787, III, p. 331; *Propr. industr. 2004,* comm. 52, P Tréfigny.; Cass. com., 9 November 1981, *Bull. civ.* 1981, IV, n° 386; *Ann. propr. ind.* 1982, p 118; *JCP G* 1982, II, 19797, note G. Bonet.

[34]Conseil d'État, 3ème - 8ème chambres réunies, 27 janvier 2017.

[35]Olszak (2001), p. 99; Agostini (1988), p. 21081; Olszak (2002), p. 1894.

the usage of a protected designation is not in itself a property right, it has some legal effects, since parties may invoke the fact that they are located in the specific area to benefit from the protected designation. If they are not, even if they are not authorized to use the designation, they may be indemnified.

In any event, as any other usage, the normative force of possession may disappear. As soon as the possession becomes discontinued, then, the legal effect (either probative, or even acquisitive) disappear. The possessor would have to wait for, at least, 10 more years, in order to be able to invoke the acquisitive prescription before a judge. This type of situation may appear with regard to usages that would have fell into disuse.

The normative force of possession is therefore pretty much linked to the normative force of usages. They may sound as if they were two different types of norms, with different impacts, but in fact this does not seem to be the case.

References

Agostini E (1988) Note sous Cass. com., 1er déc. 1987, La semaine Juridique Générale, II, 21081

Bloch P (1988) L'obligation de transférer la propriété dans la vente. Revue Trimestrielle de Droit Civil 673

Bonnecasse J (1935) Supplément au traité théorique et pratique de droit civil de Baudry-Lacantinière, II, Paris

Carbonnier J (2016) Droit civil, t. 2. Puf, Paris

Cazala J (2009) La force normative des instruments du *Codex alimentarius* dans le cadre de l'Organisation Mondiale du commerce, La force normative : naissance d'un concept. Bruylant, Bruxelles

Conseil économique social et culture de la Corse (2009) Rapport sur la problématique foncière en Corse, Ajaccio

Dictionnaire Larousse anglais-français (2016)

Groulier C (2009) La distinction de la force contraignante et de la force obligatoire des normes juridiques. Pour une approche duale de la force normative. In: La force normative : naissance d'un concept. Bruylant, Bruxelles

Mazuyer E (2009) La force normative des instruments adoptés dans le cadre de la responsabilité sociale de l'entreprise, in La force normative : naissance d'un concept. Bruylant, Bruxelles, pp 577–589

Olszak N (2001) Droit des appellations d'origine et indications de provenance. Lavoisier, Paris

Olszak N (2002) Note sous CA Paris, 12 sept. 2001, Dalloz, 1894

Posocco L (2017) La preuve de l'acquisition de la propriété : l'attestation de notoriété. In: La preuve de la propriété immobilière, Mare & Martin, Paris

Ripert G, Boulanger J (1956) Traité de Droit civil : d'après le traité de Planiol, vol 4. Librairie générale de droit et de jurisprudence, Paris

Thibierge C (2009) La force normative, in La force normative : naissance d'un concept. Bruylant, Bruxelles

Troplong R-T (1835) De la prescription, vol I, Paris

Zenati-Castaing F, Revet T (2008) Les biens. Puf, Paris

Usages et contrat-type

Philippe Grignon

Abstract This contribution examines the relationships that exist between usages and model contracts (contrats-types).

First, it addresses the possibility for model contracts to constitute usages to which courts and professionals will be able to refer. While this contribution accepts this possibility, it emphasizes that this role is not automatic and will depend in particular on the legitimacy of the institution that will have drafted the model contract.

Second, it tries to determine whether model contracts may lead to usages. This possibility is also accepted but only with respect to the specific clauses for which a general practice will be evidenced.

1 Introduction

De prime abord, le traitement du sujet « *Usages et contrat-type* », curieusement mais affectueusement[1] hérité, par excès de confiance, de notre ami Pierre Mousseron, s'annonçait simple. La feuille de route, à carte blanche unilatéralement présumée par l'auteur de ces lignes, limpide : mettre en évidence les interactions existantes entre les usages et les contrats-types.

Nous le confessons : rempli de certitudes nous étions avant de mettre l'ouvrage sur le métier : une fois achevée, l'étude ne pourrait que confirmer notre conviction instinctive d'une porosité entre les deux notions et, peut-être - surement d'ailleurs - entre leurs régimes.

[1] *Curieusement*, tant il sait par expérience que nous sommes, par caractère, réfractaire aux « standards », « normes », « types », ou « cadres ». donc : aux « contrats-types ». « *L'Esprit Grande Prairie* » (Mitchell E, *in* « Come back », 2010, éd. Universal music/Polydor). *Affectueusement*, car au-delà de cette longue amitié, il nous donne l'occasion de retrouvailles familiales, même si elles ne sont qu'intellectuelles, et par ouvrage interposé.

P. Grignon (✉)
Faculté de Droit de Montpellier, Montpellier, France
e-mail: philippe.grignon@umontpellier.fr

L. Mayali, P. Mousseron (eds.), *Customary Law Today*,
https://doi.org/10.1007/978-3-319-73362-3_5

Mieux encore : une image avions à l'esprit : à gauche, le mot « Usages »; à droite, celui « Contrat-type ». Et entre les deux, un mouvement. Plus exactement une direction. Bien arrêtée : de gauche à droite. Point de départ : l'usage. Point d'arrivée : le contrat-type. Billet simple, en somme. Version Robert de Niro fuyant New-York, dans l'éblouissante fresque de Sergio Leone[2] : « *One way* » répondait-il au guichetier de la gare qui avait choisi pour lui la destination de Buffalo. L'idée d'un retour? Nécessairement hors-sujet. Car dans notre scénario bien arrêté, la vedette ne pouvait qu'être l'usage, le contrat-type un figurant. Une doublure? À la rigueur, mais seulement dans une hypothèse « maximale ». Envisagée au début de cette étude comme totalement improbable. En définitive, à la question : « *quel rôle pour le contrat-type?* » Notre réponse était certaine : « *un vassal des Usages* ». Seule inconnue, de l'ordre du « détail » : préciser son grade : « Valet », ou « Majordome »?

Doux rêveur que nous étions . . .! Mais : « doux rêveur » : par Bonheur! Car c'est finalement le Grand Mystère de la Vie : les « choses » s'ordonnent rarement comme on avait pu l'imaginer. Les théoriser au départ. Théoriser : réflexe de survie des universitaires pressés par le temps à l'aune de prendre la plume? Probablement. Réflexe de survie de l'auteur de ces lignes? À l'évidence.

La Vie, par bonheur, bouscule cet ordre. L'étude - pour prendre un usage linguistique local - « chamboule » nos conclusions préconçues. Quitte à devoir rendre, et comme à notre accoutumée, ces pages bien après la date ultime de remise, mais avec l'acceptation bienveillante de leur commanditaire.

Une première difficulté - inattendue – se fit jour : en bon universitaire, poser *in limine* de l'étude une définition du « contrat-type »[3] qui servirait de référence. De boussole, pour la suite des développements.

Inattendue, tant l'expression « Contrat-type » sonne si familière aux oreilles des juristes. De l'acabit de celles de « *Bon père de famille* » ou de « *Bonne mœurs* » croisées par des générations d'étudiants dès la première année de Droit. Si familière depuis tout ce temps, si évidente en principe que pourtant, au moment précis d'en livrer une définition, on ressent une grande gêne. Car comme pour toutes les notions-cadres, les standards juridiques, plusieurs Codes font référence aux contrats-types, mais sans jamais en livrer de définition.

La difficulté a pour siège la polysémie de l'expression « contrat-type ».

Dans une première acception, elle désigne un modèle de contrat systématiquement utilisé par un professionnel dans le but de rationaliser l'exercice de son activité. Une fois élaboré, le modèle sera proposé à l'occasion de chaque nouvelle relation contractuelle, sans que soit envisagée la moindre modification de son contenu, au regard du coût qu'engendrerait ce sur-mesure. Avec ce premier sens, le contrat-type appartient incontestablement à la catégorie des contrats d'adhésion[4] et constitue la

---

[2]« Once upon a time in America », de Sergio Leone (1984).

[3]Léauté (1953).

[4]Technique Contractuelle, de la première édition, Mousseron (1988), n°292, p. 121 à la dernière Mousseron et al. (2017), n°138, p. 59; Mainguy (2001), n°2; Cornu (2016), V° *Contrat*; Crépeau (1974), p. 67 et s.; Rieg (1970), p. 111.

figure de proue des relations de consommation. La récurrence de son utilisation en cette sphère est d'ailleurs mise en exergue par l'unique article composant, dans le Titre 1er du Livre 1er du Code de la consommation, le récent chapitre IV[5] intitulé « *Remise des contrats-types* » : l'article L. 114-1 impose, en effet, « *à tous professionnels vendeurs ou prestataires de services de remettre à toute personne intéressée qui en fait la demande un exemplaire des conventions qu'ils proposent habituellement* ». La localisation du texte dans l'architecture générale du Code n'est pas anodine : elle atteste, au moins à l'échelle d'une entreprise, que la régularité est une condition intrinsèque de la notion de contrat-type.

Dans une deuxième acception, le contrat-type[6] désigne un modèle de contrat au spectre bien plus large, et dont la rédaction est totalement étrangère aux cocontractants amenés, par choix ou obligation, à en faire application. Sorte de guide-âne mis à la disposition des parties, sa finalité est pédagogique : leur éviter erreurs ou omissions à l'instant de contractualiser leurs relations.[7] Dans un premier cas de figure très fréquent, le contrat-type est établi par un organisme ou un ordres professionnel, à l'intention de ses membres.[8] Son utilisation n'est pas impérative, mais fortement - « *préconisée* » ou « *recommandée* » par les instances. Dans un second cas de figure, le contrat-type est doté d'une valeur règlementaire car sa rédaction, initiée par les pouvoirs publics[9] ou imposée par la loi,[10] a par la suite

---

[5]Introduit en 2016 dans le Code de la consommation.

[6]Regrettant cette appellation et lui préférant celle de « *formule-type de contrat* » : Léauté (1953), n°1.

[7]Cf. en ce sens : Malinverni (1978), n°63 et s.

[8]Ainsi - et notamment-, le Conseil national de l'Ordre des médecins qui, sur son site internet, met à disposition de la profession plus d'une trentaine de contrats-types. Même initiative pour le Conseil national de l'Ordre des architectes. Également, en matière de relations publicitaires, pour l'Union des annonceurs et l'Association des agences de communication (Cf. pour des exemples de contrats-types en cette matière : Kostic and Wilhem (1999), p. 12 et s., reproduisant en annexes de l'ouvrage les différents contrats-types).

[9]Comme pour le contrat-type du 19 septembre 1961 qui régit les relations entre les annonceurs et les agences de publicité. Son origine a pour initiative spontanée le Gouvernement, après qu'un avis formulé par le comité technique des ententes ait pointé du doigt certaines pratiques anticoncurrentielles usuelles dans le domaine de la publicité. Cette rédaction échut, par arrêté ministériel, à un comité d'experts placé auprès du secrétariat d'État au commerce intérieur.

[10]Tels : les contrats-types de location de logement à usage de résidence principale prévus par la loi Alur n°2014-366 du 24 mars 2014 et annexés au décret n°2015-587 du 29 mai 2015; le contrat-type de syndic prévu par la même loi et annexé au décret n°2015-342 du 26 mars 2015; les contrats-types de fermage et métayage (cf. Code rural et de la pêche maritime, art. L. 411-4); les contrats-types portant sur les transactions entre producteur et acheteurs de produits agricoles ou alimentaires (Cf. C. rural et de la pêche maritime, art. L. 631-18); les contrats-types de transport routier de marchandises et de commission de transports prévus par la loi d'orientation des transports intérieurs n°82-1153 du 30 décembre 1982, dite « Loti » (Cf. C. des transports, art. L. 1432-12 : *les clauses des contrats-types de transport de marchandises et des contrats-types de commission de transport sont établies par voie règlementaire* »).

fait l'objet d'une approbation[11] ou d'une homologation.[12] À tout le moins, d'une publication officielle.[13] Mais même dans cette hypothèse, son autorité demeure variable puisque son application n'est que supplétive[14] dans certaines matières, obligatoire[15] dans d'autres.

C'est cette deuxième acception que nous retiendrons pour la suite de l'étude. Car même pratiqué de manière habituelle par un professionnel, un modèle de contrat n'a pas vocation, à l'échelle d'une profession, à rendre compte de l'interaction de ses « Usages » et « Contrats-types ». L'observation n'est pas nouvelle : dans sa thèse, le Professeur P Deumier relevait déjà : « *les règles retenues par une entreprise ne prétendent pas constater les usages d'un métier* ».[16] Ce n'est, par conséquent, qu'au niveau national que la présence de cette interaction sera décelable. Aussi entendrons-nous, pour rendre également compte des diverses autorités rencontrées dans le deuxième sens de l'expression, par « Contrat-type » : le modèle de contrat rédigé par les représentants d'une profession à l'intention de ses membres, que cette rédaction procède d'une initiative spontanée, ou d'une demande du pouvoir règlementaire.

Pour la majorité des auteurs, le lien entre les usages d'une profession et le contrat-type mis à disposition de ses membres ne fait aucun doute. Le second ne peut avoir comme vocation qu'à consacrer les premiers. Ainsi peut-on lire : « *D'autres conditions générales ou contrats-types sont rédigés par des organismes professionnels ou*

[11]Tel est le cas pour les différents contrats-types de transport routier de marchandises (cités supra, note 10).

[12]Comme pour les contrats-types pris, en application de l'article L. 631-18 du Code rural et de la pêche maritime, dans les relations entre producteurs et acheteurs de produits agricoles ou alimentaires.

[13]Comme pour les contrats-types de location et de syndic cités à la note 10. Également, par publication d'arrêtés préfectoraux, des contrats-types départementaux de baux ruraux. De même, mais par simple publication au journal officiel, pour le contrat-type de 1961 entre annonceurs et agences de publicité.

[14]Ainsi pour les contrats-types de transport routier de marchandises (C. des transports, art. L. 1432-4 : « à défaut de convention écrite et sans préjudice de dispositions législatives régissant les contrats, les rapports entre le parties sont, de plein droit, ceux fixés par les contrats-types prévus à la section 3 »); le contrat-type de 1961 entre annonceurs et agences de publicité (Préambule : « les experts considèrent qu'en l'absence de tels accords ou en leur silence sur certains points, les dispositions du contrat-type devraient régler les rapports entre annonceurs et agents de publicité »; les contrats-types de baux ruraux cités supra, note 10 (Cf. C. rural et de la pêche maritime, art. L. 411-4, al. 2 : « À défaut d'écrit enregistré avant le 13 juillet 1946, les baux conclus verbalement avant ou après cette date sont censés faits pour neuf ans aux clauses et conditions fixées par le contrat-type établi par la commission consultative des baux ruraux »).

[15]Tel est le cas des contrats-types de location de logement à usage de résidence principale (Cf. art. 3 de la loi n°89-462 du 6 juillet 1989 tendant à améliorer les rapports locatifs: « *Le contrat de location est établi par écrit et respecte un contrat type défini par décret en Conseil d'État, pris après avis de la Commission nationale de* concertation ». *Adde*, art. 8-1, III et 25-7 du même texte) et du contrat-type de syndic (Cf. art. 18-1 A de la loi n°65-557 du 10 juillet 1965 fixant le statut de la copropriété des immeubles bâtis : « *Le contrat de syndic respecte un contrat type défini par décret en Conseil d'État* »), cités *supra*, note 10.

[16]Deumier (2002), n°92, p. 85.

économiques, constatant les usages commerciaux en vigueur, les pratiques contractuelles les plus courantes, pour les généraliser à tous les membres relevant de cette profession ».[17] Ou encore que : « *l'adoption* [par les contractants] *d'un contrat-type déterminé entraine celle des usages qui y sont attachés* ».[18] Au cas particulier du contrat-type de sous-traitance de transport, a pu également être observé que « *ce contrat a été innovant sur plusieurs points par rapport aux autres contrats-types déjà existants, notamment en ce qu'il a prévu des délais de préavis en cas de rupture; ces derniers peuvent être d'ailleurs considérés plus ou moins comme des délais d'usage, même en dehors des relation de sous-traitance routière* ».[19]

Pour autant, et contrairement aux Codes d'usages croisés dans certains domaines d'activité,[20] « *le contrat-type n'a pas pour objet de recenser les usages d'une profession* ».[21] Par son intitulé même, sa vocation première demeure exclusivement contractuelle : être outil juridique à l'utilisation abandonnée à la seule discrétion des parties. D'ailleurs, au sein d'une même profession, cohabitent parfois Code d'usages et contrat-type,[22] le dernier se bornant - mais point systématiquement[23] -, à traduire en langage juridique certains usages inventoriés par le premier. Diable! Le contrat-type ne serait donc, du moins ici, qu'un « perroquet juridique »?

Mais dans l'hypothèse épurée et plus captivante – que nous retiendrons pour la suite de cette étude - de l'absence de Code, faut-il adhérer à l'idée - fort répandue - que les contrats-types consignent indubitablement, au plan juridique, les usages d'une profession ?

Car d'indices, les rédacteurs n'ont guère laissés. La plupart des contrats-types conservent le secret de leur rédaction. N'y sont jamais inventoriées par les auteurs les sources mobilisées. En outre, excepté de très rares exceptions, ils ne sont agrémentés ni de préambule, ni d'explications de texte. Rarissimes sont donc les références faites aux usages.

Mais même lorsqu'il n'y en a aucune, l'interaction entre les deux notions demeure un thème incontournable. Exemple peut être pris du contrat-type du

---

[17]Mainguy (2001), n°4.

[18]Pédamon and Kenfack (2015), n°19, p. 20. Cf. cependant *infra*, note 21.

[19]Tropin (2009), n°67. Dans le même sens : Bazin-Beust (2013), p. 36.

[20]V., sur les Codes et recueils d'usages, Mousseron (2014), n°218 et s.

[21]Près (2004), n°243, p. 190. Kenfack and Pédamon (2015), n°29, pp. 32–33, qui assimilent les conditions générales de vente à des codes d'usages, puis les distinguent des contrats-types « *qui constituent des modèles de contrats complets proposés aux membres de la profession et qui contiennent souvent des innovations* ». En matière de baux ruraux, cf. CA Nancy, 2ème ch. civ., 3 décembre 2015, RG n°15/02122 : « *Le contrat-type a pour objet de fixer les clauses et conditions des baux conclus verbalement* ».

[22]Comme en matière de droits d'auteurs où Près (2004) observe (n°245, p. 191) : « Pour l'édition littéraire, le Syndicat national de l'édition a établi par exemple de nombreux modèles de contrats. La plupart font application des codes des usages conclus sous son égide. Le Modèle de contrat d'édition d'une œuvre de littérature générale reprend ainsi en grande partie les dispositions du Code des usages en matière de littérature générale, tandis que le Modèle de contrat de traduction reprend celles du Code des usages pour la traduction d'une œuvre de littérature générale ».

[23]Cf. *infra*, 3.

19 septembre 1961 régissant les relations entre annonceurs et agences de publicité. Après rappel historique de l'origine de la constitution du comité d'experts l'ayant rédigé, son préambule se limite à préciser que ces derniers « *ont surtout cherché, en établissant un contrat-type, à affirmer dans les relations entre annonceurs et agents de publicité, un climat de confiance indispensable à une bonne collaboration et à définir, dans les conditions actuelles, les bases équitables dont pourraient s'inspirer les accords qu'ils concluent* ». Cette déclaration a invité certains auteurs à conclure « *qu'à l'origine, le contrat type ne constatait pas des usages* ».[24] Ou encore que le contrat-type a été rédigé « *non pas pour consacrer les usages mais au contraire pour remplacer les usages professionnels précédents que la Commission technique des ententes venait de condamner* ».[25] Mais d'autres adoptent une opinion radicalement opposée : « *il est en effet notoire que ce document publié au Journal officiel contient des dispositions traduisant des usages préexistants à son élaboration . . .* ».[26] Quant à la jurisprudence, elle a revu totalement sa position : après avoir jugé peu après la publication du contrat-type que « *le souhait de M. le Secrétaire d'État au commerce, contenu dans une lettre du 9 août 1961, de voir le contrat-type servir de référence aux tribunaux chargés d'examiner des litiges consécutifs à des contrats de publicité est la meilleure preuve qu'aucun usage n'existait jusqu'alors en la matière* »,[27] elle décidait à partir de 1968 que certaines de ses dispositions consacraient des usages : « *la cour d'appel .. ne s'est pas contredite en admettant que, sur un point particulier, les droits de propriété littéraire et artistique, le contrat-type consacrait un usage général en matière de contrat de publicité. . .* ».[28] D'autres arrêts reprendront cette position : « *le contrat-type ne fait que traduire en langage juridique les usages qui s'étaient établis entre les agences de publicité et leurs clients* ».[29]

Fort heureusement, on recense - mais de manière minoritaire - des contrats-types dont les créateurs ont eu la bienveillance de préciser que les usages de leur profession avaient guidé leur plume. C'est le cas du commentaire accompagnant les contrats-types de production audiovisuelle proposés par la société civile des auteurs multimédia (SCAM). Y figure cette déclaration : « *Le modèle de contrat Scam rend compte des*

---

[24]Bigot and Hazan (2000), n°609-51.

[25]Greffe and Greffe (2000), n° 20. Sur la genèse de ce contrat-type, cf. *supra*, note 9.

[26]Près (2004), n°252, p. 197.

[27]CA Paris, 28 février 1964, cité par Leloup (1969) dans sa note sur Cass. com., 5 novembre 1968.

[28]Cass. com. 5 novembre 1968, *préc.*

[29]CA Paris, 3ème ch., 1er juillet 1970, JCP 1971, II. 16821, note Pédamon M. Le pourvoi contre cette décision fut rejeté : Cass. com. 25 janvier 1972, D. 1972, p. 423 : « *l'arrêt, par les motifs critiqués susvisés, n'a fait qu'user de son pouvoir d'apprécier l'existence d'un usage général qui s'imposait aux parties, à défaut de conventions contraires, ainsi que la portée, en l'espèce, de cet usage* ». Dans le même sens : CA Paris, 1ère ch. B, 15 novembre 1990, RG n°s 90/18943 et 90/18680, D. 1991, IR p 11 : « *Ce contrat-type traduit en langage juridique les usages instaurés entre les agents de publicité et leurs clients* ». Pourvoi rejeté par Cass. 1ère civ., 13 octobre 1993, Bull. civ. I, n°284; D. 1994, p. 166 note Gautier P-Y; *ibid.*, somm. p. 280, obs. Hassler T : « *la cour d'appel a souverainement retenu que la commune intention des parties avait été de se soumettre au contrat type qui ne faisait que traduire les usages commerciaux qui s'étaient instaurés dans le domaine de la publicité* ».

pratiques de la production d'œuvres audiovisuelles documentaires [...]. *Ce modèle reprend la structure traditionnelle des contrats en la matière et des usages qui ont cours dans la production documentaire* ». C'est parfois la loi qui dicte cette ligne de conduite aux rédacteurs. Ainsi l'article R. 461-11 du Code rural et de la pêche maritime dispose-t-il, au cas particulier des baux à ferme d'Outre-mer, que « *les parties fixent, lors de la conclusion du bail, la date de paiement du prix du fermage. À défaut, cette date est fixée par le contrat-type, en tenant compte des usages locaux* ».

C'est, du reste, l'absence de cette consigne dans le dispositif applicable aux baux métropolitains qui permet de révéler, par curiosité de lecture de plusieurs contrats-types départementaux de fermage,[30] un dernier cas de figure dans les relations entre Usages et Contrats-types : celui d'un renvoi aux usages par disposition expresse du contrat. Ainsi les contrats-types de fermage de la Vienne (art. 1) et de l'Yonne (art. 4) opèrent distinction entre les clauses qu'ils abritent et les usages : « *le bail est soumis aux dispositions du statut du fermage, aux arrêtés préfectoraux en vigueur, ainsi qu'aux usages locaux et clauses et conditions suivantes* » (art. 1). Les contrats-types du Gard (art. 20) et du Vaucluse (art. 8) prévoient une disposition similaire : « *Pour toutes les autres conditions non inscrites dans le présent bail, les parties déclarent s'en reporter aux textes législatifs et réglementaires en vigueur et aux usages locaux gardois* ». Le contrat-type de la Martinique aborde même la question de l'invocabilité des usages : « *Pour tout ce qui n'est pas prévu aux présentes, les parties décident d'en référer d'abord aux textes en vigueur (Code Rural et de la Pêche Maritime) puis aux usages locaux qu'ils déclarent l'un et l'autre parfaitement connaître* ». D'autres, en revanche, comme en Dordogne, ne font aucune référence aux usages. Sans pour autant qu'il faille conclure que le contrat-type n'en cristallise pas, ni qu'on ne puisse invoquer plus généralement ceux de la profession.[31]

Dans la mesure où la considération d'ensemble des scénarios précédents suggère pleinement l'existence d'un lien entre les notions d'« Usages » et « Contrat-type », on peut conceptuellement envisager l'idée qu'un contrat-type puisse rendre compte des usages d'une profession. Néanmoins, dans la quasi-majorité des situations, l'étude démontre que l'admission de cette relation procède plus d'une ***édiction*** (2) que d'une véritable démonstration. En outre, n'est quasi-exclusivement envisagée que l'influence des usages sur la rédaction des contrats-types. Or, l'hypothèse d'une ***bilatéralité*** (3) du rapport entre les deux notions mérite d'être considérée.

2 L'édiction d'un lien entre usages et contrats-types

L'affirmation que le contrat-type formalise un ou plusieurs usages d'une profession est incontestable du moment que l'usage préexistait à sa rédaction et que son contenu se retrouve fidèlement exprimé au sein du contrat. Mais la fonction publicitaire

[30]Pris en application de l'article L. 411-4 du Code rural et de la pêche maritime.

[31]Cf. *infra*, 2.2.2.

qu'endosse, dans ce scénario, le contrat-type, est toutefois conditionnée à l'apport de cette preuve. Or, l'exemple déjà pris du contrat-type entre annonceurs et agents de publicité[32] est, à cet égard, topique : ce point d'Histoire divise toujours les auteurs; quant à la jurisprudence, elle a inversé radicalement sa position.

La difficulté intrinsèque à prouver un usage est, selon nous, à l'origine d'un postulat édicté, par commodité, à l'égard des contrats-types (2.1). Si son utilité est loin d'être négligeable, son rayonnement doit, cependant, être limité (2.2).

2.1 L'édiction d'une consécration

Avant d'essayer d'en justifier l'origine (2.1.2), cette édiction sera constatée (2.1.1).

2.1.1 Le constat de l'édiction

Le postulat que les contrats-types constatent des usages antérieurs de la profession a déjà été mis en évidence, dans le domaine publicitaire, chez une partie de la doctrine mais surtout en jurisprudence. La formule utilisée, radicale, révoque tout doute judiciaire alors même que les rédacteurs n'ont fait aucune référence aux usages dans leur préambule : « *le contrat-type ne fait que traduire en langage juridique les usages qui s'étaient établis entre les agences de publicité et leurs clients* ».[33]

Cette certitude des magistrats en présence d'un silence des rédacteurs est loin d'être isolée. Plusieurs illustrations peuvent en être données. En matière médicale, les contrats-types établis par l'Ordre sont nombreux. L'un des plus connus est le modèle de contrat entre praticien et clinique privée. Une première preuve de la conviction judiciaire qu'il constate les usages de la profession est trouvée dans les décisions qui n'hésitent pas à s'appuyer sur son contenu alors même que son adoption est postérieure à la convention des parties. Car pour les plus hauts magistrats, il ne fait que « *consacrer les usages antérieurs de la profession* ».[34] Une seconde preuve est apportée par les décisions qui jugent que la production du contrat-type par une partie suffit à justifier l'existence d'un usage de la profession.[35] Dans le secteur des transports, la même pratique judiciaire est observée : même inapplicable par volonté expresse des parties, le contrat-type se réinvite dans les débats pour servir de référence aux juges dans le contentieux de la rupture. Ainsi peut-on lire que « ce choix [des parties] *n'exclut pas de se référer à la loi LOTI et son*

---

[32]Cf. *supra*, 1.

[33]Cf. *supra*, *ibid.*

[34]Cass. 1ère civ., 17 juillet 1985, n°84-12786, Bull. civ. I, n°231; CA Paris, ch. 1, sect. B, 21 décembre 1990, RG n°89/16731, JurisData n°1990-025218.

[35]CA Dijon, ch. civ. 2, 5 janvier 2017 (deux décisions), RG n°s 14/00796 et 14/01807, JCP E 2017, 1253, n°3, obs. Brès A.

contrat-type pour apprécier si la durée contractuelle est suffisante au regard des usages commerciaux de référence ».[36] Chassez le contrat-type par la porte, il revient par la fenêtre[37]...Car pour les magistrats, y compris dans cette matière, le contrat-type « *a consacré des usages du commerce en matière de transport* ».[38] Mais plus indubitablement encore, en raison du sceau apposé par l'exécutif : « *le décret susvisé,*[39] *qui a homologué un contrat type, a nécessairement reconnu par là les usages existant dans le secteur considéré* ».[40]

Cette conviction judiciaire est si puissante qu'elle va même, parfois, jusqu'à détourner les juges de la plus élémentaire logique : dans le contentieux précité de la rupture du contrat de transport, la Cour de cassation a en effet pu s'abandonner à déclarer « *que les usages commerciaux en référence desquels doit s'apprécier la durée de préavis de résiliation du contrat de sous-traitance de transport contractuellement convenu sont nécessairement compris comme conformes au contrat-type dont dépendent les professionnels concernés* ».[41] Or, si consécration il y a, elle ne peut avoir pour objet que celui des usages par le contrat-type, point l'inverse. La solution est erronée puisqu'elle revient, pour prendre une image, à décréter conforme l'original à sa (supposée) copie[42]...!

On trouve, toutefois, deux vertus à cette motivation. D'une part, nous suggérer en raison de l'emploi excessif de l'adverbe « *nécessairement* », l'obligation de poser des limites au crédit illimité dont semblent jouir les contrats-types dans l'administration judiciaire de la preuve des usages professionnels. D'autre part, nous susciter l'idée, à l'évidence involontairement de la part de la Haute juridiction, que les contrats types puissent, aussi, être initiateurs d'usages.[43]

---

[36]CA Paris, Pôle 5, ch. 4, 8 mars 2017, RG n° 14/13430, JCP E 2017, 1253, n°7 et nos obs. Déjà dans le même sens : CA Paris, Pôle 5, ch. 5, 15 octobre 2015, RG n°14/07926 : « *quand bien même les parties n'avaient pas soumis leurs relations au contrat-type qui fixe à trois mois le délai de préavis, il n'en demeure pas moins que cette durée caractérise un usage en matière de transport* ». *Adde* : CA Paris, Pôle 5, ch. 5, 11 mai 2017, RG n° 15/01247 : « *Il se déduit de la conformité du préavis contractuel au préavis prévu par le contrat-type que ce préavis est réputé correspondre aux usages commerciaux en référence desquels doit s'apprécier in concreto la durée suffisante du préavis au sens de l'article L. 442-6_I, 5° du Code de commerce* ».

[37]Sur cette présence récurrente du contrat-type, cf. Bazin-Beust (2013), pp. 34–37.

[38]CA Lyon, ch. 3 A, 8 avril 2011, RG n°10/00270. Dans le même sens : CA Aix-en-Provence, ch. 2, 4 janvier 2007, RG n° 05/03615; CA Grenoble, ch. com., 26 septembre 2013, RG n°11/00278, JurisData n°2013-022059 et 19 mars 2015, RG n°12/03005, JurisData n°2015-006852; CA Aix-en-Provence, ch. 1 A, 10 novembre 2015, RG n°14/21853.

[39]Décret 2003-1295 du 26 décembre 2003.

[40]CA Colmar, ch. 1, 10 mars 2009, RG n° 07/03601.

[41]Cass. com., 19 novembre 2013, n°12-26.404, Bull. civ. IV, n°171; JCP E 2013, n°1704 note Bazin-Beust D; Contrats, conc., consom. 2014, comm. 39, obs. Mathey N. Dans le même sens, CA Paris, Pôle 5, ch. 10, 12 décembre 2016, RG n° 15/05007, JurisData n°2016-027883, JCP E 2017, 1253, n°7, obs. Grignon Ph.

[42]Adoptant le bon raisonnement : CA Aix-en-Provence, ch. 1 A, 10 novembre 2015, préc. : « le délai de préavis du contrat-type de transport est présumé conforme avec celui prévu par les usages commerciaux dans cette activité ».

[43]Cf. *infra*, 3.

2.1.2 La justification de l'édiction

Bien qu'elle tienne plus de la supposition que d'une véritable démonstration scientifique, l'édiction que les contrats-types consacrent des usages professionnels s'avère néanmoins une pratique judiciaire difficile à critiquer.

Deux facteurs y contribuent : le premier, d'ordre général, tient à l'obstacle probatoire des éléments constitutifs de l'usage[44] : tant la répétition, que la généralisation d'un comportement, devront être établies. Si la chose n'est pas insurmontable, elle n'est pas aisée en l'absence, très fréquente, de véritables recueil ou code d'usages. Le second, spécifique aux contrats-types, tient à leur procédé de constitution. Le plus souvent, leur rédaction est l'œuvre des organisations professionnelles. Et lorsqu'elle émane de l'Administration, les institutions de la profession y sont associées, et *a minima* consultées.

Conjuguée à la difficulté de prouver l'usage, cette participation – au sens large – des institutions professionnelles influence, mécaniquement, le regard à porter sur la relation entre contrats-types et usages. Non pas qu'elle le biaise! Mais, à l'évidence, le conditionne. En effet : comment ne pas souscrire naturellement à la proposition que les usages aient contribué, pour partie au moins, à l'inspiration de rédacteurs soucieux de doter leur famille d'un modèle de contrat? Auraient-ils pu manquer ce rendez-vous? Cette rare occasion de faire connaître au plus grand nombre les usages de leur profession? N'eut-ce pas été une faute morale de leur part? Concédons-le : même si elle ne demeure qu'une intuition, la probabilité d'une formalisation des usages par les instances professionnelles s'avère bien plus grande que celle de leur mise à l'écart.

Quel qu'ait pu être leur degré d'investissement dans l'écriture du contrat-type, le fait même de l'implication des institutions professionnelles s'avère un critère décisif dans l'appréhension judiciaire du couple formé entre usages et contrat-type. Une illustration de cette influence est donnée par un arrêt prenant le soin de relever cette participation : « *la durée* (du contrat-type) *fixée par l'autorité règlementaire après avis du conseil national des transports et des organismes professionnels doit être considérée comme ayant été déterminée en référence aux usages du commerce..* ».[45] On retrouve en doctrine cette même justification : « *rédigé à l'initiative des pouvoirs publics par des organisations professionnelles du transport puis approuvé par le pouvoir règlementaire, le contrat-type est censé refléter les pratiques du secteur* ».[46] De même : « *Il est vrai que les contrats-types du droit des transports ont été élaborés sous l'égide du Comité national des transports* [...]. *On peut donc considérer* [que les délais de préavis fixés par le contrat-type de sous-traitance] *consacrent un usage en vigueur au moment de leur rédaction* ».[47]

[44]Sur ces éléments constitutifs : Cf. Mousseron (2014), n°11, p. 5.

[45]CA Grenoble, ch. com., 19 mars 2015, préc.

[46]Bazin-Beust (2013), p. 36.

[47]Mathey (2014), p. 25.

L'édiction du postulat d'une consécration des usages par contrat-type s'avère, en définitive, bien compréhensible. Et sa présence quel que soit le domaine couvert par le contrat-type, bien commode, même si elle emprunte plus aujourd'hui au réflexe de Pavlov. On peut même reconnaitre l'utilité de ses effets : puisque les usages sont censés être solennisés par les contrats-types d'une profession, leur preuve s'en trouve grandement facilitée. Au-delà de cette fonction probatoire, c'est une fonction publicitaire qu'endosse le modèle.

En revanche, que ce postulat - qui repose la plupart du temps sur une présupposition de la volonté des rédacteurs – soit devenu au fil du temps, par son ancrage judiciaire, un axiome est une solution qui ne peut qu'être critiquée.

2.2 *Les limites de l'édiction*

Fixer – plus modestement rappeler vu leur classicisme -, des limites au postulat que les contrats-types consacrent des usages, s'avère impératif. Car à n'y prendre garde, c'est « *l'inhérente spontanéité* »[48] de l'usage qui pourrait être oubliée.

Ces limites sont de deux ordres : l'une tient à la satisfaction d'un préalable à l'édiction du postulat (2.2.1). L'autre : à son autorité (2.2.2).

2.2.1 Une édiction subordonnée

L'édiction nous semble admissible sous réserve qu'ait préalablement été établie la légitimé[49] du rédacteur du contrat-type, du moins celle de sa collaboration.

Celle-ci n'est pas discutable lorsque le contrat-type est l'œuvre d'une instance ordinale comme pour les contrats-types de médecins[50] ou d'avocats.[51] Elle ne semble pas l'être non plus pour les contrats-types règlementaires de transport pour l'élaboration desquels les organisations professionnelles ont été consultées.[52] Elle devient, en revanche, *per se*, moins évidente pour nous en présence d'une structure associative, même reconnue par une Autorité publique.[53]

---

[48]Mousseron (2014), n°225. V. également Kenfack and Pédamon (2015), n°17, pp. 18–19.

[49]En ce sens Mousseron (2016), p. 1.

[50]Sur lesquels cf. *supra*, n°2.1.1.

[51]Cf. les modèles de convention d'honoraires élaborés par le Conseil national des barreaux mis à disposition des membres de la profession sur son site internet.

[52]Cf. *supra*, n°2.1.2.

[53]Faisant l'économie de ce débat : CA Versailles, ch. 12, sect. 2, 30 juin 2011, RG n°10/06302, JurisData n°2011-015569; JCP E 2011, 1877, note Mousseron P; D. 2011, p. 2848, note Dondéro B : *« le guide de la lettre d'intention – capital risque – édité par l'association française des investisseurs qui, de ses termes mêmes « vise à refléter un état des pratiques en privilégiant les bonnes pratiques » permet de connaître les usages du capital risque issu de la loi pour l'initiative du 1er août 2013 ».*

Paradoxalement, les Codes d'usages ne paraissent pas jouir de la même immunité judiciaire. Du même acquit de légitimité. Au moins pour l'application de l'article L. 442-6, I, 5° du code de commerce[54] dédié à la rupture de relation commerciale établie, qui institue les préavis usuels comme *minima* à respecter. En effet : alors que n'est jamais abordée la question de savoir si le contrat-type de sous-traitance de transport peut être qualifié d'« accord interprofessionnel » au sens de ce texte alors même que la Commission d'examen des pratiques commerciales ne le référence pas comme tel,[55] le Code des usages professionnels de la Fédération de l'imprimerie graphique et de la communication, pourtant référencé par la Commission, voit sa légitimité contestée : la Cour d'appel de Paris a ainsi pu estimer qu'il n'était pas démontré que les usages professionnels de ce Code « *constituent, au sens de l'article L. 442-6-I, 5° du Code de commerce, un « accord professionnel » dont le contenu serait déterminé en référence aux usages du commerce* ».[56] La légitimité du contrat-type entre annonceurs et agents de publicité de 1961 a, indirectement, été récemment « chahutée », au même prisme de l'exigence de l'existence d'un accord interprofessionnel : « *si la société Ailleurs Exactement invoque les usages de la profession prévoyant un préavis de six mois, elle n'établit l'existence d'aucun accord interprofessionnel en ce sens, le simple avis relatif à la formule type de contrat établi en application de l'article 1er, al. 1 de l'arrêté du 15 décembre 1959 entre annonceurs et agents de publicité pour régler leurs rapports, diffusé sur le site internet de l'union des annonceurs* (www.uda.fr), *tel qu'édité le 11 mars 2014, ne pouvant constituer une telle preuve* ».[57] Il est vrai qu'a pu être relevé que l'arrêté de 1959 instituant le comité d'experts « *oubliait simplement d'inviter à siéger les représentants de la presse!* ».[58] Ce questionnement demeure toutefois rarissime.

Ériger, comme préalable à l'édiction, la vérification de la légitimité de l'organisation professionnelle à l'initiative de la rédaction du contrat-type s'avère une condition indispensable. Seule elle, en effet, permet de justifier l'origine même de la présomption que les contrats-types ont consacré des usages de la profession. Pour autant, la satisfaction de ce pré-requis n'est pas suffisante à encadrer pleinement l'édiction. Celle-ci doit pouvoir être, *a posteriori*, combattue.

---

[54]Qui sanctionne le fait « (...) par tout producteur, commerçant, industriel ou personne immatriculée au répertoire des métiers : ... de rompre brutalement, même partiellement, une relation commerciale établie, sans préavis écrit tenant compte de la durée de la relation commerciale et respectant la durée minimale de préavis déterminée, en référence aux usages du commerce, par des accords interprofessionnels... ».

[55]CEPC, avis n°13-04 du 13 juin 2013 relatif à la liste des accords interprofessionnels pris en application de l'article L. 442-6, I, 5° du Code de commerce. Elle en signale cependant, dans le même avis, l'existence.

[56]CA Paris, 26 mars 2015, RG n°13/19922; JurisData n°2015-007084; JCP E 2015, 1528, n°16, obs. Grignon Ph.

[57]CA Paris, Pole 5, 11ème ch., 4 décembre 2015, n° RG 13/24248; JCP E 2016, 1299, n°7, obs. Grignon Ph.

[58]Leloup (1969).

2.2.2 Une édiction contrariée

Plusieurs raisons conduisent à critiquer l'autorité de la solution que les contrats-types ont, pour reprendre l'adverbe souvent utilisé dans les décisions,[59] « *nécessairement* » consacré les usages antérieurs du secteur.

En l'absence de déclaration expresse des rédacteurs comme tel est souvent le cas, l'édiction demeure, certes, pleinement justifiée pour les raisons déjà exposées,[60] mais en aucune manière ne saurait s'édifier en présomption irréfragable. Facilité à laquelle cèdent, trop souvent, doctrine et jurisprudence.

On songe, d'abord, au cas où serait établi qu'une disposition du contrat-type est contraire à un usage préexistant de la profession. On songe, ensuite, à l'hypothèse où un usage antérieur n'est pas repris par une disposition du contrat-type. Cette absence peut avoir plusieurs origines : elle peut tenir tout simplement au fait que cet usage particulier de la profession n'entre pas dans le domaine couvert par le contrat-type. Elle peut, aussi, tenir à un simple oubli des rédacteurs comme l'illustre une décision de la Cour d'appel de Nancy[61] à propos de l'application du contrat-type de bail rural des Vosges : « *en cas de bail verbal, comme en l'occurrence, les baux sont censés faits pour neuf ans aux clauses et conditions fixées par le contrat type établi par la commission consultative départementale des baux ruraux. Mais le contrat type du département des Vosges ne comporte aucune précision sur la date de début et de fin des baux verbaux. Il convient dès lors de se référer aux usages locaux, qui ont valeur supplétive* ». Au-delà de son pragmatisme, la sollicitation des usages comme palliatif à l'oubli des rédacteurs démontre, s'il en était encore besoin, que dans la relation liant les usages et les contrats-types, les seconds ne sont qu'au service des premiers.

On songe, surtout, à l'hypothèse d'une évolution des usages dans un secteur professionnel : ce qui était vrai lors de la rédaction du contrat-type, ne l'est plus nécessairement aujourd'hui. Les usages qu'il reflète peuvent, pour certains, être devenus caduques, et à tous le moins ne pas rendre compte d'usages nouveaux de la profession. Faut-il pour autant se priver, au moins dans le scénario où le contrat-type n'est pas applicable mais sert néanmoins de référence judiciaire des usages,[62] de la possibilité de démontrer son obsolescence? De la possibilité de combattre l'édiction? Sous peine de se couper d'une réalité professionnelle, la réponse ne peut qu'être négative.

Au demeurant, en contemplation de l'édiction que le contrat-type consacre des usages, le constat même d'une modification apportée au modèle[63] ne constitue-t-il pas la preuve éclatante de l'évolution des usages au sein d'une profession? Et en

---

[59]Cf. *supra*, 2.1.1.

[60]Cf. *supra*, 2.1.2.

[61]CA Nancy, ch. civ. 2, 3 décembre 2015, RG n°15/01754, Rev. des Loyers 2016, n°963.

[62]Cf. *supra*, n°2.1.1.

[63]Ainsi pour le contrat-type « *applicable aux transports publics routiers de marchandises pour lesquels il n'existe pas de contrat-type spécifique* » dont la version de 1999 a été abrogée pour être remplacée par une nouvelle version publiée par décret n°2017-461 du 31 mars 2017 (JO 2 avr.).

définitive, la meilleure justification qu'entre deux versions, les usages, qui sont précisément censés irradier le contrat-type, puissent toujours être invoqués mais, surtout, primer sur ce dernier en cas de contradiction? Quitte à devenir parfois, à prendre l'exemple d'un contrat-type réglementaire et le temps séparant ses différentes versions, un usage « *contra legem* »? Les conditions qui ont présidé à la genèse du postulat d'une consécration suffissent, à elles seules, à retenir cette primauté de l'usage sur le modèle. À lui reconnaitre un effet neutralisateur.[64]

Aussi l'intronisation du contrat-type en tant que consignataire des usages ne peut qu'être une présomption réfragable. Sa preuve contraire par tous moyens doit, donc, être autorisée. Et cela, en toutes circonstances, quitte à se confronter au plus haut degré de légitimité de l'Institution ayant participé à sa rédaction.

Cela suppose, *a minima*, un changement de mentalité. Judiciaire, au moins. Doctrinale aussi, mais dans une moindre mesure. Car contrairement aux juridictions, certains auteurs ne semblent pas imperméables à l'idée que les contrats-types, et plus généralement les modèles de contrats d'une profession, puissent également être instigateurs d'usages nouveaux.

3 La bilatéralité du lien entre usages et contrats-types

La filiation pourrait-elle se faire descendance? En d'autres termes, la vocation présumée du contrat-type de rendre compte d'usages préexistants ne pourrait-elle pas se conjuguer avec celle de promotion de nouveaux usages? L'idée est loin d'être iconoclaste si peu que l'on se rappelle que des pratiques judiciaires ont pu donner naissance à des usages professionnels aujourd'hui incontestés[65]...

Suggérée par la lecture d'une motivation maladroite de la Cour de cassation,[66] l'idée en vérité n'est pas nouvelle. Certains auteurs, encore à propos du contrat-type entre annonceurs et agences de publicité, estiment que certaines de ses dispositions « *créent de toutes pièces des règles destinées à devenir a posteriori des usages. Et certaines le sont devenues, notamment sous l'effet de la publication officielle du texte qui a favorisé sa généralisation au sein de la profession* ».[67] Exemple est pris de son article V-4°, prévoyant le respect d'un préavis de six mois en cas de rupture d'un

---

[64]Cf. dans le même sens Pédamon (1959), n°17, p. 346 : « Une disposition formelle ou sous-entendue prime toujours un usage antérieur. Mais à l'inverse, un usage qui se développe après l'accord des parties, qui se glisse en quelque sorte dans le rapport juridique, peur rendre inefficace une clause expresse ». Sur des exemples de cette neutralisation, cf. Mousseron (2014), n°285 et s., pp. 100–110.

[65]Sur la pratique judiciaire, faute de méthode fixée par la loi, d'évaluer l'indemnité de fin de contrat des VRP et des agents commerciaux à deux années de commission, son adoption par les professionnels, et la consécration judiciaire de l'existence d'un usage professionnel : Mousseron (2014), n°353, pp. 129–130.

[66]Cf. *supra*, note 41.

[67]Près (2004), n°252, p. 197.

contrat à durée indéterminée. On a pu estimer que « *cette disposition, qui était le souhait des rédacteurs du contrat type, est devenue un usage consacré pour la première fois par la Cour de Paris par un arrêt du 1er juillet 1970* ».[68]

Nous souscrivons à l'idée qu'un contrat-type puisse, aussi, initier dans le futur des usages dans un secteur professionnel. À l'idée que son rôle ne puisse se cantonner à un simple plumitif. N'est-ce pas, au demeurant, un corollaire naturel à l'édiction? Car tout autant qu'il est probable que les organismes professionnels aient saisi l'opportunité de la rédaction pour formaliser des usages de leur profession, tout autant parait celle qu'ils aient souhaité susciter chez leurs membres l'adoption de nouvelles pratiques. Les raisons de cette politique peuvent être variables. L'une peut être d'inciter la profession à adopter de nouveaux comportements afin d'éradiquer des usages jetant l'opprobre sur le métier. Ce fut le cas du contrat-type entre annonceurs et agences de publicité après la stigmatisation par la Commission technique des ententes de trois usages en vigueur dans la profession contraires au droit de la concurrence.[69] L'autre peut tenir au souhait de combler l'absence d'usage sur un aspect particulier des relations professionnelles. Une autre encore peut reposer sur la volonté des rédacteurs d'harmoniser au plan national des usages professionnels au contenu distinct selon la région concernée.

Quel que soit le mobile des rédacteurs, une bilatéralité du rapport entre usages et contrats-types ne peut être admise qu'à certaines conditions (3.1). Son effet appelle, également, précision (3.2).

3.1 Les conditions de la bilatéralité

L'observation d'une bilatéralité supposera de patienter de nombreuses années après la diffusion du contrat-type auprès du monde professionnel. Car il faudra ce temps indispensable pour apprécier si la profession a accueilli avec faveur ou, à l'inverse, défaveur la nouvelle pratique que les rédacteurs ont souhaité lui souffler à l'oreille. Lui « *recommander* » ou « *préconiser*, pour emprunter le vocabulaire diplomatique rencontré dans certains préambules ou conseils de rédaction accompagnant les contrats-types.

La mutation de cette règle incitative en usage ne pourra s'opérer qu'à condition de se retrouver exprimée, à l'identique, dans les contrats individuels passés par les professionnels. Et cela, massivement,[70] sous peine de ne pouvoir caractériser son

[68]Greffe F et Greffe P, n°20. Le pourvoi contre l'arrêt de la Cour d'appel de Paris du 1er juillet 1970 a été rejeté par la Cour de cassation le 25 janvier 1972 : cf. *supra*, note 29.

[69]Avis du 4 janvier 1958. Cf. le préambule de l'arrêté du 15 décembre 1959, JO 17 déc. Étaient en cause les pratiques, instituées par le « Code des usages de la publicité » dressé par la fédération française de la publicité, de délivrance d'une carte accréditive, d'interdiction de concéder aucune ristourne de commission au client, et de versement d'une indemnité de dépossession.

[70]Kenfack and Pédamon (2015), n°17, p. 19 : « L'usage suppose en effet une pratique d'ensemble, une pratique de masse ».

plébiscite à l'échelle d'une profession, et par conséquent la condition de généralité intrinsèque à tout usage.

Elle supposera, en outre, la preuve d'une longévité d'adoption dans les contrats de la communauté. En d'autres termes : sa perpétuation dans le temps. Car cette régularité temporelle constitue, également, une propriété indispensable pour faire accéder au rang de pratique professionnelle un comportement contractuel.

Ce n'est donc que si le cumul des conditions de constance et de généralisation de la clause est avéré dans les contrats professionnels que pourra, à un moment donné nécessairement situé bien après la rédaction du contrat-type, être validée la proposition que ce dernier ait été à l'origine de nouveaux usages. Et que l'on puisse, véritablement, parler de bilatéralité du rapport. Le Professeur M. Pédamon envisageait déjà cette possibilité en 1959 : « *il n'est pas niable que la reproduction constante d'une clause peut aboutir à la rendre usuelle* ».[71] Elle demeure pleinement d'actualité : « *au fil de leur observation, les bonnes pratiques pourront devenir des usages* ».[72]

On pourrait objecter que la thèse de la bilatéralité bute sur l'inhérente spontanéité des usages. N'est-on pas, en quelque sorte, en « service commandé » des organisations professionnelles? En « *Droit commandé* »,[73] tout l'opposé du « *Droit spontané* »[74] si caractéristique de la matière?

Cette spontanéité ne nous semble toutefois pas absente du scénario étudié. Car même si l'adoption d'une nouvelle pratique par le vecteur d'un contrat-type demeure fortement encouragée par ses rédacteurs institutionnels, la consigne ne demeure qu'incitative. Le caractère supplétif des contrats-types, y compris lorsqu'ils possèdent valeur règlementaire,[75] nous semble préserver cette spontanéité : chaque membre de la profession décidera librement s'il fait sienne ou pas la nouvelle règle et, au-delà, le comportement contractuel à tenir à l'avenir.

Si l'on peut donc parfaitement envisager qu'un contrat-type puisse, par certaines de ses dispositions, engendrer des usages professionnels, et qu'ainsi le lien entre Usages et Contrats-types puisse, parfois - mais point systématiquement - devenir bilatéral, l'effet de cette bilatéralité demeure néanmoins très limité.

[71]Pédamon (1959), n°17, pp. 346–347.

[72]Cf. Mousseron (2014), n°19, p. 7.

[73]Cf. Mousseron (2014), n°18, pp. 6–7, à propos de la distinction entre « bonnes pratiques » et « usages ».

[74]Deumier (2002). Dans le même sens, cf. Mousseron (2014), n°4, p. 3, évoquant « *la spontanéité inhérente à ce Droit* »; Kenfack and Pédamon (2015), n°17, p. 19 : « *Mais leur* [des usages] *mode de formation est également spontané et collectif* ».

[75]Ce n'est qu'exceptionnellement que le recours au contrat-type est obligatoire. Tel est le cas des contrats-types de location de logement à usage de résidence principale et du contrat-type de syndic cités *supra*, note 10.

3.2 *L'effet de la bilatéralité*

On lit parfois dans les écrits dédiés aux usages que certains auteurs retiennent la possibilité de qualifier « *d'usage* » un contrat-type.[76] Ou encore que certaines de ses dispositions puissent avoir « *valeur d'usage* »,[77] avec toutefois, par la suite, précision : « *il ne faudrait cependant pas confondre la valeur du contrat type avec celle des usages dont il est porteur. Car le contrat type n'a en lui-même aucune valeur juridique à la différence de certaines de ses dispositions dès lors que celles-ci présentent les traits d'une pratique générale, constante et répétée* ».[78]

La nuance est bienvenue, mais mérite plus d'affinement sur ce que nous qualifions « d'excès de langage ».

Car nous ne pensons pas, à considérer la globalité d'un contrat-type ou même l'individualité de certaines de ses dispositions, que le titre de « *valeur d'usage* » puisse leur être décerné. Et cela, que la relation entre les deux notions ne soit qu'unilatérale, ou bilatérale. Le contrat-type ne demeurera, par nature même, qu'un modèle de contrat discuté, rédigé ou, dans l'hypothèse la plus dépouillée, soumis à l'approbation des organisations professionnelles consultées. Mis ensuite, gracieusement, à la disposition, et donc à l'entière liberté - au bon vouloir -, de ses membres. Que le contrat-type intègre des usages préexistants? Tout invite à le croire. Qu'il soit porteur de règles destinées à devenir, *a posteriori*, des usages? Probablement.

Mais dans les deux cas, tout n'est que suppositions. Aussi ne nous semble-t-il pas juridiquement fondé de considérer qu'un contrat-type, ou même seulement certaines de ses clauses, puissent, intrinsèquement, avoir « *valeur d'usage* ». « *Présomption d'usage* » nous parait l'expression la plus idoine pour décrire leur autorité. La tournure la plus fidèle pour rendre compte des conditions ayant présidé à la naissance de l'édiction et qui donc, par réciprocité, doive s'appliquer aux clauses novatrices introduites par les rédacteurs.

Évidemment : présomption par nature simple, bilatéralité du lien « oblige ». Souffrant, par conséquent, la preuve contraire, laquelle devra pouvoir être rapportée par tous moyens devant le juge. Pour éviter ces difficultés probatoires, le plus simple sera pour les rédacteurs de contrats-types de profiter de l'actualisation de leur modèle pour étoffer leur préambule en indiquant, précisément, la démarche adoptée et les pratiques nouvelles qu'ils préconisent à l'égard de la profession.

---

[76]Mousseron (2016), n°1 : « Pareil rôle supposera que l'on qualifie d'usage ce contrat-type », p. 29.

[77]Près (2004), n°254, p. 198 : « Il n'en va différemment que s'il est possible de reconnaître au contrat type, ou du moins à certaines de ses dispositions, valeur d'usage ».

[78]Près (2004), n°255, p. 198.

4 Conclusion

Parvenu au terme de cette étude, nous ne pouvons que reconnaître la mauvaise représentation que nous avions du lien entre Usages et Contrats-types. Mauvaise, car tout simplement incomplète. Sans doute la lecture de l'affirmation récurrente tant en doctrine qu'en jurisprudence que les contrats-types cristallisent ou traduisent des usages a-t-elle contribué à nous masquer la réelle interaction qu'entretiennent les deux notions. À nous convaincre d'une chronologie immuable : l'usage ne pouvait qu'être antérieur à la rédaction du contrat-type, que ce dernier fasse par la suite le choix de le consacrer, ou de l'écarter.

La possible bilatéralité du lien était, pourtant, évidente, si peu que l'on se détache de la fonction juridique du contrat-type pour ne considérer que l'opportunité politique, à l'échelle d'une profession, qu'offre sa rédaction. Car au-delà du contenu des pratiques observées dans un secteur dont il fait l'état des lieux, il constitue en même temps un puissant vecteur de communication pour les organisations professionnelles à destination de leurs membres. Un outil de propagande politique simple d'utilisation, pouvant influencer l'évolution des relations d'une profession avec ses partenaires. Évidente était la bilatéralité du lien . . .

« Valet » ou « Majordome »?, nous interrogions nous à l'instant de prendre la plume quant au rôle précis du contrat-type à l'égard des Usages. Ni l'un, ni l'autre. Car qu'il s'agisse d'usages existants ou en devenir, dans les deux cas, le contrat-type se fait « Ambassadeur ».

Références

Bazin-Beust D (2013) note sous Cass. com. 19 novembre 2013, JCP E, 1704, n°51, pp 34–37
Bigot CH, Hazan A (2000) Droit des médias et de la communication. Lamy, Paris
Cornu G (2016) Vocabulaire juridique, Association Henri Capitant, 11ème éd. PUF, Paris
Crépeau P-A (1974) Contrat d'adhésion et contrats-type. In: Mélanges L. Baudouin, PU Montréal, pp 67–80
Deumier P (2002) Le droit spontané. Économica, Paris
Greffe F, Greffe P (2000) La publicité et le droit d'auteur, 9ème éd. Litec, Paris
Kenfack H, Pédamon M (2015) Droit commercial, 4ème éd. Dalloz, Paris
Kostic G, Wilhem P (1999) Pratique du droit de la publicité. EFE, Paris
Léauté J (1953) *Les contrats-types*, RTD civ., pp 429–460
Leloup J-M (1969), note sur Cass. com., 5 novembre 1968, JCP G, II. 15939
Leone S (1984) Once upon a time in America
Mainguy D (2001) JCL « Contrats-Distribution », fasc. 60 « Conditions générales de vente et contrats-types, éd. Lexisnexis
Malinverni M (1978) In: Hémard J (ed) Les conditions générales de vente et les contrats-types des chambres syndicales, préface. LGDJ, Paris
Mathey N (2014), Contrats, concurrence et consommation, comm. 39, éd. Lexisnexis, n°2, pp 24–25
Mousseron JM (1988) Technique contractuelle, 1ère edn. F. Lefebvre, Paris
Mousseron P (ed) (2014) Les usages: l'autre droit de l'entreprise. LexisNexis, Paris

Mousseron P (2016) obs. sur la lettre d'intention éditée par le *Galion Project*, JCP E, 1299, n°20, pp 29–30

Mousseron P, Raynard J et Seube J-B (2017) Technique contractuelle, 5ème éd. F. Lefebvre, Paris

Pédamon M (1959) Y a-t-il lieu de distinguer les usages et les coutumes en droit commercial ?, RTD com., pp 335–357

Près X (2004) Les sources complémentaires du droit d'auteur français, PUAM, 2004, Aix-Marseille

Rieg A (1970) Contrat-type et contrat d'adhésion. In: Travaux et recherches de l'Institut de droit comparé de Paris, vol XXXIII. Sirey, Paris

Tropin J (2009) *Les contrats-types*, JCL. Transports, Fasc. 611-11, éd. Lexisnexis

Part III
National Customary Law

L'usuel et le droit fiscal

Lise Chatain

Abstract The use of the term usual is rare in French legislation in general, and in particular in our tax law. On the opposite, French tax regulation uses frequently the wording "normal": the concept of normality is at the core of French tax law. The abnormal behaviour or the abnormal price represent a risk: the risk of a tax adjustment if an accounting charge is excessive or if a price is insufficient. Yet, the identification of a normal action or a normal price is an extremely difficult task. The identification of normality mainly lies on a method: firstly a referent must be identified and secondly this referent must be applied to the situation. In this respect, the reconciliation of usual, which so scarcely appears in our tax law, and normal, which is so commonly used, is particularly interesting. The study of usual imposes to take into account usages. The analysis of caselaw shows that the consideration of usages facilitates the qualification of normality: the usual supports the difficult exercise of identifying the normal. It appears that the usual helps both to identify the standard of normality (the normal behaviour or the normal market price) and to apply this standard.

1 Introduction

L'adjectif **usuel** signifie « *qui est utilisé habituellement, qui est d'un usage courant* ».[1] Il vient du latin usus qui signifie usage. Le terme usuel est celui qui se rapproche donc de l'usage : serait usuel ce qui est souvent utilisé, ce qui est conforme aux usages dans une communauté.

L'utilisation du terme usuel est relativement rare dans nos codes en général, et dans le Code Général des Impôts en particulier. Le Code civil fait par exemple une

[1]Le Petit Robert (2016). D'après Le Petit Larousse illustré (2016), usuel signifie « *dont on se sert fréquemment* ».

L. Chatain (✉)
Faculté de Droit de Montpellier, Montpellier, France

L. Mayali, P. Mousseron (eds.), *Customary Law Today*,
https://doi.org/10.1007/978-3-319-73362-3_6

utilisation parcimonieuse de l'adjectif, comme à l'article 287-1 qui vise les « *actes usuels* » relatifs à la surveillance et à l'éducation des enfants, ou l'article qui évoque l'« *acte usuel de l'autorité parentale relativement à la personne de l'enfant* ». Le Code de commerce n'utilise le terme usuel que dans sa partie réglementaire pour viser le « *prénom usuel* ». Pour sa part, le législateur fiscal n'utilise que très peu le terme usuel : aucune occurrence n'apparaît dans le Code Général des Impôts. L'annexe III dudit code pour sa part évoque les « *manipulations usuelles* » destinées à assurer la conservation des marchandises et préparer leur distribution dans son article 85 J et les « *équipements usuels* » des habitations dans son article 324 H quand il s'agit d'évaluer la valeur locative des logements.[2,3]

En revanche, nos codes renvoient fréquemment à ce qui est normal.[4] Dans son acception courante, normal vise ce « *qui est dépourvu de tout caractère exceptionnel; qui est conforme au type le plus fréquent; qui se produit selon l'habitude* ».[5] L'adjectif provient du latin *norma* qui signifie équerre et l'on comprend mieux alors une autre acception qui est « *qui sert de règle, de modèle, de référence* ». Ainsi le normal serait soit ce qui se répète, ce qui est fréquent; soit ce qui constitue une norme, une règle.

Or le concept de normalité est au cœur du droit fiscal. Le comportement anormal ou le prix anormal attirent inévitablement l'attention du fiscaliste car ils représentent un risque : risque de redressement par exemple en matière d'impôts sur le revenu quand une charge est excessive ou en matière de droits d'enregistrement quand un prix est insuffisant. C'est d'ailleurs souvent par l'« anormal », le « hors norme », que la fiscalité parvient à appréhender le « normal » : la sanction fiscale porte sur le comportement anormal ce qui en contrepoint permet au comportement normal d'y échapper. Trivialement, le normal est tout ce qui n'est pas anormal...

La recherche du terme normal dans le Code général des impôts et ses annexes fait apparaître environ 140 occurrences. Souvent, l'adjectif normal vise un taux ou un régime comme par exemple le taux normal d'imposition (qui s'oppose aux taux réduits comme en matière de TVA ou d'impôt sur les sociétés) ou le régime normal

---

[2] L'annexe IV du CGI vise le « *prénom usuel* » dans les articles 12 et 93 H quater C : nous ne nous appesantirons pas sur ces utilisations...

[3] L'utilisation du terme usage par le CGI est également peu révélatrice : sur les 119 occurrences, l'immense majorité des dispositions vise l'usage comme une utilisation. Seuls quelques rares articles visent plus spécifiquement les usages envisagés comme source normative : certains articles visent ainsi l'amortissement conformément aux usages (art. 38, 39 A, 39), les usages de la profession (art. 267, 102 ter, 1609 quatervicies), les usages du commerce (art. 456), les usages notoires (art. 441), les usages locaux (art. 77), la production traditionnelle et d'usage (art. 416 et 417 bis), les usages habituels et normaux de l'agriculture (art. 298 bis) voire les usages ruraux (art. 317)...

[4] Cf. notamment : art. 815-3, art. 1792-6 et art. 1873-6 du Code civil; art. L. 145-7, art. L. 223-20, art. L. 233-33, L. 225-39, L. 225-87, L. 227-11, L. 612-5, art. L. 811-6... du Code de commerce; art. L. 1132-2, L. 1221-2, L. 3121-4... du Code du travail; art. 39 AA, art. 1496, art. 885 O bis... du CGI.

[5] Le Petit Robert (2016). Selon Le Petit Larousse illustré (2016), normal signifie « *qui est conforme à une moyenne considérée comme une norme, habituel* ».

d'imposition (qui s'oppose au régime simplifié ou aux régimes dits « micro »). Le normal signifie ici commun et s'oppose à l'exception.[6]

Dans les autres hypothèses, quand le droit fiscal invoque la normalité, il vise soit un acte (ou les modalités de cet acte), soit une valeur.

Certains articles du Code Général des Impôts évoquent ainsi une activité normale. L'article 30 vise par exemple le revenu des immeubles dont le propriétaire se réserve la jouissance qui est évalué par comparaison avec des immeubles similaires faisant l'objet d'une « *location normale* ». L'article 1010 exonère de taxe sur les voitures de société les entreprises pour lesquelles les opérations de vente, location, transport de public... correspondent à « *l'activité normale de la société propriétaire* ». L'article 1586 du Code Général des Impôts définit le chiffre d'affaires dans le cadre de la cotisation sur la valeur ajoutée des entreprises : il comprend notamment les plus-values de cession d'immobilisations lorsqu'elles se rapportent à une « *activité normale et courante* ».

La normalité renvoie donc ici à une activité courante, principale voire réelle. L'article 98 bis du Code Général des Impôts qui traite du régime simplifié agricole est particulièrement intéressant. Il évoque les « *opérations considérées comme entrant dans les usages habituels et normaux de l'agriculture* ». Il impose donc une réflexion sur l'usage, l'habitude et la normalité... Certains articles du Code Général des Impôts relatifs à l'amortissement visent la « *durée normale d'utilisation* »[7] des biens.[8] L'article 39 A du Code Général des Impôts évoque plus particulièrement « *la durée d'amortissement en usage dans chaque nature d'industrie* », la « *durée normale d'utilisation* » de certains biens ainsi que des « *modalités d'amortissement qui correspondent à une utilisation quotidienne traditionnelle quant à la durée* » : pour apprécier la durée d'amortissement, cet article mêle donc les concepts d'usage, de normalité et de tradition. On voit bien l'idée : l'amortissement doit correspondre à ce qui est communément pratiqué... mais faut-il distinguer une durée d'usage d'une durée normale?

C'est la jurisprudence fiscale qui fait l'utilisation la plus poussée du concept de normalité dans l'évocation de l'acte anormal de gestion. Selon une jurisprudence constante du Conseil d'État, il existe un principe de liberté de gestion interdisant à

---

[6]Le droit communautaire recourt également au concept de normalité : le droit des aides d'Etat impose ainsi de qualifier le système fiscal normal avant d'y confronter la dérogation éventuellement discriminatoire. Cf Sicard (2017); CJUE gde ch., 21 déc. 2016, aff. C-20/15 P, Comm. c/ World Duty Free Group SA, et C-21/15 P, comm. c/ Banco Santander SA et Santusa Holding SL, note Maitrot de la Motte (2017).

[7]Cf notamment CGI art. 39 A, 39 AA, 39 AA bis, 39 AA quinquies, 39 B; 39 C, 39 D, 39 quinquies A, 39 quinquies D, 39 quinquies E, 39 quinquies F, 39 quinquies FB, 39 decies, 39 decies A, 39 duodecies A. Dans l'annexe II : art. 22, 24, 25, 30.

[8]D'autres articles visent la « *durée normale d'utilisation* » : par exemple les articles 199 undecies A et B dans le cadre de la réduction d'impôt pour l'investissement outremer ou encore les articles 217 undecies, 220 septies, 239 sexies C, 244 quater E, 244 quater W, 1609 nonies C, art. 375 de l'annexe II. Sur la « *durée normale de rotation des stocks* » : art. 10 undecies et 10 terdecies de l'annexe III.

l'administration de s'immiscer dans les décisions des entreprises.[9] Toutefois, le juge administratif a ébauché une théorie basée sur les dispositions des articles 38 et 209 du Code Général des Impôts en vertu de laquelle « *Le bénéfice imposable à l'impôt sur les sociétés est celui qui provient des opérations de toute nature faites par l'entreprise, à l'exception de celles qui, en raison de leur objet ou de leurs modalités, sont étrangères à une gestion commerciale normale* ».[10,11] Dès lors, une opération relève d'une gestion commerciale normale si et seulement si l'entreprise a agi dans son propre intérêt, c'est-à-dire dans l'intérêt de son exploitation.[12]

En fiscalité, la normalité évoque aussi une valeur.

Plusieurs articles envisagent la « *rémunération normale* »[13] du salarié ou du dirigeant. En matière d'exonération d'ISF, les articles 885 I quater et 885 O bis du Code Général des Impôts imposent que le salarié ou le mandataire social exerce une fonction effective moyennant une « *rémunération normale* ».[14] Cette disposition doit être rapprochée de l'article 39.1.1° qui énonce que les rémunérations ne sont admises en déduction des résultats que dans la mesure où elles correspondent à un travail effectif et « *ne sont pas excessives eu égard à l'importance du service rendu* ».

En matière de TVA, les livraisons de biens ou de services sont imposables en vertu de l'article 256, I du Code Général des Impôts si elles sont effectuées à titre onéreux, c'est-à-dire si elles comportent la fourniture d'une contrepartie par l'acquéreur du bien ou du service : il y a donc une relation nécessaire entre le niveau des avantages retirés par le bénéficiaire du service rendu et la contre-valeur versée au prestataire.[15] Aucune condition de proportionnalité n'est requise mais le prix ne saurait être fixé à un prix très inférieur à celui du marché : en cas de libéralité, le prestataire ne peut être regardé comme exerçant une activité économique. Le mécanisme de la TVA impose donc à l'assujetti de facturer un prix qui ne peut être très inférieur à un prix normal considéré ici comme le prix du marché. Par ailleurs, l'article 206 de l'annexe II du Code Général des Impôts fixe les modalités de calcul du coefficient de déduction. Il dispose que le coefficient d'admission est nul si un « *bien est cédé sans rémunération ou moyennant une rémunération très inférieure à son prix normal, notamment à titre de commission, salaire, gratification, rabais, bonification, cadeau, quelle que soit la qualité du bénéficiaire ou la forme de distribution, sauf quand il s'agit de biens de très faible valeur* ». La

---

[9]Gutmann (2016), p. 361, n° 628; Cozian et al. (2016–2017), p. 120 n° 276; Serlooten (2017–2018), p. 39, n° 37.

[10]CE 6 mars 2006, n° 281034, RJF 6/06, n° 502; CE 30 juin 2008, n° 291710, Sté civile du groupe Comte, Dr. fisc. 2008, n° 42, comm. 541, concl. Glaser, note Bonnet (2008).

[11]La formule vise l'impôt sur les sociétés mais la théorie de l'acte anormal de gestion concerne également toutes les entreprises relevant des bénéfices industriels et commerciaux.

[12]Cozian (1999), p. 98 n° 16; David et al. (2009), Thème 31 p. 596; Lamarque et al. (2016), p. 603 n° 951.

[13]Cf notamment CGI Art. 163 quinquies C.

[14]Cf également CGI Art. 885 O bis.

[15]CE 6 juill. 1990, n° 88.224, Dr. fisc. 1990, n° 41, comm. 1849; RJF 8,9/90, n° 1142.

déduction de la TVA grevant l'achat des biens d'une entreprise impose ainsi que les produits soient ultérieurement vendus moyennant un « *prix normal* ».

La réglementation des prix de transfert implique également la recherche d'un prix de transaction normal. L'article 57 du Code Général des Impôts pose une présomption de transfert de bénéfices entre les sociétés françaises et étrangères d'un même groupe. Ainsi le fait pour une entreprise sise en France de consentir un avantage à une autre entreprise sise hors de France alors qu'elles ont des liens de dépendance laisse présumer l'existence d'un transfert de bénéfice : le résultat taxable de l'entreprise française doit alors être augmenté du manque à gagner ou diminué de la charge excessive. Le dernier alinéa de cet article dispose que : « *À défaut d'éléments précis pour opérer les rectifications prévues aux premier, deuxième et troisième alinéas, les produits imposables sont déterminés par comparaison avec ceux des entreprises similaires exploitées normalement.* » L'article 57 et particulièrement son dernier alinéa présuppose que l'entreprise française a contracté à des conditions anormales : il s'agit donc de déterminer ce qu'est une exploitation normale. Il faut ainsi identifier un prix ou des conditions contractuelles « *de pleine concurrence* » c'est-à-dire pratiqués entre entreprises indépendantes dans le cadre d'une transaction comparable.[16]

Enfin, la détermination de la valeur vénale des biens est essentielle en matière fiscale.

Plusieurs dispositions en matière d'impôts directs renvoient à la valeur vénale : par exemple l'article 13 du Code Général des Impôts évoque la valeur vénale de l'usufruit temporaire et l'article 150 VB vise la valeur vénale réelle d'acquisition d'un immeuble à défaut d'acte.[17] Mais c'est en matière d'impôts indirects que la notion de valeur vénale est la plus utilisée. En effet, aux termes de l'article 17 du Livre des procédures fiscales, « *En ce qui concerne les droits d'enregistrement et la taxe de publicité foncière ou la taxe sur la valeur ajoutée lorsqu'elle est due au lieu et place de ces droits ou taxe, l'administration des impôts peut rectifier le prix ou l'évaluation d'un bien ayant servi de base à la perception d'une imposition lorsque ce prix ou cette évaluation paraît inférieur à la valeur vénale réelle des biens transmis ou désignés dans les actes ou déclarations.* » Par ailleurs, en matière de TVA, l'article 266 dispose que pour les apports et les mutations d'immeubles, la taxe est due sur le prix ou la valeur vénale réelle si elle est supérieure.[18] En matière de droits d'enregistrement et de taxe de publicité foncière[19] ou d'ISF,[20] de nombreux articles envisagent la valeur vénale voire la valeur vénale réelle. Les articles 990 et suivants du Code Général des Impôts visent la « *taxe sur la valeur vénale des*

---

[16]Comolet-Tirman (2012), n° 313.

Pour une remise en cause du principe de pleine concurrence : Benzoni and Pellefigue (2013) n° 138.

[17]Cf également les articles 223 B, 238 quater O, 238 octies C, 238 quindecies ou 266 du CGI.

[18]Sur les avatars de l'exception française en matière de TVA immobilière sur la valeur vénale des immeubles : Cozian et al. (2016–2017), p. 646, n° 1708.

[19]Cf notamment les articles 668 bis, 684, 725, 761, 764 bis, 766 bis, 792-0 bis, 809.

[20]Cf notamment les articles 885 G bis, 885 G ter, 885 S.

immeubles possédés en France par des entités juridiques ». Or le législateur fiscal n'a pas cru utile de définir la notion de valeur vénale qu'il utilise pourtant généreusement. C'est donc essentiellement sur la jurisprudence que pèse la tâche de définir la notion de valeur vénale. À quelques différences de style près, la définition de la valeur vénale retenue par la Cour de cassation et le Conseil d'État est constante depuis le milieu du XIXème siècle[21] : la valeur vénale correspond au prix que le jeu normal de l'offre et de la demande permettrait de tirer de la vente du bien.[22] La valeur vénale d'un bien est donc son prix normal sur un marché donné.

Ainsi, la normalité est un concept central pour le droit fiscal. Or la caractérisation d'une opération ou d'une valeur normale est un exercice extrêmement difficile. L'identification du normal repose essentiellement sur une méthode consistant d'abord à définir un référent puis à appliquer ce référent (en le modulant éventuellement). Dans ce contexte, le rapprochement de l'usuel, si peu utilisé dans les textes fiscaux, et du normal, auquel il est si largement fait appel, se révèle intéressant. C'est l'occasion de s'interroger sur ces notions : faut-il distinguer en fiscalité ce qui est usuel de ce qui est normal? *A priori*, il s'agit là simplement de synonymie. Mais les premières impressions sont souvent trompeuses...

L'usuel, et le détour qu'il impose par l'usage, pourrait à nos yeux faciliter le périlleux exercice de caractérisation du normal : l'usuel viendrait en somme au soutien du concept de normalité. Nous allons ainsi voir comment l'usuel aide à l'identification du normal (2) puis comment l'usuel aide à l'application du normal (3).

2 L'usuel aide à l'identification du normal

La recherche de la normalité impose de déterminer un référent qui est soit un comportement standard (2.1) soit un prix de marché (2.2).

2.1 L'usuel aide à la détermination du comportement standard

En droit fiscal, le comportement standard vise essentiellement l'acte normal de gestion qui s'oppose évidemment à l'acte anormal de gestion... Or, l'anormalité d'un comportement est évaluée selon son objet (2.1.1) ou ses modalités (2.1.2).

[21]Hatoux (2002).

[22]Cozian et al. (2016–2017), p. 688 n° 1840.

2.1.1 L'objet du comportement

Pour qualifier l'acte anormal par son objet, il faut vérifier s'il est justifié au regard de l'intérêt de l'entreprise : constitue un acte anormal de gestion « *celui qui met une dépense ou une perte à la charge de l'entreprise, ou qui prive cette dernière d'une recette, sans que l'acte soit justifié par les intérêts de l'exploitation commerciale* ».[23] L'acte anormal de gestion sanctionne le comportement du gestionnaire qui compromet l'intérêt de l'entreprise. Or la notion d'intérêt de l'entreprise est difficile à cerner en droit fiscal[24] : l'analyse de la normalité implique en effet de scruter à la fois le comportement et son motif. La doctrine souligne qu'il s'agit d'un critère mal défini aboutissant à une jurisprudence incertaine qui met à mal la liberté de gestion de l'entreprise : « *Si l'entreprise est libre de sa gestion dans son intérêt, elle n'est pas libre de définir son intérêt. Cet intérêt est défini par un tiers et qui plus est par une définition aux contours hésitants et fluctuants* ».[25] En se focalisant sur l'intérêt de l'exploitation, le juge n'apprécie pas seulement un comportement mais le mobile du comportement, c'est-à-dire la raison plus ou moins directe, en termes financiers ou de notoriété, pour laquelle la transaction est menée.[26]

Les auteurs rapprochent souvent le « normal » du « raisonnable » : « *Si le raisonnable est assimilable à un standard juridique, alors ce terme pourrait être comparé à celui de normal, commun, suffisant, sérieux, légitime, proportionné, régulier, diligent, décent, moral, ordinaire, essentiel, suffisant et donc, au final, peuvent être identifié à une situation normale. De ce point de vue, le raisonnable est le normal.* »[27] Dans son article « Le raisonnable en droit privé français – Développements récents », le Pr G Khairallah définit le raisonnable comme une « *mesure normale* ».[28] Dans cette définition, la normalité est « *la correspondance à un modèle, préétabli ou improvisé, auquel est comparé le sujet ou l'objet considéré* ».[29] Le raisonnable comme le normal impliquent donc le recours à un standard : ce qui est aussi le cas en fiscalité. En effet, les auteurs s'accordent sur la difficulté à définir de façon théorique l'anormalité d'un acte au sens du droit fiscal, sauf à dire que la jurisprudence s'en réfère généralement à « *un certain standard de gestion supposant des actes ayant pour objet la recherche de profit et celle de l'intérêt bien compris de l'entreprise* »[30] Le comportement raisonnable, donc normal, du gérant de l'entreprise doit donc répondre à un standard : il s'agit du « bon père de famille » transformé ici en « bon chef d'entreprise ».

---

[23]Concl. Poussière sur CE, 5 janv. 1965, n° 62099 : Dr. fisc. 1970, n° 3 bis Poussière (1970), p. 23.

[24]Lamorlette (1985); Serlooten (2017–2018), p. 55, n° 49; Gutmann (2016), p. 370, n° 641; Debat (2013), p. 117, n° 287.

[25]Serlooten (2007).

[26]Collet (2003), n° 13.

[27]Mainguy (2010), p. 314 n° 10.

[28]Kairallah (1984), p. 444.

[29]Également : Perelman (1978), p. 38.

[30]Fradin and Geffroy (2003), p. 820-2, n° 537.

Mais comment définir l'acte normal, celui du gestionnaire idéal, ce « bon chef d'entreprise » guidé par la seule recherche du profit de la société qu'il dirige et non du sien propre? Il a été proposé d'abandonner en fiscalité le critère de l'intérêt de l'entreprise pour élaborer une nouvelle définition de l'acte anormal de gestion qui serait en fait un « *acte contraire aux usages* »[31] de l'entreprise ou de la profession. L'idée serait ainsi de comparer des comportements (le comportement de l'entreprise par rapport aux comportements « moyens » généralement constatés), sans se pencher sur les motifs de l'acte, pour décider si la transaction est normale ou anormale. Cette définition séduisante de l'acte anormal de gestion est rejetée par le Pr P Serlooten. S'il reconnaît que le critère de la normalité défini par la référence aux usages de contribuables placés dans des situations comparables permet de supprimer les difficultés pratiques et théoriques liées à la recherche de l'intérêt de l'entreprise; il soutient que ce critère pèche d'une part par son absence de fondement théorique et d'autre part du fait que la fiscalité n'est pas un instrument au service de la normalité. Nous ne souscrivons pas à ces réserves. Tout d'abord, le droit fiscal recourt la largement à la notion de normalité, tant dans les textes que dans la jurisprudence. Ensuite, la prise en compte des usages est présente en droit fiscal,[32] qu'il s'agisse du Code général des impôts (par exemple en matière de durée d'amortissement[33]) ou de la jurisprudence. Ainsi, des décisions du Conseil d'État en date du 23 décembre 2013 font expressément référence aux usages de la profession de notaire pour faire échec à la réintégration dans le résultat taxable des honoraires dont la perception est abandonnée.[34,35] Dans ses conclusions sous ces affaires, M V Daumas indique qu'il serait « *pour le moins malvenu de refuser à ces professionnels de tirer les*

[31]Collet (2003), n° 18.

[32]Mousseron (2014), p. 85, n°215, n° 248, p. 88 n° 256, p. 110 n° 313.

[33]CGI art. 39-1-2°.

[34]CE plén. fisc. 23 déc. 2013, n° 350075, M. Uguen ; JurisData n° 2013-030528 ; Dr. fisc. 2014, comm. 252, concl. V. Daumas, note Buchet (2014). CE plén. fisc. 23 déc. 2013, n° 350511, M. Vidalenc; Sur and Turot (2014), AMR sur Saint-Yves, Dr. fisc. 2014, n° 86. CAA Paris 29 sept. 2015 n° 14PA05385.

CAA Nancy 2e ch. 2 juin 2016, n° 15NC00536, M. Mouzon; JurisData n° 2016-012797; Dr. fisc. 2016, n° 599, note Rudeaux (2016) : dans ses conclusions sous cette décision, le rapporteur public indique que la circonstance que le décret régissant les tarifs de la profession de notaire permette des remises totales d'émolument ne suffit pas à considérer une telle remise comme étant nécessairement conforme à l'exercice ou aux pratiques normales de la profession. Dans son arrêt, la Cour ne se prononce que sur le terrain de l'exercice normal de l'activité sans faire référence aux pratiques normales de la profession.

[35]Également : CE, 9e et 8e sous-sections, 13 mai 1992, n° 65 238, SARL Éditions Eden-Roc, concl. Martin : Le fait, pour une société ayant pour objet l'exploitation d'oeuvres musicales d'accorder à un compositeur-parolier une avance sans intérêt est conforme à une pratique courante de la profession et ne constitue donc pas un acte de gestion anormal. Il est admis par la jurisprudence que des avantages consentis par une société à des dirigeants ne sont pas anormaux s'ils sont identiques aux pratiques commerciales adoptées par la société à l'égard de partenaires courants : CE, 20 janv. 1989, n° 67 400 : Dr. fisc. 1989, comm. 904, concl. de Saint Pulgent M; RJF 3/89, n° 272; CE 9 mai 1990, n° 46 89 GIE Pool Civile Foncière : Dr. fisc. 1991, comm. 295; RJF 8-9/90, n° 956, concl. Martin.

conséquences sur le terrain fiscal d'une pratique autorisée au sein de leur profession en vertu d'une règle expresse ou d'un usage ». Il souligne que si la circonstance qu'un acte soit inhabituel au regard des usages d'une profession est insuffisante pour caractériser le caractère anormal de l'acte, en revanche la conformité de l'acte aux usages de la profession est un argument puissant pour écarter la qualification d'acte anormal de gestion.

En matière de TVA, le recours au standard du comportement normal est également nécessaire. En vertu de l'article 271-I-1 du Code général des impôts, « *La TVA qui a grevé les éléments du prix d'une opération imposable est déductible de la TVA applicable à cette opération* ». L'assujetti bénéficie d'un droit à déduction dans la mesure où les biens et les services sont utilisés pour les besoins de ses opérations taxées : la TVA n'est déductible que s'il existe un lien direct et immédiat entre une opération particulière d'amont et une opération en aval ouvrant droit à déduction. Ainsi, les biens et services acquis par une entreprise n'ouvrent droit à déduction que s'ils sont affectés à l'exploitation. Pour les Pr M Cozian, F Deboissy et M Chadefaux, ce critère de l'affectation est en réalité très proche de celui de la normalité.[36] Ainsi, une société ne saurait déduire la TVA grevant des dépenses exposées dans l'intérêt d'un tiers, sans qu'elle n'en retire aucune contrepartie : de telles dépenses n'ont aucun lien direct et immédiat avec sa propre activité économique soumise à TVA.[37] Dès lors, le « bon chef d'entreprise » se doit de ne réaliser que des opérations qui répondent aux besoins de son exploitation[38] : les dépenses usuelles des entrepreneurs dans une sphère d'activité donnée serviront de critère efficace pour caractériser les besoins normaux d'une exploitation. Le comportement standard peut ainsi être identifié au vu des dépenses usuelles des entreprises.

Si le comportement considéré comme normal en fiscalité ne se réduit pas au comportement usuel, c'est-à-dire conforme aux usages, la conformité auxdits usages est en revanche un critère indéniable de normalité.

2.1.2 Les modalités du comportement

Dans une seconde branche de l'analyse, l'acte de gestion peut être anormal par ses modalités :

---

[36]Cozian et al. (2016–2017), p. 601, n° 1594. Également : « *La référence aux besoins de l'entreprise emporte que la dépense doit être dans l'intérêt de l'entreprise de la même façon que ce caractère est exigé pour qu'une dépense soit déductible du résultat imposable* » : Serlooten (2017–2018), p. 672 n° 960; Gutmann (2016), p. 589 n° 886; Courjon and Bouchard (2008), n° 5.

[37]Deboissy (2013) note sous CE 8e et 3e ss.-sect. 24 juin 2013, n° 350588, *Sté L'Air Liquide*, *Dr. fisc.* 2013, n° 414, conc. N. Escaut. Également : CE 9e et 10e ss.-sect. 29 oct. 2012, n° 326813, *Sté First International Production*, *Dr. fisc.* 2013, n° 3, comm. 65, *Dr. sociétés* 2013, n° 75, note Pierre (2013), *RJF* 1/2013, n° 8; CE 8e et 3e ss.-sect. 30 déc. 2011, n° 319835, *Sté Rhodia-Chimie*, *Dr. fisc. 2012*, n° 16, comm. 268, *RJF* 4/2012, n° 353.

[38]Décision de rescrit 23 oct. 2007 n° 2007/41/TCA; BOI-TVA-DED-30-10 n° 10, 12 sept. 2012.

« *Un acte est anormal par ses modalités lorsque la charge ou le manque à gagner constatés par l'entreprise sont excessivement élevés* ».[39] Cette appréciation de l'anormalité étant difficile à appréhender, le moyen le plus facile consiste à comparer les modalités de la convention avec celles d'une opération dans le cadre de relations librement organisées entre personnes indépendantes.

L'acte de gestion anormal par ses modalités vise à la fois l'hypothèse d'un prix anormal ou de conditions contractuelles anormales. En ce qui concerne le prix, l'administration va s'attacher à vérifier que le prix contractuellement prévu (qu'il s'agisse du prix d'un service ou du prix d'un bien) correspond au prix du marché, donc au prix usuel (Nous renvoyons à la recherche de ce référent que nous évoquerons plus bas). En ce qui concerne les conditions contractuelles, elles concernent essentiellement les modalités d'exécution de l'acte : paiement, garanties, livraison, délais... Il s'agira pour l'administration de vérifier que l'opération contractuelle n'est pas désavantageuse pour l'entreprise ou que, s'il existe un avantage, il est justifié par son intérêt propre : où l'on retrouve le standard du « bon chef d'entreprise ». L'avantage accordé au contractant doit être conforme au comportement idéal du « bon chef d'entreprise » raisonnable et avisé.

La réglementation en matière de TVA impose également d'analyser les modalités du comportement de l'entrepreneur : la vente des biens et services doit être réalisée moyennant un prix normal. Cette vente à un prix normal permet d'une part de qualifier une opération à titre onéreux entrant dans le champ d'application de la TVA[40] : par exemple, lorsqu'une location est consentie pour un loyer manifestement inférieur à celui du marché, elle se trouve placée hors du champ de la TVA.[41] La vente à un prix normal permet d'autre part d'ouvrir le droit à déduction de la TVA payée en amont par l'entreprise.[42] Le Pr D Gutmann explique que l'article 206 de l'annexe II permet de lutter contre « *l'anormalité qualitative d'une déduction* » : « *on ne peut déduire la TVA grevant l'acquisition de biens qui sont ensuite cédés sans contrepartie ou moyennant une rémunération très inférieure au prix normal : on*

---

[39]Gutmann (2016), p. 369, n° 640.

[40]Les organismes sans but lucratif ne sont pas soumis aux impôts commerciaux s'ils respectent les principes de non-lucrativité : parmi ces principes figure l'appréciation des modalités de la concurrence. L'administration applique la règle dite des « 4 P » qui indique notamment qu'un organisme qui pratique des prix nettement inférieurs à ceux de la concurrence présente *a priori* un caractère non-lucratif (BOI-TVA-CHAM-10-50-10-20 n° 650).

[41]Mémento Expert TVA (2017), p. 25 n° 1465. L'administration n'estime pas possible de fixer un seuil permettant de considérer que le loyer est manifestement fixé très en dessous du prix normal de marché et l'examen de la jurisprudence montre que la notion de loyer anormalement bas est délicate à appréhender : *Mémento Expert TVA*, op cit. p. 73 n° 5225.

[42]« *Si, au regard de la TVA, la normalité de l'acte ne peut être une condition de déduction, il demeure qu'une telle libéralité peut conduire à un acte final de consommation en franchise d'impôt, ce qui est contraire à toute la philosophie du système. De plus, à partir du moment où la cession à titre gratuit ne donne pas lieu au paiement de la TVA, il paraît difficile de justifier la déduction de la taxe ayant frappé l'acquisition de tels biens devant être cédés gratuitement* » : Serlooten (2017–2018), p. 679 n° 967. Cf CE 2 juill. 1986 n° 49.492, RJF 10/86 n° 883.

soupçonne en effet l'entreprise de réaliser ces libéralités en dehors de son activité économique ordinaire ».[43]

Les livraisons de biens et de services doivent être effectuées à un prix normal pour que l'entreprise soit assujettie à la TVA et puisse bénéficier de la déduction de la TVA sur ses achats. Le comportement standard pour l'entrepreneur en matière de TVA (permettant à la fois la soumission à la TVA de ses opérations et la déduction de la TVA payée en amont) impose donc la recherche du prix du marché que nous envisageons plus bas.

2.2 L'usuel aide à la détermination du prix de marché

En droit fiscal, le prix normal est dans les faits le prix du marché, ce qui impose d'identifier un montant (2.2.1) et un marché (2.2.2).

2.2.1 Un montant

La réflexion sur le montant normal d'un bien ou d'un service en fiscalité porte tout d'abord sur l'élaboration des prix de transfert (2.2.1.1). Elle implique également de se s'interroger sur la caractérisation des rémunérations normales (2.2.1.2) et de la valeur vénale (2.2.1.3).

2.2.1.1 Le prix de transfert

La réglementation des prix de transfert issue de l'article 57 du Code Général des Impôts impose de déterminer les prix pratiqués entre entreprises appartenant à un même groupe de façon similaire au prix entre entreprises indépendantes pour des transactions identiques sur un marché libre. « *Le cœur de la problématique des prix de transfert est lié au caractère raisonnable et proportionné d'un paiement en l'échange d'une prestation réelle. Ce caractère raisonnable et proportionné sera apprécié par l'administration fiscale au vu des prix ou marges pratiqués par des entreprises indépendantes et comparables* ».[44] Il s'agit donc d'établir un prix qui sera raisonnable par comparaison : ici le raisonnable est synonyme de comparable.[45]

---

[43]Gutmann (2016), p. 590 n° 886. Également : Cozian et al. (2016–2017), p. 597 n° 1581.

[44]Monsenego (2012), n° 4.

[45]Pour des décisions récentes en matière de prix de transfert : CE 9e et 10e ss-sect. 16 mars 2016, n° 372372, Sté Amycel France, Dr. fisc. 2017, n° 639, concl. Aladjidi F, note Silberztein and Nguyen-Lapierre (2017), pp. 87–92; CE 9e et 10e ss-sect. 15 avr. 2016, n° 372097, Sté LifeStand Vivre Debout, Dr. fisc. 2017, n° 676, concl. Bokdamn-Tognetti, note Silberztein and Granel (2017), pp. 47–53; CE 9e et 10e ch., 21 sept. 2016, n° 382733, Sté Property Investment Holding, Dr. fisc. 2017, n° 677, concl. Bokdam-Tognetti, note Lugand (2017), pp. 53–58.

Plusieurs méthodes sont possibles : la méthode du prix comparable sur un marché libre, la méthode du prix de revente minoré, la méthode du coût de revient majoré ou la méthode transactionnelle de la marge nette et la méthode du partage de profits.[46] Toutes ces méthodes imposent une comparaison : à un prix de vente, un prix de revient, une marge ou un bénéfice. La difficulté est donc de déterminer le comparable idoine, c'est-à-dire la transaction similaire sur un marché libre. Ce comparable constitue donc le prix de marché idéal qui constituera le prix normal.

En matière de prestations de services, la méthode du prix comparable impose que les services soient rémunérés « *normalement, par rapport aux pratiques des entreprises indépendantes* ».[47] Pour les activités de financement, il faut que le prêteur ne soit pas rémunéré à un taux excessif ou que l'emprunteur paye un taux inférieur à la normale : il importe donc de se référer aux « *pratiques commerciales normales* ».[48]

La démarche distingue deux types de comparables : les comparables internes visent les opérations similaires réalisées par l'entreprise avec des clients hors du groupe alors que les comparables externes visent les opérations similaires réalisées par une autre entreprise avec ses clients.[49] On recherche donc les pratiques commerciales normales de l'entreprise avec ses propres clients ou celles d'autres entreprises sur le même marché. Or ces pratiques répétées et normales représentent dans les faits les usages de l'entreprise : il s'agit soit des usages internes à l'entreprise dans ses liens avec sa clientèle soit des usages pratiqués au sein de la même profession. Le comparable, en d'autres termes le référent, est donc le prix du marché fixé conformément aux usages. Un auteur écrit ainsi : « *En revanche, l'usage pourrait a priori être un fondement pertinent aux ajustements des prix de transfert. En effet, ne pourrait-on pas soutenir que le prix du marché est un usage, puisque c'est le prix pratiqué par les acteurs économiques* ».[50]

La réflexion sur les prix de transfert ne se limite pas au droit fiscal interne français.

L'article 9 de la convention fiscale modèle de l'OCDE impose le respect du principe de pleine concurrence : il convient d'apprécier le juste prix des flux internationaux intragroupe par référence à des flux comparables entre entreprises indépendantes.[51] Les principes directeurs de l'OCDE imposent de vérifier si l'avantage consenti par une société à une autre n'est pas contrebalancé par un

[46]Truchi and Gobel (2010), n° 8.

[47]Gouthière (2016), p. 1099 n° 76205.

[48]Gouthière (2016), p. 1101 n° 76225.

[49]Gouthière (2016), p. 1137 n° 76790. Pour l'administration, le comparable interne est souvent le plus adéquat : BOI-BIC-BASE-80-10-10 n° 250 du 18 févr. 2014.

[50]Monsenego (2012) n° 7. Également : Concl. Verot (2008) sous CE 10e et 9e ss-sect., 11 avr. 2008, n° 281033, SA Guerlain : le dispositif des prix de transfert est « *un redoutable outil entre les mains de l'administration pour peut ainsi établir une présomption de bénéfice sans même établir l'existence d'un avantage consenti à une société étrangère, mais en se fondant seulement sur les pratiques des concurrents* ».

[51]Bourtoutault and Bénard (2009), n° 2.

autre avantage.[52] Est donc normal ce qui est convenu sans avantage particulier : le prix normal ne doit pas être avantageux, la normalité renvoie donc à l'équilibre. En matière de fiscalité internationale, la recherche du prix standard est donc au cœur de la démarche : or le prix standard est par nature celui qui est usuellement pratiqué…

En somme, le recours à la technique du comparable se présente comme la recherche de l'usuel : est en substance comparable ce qui est en pratique usuel. La méthode des prix de transfert repose donc sur la quête puis la démonstration de l'usuel.

2.2.1.2 La rémunération normale

En matière d'ISF, le dirigeant qui veut bénéficier de l'exonération de l'outil professionnel pour les titres qu'il détient doit percevoir une rémunération normale pour ses fonctions dans l'entreprise (nous avons notamment déjà évoqué les articles 885 I quater et 885 O bis du Code Général des Impôts). La loi n° 2016-1918 du 29 décembre 2016 a apporté des aménagements aux critères de rémunération normale pour l'exonération des titres de sociétés détenus par les dirigeants prévus par ces textes : désormais, le caractère normal de la profession est apprécié « *au regard des rémunérations du même type versées au titre de fonctions analogues dans l'entreprise ou dans des entreprises similaires établies en France* ».[53] Ainsi, une rémunération est considérée comme normale si son montant est en rapport avec la rémunération courante des personnes exerçant pleinement la même fonction compte tenu de la nature, de l'importance de l'activité et des résultats de l'entreprise : il s'agit à l'évidence de la rémunération usuelle des personnes ayant une activité identique. Sont considérées comme anormales des rémunérations notablement insuffisantes compte tenu des caractéristiques de l'entreprise.[54] Ainsi en matière d'ISF, la normalité impose un montant minimum par rapport aux rémunérations usuelles. En d'autres termes, l'usuel doit être la norme…

La rémunération sera considérée comme normale si son montant est en rapport avec la rémunération courante de personnes exerçant pleinement une des fonctions compte tenu de la nature et de l'importance de l'activité de l'entreprise et de ses résultats. Il s'agit donc ici de trouver une rémunération servant d'élément de comparaison, en d'autres termes le prix du marché de la rémunération compte tenu du poste occupé. À cet égard, on peut envisager deux types de comparables : un comparable interne (la rémunération du dirigeant est comparée avec celle des directeurs salariés de l'entreprise) ou un comparable externe (la rémunération du dirigeant est comparée avec des dirigeants exerçant les mêmes fonctions dans des entreprises similaires). Selon la Cour de cassation, le caractère normal de la rémunération perçue par le dirigeant d'une société ne peut être apprécié que par référence

---

[52] Castagnède (2015), p. 119.

[53] CGI Art. 885 I quater et 885 O bis.

[54] BOI-PAT-ISF-30-30-30-10, n° 270, 8 juill. 2013.

aux fonctions de dirigeant telles qu'elles sont définies par le droit des sociétés, sans que puisse être prise en compte la rémunération d'autres activités.[55] Cette analyse interdit donc les comparaisons internes à la société dès lors que les fonctions des mandataires sociaux sont a priori uniques.[56] La méthode de comparaison en matière de rémunération normale ne permet donc que d'utiliser un comparable externe : le comparable est la rémunération usuelle des dirigeants occupant des fonctions équivalentes dans des entreprises similaires.

Ces dispositions doivent être rapprochées de l'article 39.1.1° qui énonce que les rémunérations ne sont admises en déduction des résultats que dans la mesure où elles correspondent à un travail effectif et « *ne sont pas excessives eu égard à l'importance du service rendu* ». Le Pr D Gutmann explique que la déduction des rémunérations sera remise en cause si elles sont manifestement exagérées ou si elles constituent un avantage sans intérêt pour l'entreprise (notamment dans l'hypothèse de liens familiaux entre le salarié et l'entrepreneur).[57] Il importe donc de comparer la rémunération en cause avec un standard de salaire pour des postes équivalents dans des entreprises similaires. En matière de déduction de rémunération des dirigeants est donc normal ce qui n'est pas excessif : la normalité impose un montant maximum par rapport aux rémunérations usuelles. Le danger est ici l'excès et non l'insuffisance.

2.2.1.3 La valeur vénale

La valeur vénale est au cœur de plusieurs dispositions fiscales.[58] En matière de droits d'enregistrement, de taxe de publicité foncière et de TVA notamment, l'administration peut rectifier le prix d'un acte s'il paraît inférieur à la valeur vénale réelle des biens transmis ou désignés.[59] L'administration doit apporter la preuve de l'insuffisance de prix en apportant des termes de comparaison pertinents. L'évaluation par comparaison consiste à se référer pour un bien donné aux prix constatés dans des transactions concernant un nombre suffisant de biens similaires qui constituent ainsi des termes de comparaison. Il convient de procéder à des comparaisons tirées de la cession en nombre suffisant de biens intrinsèquement

[55]Cass. com. 23 avr. 2003, n° 638, F.-D. *Lejosne*. CA Rouen 5 avr. 2005, n° 04-714, 1e ch. Perolo. Contra : CA Douai 20 oct. 2003, n° 02-439, 1e ch., Christiaens.

[56]Doc. Pratique F. Lefebvre, ENR, XII ISF, n° 28890.

[57]Gutmann (2016), p. 299 n° 524.

[58]En matière d'amortissement également, le recours à la valeur vénale est nécessaire : la ventilation du prix d'acquisition d'un immeuble entre la part correspondant aux constructions (qui est amortissable) et la part correspondant au terrain (qui ne l'est pas) impose de déterminer la valeur du terrain en se fondant sur des comparaisons reposant sur des transactions réalisées sur des terrains nus à des dates proches de celle d'entrée au bilan du bien du contribuable. Cf CE 15 févr. 2016 9e et 10e ss section, n° 367467 et n° 380400, SARL Daves Place des États-Unis, Jurisdata n° 2016-003579; Chatain (2016).

[59]LPF art. 17.

similaires en fait et en droit.[60] Un auteur soutient même que « *selon la jurisprudence, la seule méthode admise pour déterminer la valeur vénale réelle d'un bien est la méthode par comparaison* ».[61]

La valeur vénale est donc également une question de méthode : sa détermination repose essentiellement sur une comparaison avec les pratiques usuelles sur un marché. Certaines décisions s'appuient d'ailleurs ouvertement sur les pratiques et usages de la profession pour évaluer les clientèles.[62]

Une précision doit ici être évoquée : plusieurs textes, et notamment l'article L. 17 du LPF, visent la « *valeur vénale réelle* ». Que doit-on comprendre? Qu'il existe une valeur vénale irréelle, fictive, fausse, imaginaire, théorique? La jurisprudence évoque elle aussi « *le jeu de l'offre et de la demande dans un marché réel* ».[63]A quel marché le marché réel s'oppose-t-il? Au marché imaginaire, hypothétique, idéal? Il y aurait donc une « vraie » valeur vénale que l'on pourrait déterminer grâce à un « vrai » marché... La valeur vénale réelle sur un marché réel serait donc ce qui se pratique en réalité : il faut comparer le prix à ce qui se pratique dans la réalité, aux pratiques du marché... donc aux usages locaux!

La doctrine administrative indique par ailleurs en matière de mutation d'immeubles que « *l'évaluation des biens d'après leur valeur vénale s'oppose à l'utilisation de tableaux indicatifs, par exemple relatifs à la valeur au mètre carré des appartements ou aux coefficients de capitalisation pour les immeubles loués. De même, la publication par l'administration de barèmes ou de coefficients conduirait à des estimations forfaitaires contraires à l'esprit de la loi* ».[64] En matière d'évaluation des immeubles, la doctrine administrative exclut donc clairement le recours à des comparables forfaitaires : il importe donc d'analyser précisément les caractéristiques de l'immeuble transmis afin de le comparer à un immeuble similaire.

Cette prohibition soulève une interrogation essentielle : l'exclusion du comparable forfaitaire s'applique-t-elle à toutes les comparaisons? La détermination du référent, étape primaire de la qualification de la normalité, permet-elle l'utilisation d'un comparable forfaitaire? L'analyse présentée ci-dessus en matière de prix de transfert ou de rémunération normale des dirigeants semble exclure la comparaison avec des barèmes ou des coefficients : le prix doit être évalué par référence à des comparables similaires en fait et en droit, ce qui doit exclure la forfaitisation.

---

[60]Doc. Pratique F. Lefebvre, ENR VII, n° 30880.

[61]Hatoux (2002), n° 17.

[62]Cf notamment : CE 10e et 9e ss.-sect. 20 déc. 2013, n° 349787, M. Hyest. Saint-Bonnet (2014), L'évaluation d'un cabinet d'avocats, Dr. fisc. 2014, Etude n° 372. Pour des décisions récentes en matière d'évaluation de titres sociaux et de stocks de marchandises : CE 10e et 9e ch, 21 oct. 2016, n° 390421, SARL MT Trading devenue Sté France élévateur ; Dr. sociétés 2017, comm. 16, note Pierre (2017a); *Dr. fisc.* 2017, comm. 147, obs. Acard (2017); *RJF* 2017, n° 8, concl. Crépey, p. 98; CE 23 décembre 2016 n° 391968 et n° 391974, Cudel, Chatain Chronique Usages n° 1253, JCPE Chatain (2017), pp. 22–28; Dr. sociétés 2017, comm. 72, note Pierre (2017b), pp. 59–62.

[63]Cass. com. 23 oct. 1984, op cit.

[64]BOI-ENR-DMTOI-10-10-20-40-20120912-n° 30.

Mais c'est exactement ainsi que procède l'administration en matière de fonds de commerce : des coefficients de valorisation des fonds de commerce sont élaborés en fonction de l'activité et du chiffre d'affaires.[65] Pour évaluer la valeur d'un fonds transmis, l'administration fiscale procède par analyse comparative. Comme elle est informée de toutes les mutations du fait de la formalité de l'enregistrement, elle connaît le prix de toutes les mutations récemment effectuées. L'administration établit ainsi un coefficient égal aux prix de vente constatés par rapport au chiffre d'affaires des fonds cédés sur un même territoire géographique. Ainsi, pour toute mutation réalisée, elle compare le prix stipulé par les parties au prix obtenu par sa technique statistique. Si le prix contractuel ne correspond pas au ratio qu'elle a constaté sur le même territoire, l'administration rehausse alors l'assiette des droits de mutation. Cette méthode de l'administration pour évaluer les fonds de commerce repose donc sur une pratique sous-jacente fondée sur les données statistiques dont elle dispose. L'utilisation du comparable forfaitaire est donc parfaitement possible en matière d'évaluation de fonds.

2.2.2 Un marché

En fiscalité, le prix normal se détermine donc d'abord par rapport à un référent. Ce référent est le prix usuel sur un marché du produit, du service ou de la rémunération. La caractérisation du marché pertinent est dès lors la base du raisonnement de l'analyse de comparabilité.[66] En matière de prix de transfert, un auteur explique : « *Essentiel, le choix des comparables repose sur le marché pertinent concerné, c'est-à-dire le marché en cause, qui donc être au préalable cerné pour procéder à l'analyse de comparabilité pour la mise en œuvre pratique du principe de pleine concurrence. En effet, comparer les prix de l'entreprise liée avec ceux pratiqués par des sociétés indépendantes suppose qu'elles exercent sur le même marché qu'il convient donc de définir préalablement* ».[67]

L'entreprise qui veut justifier ses prix de transfert ou l'administration qui diligente une proposition de rectification doivent effectuer une démonstration complète, ce qui suppose de procéder à la fois à l'analyse économique des transactions et à la recherche de comparables. L'analyse économique permet de délimiter le champ de la recherche de comparables. Pour décider si des situations sont comparables, il faut passer en revue cinq facteurs de comparabilité identifiés par les principes directeurs de l'OCDE : caractéristiques des biens et services, analyse fonctionnelle, clauses contractuelles, circonstances économiques et stratégies des entreprises. En somme, l'analyse économique consiste en une analyse de substituabilité visant à définir un ensemble de transactions comparables.[68]

---

[65] Dantcheff (2017) n° 108.

[66] Pour un exemple de marché de référence non pertinent : CAA Nancy, 26 janv. 1995, n° 92-490, SARL Moulin de la Chée : RJF 6/95, n° 712. Également : Israël and Bouhours (2005), n° 27.

[67] Bidaud (2012), n° 5.

[68] Truchi and Gobel (2010), n° 7.

La recherche du prix usuel et ainsi normal, au-delà même de la problématique ci-dessus évoquée des prix de transfert, impose ainsi de définir quel est le marché pertinent et à cet égard l'approche du droit de la concurrence s'avère fort utile.[69] Les auteurs s'accordent pour souligner combien la notion de marché pertinent est difficile à définir.[70] En droit communautaire, « *un marché de produits en cause comprend tous les produits ou services que le consommateur considère comme interchangeables ou substituables en raison de leurs caractéristiques, de leur prix et de l'usage auquel ils sont destinés* ».[71] Pour le Conseil de la concurrence, le marché est défini comme « *le lieu sur lequel se rencontrent l'offre et la demande pour un produit ou un service spécifique. En théorie, sur un marché, les unités offertes sont parfaitement substituables pour les consommateurs qui peuvent ainsi arbitrer entre les offreurs lorsqu'il y en a plusieurs, ce qui implique que chaque offreur est soumis à la concurrence par les prix des autres. (...). Une substituabilité parfaite entre produits ou services s'observant rarement, le Conseil regarde comme substituables et comme se trouvant sur un même marché les produits ou services dont on peut raisonnablement penser que les demandeurs les considèrent comme des moyens alternatifs entre lesquels ils peuvent arbitrer pour satisfaire une même demande. Parmi les éléments pris en compte pour définir les contours d'un marché pertinent, il y a lieu, notamment, de retenir la nature du produit ou du service, l'environnement juridique, les conditions techniques d'utilisation, le coût d'usage ou de mise à disposition et la stratégie des offreurs, ainsi que le comportement des demandeurs.* »[72] En pratique, le marché pertinent se caractérise d'abord par une dimension économique ou matérielle : la notion de substituabilité permet de délimiter les produits ou services relevant d'un même marché. Le marché pertinent se caractérise ensuite par son étendue géographique : l'analyse de la zone territoriale permet de déterminer les produits ou services véritablement concurrents.[73]

Le droit de la concurrence se présente donc comme un outil utile pour seconder le droit fiscal dans la délimitation du marché pertinent permettant d'identifier le caractère usuel d'un prix.

---

[69]Prix de transfert et droit de la concurrence sont d'ailleurs étroitement liés : le juge commercial se repose parfois sur eux pour qualifier les pratiques restrictives ou anticoncurrentielles : Bonneaud and Fontaine (2011), n° 612.

[70]Lucas de Leyssac and Parléani (2002), p. 167 et s.

[71]Lucas de Leyssac and Parléani (2002), p. 169.

[72]Conseil de la Concurrence, 14ème rapport d'activité, année 2000, p. 109.

[73]Mainguy and Depincé (2015), p. 251, n° 250 et s.

3 L'usuel aide à l'application du normal

Si la détermination d'un référent est une étape essentielle pour qualifier la normalité, il faut ensuite appliquer ce référent à une situation de fait. Or il est impossible de formuler un référent fixe susceptible de s'appliquer à toute situation et une marge d'adaptation du référent est en effet nécessaire (3.1). Se pose alors la question de l'appréciation dans l'application de ce référent (3.2).

3.1 L'usuel aide à l'adaptation du référent

Le normal relève de la famille des standards juridiques.[74] Il s'agit donc d'une notion malléable qui dépend fortement d'un environnement temporel et géographique. Elle a donc tendance à s'adapter à son milieu et à évoluer plus ou moins sensiblement.

En tant que standard juridique, la normalité est extrêmement difficile à appréhender en elle-même. Dans une étude sur « *Le raisonnable en droit des affaires* », le Pr D Mainguy explique : « *Le raisonnable est à l'image du Dieu Janus (...) Notre concept, de manière voisine, est indissociable de son autre visage : c'est le couple déraisonnable/déraisonnable, loyal/déloyal, normal/anormal, excessif/dérisoire, etc. qui importe* ».[75]

Dans un premier regard, le plus facile est donc d'opposer le normal à l'anormal : est normal ce qui n'est pas manifestement anormal. En fait, deux situations ne posent pas véritablement de difficulté : le très normal et le très anormal. Facturer un prix identique à tous ses clients ou acheter un appartement auprès d'un promoteur pour un prix au mètre carré fixé pour la totalité des biens formant l'ensemble immobilier ne soulève pas véritablement de difficulté : ces comportements sont tout à fait courants et usuels, donc normaux. . .En revanche, consentir un prêt sans intérêt et sans aucune contrepartie à une entreprise concurrente paraît problématique : ce comportement est tout à fait inusuel donc « hors norme ».

Les difficultés commencent donc à la frontière du normal et de l'anormal : comme le raisonnable ou le juste, le normal est la « *lame du rasoir* »[76] séparant le normal de l'anormal. Comme nous l'avons vu, l'usuel est un critère pertinent pour définir le référent (même s'il n'est pas le seul). Le comportement usuel sera considéré comme normal; la difficulté commencera avec le comportement inusuel qui pourra parfois être justifié ou profondément injustifié. . .

Pour le Pr G Khairallah, le raisonnable remplit une double fonction de modulation et de conformité : il y a d'une part une démarche partant de la règle pour l'adapter aux circonstances et d'autre part une démarche partant de la situation pour contrôler

---

[74] D'autres auteurs préfèrent parler de « *notion cadre* » : « *il s'agit pour le législateur d'énoncer une règle à l'aide de concepts flous* » : Sirinelli (1995), p. 406; Coet (1986), pp. 39–48.

[75] Mainguy (2010), p. 318 n° 15.

[76] Mainguy (2010), p. 318 n° 15.

sa conformité à un modèle.[77] La normalité se prête à la même analyse : la première étape de la méthode consiste à confronter une opération à un modèle alors que la seconde étape a pour objet d'adapter ce modèle aux circonstances.

Dès lors, comme le raisonnable et le déraisonnable, le normal et l'anormal sont liés à une marge d'appréciation admissible.[78] Il n'est ni possible ni souhaitable de figer le comportement ou le prix normal. Le normal est une notion vivante, qui s'appuie sur des situations concrètes et qui s'analyse essentiellement à partir des faits.

En fiscalité, l'exemple est patent en matière de prix de transfert : l'objectif de l'analyse économique et la recherche des comparables est d'obtenir un intervalle de prix ou de marges de pleine concurrence à partir d'un panel de comparables retenus. Or la fixation d'un prix de transfert n'est pas une science exacte : la méthode choisie doit fournir une « *fourchette de montant de fiabilité plus ou moins équivalente* ».[79] Ainsi, l'application du principe de pleine concurrence ne permet d'obtenir qu'une approximation des conditions qui auraient été convenues entre entreprises indépendantes : elle débouche seulement sur un intervalle des observations qui sont réputées représentatives des conditions de pleine concurrence.[80] En pratique, il est usuel de retenir comme intervalle de pleine concurrence l'intervalle interquartile (entreprises comprises dans le deuxième et troisième quartile) en excluant le premier quartile (25% des entreprises les moins rentables) et le dernier quartile (25% des entreprises les plus rentables).[81] Un auteur indique que les différends sont nombreux concernant tant les comparables retenus par l'administration que les ajustements de comparabilité et la sélection du point le plus approprié de l'intervalle de pleine concurrence : la qualification de la normalité du prix de transfert nécessite des ajustements qui rendent l'analyse particulièrement difficile et contestable. Mais cette modulation est indispensable : la normalité impose nécessairement une marge d'adaptation. La marge d'adaptation est donc usuelle et nécessaire.

Les travaux de l'OCDE insistent sur l'importance des analyses de comparabilité. L'OCDE a révisé en 2010 certains principes applicables en matière de prix de transfert : de nouvelles lignes directrices sur la comparabilité ont été proposées. Les principes 2010 réaffirment l'importance centrale des analyses de comparabilité et un nouveau chapitre leur est consacré. Les analyses de comparabilité servent à la fois à la sélection de la méthode la plus appropriée aux circonstances du cas d'espèce et à son application.[82] En théorie, l'objectif de ces analyses est de trouver les

---

[77]Khairallah (1984), p. 455, n° 22.

[78]Perelman (1978), p. 42 : « … *le raisonnable et le déraisonnable sont liés à une marge d'appréciation admissible et à ce qui, excédant les bornes permises, paraît socialement acceptable* ».

[79]Truchi and Gobel (2010), n° 4.

[80]Truchi and Gobel (2010), ibid.

[81]Pour une application récente de l'intervalle interquartile retenu pour délimiter l'intervalle de pleine concurrence : CAA Versailles 3e ch. 29 déc. 2016, n° 14VE2126, Sté TCL Belgium, concl. Coudert, note Silberztein et Caulliez, Dr. fisc. Silberztein and Caulliez (2017), n° 265.

[82]Silberztein (2010), n° 9.

comparables les plus fiables, mais les principes 2010 reconnaissent les limites auxquelles les entreprises se heurtent souvent.[83] Il est donc indispensable que les entreprises puissent avoir de la souplesse tant dans le choix du référent que de son application. La fixation d'un prix normal suppose donc une variabilité nécessaire du référent.

Le traitement des ajustements corrélatifs en fiscalité internationale est un autre exemple de la nécessaire adaptation du référent. Il est apparu aux auteurs du modèle de convention fiscale OCDE qu'une lutte unilatérale contre les prix de transfert par chaque état ne permet pas de remédier aux problèmes posés par les flux intra-groupe et crée de nouvelles difficultés. Par exemple, il peut arriver qu'un état juge anormal le prix d'une transaction et procède à un redressement (dit « *ajustement primaire* ») alors que l'autre état contractant estime qu'il n'y a pas lieu de remettre en cause l'opération intervenue entre les entreprises. Cette différence d'appréciation entre les états contractants crée alors une double imposition économique car le même profit est taxé dans les deux états. Pour résoudre cette difficulté, le modèle OCDE propose plusieurs méthodes : la première méthode oblige le second état à procéder à un « *ajustement corrélatif* » qui tient compte de l'ajustement primaire pratiqué dans le premier état. Mais cette méthode suppose que les deux états aient la même conception de la normalité du prix de la transaction intervenue, ce qui est en pratique difficilement atteignable : ce qui est usuel dans un état ne l'est peut-être pas dans l'autre... Dès lors, les ajustements corrélatifs ne sont pas toujours pratiqués dans les faits en raison d'une certaine réticence des états à abandonner une partie de leur matière imposable ou d'une divergence de fond sur l'appréciation du prix de pleine concurrence.[84] Moralité : la normalité n'est pas une science exacte en droit interne et encore moins en fiscalité internationale... ce qui impose une modulation du référent.

Le référent du comportement normal ou du prix normal doit être adapté aux situations de fait : en d'autres termes, une marge de manœuvre doit être permise pour adapter le référent aux circonstances.

3.2 L'usuel aide à l'appréciation du référent

Le normal impose une appréciation du référent et son adaptation aux circonstances de l'espèce : c'est la marge d'appréciation laissée à celui qui est chargé de qualifier la normalité.

Dans un premier temps, on retrouve le dialogue bien connu du contribuable et de l'administration. Pour le contribuable, tout l'enjeu est de démontrer que l'opération qu'il réalise est normale, soit parce qu'elle est « parfaitement » normale, c'est-à-dire qu'elle correspond tout à fait à ce qui se pratique usuellement, soit parce qu'elle est « simplement » normale, parce qu'elle ne diffère qu'à la marge de ce qui se pratique

[83] Silberztein (2010), n° 9.

[84] Gutmann (2016), p. 394 n° 664.

habituellement. Pour l'administration, il s'agira au contraire de démontrer que l'opération est anormale parce qu'elle diffère de ce qui est communément pratiqué. On retrouve là l'analyse de la « *lame du rasoir* » qui cristallise toute la difficulté de qualification de la normalité.

En dernier ressort, c'est le juge fiscal qui doit qualifier l'opération ou le prix de normal ou d'anormal. Le rôle du juge est particulièrement prégnant dès lors qu'il s'agit de qualifier un standard juridique. « *Alors qu'un texte très précis et technique risque d'apparaître assez rapidement dépassé ou inadapté aux situations à venir, la notion cadre confère à la règle une certaine souplesse, facteur d'adaptabilité. La notion opère en quelque sorte une délégation du législateur à l'interprète, au premier rang desquels se trouve le juge.* »[85] En effet, en recourant à des standards juridiques, le législateur laisse des « *lacunes intra legem* »[86] qui doivent être comblées par le juge.

Or ce primat donné au juge peut effrayer certains. On peut en effet regretter ce pouvoir donné au juge dans notre tradition juridique où la loi est normalement la première source de droit. Certains peuvent en effet déplorer cette « *avancée du doute* » quand le législateur édicte délibérément des « *normes vagues* » abandonnant au juge le soin de les préciser.[87] Accorder au juge le pouvoir d'apprécier le normal pourrait alors entraîner un subjectivisme aléatoire et l'écrasement du droit par les faits, créant un dangereux climat d'insécurité juridique.[88] On peut aussi dénoncer la technicité d'un droit essentiellement jurisprudentiel réservé à la compréhension d'un nombre limité de juristes érudits.

Mais si, pour remédier à ces difficultés, le standard est codifié par la loi il perd alors toute sa souplesse et une grande partie de son utilité. Or la malléabilité du référent, son adaptation aux circonstances, est absolument nécessaire. La fixation d'un standard figé serait tout à fait inappropriée : un standard trop fixe ferait échapper à la sanction des comportements pourtant répréhensibles et un standard trop large entraînerait au contraire la sanction de comportements justifiés. L'appréciation du normal doit être souple, empirique, pragmatique. Il a d'ailleurs été souligné que plus une loi est technique et précise pour éviter le recours aux standards, moins elle est pérenne : le standard juridique est dès lors plutôt le garant de la pérennité de la loi.[89] Compte tenu de la technicité de la loi fiscale, le recours au standard du normal ne crée pas d'instabilité préjudiciable mais inscrit au contraire la règle fiscale dans une durée en la rendant plus sensible aux évolutions et aux circonstances.

Il faut ici rappeler que le recours aux usages d'une profession peut être un support pertinent pour qualifier ce qui se pratique généralement et la marge d'appréciation

[85]Sirinelli (1995), p. 407.

[86]Cornu (2007), p. 97, n° 177.

[87]Khairallah (1984), p. 443 n° 6.

[88]Jestaz (1968), p. 9.

[89]Mainguy (2010), p. 331 n° 22.

possible. Des décisions visent expressément les « *usages de la profession* » pour évaluer un « *comportement normal et raisonnable* ».[90]

L'appréciation du normal doit tenir compte d'une situation *in abstracto* : l'analyse du bon père de famille sur la base d'un standard juridique rappelle alors une coutume à évolution permanente.[91] L'appréciation du normal doit également tenir compte de la situation *in concreto* : l'analyse peut alors s'appuyer sur l'équité, la bonne foi des parties, les usages... Ainsi, qu'il s'agisse d'une appréciation *in concreto* ou *in abstracto*, le recours aux usages est un outil particulièrement utile pour qualifier un comportement normal... et calmer peut-être les angoisses de ceux que le pouvoir des juges effraie.

Nous avons indiqué qu'une des acceptions du terme normal est la conformité à une règle, à une norme. Mais de quelle règle peut-il s'agir? Un comportement normal, qui se répète donc, peut-il devenir une norme? On se retrouve alors au cœur des usages entendus comme des pratiques répétées qui bénéficient d'une force normative. La normalité serait constitutive de l'usage. Comme le Pr P Deumier le souligne, les usages traduisent une idée de normalité.[92] La normalité est la conséquence de l'adoption d'un comportement donné par la grande majorité du groupe. Se conformer aux usages du groupe crée donc une présomption de normalité du comportement. L'usage peut alors être utilisé comme critère d'appréciation de la normalité : l'usage est ainsi employé par le juge comme étalon pour apprécier un comportement litigieux.[93] Le comportement normal serait donc à la fois celui qui est conforme aux usages et celui qui forme un usage...

Aux côtés du juge, la doctrine permet également de perfectionner l'analyse du normal. Or en fiscalité, la doctrine est duale. D'une part, la doctrine administrative permet de préciser le critère du normal. Par exemple en ce qui concerne la rémunération normale du dirigeant en matière d'exonération d'ISF, la doctrine administrative énonce : « *De manière générale, une rémunération peut être considérée comme normale lorsque son montant est en rapport avec la rémunération courante des personnes exerçant pleinement une des fonctions considérées, compte tenu de la nature et de l'importance de l'activité de l'entreprise ainsi que de ses résultats.* »[94] La rémunération normale est ici clairement la rémunération usuelle : l'administration ne rechigne donc pas à recourir à l'usuel... D'autre part, les auteurs et praticiens fiscalistes apportent également leurs réflexions sur la notion de normalité : il n'est que de citer les écrits nombreux sur la notion jurisprudentielle d'acte anormal de

---

[90]Cf notamment Cass. civ. 2e, 7 juin 1967, Bull. civ. II, n° 212 p 148. En matière fiscale, voir notamment : CE, 4 mai 2016, n°389032; CE, 15 février 2016, n°367467 et n°380400; CAA Nancy, 13 mai 2015, n°14NC01413, et plus généralement les décisions visées sur le site de la Bibliothèque des usages – CDE Montpellier.

[91]Mainguy (2010), p. 334 n° 24.

[92]Deumier (2002), p. 290 n° 301.

[93]Chatain (2015), n° 1.

[94]BOI-PAT-ISF-30-30-30-10, n° 210, 8 juill. 2013.

gestion[95] et le recours proposé par certains au concept d'usage.[96] Le rôle de l'usuel comme soutien du normal est donc également reconnu par la doctrine.

Ainsi le normal n'est en réalité qu'une méthode : identifier un référent, adapter ce référent puis apprécier ce référent. Si le normal est un dessein pour le droit fiscal, l'usuel est alors à son service.

Références

Acard C (2017) Note sous CE 10e et 9e ch 21 octobre 2016, n°390421, SARL MT Trading devenue Sté France élévateur, Dr.fisc n°147

Benzoni L, Pellefigue J (2013) Replacer l'équité au cœur de la réglementation des prix de transfert : une perspective économique, Dr.fisc n°138

Bidaud L (2012) Prix de transfert : l'enjeu du marché pertinent, Dr.fisc n°1507

Boismain C (2014) L'acte anormal de gestion et la jurisprudence récente du Conseil d'État, BF Lefebvre n°6

Bonneaud E, Fontaine F (2011) Prix de transfert et droit de la concurrence : les liaisons dangereuses, Dr.fisc n°612

Bonnet A (2008) Note sous CE 30 juin 2008, n° 291710, Sté civile du groupe Comte, Dr.fisc comm. 541, concl. E. Glaser

Bourtoutault PY, Bénard M (2009) Relations intragroupe, prix de transfert et acte anormal de gestion – Vers une convergence des règles de preuve applicables aux opérations nationales et internationales ? Dr.fisc n°576

Buchet M (2014) Note sous CE plén. fisc. 23 déc. 2013, n° 350075, M. Uguen ; Dr.fisc comm. 252, concl. V Daumas

Burguburu J (2006) Acte anormal de gestion : le juge prend-il trop de risques ? RJF n°331

Castagnède B (2015) Précis de fiscalité internationale, 5ème éd. PUF, Paris

Chatain L (2015) Chronique usages n°1528. JCPE:37–44

Chatain L (2016) Chronique usages n° 1299. JCPE:29–34

Chatain L (2017) Chronique usages n° 1253. JCPE:22–28

Coet P (1986) Les notions-cadres dans le Code civil. Étude des lacunes intra-legem, Les Petites Affiches 30 juillet 1986 n° 91

Collet M (2003) Contrôle des actes de gestion : pour un retour à l'anormal, Dr.fisc Étude 14

Comolet-Tirman C (2012) Peut-on en finir avec les prix de transfert ? Dr.fisc n°313

Cornu G (2007) Droit civil, Montchrestien 13ème éd, Paris

Cottini M (1998) Contribution à l'étude de l'anormalité en matière de preuve fiscale, Th. - Aix-Marseille III

Courjon O, Bouchard JC (2008) Le droit à déduction de la TVA ou comment une refonte à droit quasi-constant a fait émerger le principe de l'affectation, Dr.fisc n° 6, Étude n°144

Cozian M (1999) Les grands principes de la fiscalité des entreprises, 4ème éd, Paris

Cozian M, Deboissy F, Chadefaux M (2016–2017) Précis de fiscalité des entreprises, 40ème éd. LexisNexis, Paris

Dantcheff C (2017) L'évaluation des entreprises (2ème volet) : la valeur mathématique, Dr.fisc Étude n°207:108

[95]Boismain (2014), p. 341; Burguburu (2006), p. 331; Cottini (1998); David (2009), p. 239; Fouquet (2008), p. 36; Serlooten (2007).

[96]Collet (2003), n° 18.

David C (2009) In: Cozian MM (ed) L'acte anormal de gestion (comparaison fiscale Allemagne, France et Royaume Uni). Litec, Paris
David C, Fouquet O, Plagnet B, Racine PF (2009) Les grands arrêts de la jurisprudence fiscale, Dalloz 5ème éd
Debat O (2013) Droit fiscal des affaires, Montchrestien 3éme éd, Paris
Deboissy F (2013) Note sous CE 8e et 3e ss.-sect. 24 juin 2013, n° 350588, Sté L'Air Liquide, Dr. fisc. n° 414, concl. Escaut N
Deumier P (2002) Le droit spontané : contribution à l'étude des sources du droit. Economica, Paris
Fouquet O (2008) Acte anormal de gestion et mauvaise gestion, Rev. Adm. 2008, 36
Fradin JP, Geffroy JB (2003) Traité de droit fiscal de l'entreprise. PUF, Paris
Gouthière B (2016) Les impôts dans les affaires internationales, F. Lefebvre 11ème éd
Gutmann D (2016) Droit fiscal des affaires, LGDJ, 7ème éd, Paris
Hatoux B (2002) L'évaluation des biens en matière d'enregistrement, RJF, Étude
Israël H, Bouhours T (2005) Contentieux en matière de prix de transfert : quelles leçons faut-il tirer de la jurisprudence ? Dr. fisc. n° 8
Jestaz P (1968) L'urgence et les principes classiques du droit civil. LGDJ, Paris
Kairallah G (1984) Le raisonnable en droit privé français – Développements récents
Lamarque J, Négrin O, Ayrault L (2016) Droit fiscal général, LexisNexis 4ème éd
Lamorlette T (1985) Les actes anormaux de gestion, Economica 2ème éd
Le Petit Larousse illustré (2016)
Le Petit Robert (2016)
Lucas de Leyssac C, Parléani G (2002) Droit du marché. PUF, Paris
Lugand F (2017) Note sous CE 9e et 10e ch., 21 sept. 2016, n° 382733, Sté Property Investment Holding, Dr. fisc. n° 677, concl. E. Bokdam-Tognetti, pp 53–58
Mainguy D (2010) Le « raisonnable » en droit des affaires, Les concepts émergents en droit des affaires, sous la direction de Le Dolley E. LGDJ, Paris
Mainguy D, Depincé M (2015) Droit de la concurrence, LexisNexis 2ème éd
Maitrot de la Motte A (2017) Note sous CJUE gde ch., 21 déc. 2016, aff. C-20/15 P, Comm. c/ World Duty Free Group SA, et C-21/15 P, comm. c/ Banco Santander SA et Santusa Holding SL, Dr. fisc. n° 373 pp 37–44
Mémento Expert TVA (2017) F. Lefebvre, Paris
Monsenego J (2012) La correction des prix de transfert entre sociétés apparentées au regard du concept civiliste de liberté contractuelle – Vers un renforcement de la théorie de l'autonomie du droit fiscal ? Dr. fisc, n° 156
Mousseron P (dir) (2014) Les usages : l'autre droit de l'entreprise, LexisNexis, Paris
Perelman C (1978) Le raisonnable et le déraisonnable en droit, Arch. Phil. Droit, tome 23
Pierre J-L (2013) Note sous CE 9e et 10e ss.-sect. 29 oct. 2012, n° 326813, Sté First International Production, Dr. fisc., n° 3 ; comm. 65, Dr. sociétés 2013, n° 75
Pierre J-L (2017a) Note sous CE 10e et 9e ch, 21 oct. 2016, n° 390421, SARL MT Trading devenue Sté France élévateur ; Dr. sociétés, comm. 16
Pierre J-L (2017b) Note sous CE 23 décembre 2016 n° 391968 et n° 391974, Cudel, Dr. sociétés, comm. 72, pp 59–62
Poussière (1970) Conclusions sur CE, 5 janv. 1965, n° 62099 : Dr. fisc. 1970, n°3 bis p 23
Rudeaux S (2016) Note sous CAA Nancy 2e ch. 2 juin 2016, n° 15NC00536, M. Mouzon; Dr. fisc., n° 599
Saint-Bonnet T (2014) L'évaluation d'un cabinet d'avocats, Dr. fisc. Étude n° 72
Serlooten P (2007) Liberté de gestion et droit fiscal : la réalité et le renouvellement de l'encadrement de la liberté, Dr. fisc., Étude 301, n° 29
Serlooten P (2017–2018) Droit fiscal des affaires, Dalloz 16ème éd
Sicard F (2017) Quand la sélectivité n'est plus sélective, ou le nécessaire rééquilibrage des critères des aides d'État, Dr. fisc. 2017, Étude n° 367, pp 9–22
Silberztein C (2010) La révision des principes de l'OCDE en matière de prix de transfert, Dr. fisc., n° 501

Silberztein C, Caulliez G (2017) Note sous CAA Versailles 3e ch. 29 déc. 2016, n°14VE2126, Sté TCL Belgium, concl. C Coudert, note, Dr. fisc. n° 265
Silberztein C, Granel B (2017) Note sous CE 9e et 10e ss-sect. 15 avr. 2016, n° 372097, Sté LifeStand Vivre Debout, Dr. fisc. n°676, concl. E. Bokdamn-Tognetti, pp 47–53
Silberztein C, Nguyen-Lapierre L (2017) Note sous CE 9e et 10e ss-sect. 16 mars 2016, n°372372, Sté Amycel France, Dr. fisc, n° 639, concl. F. Aladjidi, pp 87–92
Sirinelli P (1995) Brèves observations sur le raisonnable en droit d'auteur, Mélanges en l'honneur de André Françon. Dalloz, Paris
Sur PO, Turot J (2014) AMR sur Saint-Yves, Note sous CE plén. fisc. 23 déc. 2013, n°350511, M. Vidalenc, Dr. fisc., n° 86
Truchi JL, Gobel A (2010) Prix de transfert : un benchmark est-il une preuve ?, BF 4/10, n°8
Verot C (2008) Conclusions sous CE 10e et 9e ss-sect., 11 avr. 2008, n° 281033, SA Guerlain

The Role of Custom in Rule 144A Capital Markets Transactions

Pablo Echeverri

Résumé La Règle 144A adoptée par la Securities and Exchange Commission en 1990 conformément au Securities Act, a constitué une avancée réglementaire révolutionnaire. En facilitant la revente de titres « limités » émis dans des placements privés, la Règle a été à l'origine d'un marché d'1,7 milliard de dollars. En dépit de l'origine règlementaire de ce marché, le présent chapitre soutient que le fonctionnement interne de ce marché est plus gouverné par la coutume que par des obligations légales. Précisément, ce chapitre explique (1) comment les standards de transparence et de vérification de la Règle dans des offres relevant de l'article 144 A se sont développés comme une réponse d'origine coutumière à des avancées règlementaires et (2) quels sont les mécanismes d'incitation qui soutiennent ce régime coutumier.

1 Introduction

When companies need capital, they have several avenues to raise it. One of these avenues is to tap the capital markets. To access these markets, companies sell securities to investors and use the resultant funds to finance their operations. Very broadly, securities are tradable financial assets often categorized as equity, debt, or derivatives.[1]

Before the Great Depression, the capital markets were largely unregulated. This led to massive fraud on investors, which many blame for the ensuing crisis. As part of its response to the market collapse, Congress passed the Securities Act of 1933 (the "Securities Act" or "Act") and the Securities Exchange Act of 1934 (the

[1]Securities Act of 1933, Section 2(1)(11), 15 U.S. Code § 77b(a)(1) (defining the term "security").

P. Echeverri (✉)
Robbins Collection, Berkeley Law, UC Berkeley, CA, USA
e-mail: pecheverri@berkeley.edu

L. Mayali, P. Mousseron (eds.), *Customary Law Today*,
https://doi.org/10.1007/978-3-319-73362-3_7

"Exchange Act"). The goal was to protect unsophisticated investors from securities fraud and to avoid another depression by regulating the markets and sale of securities.[2] Due to the complex nature of securities transactions, the Act imposed very strict registration and disclosure requirements on companies seeking to sell securities in the public market (issuers) and on the investment banks that participate in such distributions (underwriters).[3]

Although the strict requirements imposed by the Act achieved the goal of increasing market transparency, the inevitable effect was to make access to capital more difficult. A registered offering is a costly and time-consuming endeavor that only big businesses can afford. For many years, the main alternative to raising capital in registered transactions were private placements. These are transactions in which companies sell their securities directly and privately to sophisticated investors, rather than to the public. Although these are much simpler and cheaper transactions, it was legally very difficult for investors to resell their securities, which made the private market small and inefficient.

Eventually, it became clear to the Securities and Exchange Commission ("SEC") that it had to ease the limitations on the resale of these so-called "restricted securities" so as to create a more liquid market.[4] The SEC did so in 1991 by enacting Rule 144A. The main effect of the Rule was to allow dealers who acquire securities in private placements to resell them to sophisticated investors without being subject to the registration and disclosure requirements of the Act. To qualify for the exemption ("safe harbor"), investors in 144A securities must be Qualified Institutional Buyers ("QIBs").[5]

Despite this revolutionary advance in SEC regulation, issuers, banks, and their counsel had no specific instructions on how to conduct a 144A transaction. It was clear that, under the Rule, these deals were exempt from the registration and disclosure requirements of Section 5 of the Act,[6] which means that was no obligation to provide disclosure. It was also clear that they remained subject to the anti-fraud provisions of the Act and Exchange Act.[7] But there was not much more guidance

[2]Howell (2007), pp. 199, 200; *see* SEC v. Elliott, 2012 U.S. Dist. LEXIS 82992, at *1 (S.D.N.Y. June 12, 2012) ("The principal purpose of the Securities Act of 1933 is to ensure that the public has access to adequate disclosures regarding companies whose shares are offered for purchase and/or sale on a public stock exchange.").

[3]Securities Act of 1933, Section 2(1)(11), 15 U.S. Code § 77b(a)(11) (defining the term "underwriter"). Generally, underwriters are persons who acquire securities with the intention of participating in a distribution, which is a public offering.

[4]The SEC's mission is "to protect investors, maintain fair, orderly, and efficient markets, and facilitate capital formation." SEC, What We Do, https://www.sec.gov/Article/whatwedo.html.

[5]General Rules and Regulations, Securities Act of 1933, 17 C.F.R. § 230.144A (2016).

[6]General Rules and Regulations, Securities Act of 1933, 17 C.F.R. § 230.144A (2016).

[7]General Rules and Regulations, Securities Exchange Act of 1934, 17 C.F.R. § 240.10b-5 (2016); Securities Act of 1933, Section 17(a), 15 U.S.C.A. § 77q(a) (2006).

provided by the SEC in terms of the mechanics of structuring a 144A transaction. This lack of instructions led practitioners to mirror registered transactions, the most similar type of offerings, for which there was ample guidance and precedent. By adopting the disclosure and due diligence standards of registered transactions, which results in long and detailed offering memoranda, participants in the 144A market voluntarily submitted to a strict regime substantially similar to that from which the Rule exempts them.

The objective of this article is to try to solve this puzzle. By showing that the legal framework for Rule 144A offerings largely shields participants from liability, I argue that the disclosure regime and underlying due diligence standards are governed more by customary norms than by legal obligations. Adopting Robert Cooter's approach, common in economy and philosophy, I use the term norm to refer to a consensus in a community about how its members ought to behave.[8] I posit that these norms exist because they direct behavior, as evidenced by the standardization of disclosure and diligence practices, and that they have been internalized because deviation is likely to be punished with reputational loss and unfavorable pricing.

The first part of this paper gives a very brief overview of the regulatory framework around 144A offerings, including the relevant sections of the Securities Act and Rule 144A. The second part discusses how custom has dictated the way disclosure is drafted and how it has evolved in light of regulatory developments. The third part addresses how custom has influenced the structuring of the due diligence process as a protection from Rule 10b-5 liability and suggests that such a process could be theoretically justified under the often-overlooked Section 17(a) of the Act. The fourth part reviews empirical evidence and concludes that 144A transactions are rarely the targets of private and public enforcement actions under Rule 10b-5 or Section 17(a). Finally, the fifth part attempts to explain the endurance of this customary regime as a function of the incentive system under which market participants operate.

2 The Basics

2.1 The Securities Act and Rule 144A

The Securities Act imposes strict registration and disclosure requirements on issuers and underwriters seeking to sell securities to the public. These securities are known as unrestricted securities. Some transactions, however, are exempt from these requirements.

---

[8]*See* Cooter (1994), pp. 215, 218.

Section 4(a)(1) allows holders of securities who are not issuers or underwriters to resell unrestricted securities. This means that any ordinary person who buys securities on the public market may resell them without restrictions.[9]

Section 4(a)(2) allows issuers to sell securities in private placements without registration. This section, however, only applies to the issuer and does not allow purchasers of the securities to resell them.[10]

Rule 144 establishes that a holder of securities issued in a private placement may resell them after a holding period of 6 months or a year depending on the nature of the issuer.[11] A seller that complies with the applicable waiting period is deemed not to be an underwriter, and thus may sell the securities in question in a public market without registration under Section 4(a)(11).[12] The status of such securities changes from restricted to unrestricted.

Because there was no regulation governing the resale of restricted securities before the holding period was satisfied, the courts created space for such transactions under an exemption that came to be known as "Section 4(a)(1-1/2)."[13] This exemption provided that restricted securities could be sold in compliance with Section 4(a)(1) if the resale transactions were sufficiently private.[14] This, however, failed to create a liquid market in which institutional investors could easily resell their restricted securities with confidence that they would be in compliance with the Act and the Exchange Act.

The inability of Section 4(a)(1-1/2) to meaningfully improve access to capital led the SEC to adopt Rule 144A in 1990. The Rule creates a two-step transaction in which issuers sell securities to initial purchasers (the functional equivalent of underwriters), which then resell them to QIBs. The first step is a private placement and the second step is a resale subject to Rule 144A.[15] The Rule sets forth a number of conditions that a sale of securities must meet for issuers and resellers to qualify for exemption from the registration and disclosure requirements of the Securities Act:

- ***Sell only to QIBs***: The securities may only be sold to QIBs. Generally, only large financially institutions qualify as QIBs under 144A.[16]
- ***Inform buyers of reliance on Rule 144A exemption***: The seller must take reasonable steps to inform purchaser that the seller is relying on Rule 144A to qualify for an exemption to the requirements of the Securities Act.[17]
- ***Securities must be eligible***: Publicly traded securities and "fungible" securities are excluded from exemption under the Rule. Fungible securities are those that are the "same class" as publicly traded securities (*e.g.* when American Depositary

[9]Securities Act of 1933, Section 4(a)(1), 15 U.S. Code § 77d(a)(1); Robbins (2016), p. 49.

[10]Securities Act of 1933, Section 4(a)(2), 15 U.S. Code § 77d(a)(2); Robbins, *supra* note 7, at 49.

[11]General Rules and Regulations, Securities Act of 1933, 17 C.F.R. § 230.144(d)(1). The details regarding the holding period are not particularly relevant to this article.

[12]Robbins, *supra* note 7, at 49.

[13]*Id.* at 49–50.

[14]*Id.*

[15]Howell, *supra* note 2, at 207.

[16]General Rules and Regulations, Securities Act of 1933, 17 C.F.R. § 230.144A(d)(1) (2016).

[17]General Rules and Regulations, Securities Act of 1933, 17 C.F.R. § 230.144A(d)(2) (2016).

Receipts are publicly traded, the underlying securities are considered substantially similar). Securities of a company subject to registration under the Investment Company Act are also excluded.[18]

- ***Disclosure requirements***: certain issuers must provide information about their business to holders and prospective purchasers upon their request.[19]

Exemption from the registration and disclosure requirements of the Act is possible because the Rule creates a crucial legal fiction: if the above conditions are met, resellers will not be deemed underwriters, which creates a safe harbor because a resale transaction will not be considered a "distribution" under the Act.[20]

2.2 *Rule 144A Disclosure: A Custom of Early Adoption and Selective Mirroring*

In registered deals, issuers (with the help of underwriters) prepare a registration statement containing a very detailed prospectus with information about the company and the securities being offered. This information is organized according to the instructions of specific SEC forms (such as Form S-1 or S-3), which draw from heavily from Regulations S-K[21] and S-X[22] (the "Regs."), collectively the motherboard of disclosure regulations. To sell securities in the public market, a company must be listed on a public U.S. exchange. Listed issuers are either foreign private issuers ("FPIs")[23] or public companies.[24] Companies become listed through an initial public offering ("IPO"), which is the first sale of its stock in the public market.

[18]General Rules and Regulations, Securities Act of 1933, 17 C.F.R. § 230.144A(d)(3) (2016).

[19]General Rules and Regulations, Securities Act of 1933, 17 C.F.R. § 230.144A(d)(4) (2016).

[20]*See* General Rules and Regulations, Securities Act of 1933, 17 C.F.R. § 230.144A(b)-(c) (2016).

[21]General Rules and Regulations, Securities Act of 1933, Regulation S-K, 17 C.F.R. § 229 (2016).

[22]General Rules and Regulations, Securities Act of 1933, Regulation S-X, 17 C.F.R. § 210 (2016).

[23]General Rules and Regulations, Securities Act of 1933, 17 C.F.R. § 230.405 (2016) (definition of "foreign private issuer" under the Act); General Rules and Regulations, Securities Exchange Act of 1934, 17 C.F.R. § 249.3b-4(c) (2016) (definition of "foreign private issuer" under the Exchange Act). The test is the same under both rules. An FPI is any foreign issuer other than a foreign government except an issuer that meets the following conditions:

(1) Has more than 50% of its outstanding voting securities owned by U.S. residents; and
(2) Any of the following:

   a. The majority of executive officers or directors are U.S. citizens or residents;
   b. More than 50% of the issuer's assets are located in the U.S.; or
   c. The business of the issuer is administered in the U.S.

[24]12 CFR § 363.1 (2016). Title 12 of the Code of Federal Regulations defines a public company as "an insured depository institution or other company that has a class of securities registered with the U.S. Securities and Exchange Commission or the appropriate Federal banking agency under Section 12 of the Securities Exchange Act of 1934 and nonpublic company means an insured depository institution or other company that does not meet the definition of a public company."

An IPO is a long and complex process with many moving parts. One of them is providing disclosure to potential investors. It involves drafting a registration statement on Form S-1,[25] which is then filed with the SEC. The registration statement is often subject to one or more rounds of comments from the SEC until it is approved for the public offering. Thereafter, companies are required to file annual (Form 10-K[26] for domestic companies and 20-F[27] for FPIs) and quarterly reports (Form 10-Q[28] for domestic companies) updating their disclosure. With annual disclosure publicly available, if public companies want to issue securities, they simply update their existing disclosure as necessary and provide additional information regarding the offering in question.

For Rule 144A transactions, there are no instructions like those provided in Form S-1. The Rule does, however, have an information requirement that operates in tandem with Rule 12g3-2(b) under the Exchange Act. The essence of the requirement is that any issuer that is neither a reporting company under the Exchange Act (and therefore has public disclosure), nor an FPI exempt from reporting pursuant to Rule 12g3-2(b), nor a foreign government, must provide certain reasonably current information to prospective purchasers of its securities designated by holders of said securities. Such information consists of (1) a "very brief statement" of the nature of the business and (2) the issuer's most recent balance sheet, financial statements, and similar financial information, for the two preceding fiscal years.[29]

Very broadly, FPIs are exempt from reporting under 12g3-2(b) if they are public companies in their home jurisdiction and have a certain amount of regularly updated financial and business disclosure available to the public, in English.[30] In practical terms, to be exempt from the obligation to provide information to prospective buyers of its securities under 144A, an issuer must have sufficient publicly available disclosure under 12g3-2(b).

However convoluted, this information requirement does not constitute an obligation to prepare an offering memorandum ("OM") or prospectus of any sort.[31] Nonetheless, issuers and initial purchasers prepare highly detailed OMs containing significantly more disclosure than would be required under any scenario contemplated by Rule 144A's information requirement.[32]

---

[25]General Rules and Regulations, Securities Act of 1933, 17 C.F.R. § 239.11 (2016); SEC Form S-1.

[26]General Rules and Regulations, Securities Exchange Act of 1934, 17 C.F.R. § 249.310 (2016).

[27]General Rules and Regulations, Securities Exchange Act of 1934, 17 C.F.R. § 249.220F (2016).

[28]General Rules and Regulations, Securities Exchange Act of 1934, 17 C.F.R. § 249.308a (2016).

[29]General Rules and Regulations, Securities Act of 1933, 17 C.F.R. § 230.144A(d)(4) (2016).

[30]General Rules and Regulations, Securities Exchange Act of 1934, 17 C.F.R. § 240.12g3-2(b) (2016).

[31]Engel and McCoy (2007), pp. 2039–2104 at 2072 (in the context of mortgage-backed securities, "... Rule 144A does not require issuers to provide prospective purchasers anything beyond basic information about the risk profile of the loan pool").

[32]Harmetz (2009), pp. 9–10; Pinedo and Tanenbaum (2016) §6.7.2 ("In connection with a Rule 144A transaction, the issuer typically prepares an offering memorandum that is provided to investors and contains disclosure similar to a registration statement.").

Because the Rule contains no instructions and the SEC refused to answer questions regarding the adequacy of disclosure provided under the information requirement, law firms in 1990 were in the dark.[33] Thus, they developed the practice of mirroring registered transactions as closely as possible, which meant adopting Form S-1 and the Regs. as a "gold standard" of disclosure.[34] This practice became the custom in the industry until regulatory advances created a fork in the road that generated significant differences between reporting company issuers and their non-reporting counterparts.

A great majority of reporting company issuers use 144A as part of an "Exxon Capital" or "A/B" exchange, which involves an exempt offering followed by an exchange of the restricted securities for registered securities.[35] For practical reasons, standard practice is for these issuers to use substantially the same disclosure in the 144A portion of the transaction that will be used in the registered portion. Moreover, because these companies comply with periodic reporting requirements under the Exchange Act, a significant part of the disclosure required for a transaction is generally already available and may be incorporated by reference into the OM (or included therein).

For non-registered (mostly foreign) issuers, a custom of selective mirroring developed. Observation suggests that, since the proverbial fork in the road, Rule 144A practitioners have only adopted some of the post-1990 enhancements made to disclosure regulations (which usually means additional disclosure). On one hand, for example, modifications to disclosure requirements regarding off-balance sheet transactions imposed by Sarbanes-Oxley[36] in 2002 were largely incorporated into 144A practice.[37] On the other, stricter disclosure rules adopted by the SEC in 2006 regarding executive compensation[38] have largely been ignored.[39] It is interesting

---

[33]Kutak Rock & Campbell (Nov. 29, 1990) 1273 ("the Division will not respond to questions with respect to the adequacy of the information provided pursuant paragraph (d)(4).").

[34]Telephone Interview with a capital markets partner at a major New York law firm (Mar. 30, 2017).

[35]*See* Howell, *supra* note 2, at 215 ("Almost every domestic issuer contemporaneously issues a registration application for the public market"); *see* Chaplinsky and Ramchand (2004), pp. 1073, 1079 ("... over 97% of domestic 144A issues are accompanied by simultaneous application for registration rights.").

[36]*See* Securities and Exchange Commission, Report on review of disclosure requirements in regulation S-K 21-22 (2013).

[37]*See* GDF Suez OM at 100; AA PIK OM at 92; Grupo Famsa OM at 59; Grupo Bimbo OM at 43; 4finance OM at 88; Banco Schahin OM at 77; BNCR OM at 81; Hutchinson OM at 71; Inbursa OM at 66; Unifirm OM at 75; EPM at 113; Votorantim at 86; Bantrab OM at 69; AES Gener OM at 94; Grupo Lala OM at 66; Confidential OM 1; Confidential OM 2; Alpek OM at 65; *but see e.g.* Teamlease OM (does not discuss off-balance sheet transactions).

[38]Securities Act Release No. 33-873A (Aug. 29, 2006), Securities Exchange Act No. 54-302A (Aug. 29, 2006), File No. S7-03-04 (adopting new rules on executive compensation disclosure); *See* Securities and exchange commission, Report on review of disclosure requirements in regulation S-K 57-58 (2013).

[39]*See e.g.* All OMs in Appendix 2 (none contains a detailed executive compensation section). Moreover, no transaction on which I worked as a practitioner contained a detailed executive compensation section similar to that found in registered transactions.

to note that even though Item 6(a) of Reg. S-K imposes more relaxed executive compensation disclosure standards on FPIs,[40] many foreign 144A issuers fail to satisfy them, let alone all of Item 6 as applicable to non-FPI reporting issuers.[41]

Although it is difficult to identify exactly the process by which practitioners decide to adopt some requirements and ignore others, it seems clear that disclosure standards in 144A deals are largely a matter of custom. Discussions with capital markets lawyers suggest that reputable law firms decide whether or not to voluntarily enhance 144A disclosure in response to new regulations based on a materiality analysis.[42] The practice then extends to other firms and expands across the industry until it becomes customary.

While there is no quantifiable standard for what is considered material, the applicable test is whether there is substantial likelihood that a reasonable investor would consider it relevant to an investment decision because it would affect the "total mix" of available information.[43] For example, the custom to exclude detailed executive compensation disclosure from 144A OMs probably stems from the fact that most 144A transactions are debt offerings. Because debt investors are less likely to be concerned with individual executive compensation than equity investors, this information is not considered material. Whereas equity investors are concerned about executive compensation eating into their dividends, the chief concern of debtholders is whether there is enough cash to service the debt.

Thus, from a legal point of view, the chief worry when drafting disclosure is to avoid liability under the anti-fraud provisions of the Securities Act and the Exchange Act (Sections 17(a) and 10(b), respectively), as discussed below.

3 Anti-Fraud Liability and Due Diligence Practices in 144A Transactions

3.1 *Sections 11 and 12 of the Securities Act and the "Due Diligence Defense"*

To understand the relationship between disclosure, antifraud liability, and due diligence in 144A transactions, it is crucial to briefly discuss some of the liability provisions that apply to registered offerings and how they led to the development of the due diligence process.

---

[40]General Rules and Regulations, Securities Act of 1933, Regulation S-K, 17 C.F.R. § 229.402 (2016).

[41]*See e.g.* Grupo Famsa OM at 105 (executive compensation section that likely satisfied Item 6(a)); *but cf.* Grupo Bimbo OM (no disclosure about executive compensation).

[42]I interviewed several capital markets attorneys who confirmed this but requested to remain anonymous.

[43]TSC Industries, Inc. v. Northway, Inc., 426 U.S. 438, 449 (1976).

Sections 11 and 12 are the main avenues for disclosure-related liability under the Securities Act. Both sections protect buyers of securities by providing remedies for damages resulting from false and misleading statements in registration statements.[44] The essential difference between the two is that Section 11 focuses on those at the origin of a securities offering, such as issuers, underwriters, and those assisting them in preparing registration statements, while Section 12 deals with all sellers of securities, which consists mainly of dealers that sell to the public. Although there may be overlap between the two in cases where, for example, buyers obtained securities directly from an issuer or underwriter, they generally affect different sets of participants in securities transactions (*i.e.* originators vs. retailers).[45]

Under Section 11, any purchaser of securities may sue the issuer and every (1) signatory of a registration statement, (2) director of the issuer, (3) person named, with consent, in the registration statement as about to become a director, (4) expert who is named, with consent, in the registration statement, as having prepared or certified all or parts of the registration statement, and (5) underwriter of the relevant securities.[46]

Although the issuer may be subject to strict liability (no need to show scienter or negligence) for material false or misleading statements, Section 11(b)(3) establishes a defense for all other potential defendants.[47] Under this defense, commonly known as the "due diligence defense," defendants may defeat liability by proving that after conducting a "reasonable investigation," they had reasonable ground to believe that such false or misleading statements were true and not misleading.[48] Generally, experts (accountants, engineers[49]) defendants are only responsible for the sections of the document that they certified or helped prepare ("expertized").[50] Non-expert defendants (*e.g.* underwriters and directors), on the other hand, are responsible for all falsehoods in a registration statement and must thus establish the due diligence defense with regard to the entire document, although their burden is lower for "expertized" sections.[51]

The statute provides that a "reasonable investigation" is one that would be required of "a prudent man in the management of his own property."[52] While courts have treated this on a case-by-case basis in accordance with SEC guidance,[53] one

---

[44]Vizcarrondo (2013), pp. 23–24.

[45]*See* Vizcarrondo *supra* note 43, at 23.

[46]Securities Act of 1933, Section 11(a), 15 U.S. Code § 77k(a) (2006).

[47]Securities Act of 1933, Section 11(b), 15 U.S. Code § 77k(a) (2006).

[48]Securities Act of 1933, Section 11(b)(3), 15 U.S. Code § 77k(b)(3) (2006).

[49]Accountants prepare financial statements while engineers often "expertize" sections about oil reserves in oil & gas transactions.

[50]Securities Act of 1933, Section 11(b)(3), 15 U.S. Code § 77k(b)(3) (2006).

[51]Securities Act of 1933, Section 11(b)(3), 15 U.S. Code § 77k(b)(3) (2006).

[52]Securities Act of 1933, Section 11(b)(3)(C), 15 U.S. Code § 77k(c) (2006).

[53]General Rules and Regulations, Securities Act of 1933, 17 C.F.R. § 230.176 (2008). Rule 176 identifies several factors that courts must consider when determining whether a reasonable investigation was conducted. They include, among others, the type of issuer, security, and person in question.

standard has emerged as the guiding principle of due diligence review: reviewers should look for "red flags" regarding reliability and, if they find any, they should escalate.[54] Although what constitutes a red flag depends on the facts of every case, courts have found that information that would cause a defendant to lose confidence in the accuracy of specific information represents a red flag.[55]

The due diligence defense is only explicitly available under Section 11. Section 12, however, makes available an "exercise of reasonable care" defense. 12 (a)(2) holds sellers of securities liable for false statements or omissions unless they can prove that they did not know and, "in the exercise of reasonable care could not have known, of such untruth or omission."[56] While the Supreme Court has stated that the "reasonable care" defense under 12(a)(2) is less demanding than the duty of due diligence under Section 11,[57] case law and the SEC suggest that Section 12 nevertheless imposes a duty of affirmative due diligence.[58] For practical purposes, practitioners are wise to assume that establishing a defense under Section 12 is as difficult as under Section 11,[59] since any diligence practices that would be favorable to them under the latter is are also likely to help them under the former.[60]

With a defense available, practitioners had to create a process that would help them establish the defense and protect underwriters from liability under Sections 11 and 12. This led to the development of the due diligence process, a lengthy, costly, and labor-intensive endeavor.

---

[54]*See* In re WorldCom, Inc. Sec. Litig., 346 F. Supp. 2d 628 (S.D.N.Y. 2004).

[55]*Id* at 673 ("Any information that strips a defendant of his confidence in the accuracy of those portions of a registration statement premised on audited financial statements is a red flag").

[56]Securities Act of 1933, Section 12(a), 15 U.S. Code § 77l(a) (2006).

[57]*See* In re WorldCom, Inc. Sec. Litig., 346 F. Supp. 2d 628, 663 (S.D.N.Y. 2004) ("Section 12(a) (2) has a defense of reasonable care that is less demanding than the duty of due diligence imposed under Section 11.").

[58]*See* Sanders v. John Nuveen & Co., 619 F.2d 1222, 1228 (7th Cir. 1980) (holding that, in this case, there is no significance in the difference between "reasonable care" under Section 12 and "reasonable investigation" under Section 11), *cert. denied*, 450 U.S. 1005 (1981); *see also* Feit v. Leasco Data Processing Equip. Corp., 332 F. Supp. 544, 584 (E.D.N.Y. 1971) (equating, in dictum, the "reasonable care" and "reasonable investigation" standards under Sections 12 and 11, respectively); Securities Offering Reform, SEC Release No. 33-8591 at 191 (July 19, 2005) ("Section 11 requires a more diligent investigation than Section 12(a)(2)"), www.sec.gov/rules/final/33-8591.pdf. While the SEC is in line with *Worldcom* in that the burden under Section 11 is higher, it refers to a "more diligent investigation," which clearly suggests that a diligent investigation is still required under Section 12.

[59]Ford Jacob and Goldstein (2013), 15-2.

[60]Securities Offering Reform, SEC Release No. 33-8591 at 191 (July 19, 2005) ("Moreover, we believe that any practices or factors that would be considered favorably under Section 11 ... also would be considered as favorably under the reasonable care standard of Section 12(a)(2)").

3.2 *Modeling the Due Diligence Process on the Basis of Section 11*

Section 10(b) of the Exchange Act and Rule 10b-5 thereunder are, along with Section 17(a) of the Securities Act (discussed below), the essential antifraud provisions of the securities laws. Rule 10b-5 prohibits "any person, directly or indirectly," in connection with a securities transaction, from (1) employing "any device, scheme, or artifice to defraud," (10b-5(a)) (2) making "any untrue statement of a material fact" or "omitting to state a material fact necessary in order to make the statements made, in the light of the circumstance under which they were made, not misleading" (10b-5(b)); or (3) "engaging in any act, practice, or course of business which operates or would operate as a fraud or deceit upon any person" (10b-5(c)).[61]

The interaction of 10b-5 with Sections 11 and 12 is crucial because it explains, at least in part, why Rule 144A practice mirrors registered practice so closely. While Rule 144A deals are exempt from liability under Section 11[62] and most likely under Section 12 as well,[63] they are vulnerable to 10b-5 actions, as are registered deals.

The importance of Rule 10b-5 is partially due to the fact that it contains an implied private right of action, in addition to being enforceable by the SEC and the Department of Justice.[64] Thus, registered practice and 144A practice converge around 10b-5 liability.

In registered practice, there is little need to adopt special 10b-5 protections, since the standard of proof is so much higher than under Sections 11 and 12 (10b-5 requires proving scienter).[65] Accordingly, the broad assumption is that whatever due diligence practices are considered sufficient under Sections 11 and 12, are probably good enough under 10b-5.[66] It is precisely this assumption that led 144A practitioners to mirror registered practice with regard to conducting due diligence.

---

[61]General Rules and Regulations, Securities Exchange Act of 1934, 17 C.F.R. § 240.10b-5 (2016).

[62]*See* Jacob and Goldstein *supra* note 58, at 2-2. Liability under Section 11 is limited to statements contained in or omissions from an effective registration statement. Since there are no registration statements in 144A deals, there can be no Section 11 liability. Note that potential defendants under Section 11 only include the issuer, signers, directors, experts and underwriter.

[63]*See* Gustafson v. Alloyd Co., Inc., 513 U.S. 561 (1995) (ruling that 12(a) liability "cannot attach unless there is an obligation to distribute the prospectus in the first place"); *see* Yung v. Lee, 432 F.3d 142 (2d Cir. 2005) (holding that 12(a)(2) does not apply even when the disclosure in the 144A transaction is based on disclosure used in a public offering); *See* In re WorldCom, Inc. Sec. Litig., 346 F. Supp. 2d 628 (S.D.N.Y. 2004) (dismissing a 12(a) claim in the context of a 144A transaction); In re Refco, Inc. Sec. Litig., 503 F. Supp. 2d 611, 624 (S.D.N.Y. 2007) (holding that Rule 144A offering cannot give rise to liability under Section 12(a)(2)).

[64]Herman & MacLean v. Huddleston, 459 U.S. 375, 380 (1983) ("Most significantly for present purposes, a private right of action under § 10(b) of the 1934 Act and Rule 10b-5 has been consistently recognized for more than 35 years. The existence of this implied remedy is simply beyond peradventure."); Vizcarrondo *supra* note 43, at 56.

[65]*See* Vizcarrondo *supra* note 43, at 64.

[66]*see* Huber et al. (2002) 12 n.2 ("... initial purchasers in Rule 144A transactions have established a market practice (considered more than adequate to defeat a claim of scienter under Rule 10b-5) of

The crucial difference is that due diligence in registered deals is intended to ensure the accuracy of disclosure that is required under securities laws, while in 144A deals it provides cover for disclosure that is not mandated by law, but rather by custom.

Accordingly, Rule 144A practice seems to be built as a balancing act between marketing needs and 10b-5 liability. By drafting an OM that is substantially similar to Form S-1, issuers are providing much more disclosure than is required under Rule 144A. This paradoxically increases risk under 10b-5 (and Section 17(a)). Indeed, once the disclosure is drafted and presented to investors, issuers, initial purchasers, lawyers, and auditors are potentially liable for the information presented in that disclosure.[67] Even when there is no duty to do so, once a party choses to disclose, the disclosure must be accurate and complete.[68]

To mitigate this risk, Rule 144A practitioners adopt prophylactic measures, such as (1) including copious amounts of cautionary language in the OM, such as detailed risk factors, warnings, and disclaimers[69] and (2) conducting the same type of due diligence that is regularly conducted in similar registered transactions.[70] The former is a way to balance "positive disclosure" with warnings about the predictive value of such disclosure (*e.g.* strong past performance does not guarantee future success), while the latter is necessary to ensure the accuracy and completeness of the entire OM (*e.g.* if you mention the strong economy in Peru, you must provide evidence and you must disclose the risks that could threaten the country's continued economic health).

---

engaging in a due diligence process substantially similar to that carried out by underwriters in public offerings."); *see* Jacob and Goldstein, *supra* note 58, at 15-4 ("Moreover, in certain circumstances, proof of an adequate diligence process that did not uncover red flags would in all likelihood establish a defense for liability on scienter grounds."); *See generally* Robbins (2013), p. 468 [hereinafter Robbins on Diligence]; Harmetz *supra* note 31, at 14 ("[T]he initial purchasers are not entitled to the "due diligence" defense that may be established under Section 11. Nonetheless, a thorough due diligence investigation by lawyers, accountants, the issuer, and the underwriter generally will result in better disclosure and a lower risk of liability or potential liability for material misstatements or omissions.").

[67] *See* Vizcarrondo *supra* note 43, at 9.

[68] Caiola v. Citibank., N.A, 295 F.3d 312, 331 (2d Cir. 2002) (when a party speaks, it has a "duty to be both accurate and complete"); Ellenburg v. JA Solar Holdings Co., No. 08 Civ. 10475, 2010 U.S. Dist. LEXIS 49220 (S.D.N.Y. May 17, 2010) (once substance of transaction was disclosed, a duty to fully disclose all the risks arose, even though there was no duty to disclose the transaction in the first place); In re Bristol Myers Squibb Co. Sec. Litig., 586 F. Supp. 2d 148, 160 (S.D.N.Y. 2008) ("[E]ven an entirely truthful statement may provide a basis for liability if material omissions related to the content of the statement make it . . . materially misleading.").

[69] *See* Vizcarrondo *supra* note 43, at 14.

[70] *See* Jacob and Goldstein *supra* note 58, at 15-1; *see* generally Robbins on Diligence; *see* Huber, *supra* note 65, at 12 n.2 (". . . initial purchasers in Rule 144A transactions have established a market practice (considered more than adequate to defeat a claim of scienter under Rule 10b-5) of engaging in a due diligence process substantially similar to that carried out by underwriters in public offerings.").

The due diligence process is costly and work-intensive. Although it must be adapted on case-by-case basis, per guidance from the courts, the process usually involves the following steps[71]:

- ***Review of publicly available information*:** lawyers should review the company's website and all other reliable public information.[72]
- ***Business due diligence meeting:*** a large meeting involving the issuer, bankers, and their respective counsels. When the issuer has recently raised capital in a substantially similar transaction with the same parties, this meeting may be conducted over the phone, but this usually discouraged by counsel. Bankers and lawyers submit questions in advance to senior management and subject-matter specialists that are then used to organize the discussion.[73]
- ***Legal due diligence review*:** attorneys for the initial purchasers use a long and detailed checklist to request an extensive amount of information about the company including but not limited to board minutes, environmental compliance reports, litigation portfolio, and real and intellectual property records. These documents are produced either in a virtual data room or physically at a location of the issuer's choice.[74] This is probably the most expensive part of the due diligence process.
- ***Back-up process:*** attorneys for issuers and banks must verify that all material operational numbers and statements of fact made in the OM can be supported ("backed-up") with internal or publicly available information. This is an extremely time-consuming task that requires the issuer to produce enormous amounts of documentation that must be checked against the OM by legal teams representing the initial purchasers and the issuers.[75]
- ***Comfort letter:*** all financial information included in the OM must match the financial statements attached to the OM (or be easily derived therefrom). The auditors that prepared financial statements must review the OM and provide a "comfort letter" indicating that the financial numbers therein adequately reflect the financial statements or the underlying documentation used to prepare such statements.[76]
- ***Due diligence calls*:** Counsels for the initial purchasers schedule phone calls with (1) the auditors to discuss their auditing process; (2) a senior officer or subject matter specialist of the company to verify that the facts in the OM are or remain accurate (this "bring-down" call occurs three times: before launch, pricing, and

---

[71]See Robbins on diligence at 21.

[72]*See* Jacob and Goldstein, note 58, at 4-14–4-17.

[73]*See* Jacob and Goldstein *supra* note 58, ch. 6. Chapter 6 provides a very detailed account of what business due diligence may look like. In 144A deals, a lot of what this chapter discusses is condensed into a single large meeting, subject to follow-up calls, as needed.

[74]*See id.* at 4-3, 5-1–5-39. Chapter 5 provides a detailed list of the types of documents that law firms request and review.

[75]*See id.* at 4-9–4-12.

[76]*See id.* at 6-20–6-24.

closing); and (3) any follow-up calls on issues that are relevant in a particular industry (e.g. FCPA, OFAC, environmental, and oil reserves diligence in the oil & gas industry).[77]

- ***Review of roadshow presentation:*** During the marketing period, bankers and officers of the issuer often go on a "roadshow" to promote the securities. For their roadshow meetings, bankers (initial purchasers) often prepare PowerPoint presentations containing highlights about the issuer and details about the securities. Counsel for both sides review these presentations to ensure that any information contained therein can be found directly in the OM or easily derived from it. Any false or misleading statements in such presentations can expose the banks and the issuer to antifraud liability.[78]
- ***Opinion and "10b-5 letter":*** Before a transaction closes, counsels for the issuers and initial purchasers provide (1) an opinion letter, essentially stating the securities being issued are properly relying on the 144A exemptions, and (2) a negative assurance or "10b-5 letter" stating that through the course of their offering, nothing has come to their attention that would cause them to believe that the OM contains any untrue statement of material fact or omission that would make statements of material fact misleading. Some law firms combine both letters. These letters are addressed to the initial purchasers and are intended to protect them from liability for improper reliance on the exemption and from 10b-5 and 17(a) violations by establishing that they relied on the law firm to conduct a reasonable and customary legal due diligence process (which leaves the door open for potential malpractice claims).[79]

Conducting a due diligence process designed to protect against Section 11 liability is customary practice in Rule 144A deals. It is interesting to explore, however, whether there is a reasonable legal basis for this practice.

3.3 The Legal Reasoning Behind the Due Diligence Process in 144A Deals: Dissecting the 10b-5 Myth

Rule 144A deals are subject to the antifraud provisions of the Act and the Exchange Act—Sections 17(a) and 10(b), respectively. There is a tendency in the field, however, to forget about 17(a). Practitioners and commentators see Section 10 (b) and Rule 10b-5 thereunder as the main threat in the 144A universe.[80] A possible

---

[77] *See id.* at 4-12–4-13.

[78] *See* Stoneridge Inv. Partners, LLC v. Scientific-Atlanta, Inc., 553 U.S. 148, 158 (2008) (holding that 10b-5 liability does not extend to secondary actors as aider and abettors but they can be subject to liability for statements they directly made).

[79] *See* Jacob and Goldstein *supra* note 58, at 4–11.

[80] *See e.g.* Howell, *supra* note 2, at 212 (stating that Rule 144A disclosure standards are only subject to Rule 10b-5 where the plaintiff must prove intent or recklessness) (citing Scott (2005), p. 73); *see*

explanation for this is that 10b-5 contains a private right of action, which translates into potential class action suits, whereas 17(a) does not. Given that the SEC rarely, if ever,[81] files 17(a) actions against participants in 144A transactions, it is not necessarily a surprise that 10b-5 is the provision that receives the most attention.[82]

The focus on 10b-5 is so strong that the "negative assurance letter" that law firms provide with or incorporate into their legal opinion at the end of the transaction is commonly called the "10b-5 letter."

This naturally begs the question of whether the threat of 10b-5 litigation is, in fact, a logically sound reason for conducting Section 11-type due diligence in 144A deals. In other words, does it make sense to adopt such robust practices designed to defeat Section 11 claims, which operate under a strict liability (issuers) or quasi-negligence standard (others)[83] as a shield against 10b-5 actions, which are subject to a scienter standard?[84] How much of this choice is attributable to a sensible legal analysis, as opposed to custom (*i.e.* "this how we've always done it")?

As mentioned above, practitioners work under the assumption that proof of a Section 11-type due diligence process can shield them from 10b-5 liability by negating the scienter element of the rule (intent or recklessness).[85]

The scope of liability for 144A deals is indisputably more limited than for registered deals,[86] given that 144A issuers and other participants ("Secondary Actors") are exempt from Section 11 and most likely Section 12. This leaves 10b-5 as the main avenue for recovery, especially considering that, as discussed below, Section 17(a) does not contain a private right of action.

To establish liability under 10b-5, a private plaintiff must prove (1) a material misrepresentation or omission by the defendant; (2) scienter; (3) a connection between the misrepresentation or omission and the purchase or sale of a security;

---

generally Robbins on diligence (discussing due diligence in private offerings without addressing 17 (a)); *see* Huber, *supra* note 65, at 12 n.2 ("... initial purchasers in Rule 144A transactions have established a market practice (considered more than adequate to defeat a claim of scienter under Rule 10b-5) of engaging in a due diligence process substantially similar to that carried out by underwriters in public offerings."); Strafford CLE Webinar: Rule 144A and Regulation S Securities Offerings: Navigating the Process and Closing the Deal (PowerPoint presentation) (Sept. 2015) (discussing due diligence and 10b-5 liability in 144A deals without mentioning 17(a)), *available at* http://media.straffordpub.com/products/rule-144a-and-regulation-s-securities-offerings-navigat ing-the-process-and-closing-the-deal-2015-09-03/presentation.pdf.

[81] See Part 4(b) herein.

[82] *See* Vizcarrondo *supra* note 43, at 55 ("10(b) and Rule 10b-5 continue to dwarf in importance other liability provisions under the securities laws.").

[83] *See* Ernst & Ernst v. Hochfelder, 425 U.S. 185, 208 (1976) (equating Section 11's due diligence defense with a negligence standard).

[84] *See id.* at 212–214 (holding that plaintiffs were required to prove scienter to establish liability under 10b-5).

[85] *See id.*; *see also* Stoneridge Inv. Partners, LLC v. Scientific-Atlanta, Inc., 552 U.S. 148, 157 (2008) (including scienter in the list of elements to prove a 10b-5 claim).

[86] *See* Bodner and Welsh (2004), p. 1728 (discussing the narrow path to recovery for investors in Rule 144A offerings).

(4) reliance upon the misrepresentation or omission; (5) economic loss; and (6) loss causation.[87] In a public action, however, the SEC only needs to prove the first three elements.[88] Each of these elements is subject to extensive jurisprudence that places significant hurdles on plaintiffs.[89] To prove scienter, for example, a plaintiff must show intent to make false or misleading statements or, at least, reckless disregard for the truth,[90] with some circuits requiring "extreme" or "severe" recklessness.[91] This is, of course, a very high bar.

In addition to the difficulty of proving the substantive elements of a 10b-5 claim, these and other claims that "sound in fraud" are subject to much more stringent pleading standards than under Sections 11 and 12.[92]

Federal Rule of Civil Procedure 9(b) ("Rule 9(b)") and the Private Securities Litigation Reform Act ("PLSRA") make it difficult for plaintiffs to survive motions to dismiss by requiring that the circumstances constituting the fraud and the scienter element each be pleaded with particularity.[93] To satisfy Rule 9(b), a plaintiff must "(1) specify the statements that the plaintiff contends were fraudulent, (2) identify the speaker, (3) state where and when the statements were made, and (4) explain why the statements were fraudulent."[94] To comply with the PSLRA, a complaint must, "with respect to each act or omission alleged to [constitute securities fraud], state with particularity facts giving rise to a strong inference that the defendant acted with the required state of mind."[95]

---

[87]Stoneridge, 552 U.S. at 157 ("In a typical § 10(b) private action a plaintiff must prove (1) a material misrepresentation or omission by the defendant; (2) scienter; (3) a connection between the misrepresentation or omission and the purchase or sale of a security; (4) reliance upon the misrepresentation or omission; (5) economic loss; and (6) loss causation.").

[88]SEC v. Monarch Funding Corp., 192 F.3d 295, 308 (2d Cir. 1999) (to violate 10b-5 a defendant must have "(1) made a material misrepresentation or a material omission as to which he had a duty to speak, or used a fraudulent device; (2) with scienter; (3) in connection with the purchase or sale of securities.").

[89]*see* Vizcarrondo *supra* note 43, at 55–89 (containing a detailed discussion of 10b-5 liability).

[90]Auto. Indus. Pension Trust Fund v. Textron Inc., 682 F.3d 34, 39 (1st Cir. 2012) (stating that negligence or "puffing" do not constitute scienter); Southland Sec. Corp. v. Inspire Ins. Solutions, Inc., 365 F.3d 353, 366 (5th Cir. 2004) (requiring severe recklessness); PR Diamonds, Inc. v. Chandler, 364 F.3d 671, 681 (6th Cir. 2004) (defining recklessness as akin to "conscious disregard"); Ottmann v. Hanger Orthopedic Grp., Inc., 353 F.3d 338, 344 (4th Cir. 2003) (requiring severe recklessness).

[91]Dolphin & Bradbury, Inc. v. SEC, 512 F.3d 634, 639 (D.C. Cir. 2008) (adopting the Seventh Circuit's approach in Sundstrand Corp. v. Sun Chem. Corp., 553 F.2d 1033, 1045 (7th Cir. 1977) and defining severe recklessness as "an extreme departure from the standards of ordinary care . . . which presents a danger of misleading buyers or sellers that is either known to the defendant or is so obvious that the actor must have been aware of it.").

[92]Atlantica Holdings, Inc. v. Sovereign Wealth Fund Samruk-Kazyna JSC, 2 F. Supp. 3d 550, 555-56 (S.D.N.Y. 2014).

[93]*Id; see* Vizcarrondo *supra* note 43, at 78–89 (detailed discussion of the pleading requirements).

[94]Anschutz Corp. v. Merrill Lynch & Co., 690 F.3d 98, 108 (2d Cir. 2012); Rombach v. Chang, *355 F.3d 164*, 170 (2d Cir. 2004).

[95]ATSI Commc'ns, Inc. v. Shaar Fund, Ltd., 493 F.3d 87, 99 (2d Cir. 2007) (quoting 15 U.S.C. § 78u-4(b)(2)).

If establishing liability under 10b-5 against issuers (the most obvious targets) is difficult, it is even more so with regard to non-issuers. This is especially relevant because the main purpose of conducting due diligence is to protect underwriters (or initial purchasers) and other Secondary Actors. The Supreme Court in *Central Bank of Denver, N.A. v. First Interstate Bank of Denver* severely limited the type of claims that private plaintiffs can bring against Secondary Actors.[96] In that case, the Court held that Secondary Actors are immune from private action under 10b-5 unless they directly and publicly made false or misleading statements or committed a fraudulent action and can thus be held primarily liable.[97]

Secondary liability was further curtailed by *Janus Capital Grp., Inc. v. First Derivatives Traders*, in which the Court held that "the maker of a statement is the entity with authority over the content of the statement and whether and how to communicate it," and rejected liability for "substantial participation" in making a statement.[98] This provides protection to Secondary Actors that participate in drafting the OM, since the issuer is likely to be considered responsible for its contents.[99]

This preclusion of secondary liability in private actions does not extend to criminal and civil public enforcement actions, in which aider and abettor liability is still available.[100] Although this leaves a window for the SEC and the Department of Justice to pursue Secondary Actors, establishing aider and abettor liability is at least as onerous as proving primary liability. While the latter requires proving scienter (and the additional elements set forth above), the former requires establishing (1) that the primary actor committed a violation (essentially proving the primary case), (2) knowledge of such violation by the Secondary Actor, and (3) substantial assistance by the Secondary Actor in such violation.[101]

Under these standards, it seems extremely difficult to argue that merely conducting inadequate due diligence (it would have to be recklessly inadequate) with regard to a material statement that is later determined to be false or misleading constitutes either scienter, for primary liability, or knowledge and substantial

[96]Central Bank of Denver, N.A. v. First Interstate Bank of Denver, N.A., 511 U.S. 164, 166–67, 177–78 (2008) (holding that 10b-5 liability does not extend to those who merely aid and abet the commission of a violation of Rule 10b-5 but is limited to those who directly make a misstatement or omission or commit a manipulative act, which may include secondary actors).

[97]Central Bank, 511 U.S. 164, 177–78; Stoneridge, 552 U.S. at 152–153 (relying on *Central Bank* to preclude secondary liability in private action because defendants did not have a duty to disclose and their deceptive acts were, in fact, not communicated to the public).

[98]Janus Capital Grp., Inc. v. First Derivatives Traders, 564 U.S. 135, 142 (2011).

[99]See id.

[100]Securities Exchange Act of 1934, Section 20(e), 15 U.S. Code § 78t(e); Vizcarrondo *supra* note 43, at 142. In response to *Central Bank*, Congress created Section 20(e) to explicitly make secondary liability available in SEC enforcement actions under the Exchange Act.

[101]SEC v. DiBella, 587 F.3d 553, 566 (2d Cir. 2009).

assistance, for secondary liability.[102] This is especially true given that substantial assistance means having a desire to bring about the primary actor's fraudulent plan.[103]

Thus, risk allocation under 10b-5 is probably even more skewed against issuers than it is under Sections 11 and 12. Indeed, under Sections 11 and 12, Secondary Actors bear the burden of proving their due diligence defense, whereas under 10b-5, plaintiffs and/or prosecutors must establish scienter for both primary and secondary liability claims.

This raises questions about the logic behind the due diligence process in each type of transaction. In registered deals, due diligence is designed to protect underwriters and experts from liability (the defense is not available to issuers) under Sections 11 and 12. The process is closely linked to the underlying legal framework: robust diligence helps establish the defense.

This logic, however, cannot be automatically transplanted to the 144A context, given the extreme difficulty in establishing 10b-5 liability against non-issuers. Since initial purchasers are so shielded from liability, it appears that the due diligence process serves mostly the purpose of protecting issuers from 10b-5 liability. But the idea of protecting an issuer from committing fraud, which requires scienter or recklessness, is fraught with logical inconsistencies (it makes sense to protect others from fraud but not to protect the would-be fraudulent party from itself).

Thus, 10b-5 alone is not a satisfactory explanation for conducting Section 11-type diligence in 144A transactions. It does not necessarily follow, however, that there is not a potential theoretical justification for it in Section 17(a).

3.4 Is Section 17(a) the Most Reasonable Justification for Maintaining the Status Quo?

When asked to explain the legal reasoning behind due diligence in 144A transactions, commentators and practitioners will invariably mention Rule 10b-5 and only occasionally mention Section 17(a).[104] Yet, 17(a) is perhaps the more appropriate section to cite in this context.

---

[102] *See* SEC v. Apuzzo, 689 F.3d 204, 212 (2d Cir. 2012) (holding that to establish substantial assistance the SEC must prove that defendant participated in violation wishing to make it succeed).

[103] Id.

[104] *See e.g.* Howell, *supra* note 2, at 212 (stating that Rule 144A disclosure standards are only subject to Rule 10b-5 where the plaintiff must prove intent or recklessness) (citing Scott (2005) at 73); Robbins on diligence at 19 (2013) (discussing *SEC v. Tambone* in the context of due diligence without mentioning its extension of 17(a) negligence-based liability to defendants who "use" a false or misleading statement); *see* Huber, *supra* note 65, at 12 n.2 (". . . initial purchasers in Rule 144A transactions have established a market practice (considered more than adequate to defeat a claim of scienter under Rule 10b-5) of engaging in a due diligence process substantially similar to that carried out by underwriters in public offerings."); but see Jacob and Goldstein *supra* note 58, at 15-4 (referring to section 17 liability as a reason for conducting due diligence in 144a transactions).

Section 17(a) is the essential antifraud provision of the Act. It prohibits the use of interstate commerce to (1) employ any device, scheme or artifice to defraud ("17(a)(1)"), (2) obtain any money or property by means of material misstatements or omissions("17(a)(2)"), or (3) engage in any course of business that would operate as a fraud upon a purchaser ("17(a)(3)").[105]

The similarity with Section 10(b) of the Exchange Act and Rule 10b-5 led to the long-held assumption that the sections were almost redundant because the elements of proof under each section were identical.[106] This contributed to the underdevelopment of 17(a) case law, as courts simply ignored the requirements of 17(a), dealing instead with 10b-5.[107] The assumption, however, lasted until 1980 when the Supreme Court, in *Aaron v. SEC*,[108] held that Section 10(b)'s scienter standard does not apply across the three provisions of 17(a). Instead, the Court ruled that, while scienter is required under 17(a)(1), a showing of negligence is sufficient under 17(a)(2) and (3).[109]

Because of the significant overlap between the sections, the practical impact is that almost any action against a seller of securities that could be brought under 10b-5 can simply be framed under 17(a)(2) or (3) and tried under a negligence standard.[110] This is worrisome for all capital markets practitioners.

Although the legal contours of how 17(a) should be applied remain blurry, the cautious approach at this juncture is to assume that the First Circuit's position in *SEC v. Tambone* is the law of the land.[111] The essence of that ruling is that primary liability is broader under 17(a)(2) than under 10b-5 mainly because it attaches to anyone who "uses," rather than "makes," a false or misleading statement.[112]

The distinction is crucial because it constitutes a refusal to extend the protections that *Janus* gives Secondary Actors under 10b-5 (holding only "makers" of false statements liable) to 17(a) actions.[113] In the 144A context, this is especially significant for initial purchasers, since they are in charge of marketing the issuance and could be considered to be "using" the OM when they talk to investors.[114]

---

[105] Securities Act of 1933, Section 17(a), 15 U.S.C.A. § 77q(a) (2006).

[106] *See* Vizcarrondo *supra* note 43, at 48.

[107] *See* Landry v. All Am. Assurance Co., 688 F.2d 381, 386 (5th Cir. 1982); *See* Vizcarrondo *supra* note 43, at 49.

[108] 446 U.S. 680 (1980).

[109] *Id.* at 701-02.

[110] *See* Vizcarrondo *supra* note 43, at 50.

[111] 550 F.3d 106, 127-28 (1st Cir. 2008), *reh'g en banc granted, opinion withdrawn*, 537 F.3d 54 (1st Cir. 2009) and *opinion reinstated in relevant part on reh'g*, 597 F. 3d 436 (1st Cir. 2010) (*en banc*); *see* Kelly-Dynega (July 3, 2012) 17-a-2-and-3.

[112] Tambone, 550 F.3d at 127 (17(a) "[l]iability attaches so long as the statement is used 'to obtain money or property,' regardless of its source.").

[113] Janus, 564 U.S. at 142 ("the maker of a statement is the entity with authority over the content of the statement and whether and how to communicate it").

[114] *See* SEC v. Stoker, 873 F. Supp. 2d 605, 613 (S.D.N.Y. 2012) (imposing liability on a defendant who sent a copy of marketing materials to a potential investor).

To further complicate matters, it is also not entirely clear whether there is an implied private right of action under 17(a), even though the growing consensus among commentators is that no such right exists.[115] Although *Aaron* did not foreclose the possibility of a private right of action, the overwhelming majority of recent court decisions have either refused to recognize such a right or limited it to actions that would meet the standards of 10b-5 anyway.[116] The predominant reasoning behind these decisions has been that recognizing a private right of action with a negligence standard would allow plaintiffs to bypass the limits that Supreme Court cases like *Hochfelder*, *Central Bank*, *Janus*, and *Stoneridge* have placed on 10b-5 actions.[117]

As of now, eight circuits refuse to recognize such a right (First, Second, Fourth, Fifth, Seventh, Eighth, Ninth, and Tenth).[118] The three remaining circuits have mostly refused to address the issue and thus have not closed the door on the existence of a private right of action.[119]

Naturally, if the majority position continues to hold, the risk for participants in 144A deals under 17(a) is limited to SEC enforcement actions. The SEC's authority to target any participant in a 144A transaction who "uses" a false or misleading statement under a negligence standard is, theoretically, a reasonable justification for maintaining Section 11-type due diligence practices.

Indeed, *Aaron*'s negligence standard has the effect of giving Section 17(a) a Section 11 flavor. If Section 11's due diligence defense operates as a quasi-negligence standard, it would seem logical to infer that a robust due diligence process could help defeat a 17(a)(2) or (3) negligence claim. Whereas that same inference with regard to 10b-5 (*i.e. that due diligence can defeat scienter)*, leads to an overly costly due diligence process based on faulty logic, 17(a) may proffer a more solid justification for maintaining the *status quo*.

---

[115]Steinberg (2016) §6.05[2]. ("[t]he overwhelming view today is that Section 17(a) does not provide for an implied private right of action."); Goel et al. (2012), p. 474 ("[O]nly the SEC can bring an action under Section 17(a), whereas Section 10(b) provides private litigants a right of action."), *available at* https://www.ropesgray.com/files/upload/20120308_PDFBloombergBNA.pdf.

[116]Vizcarrondo *supra* note 43, at 50; Steinberg Ste *supra* note 114, §6.05[2] ("Although a number of mostly older cases have answered this issue in the affirmative, the overwhelming majority of the more recent decisions have declined to imply such a remedy.")

[117]Hochfelder, 425 U.S. at 212–214 (requiring scienter); Central Bank, 511 U.S. 164 (requiring direct and public statements for liability to attach); Janus, 564 U.S. 135 (rejecting liability for "substantial participation"); Stoneridge, 553 U.S. 148 (refusing to extend aider and abettor liability to secondary actors); Vizcarrondo *supra* note 43, at 50; see Steinberg supra note 114, §6.05[2] ("If an implied remedy under Section 17(a) is held to exist, a plaintiff may seek to recover for negligent misconduct, thereby avoiding Section 10(b)'s scienter requirement.").

[118]Vizcarrondo *supra* note 43, at 49; *see also* Gennuso (1988), pp. 159–176 (illustrates that the courts have been divided on this issue for several decades).

[119]Id.

The question, however, is not whether due diligence should be conducted, but whether it should be more purposefully designed to match the legal framework and empirical reality around Rule 144A transactions.

4 What Available Evidence Says About the Risk of Public and Private Enforcement

Data related to litigation arising out of 144A transactions is scarce. For this reason, I have used a combination of SEC reports, independent studies, Lexis searches, and SEC litigation documents to obtain enough evidence to conduct an empirical analysis. My findings, although imperfect, seem to corroborate the notion that proving cases against participants in 144A transactions is difficult[120] and that such cases are fairly rare.

4.1 Private Enforcement

The SEC's report on the market for unregistered securities ("SEC Report") provides valuable insights about capital raising in private securities offerings.[121] Because the report covers the 2009–2014 period (the "Relevant Period"), I have chosen that period as a frame of reference to discuss securities litigation.

To ascertain the prevalence of private securities litigation in relation to the number of offerings and make inferences about 144A-related litigation specifically, I have used two main sources. The first source is NERA Economic Consulting's annual report on securities litigation ("NERA Report"), which contains an in-depth analysis of recent trends in class action securities litigation.[122] Although the NERA Report does not isolate litigation arising out of 144A transactions, it provides useful insights regarding securities class actions as a whole during the Relevant Period.

The second source is a Lexis search for judicial opinions issued during the Relevant Period containing the term "Rule 144A." While this is not an exhaustive search, I rely on the assumption that an opinion in a case arising out of a 144A transaction will most likely contain the term "Rule 144A."

Comparing information from these three sources, I can make the following observations (Table 1):

[120] *See* Bodner & Welsh *supra* note 85.

[121] Baugues et al. (SEC, October 2015).

[122] Boettrich and Starykh (2017) [hereinafter NERA Report].

Table 1 Public and private securities offerings: 2009–2014

	Public offerings		Private offerings			
	Public equity	Public debt	144A	Reg. D	Other private	Total
2009	942	1445	1240	18295	942	22,864
2010	1072	1930	1607	25993	930	31,532
2011	863	1465	1148	27336	960	31,772
2012	954	1473	1302	28184	531	32,444
2013	1250	1510	1602	30429	841	35,632
2014	1176	1576	1534	33429	674	38,389
Subtotal	6257	9399	8433	163666	4878	
Total	15,656		176,977			192,633
%	8.1		91.9			100

- *The Universe of Securities Offerings as a frame of reference*
  - Per the SEC Report there were a total of 19,2633 securities offerings during the Relevant Period, of which:

    15,656 (**8.1**%) were public and 176,977 (**91.9**%) were private (Reg. D, 144A and "other"); and
    8433 (**4.4**%) were 144A.[123]

- *Few class actions compared to number of offerings*
  - Per the NERA Report, there were 874 federal securities class actions filed during the Relevant Period alleging violations of Rule 10b-5, Section 11 or Section 12, which means that the ratio of these "standard" securities actions filed to total number of offerings was **1/220** (**0.5**%).[124] It is important to note that these cases are not necessarily related to a specific offering but also include insider trading actions, among others. The ratio would be even larger if we could isolate actions related to offerings.
  - This is telling if one considers that, under federal law, participants in a 144A deal can only be held liable by private litigants pursuant to Rule 10b-5, which is subject to more stringent pleading standards than Sections 11 and 12.
  - It is reasonable to infer that of the 874 actions, only a small portion was related to 144A deals, which represent only 4.4% of all securities offerings. Assuming, for the sake of argument, that the incidence of litigation is proportional to the number of transactions, we could estimate that the number of 144A-related

[123]*See* SEC Report at 7 (Table 1). I obtained the totals and percentages from the numbers in Table 1. Refer the modified version of Table 1 with my additional calculations.

[124]*See* NERA Report at 3 (Figure 2). Note that this figure does not include IPO laddering cases, which is irrelevant here because there no such cases in the 2009–2014 period.

class actions filed was around **38** (0.5% of 8433) during a five-year period.[125] The evidence, as discussed below, suggests that the incidence of litigation related to 144A deals is lower than 0.5%.

- *Few judicial opinions in private actions related to 144A transactions compared to number offerings*
  - The search on Lexis Advance for cases including the exact phrase "Rule 144A" yields **56** results, of which:

    31 are unrelated to a 144A transaction[126];
    Two involve a 144A transaction but contain no claims arising out of disclosure made in the context of that transaction[127]; and
    only **16** are cases in which at least one of the claims arose directly from alleged false or misleading statements made in the context of a contemplated or consummated 144A transaction.[128]
  - Assuming that **16** is indicative of the number of cases (including non-class actions) that had not settled before reaching, at least, the motion to dismiss stage, the ratio of cases to 144A offerings would be **1/12040 (0.008%**).
- *Financial institutions carry less risk than issuers*
  - The percentage of securities class actions in which financial institutions were named as a defendant was **50%** in 2009, **33%** in 2010, **39%** in 2011, **22%** in 2012, **22%** in 2013, and **29%** in 2014. This yields an average of **31%** for the Relevant Period.[129]
  - This average is almost identical to the **30%** average for the 2005–2016 period. Interestingly, however, the average for the 2005–2016 period goes down to **25%** if one excludes 2007 (**44%**), 2008 (**55%**), and 2009 (**50%**), during which the subprime mortgage crisis caused a spike in litigation against financial institutions.

[125]This is not statistically guaranteed and is just an inference used for illustrative purposes.

[126]This includes six bankruptcy cases, three tax cases, two unrelated SEC enforcement actions, and numerous irrelevant cases in which the term "Rule 144A" was tangentially used.

[127]*See* Appendix 1 (last two cases in table).

[128]Of those 16 cases (1) 14 were at a "judgment as a matter of law" stage, eight of which were resolved in favor of the defendants (all claims were dismissed) and six in favor of plaintiffs (at least one claim survived); (2) one was at the class certification stage and plaintiffs obtained certification; and (3) one consisted of a motion to exclude expert testimony and reports by plaintiffs in which defendants prevailed. *See* Appendix 1 for a list of these cases.

[129]NERA Report at 14 (Figure 10).

4.2 SEC Enforcement

To determine the prevalence of enforcement actions arising out of 144A transactions, I used four essential sources. The first source is the SEC Report, which serves as a frame of reference during the Relevant Period in terms of the size of the securities market by number of offerings.

The second source is composed of the SEC's annual "Select Market Data" report ("Enforcement Report")[130] for each year the Relevant Period, which provides statistics regarding the agency's enforcement actions during a given fiscal year. Because these reports are organized by fiscal year ("FY") rather than calendar year, the aggregate numbers for the Relevant Period contain numbers from the fourth quarter of 2008 and exclude data from the fourth quarter of 2014. Although this complicates the precision of direct comparisons, it provides an adequate estimate of enforcement data for the Relevant Period.[131]

The third source is the SEC's online databases for civil enforcement actions and administrative actions. For civil enforcement actions, that is actions filed in federal court, I used the list of "Litigation Releases" and reviewed every complaint listed that was filed by the SEC during the Relevant Period.[132] Additionally, I reviewed complaints filed between 2004 and 2009 and between 2014 and the end of the second quarter of 2017.

For administrative proceedings, I used two sources from the Administrative Proceedings database. First, I reviewed the list that provides links to "notices and orders concerning the institution and/or settlement of administrative proceedings" during the Relevant Period.[133] Second, I looked at the "Open Administrative Proceedings" database, which lists cases filed between September 2005 and May 2017 that remained open as of June 6, 2017.[134]

To review such a large number of documents, I used two methods:

(1) For litigation releases and administrative releases (chronologically organized lists), I established a semi-automated system that enabled me to download all PDF documents from these databases and search them for specific terms. I searched the documents for the term "144A," operating under the assumption

[130] SEC, Select SEC and market data, Fiscal 2016 (2017), *available at* https://www.sec.gov/files/2017-03/secstats2016.pdf [hereinafter ENFORCEMENT REPORTS].

[131] SEC, Select SEC and market data, Fiscal 2009–2014 (2009–2014), *available at* https://www.sec.gov/reports?aId=edit-field-article-sub-type-secart-value&year=All&field_article_sub_type_secart_value=Reports+and+Publications-SelectSECandMarketData&tid=All [hereinafter ENFORCEMENT REPORTS].

[132] SEC, Litigation Releases, https://www.sec.gov/litigation/litreleases.shtml (last visited Jun. 6, 2017).

[133] SEC, Administrative Proceedings, https://www.sec.gov/litigation/admin.shtml (last visited Jun. 26, 2017).

[134] SEC, Open Administrative Proceeding Cases, https://www.sec.gov/litigation/apdocuments/ap-open-fileno-asc.xml (last visited Jun. 6, 2017).

that an action against participants in such a transaction is likely to mention the Rule. As a control method, I used the same mechanism to search for terms like "10b-5" and "17(a)" and obtained, as expected, numerous results. While technology is not infallible and it is possible that the text-recognition software missed one or more iterations of the term, I find this possibility tolerable given the sample size that this method yields.

(2) For open administrative proceedings, I manually reviewed the initial filing in each of the 317 open cases, which usually consists of an "Order Instituting Administrative Proceedings."

Finally, I used the same Lexis search used to discuss private litigation (see above) but isolated SEC enforcement actions within the results.

Comparing, wherever possible, information from these sources, I can make the following observations:

- *The Universe of Securities Offerings as a frame of reference*
  - Per the SEC Report there were a total of 19,2633 securities offerings during the Relevant Period, of which:

    15,656 (**8.1**%) were public and 176,977 (**91.9**%) were private (Reg. D, 144A and "other"); and
    8433 (**4.4**%) were 144A.[135]
- *Zero civil enforcement actions against 144A deals during Relevant Period and one during last 11.5 years*
  - The SEC litigation releases database lists **1106** complaints filed during the Relevant Period, **zero** of which contain the term "144A."
  - Per the Enforcement Reports, there were **461** civil actions filed during the FY 2009–2014 period classified under "Securities Offerings."
  - Assuming that the FY vs. calendar year discrepancy at both ends of the Relevant Period does not distort the numbers too significantly, the ratio of administrative proceedings to securities offerings is **1/41** (**2.39**%).[136]
  - The expanded search including 2005–2009 and 2015–2017 (end of second quarter), yielded a total of **2243** complaints, only **one** of which arose out of misstatements and omissions made in the course of a 144A deal.[137] Unfortunately, I do not have data on the number of offerings during that period.
  - The Lexis search yielded 16 opinions in cases arising out 144A transactions, **none** of which were SEC enforcement actions.
- *Two administrative proceedings involving 144A deals*

[135]*See* SEC Report at 7 (Table 1).

[136]461/19,1633.

[137]Complaint at 20, SEC v. Ranko Cucuz et al., No. 2: 06-CV-11935 (E.D. Mich. Apr. 25, 2006) *available at* https://www.sec.gov/litigation/litreleases/2006/lr19668.htm.

- The SEC's administrative proceedings database contains links to **4862** documents (opinions, notices, orders) filed or issued during the Relevant Period, three of which contain the term "144A." Of these three, only **two** contain references to Rule 144A and they are both related to the same set of facts (and therefore the same offering).[138]
- The ratio of administrative proceedings to 144A offerings during the Relevant Period is **1/2811 (0.03%)**.
- Per the Enforcement Reports, there were **220** administrative proceedings filed during the FY 2009–2014 period classified under "Securities Offerings."
- Assuming that the fiscal year vs. calendar year discrepancy at both ends of the Relevant Period does not distort the numbers too significantly, the ratio of administrative proceedings to securities offerings is **1/87 (1.14%)**.

• *Zero open administrative proceedings involving 144A deals*

  - The SEC's open administrative proceedings database **317** cases filed between September 2005 and May 2017 that remained open as of June 6, 2017.
  - Of these 317 cases, **266** were SEC enforcement actions, which I isolated by excluding proceedings over which the SEC has appellate jurisdiction and matters related to rulemaking.
  - After reviewing the initial filing in each of these cases (usually an "Order Instituting Administrative Proceedings"), I found **zero** cases related to a 144A transaction.[139]

4.3 Interpreting the Evidence

Available evidence suggests that private and public enforcement of securities laws does not focus on 144A transactions. On the private side, the prevalence of litigation aimed at participants in 144A transactions is low when compared to the number of issuances. Securities class actions, which tend to attract a lot of attention, only occur at a rate **1/220 (0.5%)** with regard to total securities offerings. Given how difficult it is to plead a 10b-5 case, which is the main option for liability in the 144A context, it

[138] In re. Mark Tuminello, Securities Act Release No. 9023 (April 9, 2009), Securities Exchange Act Release No. 59739 (April 9, 2009) Admin. Proc. File No. 3-13436, 2009 SEC LEXIS 1197 (instituting administrative proceedings under 17(a) and 10b-5 against a managing director at Wachovia, which participated as an initial purchaser in a 144A deal); In re. Chandrashekhar Gopinathan, Securities Act Release No. 9057 (July 27, 2009), Securities Exchange Act Release No. 60389 (July 27, 2009), Admin. Proc. File No. 3-13470, 2009 Sec Lexis 2600 (same facts but defendant was a vice-president at Wachovia when the transaction took place). In both cases, the SEC pled "wilfull" violations of 17(a) and 10b-5 because defendants manipulated financial information that was included in the OM. Both actions were settled.

[139] Enforcement Report at 3 (Table 2). The SEC opened 497 stand-alone and 195 follow-on administrative proceedings during FY 2016, of which, 14 and 7, respectively, were classified under "securities offerings."

is reasonable to assume that the ratio of cases arising out of 144A transactions to the number of such transactions is even larger. This inference is partially supported by the fact the ratio of cases on Lexis arising out of 144A deals to number of offerings is **1/12040 (0.008%)**.

On the public enforcement side, the incidence of enforcement actions related to 144A deals is almost non-existent. Of the 1106 civil complaints filed during the Relevant Period, none was related to a 144A transaction. Similarly, a search through 4862 documents related to Administrative Proceedings, only yielded two pertaining to cases arising out of a 144A transaction. Both cases were against different defendants who allegedly committed fraudulent acts in the context of the same 144A transaction. This results in a ratio of proceedings to offerings of **1/2811 (0.03%)**, which stands in stark contrast with the ratio of administrative proceedings to securities offerings, which stands at **1/87 (1.14%)**

Even in the context of the SEC's tendency to take advantage of 17(a)'s negligence standard in its false statements cases,[140] 144A transactions still do not seem to be a priority for public enforcement. In fact, in each of the **two** administrative proceedings against bankers in a 144A deal during the Relevant Period, the SEC pleaded "willful" rather than negligent 17(a) violations (in addition to 10b-5 violations). Likewise, in the **one** complaint found during the 2005–2017 period that arose partially out of misstatements and omissions made by officers of the issuer in the course of a 144A transaction, the SEC pleaded that the defendants violated Section 17(a) "with knowledge or recklessly."[141]

In short, the evidence suggests that the universe of 144A transactions remains a safe haven from litigation in both absolute and relative terms.

5 When Practice Meets Calcified Incentives: An Attempt at a Rational Explanation of Custom

5.1 The Status Quo Makes Sense for Issuers That Are Reporting Companies

Rule 144A has existed since 1990 and is generally considered to have led to the creation of a fairly efficient market. Yet, the inner-workings of the market have evolved toward a certain level of inefficiency. On the disclosure side, practitioners seem to operate within a "more is better" paradigm, which is line with SEC

[140] Vizcarrondo *supra* note 43, at 50 ("Thus, *Aaron* encourages the SEC to plead under § 17(a)(2) or (3) rather than § 10(b) or § 17(a)(1); as shown by cases such as *Washington County Utility District*, the SEC has responded as expected.").

[141] Complaint at 20, SEC v. Ranko Cucuz et al., No. 2: 06-CV-11935 (E.D. Mich. Apr. 25, 2006) *available at* https://www.sec.gov/litigation/litreleases/2006/lr19668.htm.

requirements for registered transactions but is not at all aligned with the requirements of Rule 144A.

In the 144A universe, this approach makes sense for domestic and foreign issuers that are reporting companies, the great majority of which use Rule 144A offerings as part of "Exxon Capital exchanges."[142] This capital raising technique involves two steps: (1) a private offering under 144A exempt from registration statements, and (2) an SEC-registered exchange offering.[143] The essence of the operation is that the securities initially sold in the private offering are later exchanged for registered securities.

In this context, reporting issuers have every incentive to use almost identical disclosure for both offerings, since the follow-on offering will be subject to Sections 11 and 12, among others. Thus, it makes sense for the disclosure for the 144A step to comply with Section 5 as much as possible. Moreover, much of the necessary disclosure has to be prepared anyway as part of the company's mandatory reporting and therefore only needs to be formatted or incorporated by reference into the 144A OM.[144]

5.2 *Current Practices Are Not Well-Tailored to the Needs of Non-reporting Issuers*

For issuers that are not reporting companies, which are mostly foreign issuers and few smaller domestic issuers,[145] the current approach to disclosure and due diligence is too costly and not well-tailored to the underlying legal framework. In short, there is a certain disconnect between the disclosure and diligence processes, which should operate in tandem.

The rationale behind Rule 144A is that large institutional investors (QIBs) can fend for themselves and therefore do not need the protections that the Securities Act affords the rest of investors (namely very detailed mandatory disclosure).

Disclosure, however, has gotten longer and more detailed over the years, which carries with it significant costs in terms of time and money. Even though the OMs of

---

[142]*See* Howell, *supra* note 2, at 215 ("Almost every domestic issuer contemporaneously issues a registration application for the public market"); *see* Chaplinsky and Ramchand *supra* note 34, at 1079 ("... over 97% of domestic 144A issues are accompanied by simultaneous application for registration rights.").

[143]In re HealthSouth Corp. Secs. Litig., 261 F.R.D. 616, 622 n.8 (N.D. Ala. 2009).

[144]*See* Pinedo and Tanenbaum *supra* note 31, at §19.2.2 ("For a U.S. reporting issuer, it is customary for initial purchasers and counsel to use SEC disclosure standards as a guideline in preparing the offering memorandum for a Rule 144A offering.").

[145]While smaller domestic issuers now have other avenues to raise capital under the JOBS Act, foreign issuers must resort to the 144A market to raise capital in the United States. Otherwise, they are limited to the home capital markets or non-U.S. markets.

non-reporting issuers tend to contain less information than disclosure in registered deals, they still contain a lot of information that may be superfluous.

Similarly, the due diligence process in 144A deals is long, costly, and inefficient process that should be automatically reduced in scope and cost if OMs are shortened.

5.3 Redesigning the OM: Shorter Disclosure Means More Streamlined Diligence and Lower Costs Overall

Rule 144A practice began by copying registered disclosure because there were no available disclosure standards from which to work. Thereafter, when new regulations were adopted, practitioners decided whether or not to incorporate them into 144A practice based on a materiality analysis. In this section, I suggest redesigning the OM via a retroactive materiality assessment of each section, consisting of two essential questions: (1) whether the information is important to investors and (2) whether it is necessary to ensure that the rest of the information presented is not false or misleading.[146]

This exercise would be a departure from custom but would presumably lead to a reduction in the length of the OM, which would make transactions a lot cheaper without increasing risk: Less unnecessary disclosure means fewer potentially false or misleading statements, which translates into more streamlined and efficient due diligence.

To start, bankers could use 27 years of institutional memory to determine which parts of current 144A OMs are in fact necessary disclosure from a marketing perspective. As discussed in part 1, Rule 144A OMs are very detailed and require a lot of work from bankers, lawyers, accountants and issuer personnel. However, when bankers provide comments on a draft of the OM, they seem focus on a few sections[147]: (1) the summary, which provides a general overview of the issuer's business and of the terms of the offering,[148] (2) the risk factors, which lays out all material risks involved with the investment,[149] (3) the financial operational information and the related explanations,[150] and (4) the description of the securities,

[146]For example, including off-balance sheet transactions disclosure (Sarbanes-Oxley) is crucial because, if such transactions exist, they will not be reflected in the balance sheet, and their exclusion would both make the information in the balance sheet potentially misleading.

[147]I conducted a small survey of 11 associates from capital markets practices at major law firms asking them to rank from 1 to 22 the sections of an OM that receive the most comments from bankers (not in-house counsel). This is, of course, a very small sample, but the results do confirm my own experience in practice.

[148]100% and 72% ranked the "Summary" and "The Offering" (summary of the terms) in the top 5, respectively.

[149]45% ranked the "Risk Factors" in the top 5.

[150]This includes (1) tables with raw data from the financial statements for the preceding three years; (2) tables with operational data from the same period; and (3) the MD&A (management's discussion and analysis), which consists of year-on-year explanations of the financial and operational

which contains all the specific terms regarding the offered securities.[151] Together, these sections generally account for less than half of the OM.[152] This tendency suggests that these are the sections of the OM about which investors generally care the most, with some variation depending on the nature of the issuer's business.

Reducing the OM to the sections that are important for marketing and those that are necessary to avoid providing misleading information, such as the "Risk Factors" and other lawyerly cautionary and technical sections, would significantly lower costs for issuers and reduce potential liability.

Once the OM is shortened, the due diligence process should be reassessed accordingly. This should be approached keeping in mind that the current practice is designed to protect (1) issuers subject to a strict liability standard under Sections 11 and 12, and (2) underwriters and other Secondary Actors subject to a quasi-negligence standard under these sections (the due diligence defense operates as such).

The liability scheme for 144A transactions is different and the due diligence process should reflect this. Under 10b-5 and 17(a), 144A issuers and non-issuers are never subject to strict liability. They are, at worst, subject to a negligence standard under 17(a), which only applies in SEC enforcement actions, and to a scienter standard under 10b-5. It is crucial to note that, as shown in part 4, above, 10b-5 and 17(a) actions targeting 144A deals are rare.

Because 17(a) imposes the strictest standards, the diligence process should be designed to defeat a potential 17(a)(2) or (3) negligence action. The risk here is that anyone who "uses" material false or misleading information is a potential target. Thus, the objective must be to ensure that no such information is included in the OM or marketing presentations.

Although this is hardly groundbreaking, when tailoring the due diligence process to each transaction, as the SEC and the courts recommend,[153] banks and their counsel must keep sight of this objective rather than engage in "fishing expeditions" that result in the unnecessary review of thousands of irrelevant documents. For example, if an OM for an oil company does not discuss intellectual property, there is little reason for bank counsel to request and review countless documents regarding the company's intellectual property.[154] Presumably, any issues regarding an oil company's intellectual property that could be material to an investor (*e.g.* a legal

results. 36% and 54% ranked the "Summary Consolidated Financial and Operating Information" and the MD&A in the top 5, respectively.

[151] 72% ranked the "Description of the Securities" in the top 5.

[152] For example, in the GDF Suez OM, these sections represent 97 pages out of 261 (37%) (the total does not include the financial statements, which are prepared by the auditors and attached to the OM).

[153] *See* Robbins On diligence 21 (citing SEC Rel. 33-6383 (March 11, 1982), Fed. Secs. L. Rep. (CCH) para. 72,328.).

[154] Assuming, for illustrative purposes, that intellectual property is usually not a material issue for oil companies. This could also be the case for environmental concerns when the issuer is a financial services provider.

dispute regarding a major patent) would be easily discoverable when reviewing board and committee minutes, which is an essential aspect of due diligence.

5.4 *Why Change Is Unlikely: Calcified Incentives As an Obstacle to Increased Efficiency*

The essential difficulty for moving toward reduced disclosure and an ensuing streamlined diligence process is that incentives are largely calcified among the key players in 144A transactions: (Sect. 5.4.1) Bankers (business side), (Sect. 5.4.2) bank legal departments, Sect. (5.4.3) law firms, and (Sect. 5.4.4) issuers. I will discuss the roles and corresponding systemic incentives of each of these players in relation to each other.

5.4.1 Bankers: Maximizing Revenue

Bankers are often unaware of liability issues and tend to care rather little about them. They rely on their lawyers for that. Their job is about bringing in business and protecting profits. In that regard, the current system works well. The fact that a significant percentage of most OMs is likely ignored by investors is not harmful to their bottom line. Presenting investors with shorter OMs could, however, raise questions from them, who may wonder why they are receiving less information than usual. Reducing OMs would only be reasonable for bankers if banks paid for the drafting. Since issuers ultimately pay for both bank counsel and issuer counsel, there is little incentive to make the drafting process cheaper.

5.4.2 In-house Legal Departments: "if it ain't broke, don't fix it"

Bank legal departments act as the necessary counterweight to profit-driven bankers. Their role is to protect the bank from liability as much as possible without negatively affecting business. For in-house counsel, it would be difficult to justify streamlining the 144A OM drafting process to make it cheaper for issuers. Even though it might be legally reasonable to do so, as less disclosure means less risk for everyone, departure from custom always represents a level of uncertainty that legal departments do not welcome. With the current system, legal departments have found a risk/reward equilibrium with which they are comfortable.

Pushing for shorter OMs could upset that balance in exchange for reducing an already low risk of liability (see part 4, above). The potential benefits of such a move are simply not warranted. Again, since the banks do not pay legal fees, legal departments have no incentive to move away from a process that works, even if it is at times wasteful.

The same logic applies to streamlining due diligence. Such a move would only really benefit issuers by reducing costs. Although it is unlikely to significantly increase risk for banks, it is inevitably riskier than the current approach, which provides all the necessary coverage and more.[155] Given that their job is to reduce exposure without harming business, in-house lawyers have absolutely no reason to suggest a more cost-effective approach to diligence.

5.4.3 Law Firms: Protecting Their Reputation

Law firms are trapped in a complicated incentive system. The ecosystem of securities markets is inhabited by a rather small group of law firms and banks, most of which work together constantly. The system is very peculiar because law firms will often alternate between representing issuers and banks.[156] The result is that when firms are representing issuers, they are often negotiating "against" banks that are their clients in other transactions (past, present, and future). This is legally feasible because it is understood that these are not adversarial transactions and conflicts of interest can usually be waived.[157] In this universe, the issuer is considered the "ultimate client."

Given that 144A issuers are often foreign companies with little leverage, large investment banks are the dominant force in the market. Thus, even though the fiction that the issuer is the ultimate client is true at the single deal scale, it is more problematic from a systemic point of view. Issuers—operating companies in need of capital—will by nature be involved in far fewer 144A transactions than banks, whose business it is to secure as many deals as possible. This means that when law firms are representing issuers, they must protect their reputation with the investment banks on the other side or risk losing them as clients in future transactions.

To make a highly simplified adaptation of signaling theory, law firms in this ecosystem are "applicants" that have to constantly signal to in-house counsels at banks (employers) that they take a rigorous approach to 144A transactions that provides the highest level of protection to all, even if this is inefficient.[158] The

[155] *see* Huber, *supra* note 65, at 12 n.2 ("... initial purchasers in Rule 144A transactions have established a market practice (considered more than adequate to defeat a claim of scienter under Rule 10b-5) of engaging in a due diligence process substantially similar to that carried out by underwriters in public offerings.").

[156] This is not always true. There are some law firms that focus almost exclusively on issuer-side work, but most large firms do at least some work on both sides. *See* Westenberg (2013) Initial public offerings: a practical guide to going public. Practising Law Institute 9-8–9-9: "An added bonus is if company counsel has significant experience in representing both companies and underwriters in IPOs, since an understanding of the priorities and expectations of underwriters will facilitate the offering process on the company's side."

[157] *See generally* Wertlieb and Avedissian (2008), p. 7.

[158] *See generally* Spence (1973), p. 355; Spence (2002), p. 434.

crucial difference from basic signaling theory is that here, the game is not necessarily to send positive signals that require incurring signaling costs, but rather to avoid sending negative signals that can have a reputational cost. In-house counsels at banks are usually in charge of hiring and supervising outside counsel. Their internal role is to be conservative and protect the bank. Thus, law firms must signal to them that they too are conservative. Suggesting innovative ways to conduct transactions that have followed roughly the same guidelines for over 27 years may, on the contrary, send the wrong signal.

Moreover, the simplest explanation for not wanting to disrupt a functioning system is that perhaps one of the reasons the incidence of 144A-related litigation is so low is precisely because these transactions are conducted so conservatively. A transactional practice at a law firm can consider itself to be performing at the highest level when its clients do not get sued.

5.4.4 Issuers

Because issuers are the ones who stand to benefit the most from shorter, more targeted OMs and a more efficient due diligence process, the push for change would have to come from them. But they are generally the actors with the least amount of expertise in these matters and will mostly do whatever their counsel indicates. Their external lawyers, however, are trapped in a system of incentives in which pushing for innovation could be reputational suicide.

Moreover, non-reporting company issuers are often relatively unknown players in the market and also have an incentive to signal that they are willing to comply with all the written and unwritten rules of that market. In this case, issuers do incur significant signaling costs in the form of attorneys' fees, which help them tell the market that they are serious players. Any departure from custom in this regard could raise suspicions among investors and negatively affect the price of the securities that are being offered. It is not clear that the efficiency gains from simplified disclosure would be worth the potential price risk for a single issuer.

6 Conclusion

Custom plays a central role in the universe of Rule 144A transactions. Since the adoption of the Rule, changes to 144A practice have been the result of either (1) legislative and regulatory advances in registered practice that have been voluntarily incorporated into 144A practice or (2) directly applicable new laws, like the JOBS Act, which affected the way marketing is conducted in 144A deals by removing the prohibition on general solicitation.[159] Otherwise, the way transactions are structured has remained fairly constant and is unlikely to see any major endogenous modifications.

The dominant role of custom in this market seems unlikely to be limited absent major changes to Rule 144A or any related provisions. While custom has not yet become law, it continues to adequately fill the regulatory, legislative, and jurisprudential void around Rule 144A practice.

Despite a generally uncontroversial 27-year history, the Rule played an important part in one of the most scandalous facets of the 2008 financial crisis: Goldman's infamous "Abacus" CDO transactions. These highly complex asset-backed securities were created and sold by Goldman Sachs under Rule 144A and their subsequent collapse resulted in SEC charges[160] and notable public outrage.[161] This led some commentators to call for the abolition of Rule 144A.

Instead, Dodd-Frank and its underlying rules focused on tightening regulations around asset-backed securities, which were considered too complex even for QIBs to fully understand.[162] Thus, by targeting specifically the type of transactions that abused the exemptions of Rule 144A rather than over-regulating an otherwise uncontroversial market, Congress may have sent the message that they are not interested in major reform in this area. Custom's role is not under threat from the legislative and executive branches.

Similarly, the dearth of litigation related to 144A transactions means that there are few opportunities for the judiciary to interpret the Rule. The tendency in the courts is to treat issues relating to disclosure and due diligence in the 144A context on a case-by-case basis rather than to impose blanket rules. This suggests that the judiciary is not likely to intervene to displace customary practices or to turn them into law.

Appendix 1: Relevant 144A Cases

From the list of 56 cases containing the term "Rule 144A" between 2009 and 2014 found in a Lexis search, this table isolates 18 cases related to a Rule 144A transaction. The first 16 are cases in which at least one of the claims arose directly from alleged false or misleading statements made in the context of a 144A transaction.[163] The last two cases involved a 144A transaction but the claims did not arise from the disclosure provided in relation to that transaction.

[159] The JOBS Act is not addressed in this article because it does not directly affect disclosure or due diligence.

[160] *See e.g.* Dodona I, LLC v. Goldman, Sachs & Co., 847 F. Supp. 2d 624 (S.D.N.Y. 2012).

[161] But, of course, no long term consequences.

[162] 17 C.F.R. Parts 229, 232, 240, 249 (2016). Disclosure for Asset-Backed Securities Required by Section 943 of the Dodd-Frank Wall Street Reform and Consumer Protection Act, 50 Fed. Reg. No. 17 (Jan. 26, 2011).

[163] Cases that arose out of the same set of facts as another case on the list are omitted from the table but cited in the footnote corresponding to the case that is listed.

	Case	Type of claim[a]	Procedural stage	Type of transaction	Defendants[b]	Prevailing party[c]	Details
1	*In re HealthSouth Corp. Secs. Litig.*[d]	Bad disclosure. §11; §15; §10(b); §20(a)	Class certification	Exxon Capital Exchange	Auditors and Banks	Plaintiffs	Class cert. granted for 10b-5 claims. QIBs that only bought during 144A part of deal excluded from §11 class
2	*Iconix Brand Grp., Inc. v. Merrill Lynch, Pierce/Fenner & Smith Inc. (In re Merrill Lynch Auction Rate Sec. Litig.)*[e]	Market manipulation and bad disclosure. §10(b); §12(a)(1); State law	Motion to dismiss	Auction Rate Securities	Bank	Defendants	All claims dismissed. Website disclosures were sufficient
3	*Dodona I, LLC v. Goldman, Sachs & Co.*[f]	Market manipulation Bad disclosure. §11; §15; §10(b); §20(a); State law	Motion to dismiss	Synthetic CDO	Bank & D&Os	Plaintiffs	Bad disclosure claims survive. Market manipulation claim dismissed
4	*Anegada Master Fund, Ltd. v. PXRE Grp. Ltd.*[g]	Bad disclosure. §12(a); §15; state law	Motion to dismiss	Vanilla 144A equity offering	Issuer & D&Os	Defendants	Fed. claims dismissed. Court declines jurisdiction over state law claims
5	*Newby v. Enron Corp. (In re Enron Corp. Secs., Derivative & ERISA Litig.)*[h]	Bad disclosure. §12(a); §15; state law	Motion to dismiss	Secured Notes offering through trust	Bank	Defendants	All claims dismissed. Court denies existence of UWs obligation to conduct due diligence
6	*Crown Cork & Seal Co. v. Credit Suisse First Bos. Corp.*[i]	Fraud claims (not specified in opinion)	Motion to exclude expert testimony and reports	Non-mortgage, asset-backed debt	Issuer, Banks, auditors	Defendants	Motion to exclude defense experts denied
7	*Centaur Classic Convertible Arbitrage Fund Ltd. v. Countrywide Fin. Corp.*[j]	Bad disclosure. §10(b); §20(a); state law	Motion to dismiss	Convertible debt	Issuer & D&Os	Plaintiffs	State claims barred by statute of limitations.

(continued)

	Case	Type of claim[a]	Procedural stage	Type of transaction	Defendants[b]	Prevailing party[c]	Details
							Motion to dismiss fed. claims denied
8	*Landesbank Baden-Württemberg v. Goldman Sachs & Co.*[k]	Bad disclosure. State law claims	Motion to dismiss	CDO	Bank (also as issuer)	Defendants	Fraud claims dismissed for failure to plead with particularity. Neg. misrep. Claim dismissed for lack of special relationship
9	*Atlantica Holdings, Inc. v. Sovereign Wealth Fund Samruk-Kazyna JSC*[l]	Bad disclosure. §10 (b); §20(a);	Motion to dismiss	Subordinated debt as part of reorg. plan	Issuer	Plaintiffs	Motion denied (only granted with regard to plaintiffs who did not participate in 144A deal)
10	*King Cty. v. IKB Deutsche Industriebank AG*[m]	Bad disclosure. State law	Motion to dismiss	Notes sold by investment fund	Sponsor, Bank (as placement agent and manager); ratings agencies	Plaintiff	Negligence, breach of fiduciary duty, and aiding and abetting claims dismissed. Negligent misrep. Claim survives
11	*Phelps v. Stomber*[n]	Bad disclosure. §10 (b); §20(a); State law	Motion to dismiss	Equity sold by investment fund	Sponsor	Defendant	All claims dismissed because disclosure was adequate. No proof of falsehood
12	*AIG Glob. Sec. Lending Corp. v. Banc of Am. Sec. LLC*[o]	Bad disclosure. §10 (b); State law	Motion to vacate jury verdict	Asset-backed debt	Banks	Plaintiffs	Motion denied. No reason to vacate verdict

	Case	Type of claim[a]	Procedural stage	Type of transaction	Defendants[b]	Prevailing party[c]	Details
13	*In re Tronox, Inc.*[p]	Bad disclosure. §10 (b); §20(a); State law	Motion to dismiss	Vanilla debt offering	Previous owner of issuer, Auditors and Issuer D&Os	Plaintiffs	Motion denied (only granted with regard to previous owners, their D&Os, and some of the Issuer's D&Os). Disclosure was public filings on which 144A buyers relied
14	*Oaktree Capital Mgmt., L.P. v. KPMG*[q]	Bad disclosure. §18; §20(a); State law	Motion to dismiss	Vanilla notes offering	Banks & auditors	Defendants	Fed. claims dismissed. Court declines jurisdiction over state law claims
15	*United Heritage Life Ins. Co. v. First Matrix Inv. Servs. Corp.*[r]	Bad disclosure. State law	Summary judgment	Mortgage-backed bonds	Issuer and banks	Plaintiffs	Motion mostly denied
16	*N. Grp. Inc. v. Merrill, Pierce, Fenner & Smith*[s]	Bad disclosure. State law	Summary judgment	Mortgage-backed bonds	Banks	Defendants	Motion granted
17	*Amida Capital Mgmt. II, LLC v. Cerberus Capital Mgmt., L.P.*[t]	Bad disclosure. §10 (b); §20(a); State law	Motion to dismiss	Vanilla debt offering that never took place after roadshow	Issuer (would-be)	Defendants	All claims dismissed for failure to plead scienter. Disclosure in question were roadshow statements

(continued)

	Case	Type of claim[a]	Procedural stage	Type of transaction	Defendants[b]	Prevailing party[c]	Details
18	*Loritz v. Exide Techs.*[u]	Bad disclosure. §11; §15; §10(b); §20(a)	Motion to dismiss	Exxon capital exchange (but plaintiffs bought notes after registration)	Issuer D&Os	Plaintiffs	Motion denied. Disclosure in question is public filings, not 144A OM

[a]Includes only relevant claims. "§10(b)" refers to §10(b) of the Exchange Act and Rule 10b-5 thereunder. "§18" refers to § 18 of the Exchange Act. "§20(a)" refers to §20(a) of the Exchange Act. "§11" refers to §11 of the Act. "§12(a)" refers to §12(a) of the Act. "§15" refers to §15 of the Act; "State Law" refers to claims under state law for fraud and/or negligent misrepresentation
[b]"Bank" includes financial institutions in their role as initial purchasers/underwriters, broker-dealer and/or sponsor. "D&Os" means directors and officers
[c]A ruling is considered favorable to plaintiffs if one or more of their claims survives
[d]261 F.R.D. 616, 648 (N.D. Ala. 2009); *In re HealthSouth Corp Sec. Litig.*, 257 F.R.D. 260 (N.D. Ala. 2009) (case arising out of the same facts with same result)
[e]No. 09 MD 2030 (LAP), 2012 U.S. Dist. LEXIS 77331 (S.D.N.Y. June 4, 2012)
[f]847 F. Supp 2d 624 (S.D.N.Y. 2012)
[g]680 F. Supp 2d 616 (S.D.N.Y. 2010)
[h]761 F. Supp 2d 504 (S.D. Tex. 2011)
[i]No. 12-cv-05803-JLG, 2013 U.S. Dist. LEXIS 34368 (S.D.N.Y. Mar. 12, 2013)
[j]793 F. Supp 2d 1138 (C.D. Cal. 2011)
[k]821 F. Supp 2d 616 (S.D.N.Y. 2011)
[l]2 F. Supp 3d 550 (S.D.N.Y. 2014)
[m]863 F. Supp 2d 288 (S.D.N.Y. 2012); *Abu Dhabi Commer. Bank v. Morgan Stanley & Co.*, 2013 U.S. Dist. LEXIS 31157 (S.D.N.Y. Mar. 5, 2013) (identical facts and result)
[n]883 F. Supp 2d 188 (D.D.C. 2012); *Wu v. Stomber*, 883 F. Supp 2d 233 (D.D.C. 2012) (identical facts and identical opinion pertaining to different plaintiffs)
[o]646 F. Supp 2d 385 (S.D.N.Y. 2009)
[p]2010 U.S. Dist. LEXIS 67664 (S.D.N.Y. June 28, 2010)
[q]963 F. Supp 2d 1064 (D. Nev. 2013)
[r]No. CV 06-0496-S-MHW, 2009 U.S. Dist. LEXIS 91245 (D. Idaho Sep 30, 2009)
[s]2014 NY Slip Op 31986(U) (Sup Ct.)
[t]669 F. Supp 2d 430 (S.D.N.Y. 2009)
[u]No. 2:13-cv-2607-SVW-Ex, 2014 U.S. Dist. LEXIS 111491 (C.D. Cal. Aug. 7, 2014)

Appendix 2: List of Offering Memoranda

1. "GDF Suez OM": GDF Suez S.A., U.S.$750,000,000 1.625% Notes due 2017, U.S. U.S.$750,000,000 2.875% Notes due 2022 (Oct. 2, 2012), *available at* http://www.engie.com/wp-content/uploads/2012/11/Tribeca.om_.final_.pdf.
2. "Teamlease OM": Teamlease Services Limited (Feb. 5, 2016), *available at* https://www.credit-suisse.com/media/ib/docs/in/ipo/TeamLease-prospectus.pdf.
3. "AA PIK OM": AA PIK Co Limited, £350,000,000 91/2% / 101/4% Senior PIK Toggle Notes due 2019 (Oct. 31, 2013), *available at* http://www.theaaplc.com/~/media/Files/A/Aa-Plc/key-corporate-documents/final-offering-memorandum.pdf.
4. "Grupo Bimbo OM": Grupo Bimbo S.A.B. de C.V., U.S.$800,000,000 3.875% Notes due 2024, U.S.$500,000,000 4.875% Notes due 2044, *available at* http://ise.ie/debt_documents/ListingParticulars_fff41a2f-64d4-48cc-affd-fbf36f2390ce.PDF.
5. "Grupo Famsa OM": Grupo Famsa, S.A.B. de C.V., 7.250% Senior Notes due 2020 (Oct. 23, 2013), *available at* http://www.ise.ie/debt_documents/ListingParticulars_958c0cc6-bf1a-4b36-8129-7141b2377deb.pdf.
6. "Banco Schahin OM": Banco Schahin S.A., U.S.$300,000,000 Global Medium Term Note Program, *available at* http://www.ise.ie/debt_documents/banco_8137.pdf.
7. "Banco ABC Brasil S.A.": U.S.$3,000,000,000 Global Medium-Term Note Program (May 2, 2014), *available at* http://www.ise.ie/debt_documents/ListingParticulars_ea52bd6d-0fda-4a43-90b3-5f9ab192e454.PDF.
8. "Votorantim OM": €750,000,000 Voto-Votorantim Limited, 5.25% Senior Notes Due 2017 (Apr. 21, 2010), *available at* http://www.mzweb.com.br/votorantim/web/arquivos/Voto_VII_5.25_Senior_Notes_Due_2017.pdf.
9. "4finance OM": 4finance S.A., USD 325,000,000 10.75% Senior Notes due 2022 (Apr. 12, 2017), *available at* https://www.4finance.com/wp-content/uploads/2017/05/Offering-Memorandum.pdf.
10. "Hutchison Whampoa OM": Hutchison Whampoa International (12) Limited, Subordinated Guaranteed Perpetual Capital Securities (May 2, 2012), *available at* http://www.centasec.com/bond_files/USG4673LAA29_OC.pdf.
11. "EPM OM": Empresas Públicas de Medellín E.S.P., Ps.1,250,000,000,000 (Jan. 31, 2011), *available at* file:///C:/Users/peche/Downloads/Prospecto%20Empresas%20P%C3%BAblicas%20de%20Medellin%202021.pdf.
12. "Inbursa OM": Banco Inbursa, S.A., Institución de Banca Múltiple, Grupo Financiero Inbursa, U.S.$1,000,000,000 4.125% Senior Notes due 2024 (July 25, 2014), *available at* http://ise.ie/debt_documents/ListingParticulars_9fc2d0a1-b0fe-436b-9353-93a41a385c75.pdf?v=692014.
13. "BNCR OM": Banco Nacional de Costa Rica, U.S.$500,000,000 4.875% Senior Notes due 2018, U.S.$500,000,000 6.250% Senior Notes due 2023

(Oct. 25, 2013), *available at* https://www.bncr.fi.cr/BNCR.Documentos/Estados/PDF/Offering%20Memorandum%20BNCR.pdf.
14. "Bantrab OM": Banco de los Trabajadores, US$150,000,000 9.000% Senior Notes due 2020 (Jan. 21, 2014), *available at* https://www.scribd.com/doc/297162447/ws-refe-20160129235139-tsl2prod-53175-bantrab.
15. "AES Gener OM": AES Gener S.A., U.S.$425,000,000 5.000% Senior Notes due 2025 (July 9, 2015), *available at* http://www.bolsadesantiago.com/Noticiascibe/hechos%20esenciales/AESGENER/hes_2015070085188.pdf.
16. "Unifin OM": Unifin Financiera, S.A.B. de C.V., SOFOM, E.N.R., US $400,000,000 7.250% Senior Notes due 2023 (Sept. 27, 2016), *available at* http://www.unifin.com.mx/ri/uploads/info_bursatil/OM%20Carrera_1.PDF.
17. "Alpek OM": Alpek, S.A.B. de C.V., US$650,000,000 4.500% Senior Notes due 2022 (July 9, 2013).
18. "Grupo Lala OM": Grupo Lala, S.A.B. de C.V., 444,444,444 Shares (Oct. 15, 2013), *available at* http://www.grupolala.com/sites/default/files/inversionistas/LALA-prospecto_en.pdf.
19. "Confidential OM 1": Latin American Power Company, Debt Offering (2013).
20. "Confidential OM 2": Latin American Consumer Products Company, Debt Offering (2013).

References

Baugues S, Gullapalli R et al (SEC, October 2015) Capital raising in the U.S.: an analysis of the market for unregistered securities offerings, 2009–2014. Available at https://www.sec.gov/dera/staff-papers/white-papers/unregistered-offering10-2015.pdf

Bodner R, Welsh P (2004) Institutional buyer beware: recent decisions reinforce narrow range of remedies available to QIBs in rule 144A offerings. Sec Reg $ L Report 36-38:1728

Boettrich S, Starykh S (2017) Recent trends is securities class action litigation: 2016 full rear review. NERA, New York

Chaplinsky S, Ramchand L (2004) The impact of SEC rule 144A on corporate debt issuance by international firms. J Bus 77(4):1073

Cooter RB (1994) Structural adjudication and the new law merchant: a model of decentralized law. Int Rev Law Econ 14:215, 218

Engel KC, McCoy PA (2007) Turning a blind eye: Wall Street finance of predatory lending. Fordham Law Rev 75:2039–2104

Ford Jacob V, Goldstein SJ (2013) Conducting due diligence in a securities offering. Practising Law Institute 15-2

Gennuso J (1988) Section 17(a) of the Securities Act of 1933 and an implied action: an answer is in sight. J Leg Commentary 3:159–176

Goel A, Berg N et al (2012) Securities fraud enforcement (without the fraud): the rise of negligent securities fraud under §§ 17(a)(2) and (3) of the 1933 Securities Act, 44. Sec Reg Law Report 44:474

Howell BJ (2007) SEC rule 144A and the global market. Aper Rev Int Bus Trade Law 7:199, 200

Huber JJ, Sadler TC et al (2002) An underwriter's due diligence in the permitted absence of an expert's consent. Insights: The Corporate & Securities Law Advisor 16(8): 2, 12 n.2

Kelly-Dynega NA (July 3, 2012) District court ruling paves the way for more "negligent securities fraud" enforcement actions under sections 17(A)(2) and (3) of the securities act 2. Available at https://www.lw.com/thoughtLeadership/negligent-securities-fraud-enforcement-actions-sections-17-a-2-and-3

Pinedo A, Tanenbaum J (2016) Exempt and hybrid securities offerings. Practising Law Institute, New York

Robbins R (2013) Due diligence in private placement offerings (discussing due diligence in private offerings). Available at https://www.pillsburylaw.com/images/content/4/6/v2/468/RobbinsDueDiligence2013.pdf

Robbins R (2016) Offers, sales and resales of securities and general solicitation under section 4(a)(1-1/2), rule 144A, and the new section 4(A)(7). Pract Lawyer 62:49. https://www.pillsburylaw.com/images/content/1/0/v2/104489/OffersSalesandResalesofSecuritiesandGeneralSolicitation1.pdf

Scott HS (2005) International finance: transactions, policy, and regulation at 73

Spence M (1973) Job market signaling. Quart J 87:355

Spence M (2002) Signaling in retrospect and the informational structure of markets. Am Econ Rev 92:434

Steinberg MI (2016) Securities regulations: liabilities and remedies §6.05[2]. Law Journal Press, New York

Vizcarrondo P Jr (Aug. 2013) Liabilities under the federal securities laws. 23–24 http://www.wlrk.com/docs/OutlineofSecuritiesLawLiabilities2013.pdf

Wertlieb NJ, Avedissian NT (2008) What transactional lawyers should know about conflicts of interest. The State Bar of California- Business Law news at 7

Westenberg DA (2013) Initial public offerings: a practical guide to going public. Practising Law Institute 9-8–9-9

Custom As Public Policy: Tying the Hands of the Dead

Eric Rakowski

Résumé Le Droit coutumier ne joue pas de rôle direct dans la régulation des trusts et des successions aux USA aujourd'hui. Son plus proche équivalent est l'invocation de l'"ordre public" par les juges lorsque ceux-ci exercent leur pouvoir propre de modifier ou de supprimer les termes de certaines donations. Les principales situations dans lesquelles des juges ont utilisé ce pouvoir visaient à empêcher un gaspillage par des descendants ou des créateurs de trusts - par exemple en demandant la destruction de biens dont ils avaient pu être titulaires - et à les empêcher d'assujetir ces biens à des conditions excessivement restrictives pour les bénéficiaires, telles qu'une interdiction de mariage ou une récompense du divorce.

1 Introduction

In democratic societies with mature legislative structures, customary law inexorably evolves into statutory law. The larger the group regulated by legal norms, the greater the pressure for this transformation. The importance of uniform application, driven by concerns of both efficiency and fairness, along with the need for consistency in publicizing those norms, make codification desirable. In Anglo-American legal systems, even areas of the law once given over to common-law decision making, such as contracts and torts, have come to be dominated by complex statutes and regulations. Custom as a source of authority tends to become an ever more remote, echoing voice in the subconscious minds of lawmakers and judges.

In the field of trusts and estates, the trend in favor of the explicit regulation of decisions that once were left to the judgment of executors, trustees, and probate courts, informed by customary expectations and practices, shows no sign of abating in the United States. To be sure, in some countries, most notably in Great Britain,

E. Rakowski (✉)
Berkeley Law, UC Berkeley, CA, USA
e-mail: erakowski@law.berkeley.edu

L. Mayali, P. Mousseron (eds.), *Customary Law Today*,
https://doi.org/10.1007/978-3-319-73362-3_8

Canada, Australia, and New Zealand[1] but also apparently in China,[2] judges have lately assumed greater authority to overturn provisions in wills or to depart from the rules of intestate succession to reward or penalize potential beneficiaries based on their comparative financial need. In China, they have also taken into account the extent to which those potential beneficiaries neglected or provided support for the decedent. These judgments derive from customary expectations of what children owe their parents, and vice versa. In the United States, however, this form of deference to custom through the mechanism of expanded judicial discretion over distributive shares at death has found no favor. The only nod in this direction has been the recent penalization of elder abuse, and that effort has taken the form of statutory change rather than the judicial invocation of custom.[3] The sovereignty of the testator or trust settlor is always paramount in America, as it has been for centuries, and carefully wrought rules governing the division of property when its owner dies without a will or other directive have a metallic rigidity.

In one province of the law of succession, however, custom—if that is the right word—remains authoritative. Judges have long had the power to nullify provisions of wills or trusts they find contrary to public policy. What public policy consists in, however, remains contested, the subject of substantial scholarly and judicial disagreement. As elucidated by state courts, public policy is not something decreed by statute or even in any clear sense implicit in existing law—apart from what everyone assumes would be judicially imposed bars to gifts dependent on criminal or tortious conduct.[4] Like customary commands, public policy directives are thought of as backward-looking rather than forward-looking, grounded in what a judge takes to be a community's established values rather than in what the judge might consider desirable social arrangements going forward. As the cases demonstrate, however, judges interpret community values differently. They do so by assigning different weights to the three principal values in play in these cases: (1) the autonomy or expressive interest or the alleged property right of the donor; (2) the well-being or

[1]For a discussion of these developments, see Sitkoff and Dukeminier (2017), pp. 566–570.

[2]See Simmons (2017), pp. 124–148; Foster (1998), pp. 77–126.

[3]California's Probate Code, for example, now contains provisions barring attorneys and other fiduciaries, such as professional caregivers, from receiving gifts under a will or trust, because of a fear of fraud or undue influence. Cal. Prob. C. § 21380 et seq. Other sections address financial abuse of mentally impaired elders, § 2950 et seq., or penalize those found to have physically or financially abused a deceased elder or dependent adult by treating the abuser as having died before the decedent for the purpose of determining who takes property under a will or trust. Cal. Prob. C. § 259.

[4]Although much speculated about, cases involving gifts contingent on performing or encouraging illegal or tortious actions seem not to have arisen. At any rate they have not been reported. Presumably, this is because donors are aware that such contingencies would not be upheld by courts. But conduct that is criminally or civilly liable *has* prevented would-be beneficiaries from taking property by inheritance or other means. The most notorious example is that of a would-be beneficiary who kills with the aim of inheriting from the victim. Judicial precedents, e.g., *Riggs v. Palmer,* 22 N.E. 188 (N.Y. 1889), or so-called "slayer statutes," e.g., Cal. Prob. C. §§ 250–258, bar someone who feloniously and intentionally kills a would-be benefactor from inheriting or taking under a will, trust, joint tenancy, or other will substitute.

personal liberty of those identifiable individuals who might directly benefit from the donation; and (3) the long-term welfare concerns or collective ideals of the relevant community.

This paper explores the way in which courts have approached the application of what might be seen as customary law in the area of trusts and estates in the United States. Testators (through their wills) and settlors (through the trusts they create during life or at death) have long enjoyed tremendous freedom in the English-speaking world and particularly in America in their choice of beneficiaries and their imposition of requirements for the passage of property at death or indeed for many years thereafter. Legal protections exist, of course, for surviving spouses and for the support of children until the age of majority, but they generally leave the bulk of a decedent's property free of all state control.

In the case of trusts, the scope of this freedom has lately been enlarged by the erosion of the Rule Against Perpetuities, which limits a settlor's power to dispose of property in trust to roughly a century after her death.[5] Many states have repealed this limitation, which means that almost any American can take advantage of that repeal and establish a trust of potentially unlimited duration by siting the trust in a permissive state, regardless of where the settlor resides. The effect of this repeal could become even more momentous if America's federal estate and generation-skipping transfer taxes are repealed, as President Trump has announced he hopes to do. In that case, the value of property placed in trust for extended periods of time would not be reduced by taxes when the trust was created or when trust distributions were made to each younger generation.

State courts—where matters relating to the terms of wills or trusts are administered and litigated in the United States, as there is no uniform national law—have devised two distinct forms of limitation on the power wielded by testators and settlors. The first is their insistence that the terms of wills or trusts comport with public policy. This is a limitation of long standing and the focus of this paper. It is the nearest thing to customary law in relation to the passage of property at death. The second is a nascent willingness, in a small minority of state courts, to modify long-lived trusts in the interests of beneficiaries even when old-fashioned public policy concerns do not come into play. This approach, if it becomes widespread, might some day cause these two categories to merge. But for now judges' occasional use of this beneficiary-friendly oversight power is far from customary.

---

[5]The common-law Rule Against Perpetuities was crafted to limit the reach of the dead hand over future generations. It required an interest in a trust to vest—or not—within 21 years of the death of anyone alive when the future interest was created. The idea was to restrict a donor's freedom to give property only to those known to her when she was alive or to their children when they come of age at 21. For an account of the history and aims of the Rule, see Sitkoff and Dukeminier, supra note 1, at 887–890. The Uniform Statutory Rule Against Perpetuities, promulgated in 1986 and subsequently enacted as law by most states, was designed to overcome a variety of problems that the common-law Rule was known to cause by providing donors with a fixed 90-year period during which future interests had to vest (or not). See Waggoner (1988), pp. 157–169.

One feature that all public policy limitations on bequests and trusts share is that they prevent people from accomplishing certain things after they have died—the destruction of property, say, or withholding a gift until the potential recipient takes a specified action or fulfills a goal—that they unquestionably *could* have done while they were alive. These limitations might be categorized in a variety of ways. In my view, however, the vast majority of decisions limiting or nullifying posthumous commands can most helpfully be grouped under two headings.

The *first* category covers conditions that are *wasteful*, either because they result in the destruction of property in a way that lacks customary approbation, or because they lead to excessive expenditures, or because they could cause opportunities for increasing social welfare to go unexploited.

The *second* category consists of constraints on the choices that potential beneficiaries make.

2 Waste

In the United States, as well as in many other countries that offer strong legal protections for personal property rights, there is no general prohibition on neglecting, wasting, or destroying what one owns. To be sure, there are piecemeal limitations. Buildings found to have historical significance cannot be modified or razed in some cities. Visual art "of recognized stature" cannot be destroyed during the artist's lifetime without the artist's permission.[6] Owners must ensure that their property poses no serious health or safety risks and to that extent are legally obligated to maintain it. These are, however, modest constraints on a broad right to despoil, however much others might disapprove of one's choices.[7]

What about after death? Apart from restrictions designed to protect surviving spouses and dependent children, one can give one's property at death—or over a long period of time following one's death by means of a trust—to whomever one wishes. The donative rights one had while alive survive death. Whether the right to disuse or destroy equally bridges death is less clear, though the enacted laws of the 50 states are silent on this point. Here it is judges, invoking "public policy" while drawing on what they take to be conventional understandings of acceptability—something akin to custom though arguably less solid given the rarity of these cases—who in some instances have circumscribed what decedents may do. The cases settle into four categories.

---

[6]The Visual Artists Rights Act of 1990 provided, for the first time, bare-bones protections waivable by contract and expiring on an artist's death. See 17 U.S.C. § 106A (2017).

[7]For a comprehensive and largely approving elucidation of this right, see Strahilevitz (2005), pp. 781–854. A more critical review of the legal landscape can be found in Sax (1999).

2.1 Real and Personal Property

In the United States, people are free to destroy at least some valuable objects when they die. For example, no state compels decedents or next-of-kin to part with viable internal organs even when a heart, a kidney, or other major organ could help a patient awaiting a transplant. By allowing organs to go to waste, decedents or their survivors often deny other people a life-saving benefit.[8] No judge has invoked public policy, let alone custom, to overrule this practice.

In contrast, testators' attempts to have their pets killed following their deaths have routinely been rejected by judges when estate administrators have challenged those orders. Although the testamentary directives discussed in the case law appeared motivated by a concern that the animals would be neglected or mistreated after their owner was dead, judges have voided those allegedly altruistic commands, finding either that the owner would not on reflection have wanted the animal put down when the time came or that doing so would violate an inchoate public policy that can be extrapolated from the existence of animal cruelty laws.[9]

Cases involving homes and valuable personal property, like cars and jewels, present a slightly more nuanced picture. Over the last century at least, courts have generally enjoined estate representatives from destroying valuable property pursuant to a decedent's orders. No enacted law applies, to be sure. For the most part, however, judges have had little trouble concluding that a decedent's directive to destroy the home in which she lived now that she can live there no more, or to burn or bury prized personal possessions such as dresses or jewelry, is animated by malice or caprice. Further, destroying property deprives surviving family members or the larger society of resources in a way that cannot be said to express an estimable aspect of the deceased, that is, cannot be seen as a positive act of self-expression in death. It would hardly help for a decedent to claim kinship with the Vikings or ancient Egyptians in making her request, as the customs of those societies are not ours. Some courts have expressed an additional concern about grave-robbing were they to allow jewelry to be buried with its onetime owner. Small objects of little value that were closely associated with the decedent might make their way into the coffin, but only rarely has a court countenanced more costly acts of destruction.[10] This remains one of the clearest cases where unwritten public policy, embodying a customary

[8]According to the Organ Procurement and Transplantation Network, more than 115,000 people are awaiting a life-saving organ transplant in the United States as of August 2017. https://optn.transplant.hrsa.gov. Accessed 31 Aug 2017 Some states have allowed coroners to remove corneas for transplant without consent, but major organs need to be extracted earlier in hospital settings to preserve viability.

[9]For a careful discussion of the cases involving testamentary commands to destroy animals and the rationales courts have used to reject them, see Sykas (2001), pp. 911–943, 930–934, 939–943.

[10]When Sandra West died in 1977, she left her large estate to her brother-in-law on condition that she be buried in the front seat of her sporty blue Ferrari 250GT, in a white lace nightgown with the seat, as she put it, slanted comfortably. The court approved her request, concluding that it was eccentric but not illegal. The crated car was lowered into the ground and covered with concrete to

sense of what is appropriate, limits a decedent's control over her property when she dies.

2.2 *Self-Created Art and Intellectual Property*

Decedents' requests to destroy art or objects embodying intellectual property they themselves created present harder cases. The motivations for posthumous destruction are often sympathetic and powerful. Authors and visual artists might understandably be anxious about their artistic legacies and not want unfinished works to tarnish their record. Others worry that their writings might harm others if they became public. The author Jacqueline Susann, for example, ordered her executor to destroy her diary to avoid embarrassment (or worse) to friends and acquaintances named in it.[11] If creators cannot be confident that their wishes will be honored, they might be deterred from continuing to work if they think death is near and destroy their uncompleted projects, perhaps prematurely and unnecessarily. The painter Georges Rouault personally burned 315 unfinished canvases he thought he might never be able to complete to his satisfaction.[12] United States Supreme Court Justice Hugo Black destroyed his notes and papers relating to discussions among his fellow justices, fearing that their later discovery and publication would impede frank discussion in deciding cases.[13] That said, posterity might form a different opinion than artists had of work they left not fully formed. Had Virgil's instructions been honored, the *Aeneid* would have been lost; had Max Brod listened to his friend Franz Kafka, we would not have *The Trial* to read.

Almost by their nature, these cases rarely end up in court. If executors fail to heed a command to destroy unfinished work, the estate's beneficiaries are unlikely to object. And when executors do follow through, they often are themselves the principal beneficiaries of the decedent's estate, willingly bearing the cost of their decisions. It is safe to say that, unlike cases involving houses and valuable objects not created by the decedent, there is no clear custom or public policy on which judges can draw in this area.

---

deter vandals or robbers. West's burial generated enormous publicity—just as she wished—and her grave remains a tourist site. See www.dailymail.co.uk/article-2962938. Accessed 31 Aug 2017.

[11]Tax Report, Wall St. J., Aug. 29, 1979, at A1. Although Susann's executor complied with her wish, the Internal Revenue Service decided that the diary was worth $3.8 million at the time of her death, given the voyeuristic proclivities of the pulp-buying public. The Service accordingly assessed an estate tax on the scrapped diary—payable by the beneficiaries of Susann's estate, rather than by those privacy was protected by the diary's destruction. Susann could have avoided the tax by burning her diary before she died. That would have done as much good for those mentioned in it and saved her estate beneficiaries over one million dollars.

[12]See Sax, supra note 7, p. 43.

[13]See Sitkoff and Dukeminier, supra note 1, pp. 15–16.

A somewhat different set of issues arises with respect to the exploitation of copyrighted works after the death of the work's creator, in cases in which the creator continued to own the copyright until his death. In the United States, copyrights to literary and musical works published since 1978 typically endure for 70 years after the creator's death.[14] That is a very long time. Most copyright creators simply pass on the rights to one or more survivors, but in a number of controversial cases they have attempted, through their wills or trusts, to restrict the uses to which their copyrighted work could be put—blocking film or stage adaptations, for instance, or sampling that goes beyond fair use in new creative works.[15] By and large, decedents have gotten their way, perhaps because in these cases, unlike those involving paintings or sculptures, the copyrighted work survives and will in time enter the public domain. The glacial trend in American trust law towards viewing the appropriateness of postmortem limitations on use from the standpoint of potential beneficiaries rather than from the donor's standpoint has led some commentators to recommend that absolute restrictions on use by deceased copyright holders be void and that at least one living person be granted the power to exploit works still under copyright, regardless of what the author had wanted.[16]

2.3 Excessive Expenditures

Alive, each of us can spend foolishly or ignobly. We can lavish money on whimsical pursuits, commission vainglorious monuments to our achievements, or treat our pets like royalty. What constrains our purchases are two factors: our recognition that money spent on one thing will not be available for another in the future; and our concern about the judgment of our peers and family, perhaps especially insofar as it influences their relation to us and therefore the quality of our conscious lives. At death, these constraints fall away or weaken. We need no longer worry about having too little money in our future because we have no future. And while we might be anxious about posthumous censure when composing our estate plans, we know that once dead we will never experience some of the negative consequences of irking our family, friends, or contemporaries.

In these cases, courts have shown little hesitation in blocking what they consider wasteful postmortem spending, which inevitably would come at the expense of individual or charitable beneficiaries. As with the destruction of buildings and valuables, the age of the pharaohs is past. In one notorious case, a Scottish court released Catherine McCaig's trustees from her directive to have cast and erected costly bronze statues of her parents and their nine children (including her), finding

[14]U.S. Code, Title 17, § 302.

[15]For a thorough discussion of cases and the policy debate over allowing postmortem copyright control, see Subotnik (2017), pp. 253–313.

[16]See id. at 258, 296–313.

the claims of the living more deserving.[17] What is now acceptable as a matter of customary or public policy has shifted substantially. Although the laws of many American states allow decedents to provide for their pets after they have died, judges have similarly limited post-death pampering, citing public policy but drawing substantially on their own sense of wastefulness.[18] More broadly, it seems plain that judges would invoke public policy to limit postmortem spending on causes that in their view do not count as charitable but instead as capricious—such as George Bernard Shaw's unsuccessful bid to have much of his estate spent on the development of a new English alphabet.[19]

2.4 Foregone Investment Opportunities

Because we prize individual liberty and are understandably skeptical about the supposed wisdom of financial professionals, our government cannot compel each of us to follow the dictates of modern portfolio theory and invest in what some experts consider a prudently balanced set of securities. We can follow our hunches—or algorithms arrived at after prolonged analysis—and make concentrated bets on companies, industries, or asset classes. Or we can simply put all of our wealth in the bank, earning a below-market return, because we are unusually averse to the risk of losing money. Likewise, our government cannot force us to spend our savings. We can hoard our wealth if we want, even when most people think us grasping, or too worried about the future, or simply desperate for publicity.

Many courts, however, backed by the weight of academic opinion, would deny a similar latitude to settlors who have sought to control the investment decisions of their trustees after death.

What seem the easy cases are those involving *how* trustees invest on behalf of a trust's beneficiaries, as opposed to *how long* trustees defer distributions. Following promulgation of the Uniform Prudent Investor Act in 1994 and its incorporation into the (advisory but influential) Uniform Trust Code, almost all states now require trustees to invest trust assets in a diversified and not overly conservative manner.[20] This legislation has worked a sea change in trust management and been a boon for

---

[17]McCaig's Trustees v. Kirk-Session of the United Free Church, 1915 Sess. Cas. 426 (Scot. 2d Div.).

[18]When Leona Helmsley died, she attempted to leave $12 million in trust for her dog Trouble. The probate judge cut her gift back to $2 million, of which about $100,000 was spent annually on the dog's care while it lived. See Glassman (2010), pp. 385–414.

[19]Shaw's intended trust was found not to be charitable in nature and therefore failed. In re Shaw, 1 All E.R. 745 (Ch. 1957). For a robust discussion of these matters, see Hirsch (1999), pp. 913–957; Hirsch and Wang (1992), pp. 1–58. The influential Restatement (Third) of Trusts § 29, comment m., states that it is against public policy to enforce the terms of a trust if they are "capricious or frivolous" or otherwise do not count as either private (benefitting specific persons) or charitable.

[20]For an account and defense of this principle, see Langbein (2010), pp. 375–397.

the great majority of trust beneficiaries. To be sure, the model act allows the trust's creator to "restrict the prudent investor rule by express provisions in the trust instrument" and provides some protection to a trustee by making her "not liable to a beneficiary for the trustee's good faith reliance on these express provisions."[21] But it is hard to see how such donor-imposed restrictions, other than perhaps some short-term limitations based on plausible market forecasts, could be deemed reasonable. For now at least, there is a dearth of case law on point. It would not be surprising, however, to see judges strike down investment restrictions as capricious or grounded in sentimental attachment—for instance, a requirement to bet the trust corpus on the settlor's old company. They could respond to beneficiaries' complaints by citing the public policy inherent in the prudent investor rule, which gives pride of place to their long-run financial interests. This is arguably one place at which customary deference to the explicit preferences of settlors might yield to a more future-oriented conception of public policy.[22]

A more trying case for the judicial reformation of trusts based on concerns about their effects on public well-being or their conformity with customary practice is that posed by accumulation trusts. Imagine someone who puts a fortune in trust at death with a command that the corpus be invested aggressively and allowed to grow for as long as the law allows, to be distributed to a specified beneficiary when no further accumulation is permitted. It is hard to see this as a loving gesture to the settlor's survivors, so much as a pitiful attempt to create a posthumous spectacle. Would judges find such a trust an affront to public policy and require a distribution of its assets sooner than the settlor specified?

In Great Britain, the question was answered by restrictive legislation after the House of Lords found in 1805 that a trust could indeed accumulate income without making distributions for as long as the common-law Rule Against Perpetuities runs—roughly a century.[23] In the United States, the "common law of this country" seems to be the same as what the House of Lords initially found: a settlor may require trustees to reinvest or grow trust assets until the law's durational limit applies, at which point distribution is mandated.[24]

Is that still true in states that have repealed the Rule Against Perpetuities, allowing trusts to endure indefinitely? At least three states have settled the point through legislation, making clear that a trust may accumulate income without limit,

[21]See, e.g., Cal. Prob. Code § 16046(b).

[22]One exception to this notion that trustees should diversify investments to protect beneficiaries lies, somewhat surprisingly, in the charitable domain. When the trustees of the Hershey School Trust attempted to sell their controlling stake in the Hershey chocolate company to avoid tying the school's financial well-being to a single business, they were effectively blocked by political intervention. Pennsylvania politicians worried that a new owner would shift jobs overseas. Hershey workers were not direct beneficiaries of the trust for orphans, but the Pennsylvania legislature effectively treated the trust as though it was intended to help them, not just the school's pupils. For a summary of these developments, see Sitkoff, supra note 1, at 792–796.

[23]For a thorough discussion of this and related cases, see Sitkoff (2006), pp. 501–516.

[24]See Gertman v. Burdick, 123 F.2d 924, 931 (D.C. Cir. 1941).

notwithstanding the demise of a limit on trust duration.[25] It is possible that in other states a judge might find such trusts—intended to grow so obscenely as to make future generations gawk—contrary to public policy, as indeed they are to customary understandings of trust purposes. But that remains to be seen. We await the first test case.

3 Constraints on Donee Freedom

The second category of commands by deceased donors that courts have scrutinized through the lens of public policy or customary permissibility involve conditional gifts. To receive something of value, potential beneficiaries need not merely outlive someone or survive to a specified age of distribution. They must instead behave in a certain way. These cases can be grouped into three baskets.

3.1 Gifts Conditioned on Marital Status

While alive, parents can reward children who marry as they approve and disown those who fail to heed parental advice. Likewise, they can dangle cash before children who in their view married poorly, as an incentive to abandon their unliked spouses. All is fair—or at any rate allowed. May parents (or grandparents or other relatives) do the same at death? May husbands or wives make bequests to their surviving spouses depend on whether their widows or widowers remarry?

Many states' laws are silent on these matters.[26] Judges have not been. Drawing on their unwritten power to articulate public policy constraints on testamentary liberty, judges have collectively crafted a set of principles that are, and for more than half a century have been, remarkably consistent across the United States. As encapsulated in the last two Restatements of the Law of Trusts by the American Law Institute, the general understanding has been that trust conditions that act to restrain marriage, either by making a gift contingent on a beneficiary not marrying at all or on a beneficiary obtaining a divorce, are invalid. This doctrine is said to derive from the state's interest in promoting and sustaining marriage. The only clear exception is that a decedent may permissibly make a gift to a surviving spouse that declines in value or stops altogether if the widow or widower remarries.[27]

---

[25]See Sitkoff, supra note 23, pp. 510–511.

[26]This is not true in all states. Some have codified rules prohibiting gifts that are antithetical to marriage. In California, for instance, Section 710 of the Civil Code provides: "Conditions imposing restraints upon marriage, except upon the marriage of a minor, are void; but this does not affect limitations where the intent was not to forbid marriage, but only to give the use until marriage."

[27]See Restatement (Second) of Trusts § 62 (1959); Restatement (Third) of Trusts § 29 (2003).

Two points bear noting. First, despite an apparent consensus as to what the unenacted law requires—an agreement reinforced by a slow shift in academic opinion from a donor-centric to a beneficiary-focused understanding of trust purposes—the received view remains subject to forceful criticisms. It is not clear to everyone, or even perhaps to many people, why the state and its inferred public policy should favor marriage, either as an end in itself or a means either to creating a larger population for defense or economic purposes or to promoting greater responsibility and less criminality among young men.[28] It is even less clear that a rule banning certain restraints in private trusts contributes anything significant to this assumed end.

Second, because the public policy limitation depends on the subjective intention of the trust's creator, at least as courts have tended to express it, the rule seems simple to circumvent. This robs it of any force it might have vis-à-vis well-advised settlors. As a probate judge put it long ago:

> It has long been the established law in the State of Ohio, that a condition in a will by which an inducement is offered to a married person to obtain a divorce, or to live separate and apart from the other spouse, is contrary to public policy, and held to be invalid.. . .
>
> Whether such provision in a will is void is to be determined by the circumstances existing at the time of its execution.. . . Under some circumstances the surrounding facts might very well warrant a testator in placing such a contingency in his will. By carefully wording the language, it could be made apparent that the testator was making some provision or establishing some safeguard in the bequest or devise in the event of divorce. Certainly a man could provide that a certain allowance should be increased or a payment accelerated in the event that a daughter should be divorced and lose some means of support; or in the event a pending divorce case resulted in a final disposition that might be a handicap to the future support or well being of the devisee. The test seems to be whether the provision in the will provides a premium or reward in the event of divorce. If it appears from the whole will that it was the purpose of the testator to provide some support or maintenance for one who might suffer economically from the divorce, then no divorce has been encouraged and the clause would be valid.[29]

Explain the conditional gift as sympathetic assistance in the event that the single child remains single or the married child divorces and it appears to pass muster. This subjective element makes the strict test more a trap for the unwary than a solid buttress to a justified public policy.[30]

---

[28]See, e.g., Begleiter (2012), pp. 125–155, 148–155; Scalise (2011), pp. 1315–1367.

[29]Fineman v. Cent. Nat'l Bank, 161 N.E.2d 557, 558 (Ohio Prob. Ct. 1959). *Accord* Lewis v. Searles, 452 S.W.2d 153, 156 (Mo. 1970).

[30]On the deficiencies of the subjective test used by many courts, see Sherman (1999), pp. 1273–1330, 1309–1312.

There appears to be no subjective component to the evaluation of gifts made to surviving spouses only in the event that they do *not* remarry. Whether motivated by a concern for their economic well-being while they remain unmarried or by what amounts to posthumous jealousy, the conditional gifts are legally effective.

3.2 Gifts Conditioned on Religious Faith

Many testators and settlors are concerned about the choices their beneficiaries make in regard to religion. They may want their children or grandchildren to remain members of a certain religious group or to attend religious services. They may want them to raise their children in a specific faith. Or they may want them to marry within a faith. While still alive, they can reason or plead with potential beneficiaries or withhold or extend financial support to them if they act in ways the donor approves. Can they do the same from the grave?

In a nation whose history and Constitution evince a deep commitment to religious freedom and a corresponding aversion to state support for religion, one might think this an area in which judges would have scant hesitation in finding all such conditions offensive to public policy. In truth, however, the record mostly runs the other way.

The cases fall into two categories. First, there are those challenging postmortem gifts contingent on a beneficiary remaining a member—or not becoming a member—of a religious group. A religiously conditioned bequest might be thought invalid because it restricts the donee's liberty of conscience. In the nineteenth century, that was a common view, and in one famous case a court released a beneficiary from such a condition.[31] One study of twentieth century case law, however, uncovered only one reported decision after 1925 voiding a testamentary condition constraining religious practice.[32] Judges seem to have concluded that a public policy of religious neutrality counsels upholding conditions inspired by donors' faith-based or anti-religious beliefs, rather than setting them aside to protect donees' religious freedom.

The second set of cases are those involving both marriage and religion. Here judges have proven slightly more protective of beneficiaries, in view of the unquestioned (if questionable) public policy of promoting marriage and not encouraging divorce. But not much. They have stopped well short of the position recommended by the Restatement (Third) of Trusts, which would treat a financial inducement to accept or reject religious beliefs or convictions about religion as presumptively invalid.[33] For example, *Estate of Keffalas* upheld against challenge a condition that the testator's sons marry women "of true Greek blood and descent and of Orthodox religion" to secure their bequests.[34] The court thought that a

---

[31]Maddox v. Maddox's Administrator, 52 Va. 804 (1854). A bequest was made conditional on the beneficiary's remaining a member of the Society of Friends. When she ceased to be a Quaker and challenged the condition, Virginia's highest court struck it down as offensive to public policy. In the court's view, such a restriction was "pregnant with evil consequences. It holds out a premium to fraud, meanness and hypocrisy; it tends to corrupt the pure principle of religion, by holding out a bribe for external profession and conformity to a particular sect." Id. at 814–815.

[32]See Sherman, supra note 30, at 1312. The case concerned a bequest to a granddaughter that would be forfeit if she became a Roman Catholic or attended a Catholic school or university.

[33]Restatement (Third) of Trusts § 29 Comment k (2003).

[34]233 A.2d 248 (Pa. 1967). The court struck down a similar condition imposed on children who had already married people who were not of Greek descent and Orthodox religion, finding that it encouraged divorce.

restriction on a *spouse*'s religion did not substantially infringe on the donee's freedom of religion. In other cases, courts have worried more about whether a restriction on a spouse's religion left a large enough group of potential wives and husbands in the relevant geographical area to choose from.[35] Where the condition was simply that the beneficiary *avoid* marrying someone of a particular religion, a judge might well find it even less troubling.[36] On the whole, public policy as interpreted by the courts has offered little impediment to religiously conditioned postmortem gifts.

3.3 Incentive Trusts

Many parents or grandparents have ambitions for their progeny that go beyond their choices with respect to marriage or religion. They can offer financial rewards for good conduct while alive, but increasingly in recent years wealthy decedents have also left incentive trusts behind. They may provide a cash payment if some milestone is met or, alternatively, cut off a stream of income if the beneficiary's behavior falls short of the settlor's target. Benefits might be conditioned on finishing college or a graduate course of education or refraining from alcohol or drugs (sometimes coupled with attending counseling sessions or passing drug tests according to a set schedule). A trust might encourage philanthropic work by matching any charitable gifts the beneficiary chooses to make from her own funds. Alternatively, it might make payments to the beneficiary in proportion to how much the beneficiary earns himself, to discourage idleness and offer a spur to productive (or at least well-compensated) labor. Conversely, it might offer monetary rewards should a beneficiary enter a profession the donor considers socially important even if it is not well paid, such as social work, teaching, or religious service.[37]

---

[35]See, e.g., Shapira v. Union Nat'l Bank, 315 N.E.2d 825 (Ohio Ct. App 1974) (upholding a condition that a son marry a Jewish woman both of whose parents were Jewish within 7 years of the testator's death and noting that the pool of eligible women was sufficiently large as to make the condition not overly constraining, especially given modern means of travel).

Professor Sherman is highly critical of this quasi-empirical test for permissibility:

This numbers-based approach to the problem is entirely—I might almost say astonishingly—unsatisfactory. First of all, the approach seems unprincipled in that its results turn on the fortuities of geographic and demographic factors. By this reasoning, a bequest conditioned on the legatee's marrying a Jewish person stands more likely to be upheld in New York than in Wyoming, and a bequest conditioned on the legatee's marrying a Christian probably could withstand attack everywhere in the country, while a bequest conditioned on the legatee's marrying a Taoist probably could not survive anywhere.

Sherman, supra note 30, pp. 1320–1321.

[36]See, e.g., United State Nat'l Bank of Portland v. Snodgrass, 275 P2d 860 (Or. 1954) (upholding a gift conditioned on the donee not marrying a Roman Catholic or embracing the faith herself).

[37]See Tate (2006), pp. 445–496, 453–462 (cataloguing conditions).

These purposes might seem benign, even laudable. But like any set of carrots and sticks not left to the discretion of a trustee to modify or relax, rigid incentives can seem unfair. A person's ability to finish school or pursue high-paying work might be sidelined by serious illness or accident. A beneficiary might blaze a trail the settlor would have discouraged but turn out, against all odds, to be an unlikely success—though not the kind of success that qualified for a bonus under the scheme imperfectly devised by the settlor before death. One might well wonder whether the trust's creator would have revised the conditions had he or she been alive to see how history unfolded. Thus, one might also wonder whether courts have found or should discover in public policy a power to correct incentive gifts as they think settlors would have wanted or as beneficiaries in their view deserve.

California explicitly sets forth a statutory balancing test by which judges might undo the straightjacket that incentive conditions place on trust beneficiaries.[38] The Restatement (Third) of Trusts essentially follows its lead.[39] So far, however, these invitations to judicial modification have not been taken up, just as judges across the United States have failed to find public policy a barrier to enforcing the types of goads that have become popular in incentive trusts. This is hardly surprising. There is no danger of trust assets going to waste in these cases, nor can the incentives be dismissed as whimsical or mean-spirited. If they prove to be less flexible than beneficiaries would like or many of us think reasonable, that can readily be seen as just another humdrum mistake people make with their money.[40]

[38]California is in this respect a pioneering state, as the vast majority of states do not affirmatively grant judges the authority to set aside the dispositive provisions of a trust—though all may do so in the necessarily rarer case in which they offend public policy. Section 15403(b) of the California Probate Code reads: "If the continuance of the trust is necessary to carry out a material purpose of the trust, the trust cannot be modified or terminated unless the court, in its discretion, determines that the reason for doing so under the circumstances outweighs the interest in accomplishing a material purpose of the trust." Section 15409(a) goes on to say that upon petition by a trustee or beneficiary, "the court may modify the administrative or dispositive provisions of the trust or terminate the trust if, owing to circumstances not known to the settlor and not anticipated by the settlor, the continuation of the trust under its terms would defeat or substantially impair the accomplishment of the purposes of the trust." Nonetheless, the requirement that adhering to the trust's terms would "defeat or substantially impair the accomplishment" of the trust's purposes seems to set a very high bar to judicial modification. Although these provisions have been part of the California Probate Code for over 30 years, there is no published decision in which a court cited them to overturn an incentive provision in a trust.

[39]See Restatement (Third) of Trusts § 65 (2003) (allowing a court to alter a distributive provision of a trust "if because of circumstances not anticipated by the settlor the modification or deviation will further the purposes of the trust").

[40]For further discussion of these issues, see Steiner (2006), pp. 897–940.

4 Conclusion

Customary understandings or ways of doing things play a much smaller role in American law than they do in many European nations. In the realm of estate and trust law, custom is no source of authority at all under that label. But it comes to the fore nonetheless under the rubric of public policy, which probate and appellate courts may refer to when refusing to allow the wishes of the dead to be carried out with what formerly was their property. It remains to be seen how frequently judges will draw on this power to set aside or fence decedents' plans for later generations. The lesson of the last century is that courts seem to care more about (or more readily find in public policy a concern about) preventing people from destroying or wasting property after their death than they do about preventing people from conditioning gifts on their convictions about marriage or religion. Whether judges will become more protective of the freedom of the living and less beholden to the wishes of the dead if far from clear. With the weakening of durational limits on trusts, however, and the increased tendency of donors to place restrictions on future use, the question has never been more important.

References

Begleiter M (2012) Taming the 'unruly horse' of public policy in wills and trusts. Quinnipiac Law J 26(125–155):148–155

Foster F (1998) Towards a behaviour-based model of inheritance?: the chinese experiment. U.C. Davis L Rev 32:77–126

Glassman A (2010) Comment: making pet trusts instruments of settlors and not of courts. Oregon L Rev 89:385–414

Hirsch A (1999) Trusts for purposes: policy, ambiguity, and anomaly in the uniform laws. Florida State Law Rev 26:913–957

Hirsch J, Wang WKS (1992) A qualitative theory of the dead hand. Indiana Law J 68:1–58

Langbein J (2010) Essay: burn the Rembrandt? Trust law's limits on the settlor's power to direct investments. Boston Univ Law Rev 90:375–397

Sax J (1999) Playing darts with a Rembrandt: public and private rights in cultural treasures. Univ of Michigan Press, Ann Arbor

Scalise R (2011) Public policy and antisocial testators. Cardozo Law Rev 32:1315–1367

Sherman J (1999) Posthumous meddling: an instrumentalist theory of testamentary restraints on conjugal and religious choices. Univ Illinois Law Rev 1999(1273–1330):1309–1312

Simmons T (2017) A chinese inheritance. Quinnipiac Probate Law J 30:124–148

Sitkoff R (2006) The lurking rule against accumulations of income. Northwest Law Rev 100:501–516

Sitkoff R, Dukeminier J (2017) Wills, trusts, and estates, 10th edn. Wolters Kluwer, New York

Steiner S (2006) Note: incentive conditions: the validity of innovative financial parenting by passing along wealth and values. Valparaiso Univ Law Rev 40:897–940

Strahilevitz LJ (2005) The right to destroy. Yale Law J 114:781–854

Subotnik E (2017) Artistic control after death. Wash Law Rev 92:253–313

Sykas A (2001) Note: waste not, want not: can the public policy doctrine prohibit the destruction of property by testamentary direction? Vermont Law Rev 25:911–943

Tate J (2006) Conditional love: incentive trusts and the inflexibility problem. Real Prop Probate Trust J 41:445–496

Waggoner L (1988) The uniform statutory rule against perpetuities: the rationale of the 90-year waiting period. Cornell Law Rev 73:157–169

Les usages du pouvoir exécutif sous la Vème République

Éric Sales

Abstract The French Constitution of 1958 is the corner stone of French Constitutional Law. In addition to this text, the existence of constitutional usages cannot be denied. Often called, "conventions de la Constitution", these usages tend to coexist along with the Constitution.

The first section tends to illustrate the usages within the executive power. These usages are internal usages utilized by the presidency of the French Republic regarding its political behavior and financing aspects.

The second section addresses the usages of the executive power in conjunction with its relations with other powers. The President of the French Republic can rely on usages to influence Parliament. He can decide to dissolve the National Assembly or to test the approbation of its government before the National Assembly. The relationship between the Presidency and the judicial powers is more controversial. Some political usages contribute to the existing political crises regarding the separation of powers when the President interferes in the judicial power.

The political usages have a real impact on the political decisions and on the different constitutional institutions. The constitutional usages have evolved through the years and are part of the French Political system.

1 Introduction

Le droit constitutionnel français contemporain, reposant sur un texte fondamental écrit, est souvent défini en référence à la Constitution de 1958, à sa lettre, en se concentrant sur le visible et le lisible. Le droit constitutionnel est dans le texte. Il se construit par le texte. Il dispose d'un juge spécifique – le Conseil constitutionnel – qui, depuis sa création en 1958, donne à voir un véritable droit dont le non-respect peut faire l'objet d'une sanction juridictionnelle. Pour autant, il existe aussi, à côté d'une lecture juridique de la Constitution et principalement contentieuse, une lecture

É. Sales (✉)
Université de Montpellier, Montpellier, France
e-mail: eric.sales@umontpellier.fr

L. Mayali, P. Mousseron (eds.), *Customary Law Today*,
https://doi.org/10.1007/978-3-319-73362-3_9

politique faite d'usages lesquels peuvent être entendus comme "*des pratiques généralisées dans une communauté et dotées d'un effet de droit*".[1] Mais, là où en droit privé le geste répété du peuple, construisant un usage, est souvent présenté comme démocratique, il y a, en droit public et particulièrement en droit constitutionnel, une crainte dans le développement du geste de l'autorité qui, en dehors de la Constitution – surtout lorsque celle-ci a été adoptée par le peuple par référendum – crée des pratiques dont le fondement démocratique fait défaut.

Sans pouvoir défendre totalement la présence indiscutable d'un droit constitutionnel des usages, il est néanmoins possible de remarquer l'existence d'usages constitutionnels nombreux. Le fondateur de la Vème République le soulignait nettement en précisant, dans une formule célèbre, qu'une "*Constitution c'est un esprit, des institutions une pratique*".[2] Si, dans les mots du général de Gaulle, il est clair que la primauté accordée par la Constitution au Président de la République lui confère une place centrale pour la faire vivre, la faire comprendre et l'imposer, l'affirmation est également valable pour l'ensemble des organes créés par le texte constitutionnel. L'assertion se vérifie même pour tous les textes constitutionnels et, selon les périodes de l'histoire et les circonstances, l'institution dominante du moment a très souvent imprimé, par sa pratique, le sens du texte fondamental ou la signification qui était la plus favorable au développement de son pouvoir politique.[3] Pour s'en tenir au cadre de la Constitution du 4 octobre 1958, tous les pouvoirs constitutionnels ont développé des usages par le biais desquels a été réalisée une lecture juridique et politique du texte fondamental. Ainsi, à partir du texte constitutionnel ou souvent en dehors de lui, des pratiques politiques qualifiées de "*conventions de la Constitution*"[4] ont vu le jour. Il s'agit de décisions politiques prises par les autorités prévues par la Constitution par lesquelles celles-ci déterminent l'étendue de leurs compétences. Les pouvoirs publics sont effectivement des « *lecteurs autorisés* » en même temps que des « *lecteurs intéressés* ».[5] Ainsi, « *certaines conventions transfèrent le pouvoir réel d'un détenteur légitime à une autre instance. D'autres conventions limitent un pouvoir apparemment vaste ou même prescrivent qu'un pouvoir donné ne sera pas exercé du tout* ».[6] Elles sont généralement fondées sur les précédents, mais un seul suffit à leur mise en place à

---

[1]Définition générale retenue dans le programme de travail à l'origine du présent ouvrage dont l'objectif est de présenter le droit coutumier (compris comme celui issu des pratiques, usages et coutumes) dans ses applications ou capacités contemporaines.

[2]Conférence de presse du général de Gaulle prononcée le 31 janvier 1964.

[3]V. en ce sens, Damamme (1992) pp. 35–53 et spécialement la p. 38. L'auteur souligne que « *Le « pontife constitutionnel » des IIIe et IVe Républiques, ce sont les Assemblées alors que, sous la Ve, le pouvoir de création et de certification est détenu pour l'essentiel par le Président de la République* ».

[4]V. Avril (1997). Pour déterminer l'existence d'une convention, l'auteur s'appuie sur le test de Jennings impliquant des précédents, le sentiment partagé du caractère obligatoire de la règle et une raison déterminée. V. Ivor Jennings W (1959), « *The Law and the Constitution* », 5ème éd. p 136, cité par Avril P, p 111 et s. et p 185.

[5]Avril P, op cit., p. 85.

[6]Hogg Peter (1977), p. 7, cite par Avril P, op cit., p 150 note 1.

la différence de la coutume.[7] Elles sont, ensuite, observées comme des règles à suivre par les acteurs institutionnels, « *bien que leur justification soit principalement politique* »,[8] sans toutefois être considérées comme justiciables[9] devant une juridiction donnée. Leur sanction est exclusivement politique et elle repose sur la responsabilité et, en dernière instance, sur le verdict du suffrage.[10] Enfin, elles ont une raison d'être qui est de donner une définition circonstanciée de la Constitution, c'est-à-dire ce qu'elle leur permet de faire[11] dans une espèce déterminée et « *leur validité s'épuise avec les circonstances qui les ont provoquées* ».[12] Elles ont globalement pour but de « *préserver l'équilibre du régime, non tel qu'il était à l'origine mais tel qu'il est devenu par la suite* ».[13]

En dehors des conventions de la Constitution, la tradition constitutionnelle[14] ou républicaine[15] ont parfois été convoquées pour trancher des problèmes juridiques. S'il y a souvent une méfiance des juristes quand la coutume ou la tradition sont invoquées "*pour justifier un état des choses établi en fait*" car "*cela revient à dire que cet état de chose manque de base en droit*",[16] il n'en reste pas moins une part d'invisible dans le droit constitutionnel. Quelque chose qui est sous le texte ou devant le texte[17] mais qui n'est pas sans conséquence juridique ou qui opère comme le droit écrit dans le sens où il est observé comme une règle impérative assortie d'une sanction ou comme une règle nécessaire au bon fonctionnement du régime. À ce sujet, les constitutionnalistes ont en mémoire la Présidence du Conseil de la IIIème République. Non prévue par les lois constitutionnelles de 1875, l'institution a pourtant bien existé sous le double effet de sa désignation par décret du Président de la République lequel mentionnait le titre de Président du Conseil et par l'attribution de moyens de fonctionnement au travers du décret 31 janvier 1935

[7] Avril P, op cit., p 128. L'auteur reconnaît toutefois l'existence d'une proximité des conventions de la Constitution avec la coutume p. 143 et s.

[8] Avril P, op cit., p. 10.

[9] Avril P, op cit., p. 146.

[10] Avril P, op cit., p. 154 et 156.

[11] Avril P, op cit., p. 85.

[12] Avril P, op cit., p. 123 également les p. 71 et 72.

[13] Avril P, op cit., p. 7.

[14] Décision du Conseil constitutionnel du 9 mai 1991, numéro 91-290 DC, cons. 12. Pour procéder à la censure de l'article 1er de la loi portant statut de la collectivité territoriale de Corse, érigeant le peuple corse en composante du peuple français, les juges constitutionnels se sont appuyés sur la Déclaration des droits de l'homme de 1789, sur le préambule de la Constitution de 1946 et sur l'article 2 de la Constitution de 1958. Ils ont également souligné, dans un argument surabondant rappelant une forme de tradition constitutionnelle, que « *la référence faite au "peuple français" figure d'ailleurs depuis deux siècles dans de nombreux textes constitutionnels* ».

[15] Il en va ainsi du statut de la conjointe du Président de la République fixé par une "*tradition républicaine*". V. plus loin, le titre consacré aux usages financiers de la présidence (2.1.2).

[16] Carré de Malberg (1920), p. 683.

[17] Avril P, op cit., p. 86. Le sens du texte est identifié par une signification mais aussi par "*l'idée d'une interprétation en fonction d'un projet, d'une direction*".

lequel mettait à sa disposition l'Hôtel de Matignon, des services et un budget.[18] La présence d'une institution aussi importante que celle-ci sans aucun fondement constitutionnel interpelle nécessairement le juriste. Certains l'ont justifié par le "*caractère coutumier de la Constitution de 1875*" laquelle, en adoptant le régime parlementaire tel qu'il avait fonctionné de 1814 à 1848, ne pouvait ignorer le Premier ministre inévitablement placé à la tête du Conseil des ministres car cette dernière institution constitutionnellement déterminée n'est pas en mesure de fonctionner sans chef.[19] D'autres y ont vu "*une génération spontanée*" née "*du besoin qu'éprouve naturellement tout ministre d'avoir, devant les chambres, un porte-parole et un chef... à l'exemple du Premier ministre britannique*".[20] Quoiqu'il en soit, ce droit constitutionnel non-écrit fait de conventions de la Constitution ou de traditions ou plus rarement de coutumes pourrait, dans une certaine mesure, représenter un « *ensemble de muscles qui font mouvoir le squelette constitutionnel* ».[21]

Pour rendre compte de ces lectures constitutionnelles, il n'est pas possible – dans une courte contribution – de se livrer à une étude de l'ensemble des institutions constitutionnelles françaises. En revanche, l'analyse recentrée sur le pouvoir qui a été renforcé sous la Vème République – le pouvoir exécutif – peut permettre, à elle seule, la mesure de ce phénomène constitutionnel « *ni entièrement réductible au droit ni à la politique* ».[22] Dans le schéma constitutionnel global et au sein du pouvoir exécutif, il ne fait pas de doute que le Président de la République occupe une place essentielle. Clé de voûte des institutions, le « *pontife constitutionnel* [23]» a déployé des usages constitutionnels multiples. Certains sont désuets à l'image de l'abandon de l'utilisation du référendum de l'article 11 pour procéder à la révision de la Constitution[24] ou de la disparition de l'engagement de la responsabilité politique présidentielle devant le peuple. Mise en place par de Gaulle à l'occasion de consultations référendaires, cette dernière pratique institutionnelle aurait pourtant pu perdurer et s'étendre dans les périodes de cohabitation. La politique présidentielle ayant fait l'objet d'une sanction populaire lors des élections législatives normales ou anticipées, le Président pouvait en tirer toutes les conséquences en quittant ses fonctions. Or, les chefs d'État concernés ont préféré se soumettre plutôt que se

---

[18]Massot (1979), p. 30.

[19]V. en ce sens, la thèse de Barthélemy et Duez citée par Massot J, op cit., p. 665.

[20]V. en ce sens, la thèse de Raymond Poincaré, citée par Massot J, op cit., p. 23.

[21]Avril P, préc., p 12. Pour l'auteur, la Constitution est « une machine politique » qui fonctionne par ses acteurs qui « mettent en œuvre ses rouages, leur impriment une certaine allure et les orientent dans une direction plutôt qu'une autre de telle sorte que le schéma qui décrit l'appareil inerte reste muet sur l'essentiel, c'est-à-dire sur l'usage qui en sera fait » (p. 10 et 11).

[22]Avril P, préc., p. 13.

[23]V. l'expression de Damamme D, cité note 2.

[24]À la suite de la démission du général de Gaulle en 1969, toutes les révisions constitutionnelles ont emprunté la voie de l'article 89 de la Constitution considérée comme la seule procédure constitutionnelle valable pour modifier le texte fondamental. Pour autant, certains ont estimé que le recours irrégulier au référendum législatif de l'article 11 avait été validé par le peuple. En conséquence, la pratique – entérinée par le souverain – pouvait se perpétuer.

démettre en contribuant à l'émergence d'une "*irresponsabilité quasi monarchique de la présidence*".[25] D'autres usages relevant des conventions de la Constitution ou de la tradition républicaine, ainsi que des pratiques inclassables mais potentiellement transformables en conventions, sont toujours présents en nombre et se développent tant au sein même du pouvoir exécutif (2) que dans ses relations avec les autres pouvoirs de la République (3).

2 Les usages au sein du pouvoir exécutif

Le pouvoir exécutif est une institution bicéphale au sein de laquelle il ne saurait y avoir de dyarchie. Le Président de la République en est le centre névralgique. À ce titre, il est souvent présenté comme un "*monarque républicain*"[26] et "*la République française reste marquée par les traditions monarchiques*".[27] À la création de l'institution en 1848, Tocqueville soulignait que "*nous avions conservé l'esprit de la monarchie en en perdant le goût*".[28] Dans le même sens, Duguit précisait que le Président des IIIème et IVème Républiques était "*un roi sans couronne et sans force.*"[29] Avec la Vème République, le monarque semble renaître de ses cendres, toujours sans couronne, mais avec la puissance de l'élection populaire et de larges attributions constitutionnelles. Ainsi derrière une présidence démocratique dans sa désignation, il y a peut-être une présidence monarchique dans ses usages tant au sein même de l'Élysée (2.1) que dans ses relations avec le gouvernement et son chef (2.2).

2.1 Les usages internes de la présidence de la République

La présidence de la République est rythmée par un protocole hérité de la monarchie et destiné à assurer, selon le général de Gaulle, "*l'expression de l'ordre dans la République*".[30] Au-delà de cet ensemble de traditions qui marque profondément le fonctionnement quotidien de l'Élysée, il existe des usages incohérents constituant, pour la plupart, des vestiges du passé (2.1.1) et des usages financiers de la présidence (2.1.2).

---

[25]Avril P, préc., p 15, note 1. L'auteur prend appui sur la théorie de la responsabilité du Président de la République devant le peuple, développée par Capitant R. V. en ce sens, Capitant (1971) « *Écrits politiques* », p. 19.

[26]Duverger (1974), p. 284. V. également, Duverger (1996), pp. 107–120.

[27]Bréchon (2009), https://halshs.archives-ouvertes.fr/halshs-00468874/document.

[28]Alexis de Tocqueville (1964), p. 188.

[29]Cité par Bréchon P, op cit.

[30]V. Rosso (2000).

2.1.1 Les usages incohérents de la présidence

Certains usages présidentiels, faiblement connus ou discutés, sont en totale contradiction avec les principes constitutionnels essentiels de la Vème République. Il en va ainsi, et surtout, du titre de Chanoine honoraire de la Basilique de Saint Jean de Latran et de celui de coprince d'Andorre conférés au chef de l'État et acceptés par ce dernier. Ils se heurtent effectivement aux principes énoncés dans l'article 1er de la Constitution en vertu duquel « *la France est une République laïque* ». En conséquence, ces usages qui perdurent doivent être analysés en même temps que leur nécessaire suppression pour remettre la présidence en phase avec sa Constitution.

Le titre de Chanoine honoraire de la Basilique de Saint Jean de Latran,[31] donné au Président de la République, repose sur une longue histoire qui trouve son point de départ dans les relations établies entre l'Église catholique et les Rois de France. Ainsi, Henri IV fut le premier à le recevoir. Considérés par l'Église catholique comme les successeurs des Rois de France, le titre revient également de droit aux Présidents de la République française. Dans la période républicaine, René Coty reprendra cet usage en rendant une visite officielle au Vatican en 1957. Tous les autres chefs d'État de la Vème République recevront ce même titre honorifique soit à l'occasion d'une visite d'État comme Charles de Gaulle, soit en l'absence de toute visite à l'image de Georges Pompidou,[32] soit encore après une audience privée, sans remise officielle, comme ce fut le cas pour François Mitterrand. Il s'agit plus, en conséquence, d'un usage qui permet d'entretenir de bonnes relations diplomatiques avec le Pape, l'Église catholique et son État bien particulier. Les Présidents de la République française le suivent en l'agrémentant en fonction de leur personnalité ou de leur croyance sans omettre son potentiel impact électoraliste auprès d'une partie des citoyens français. Ainsi, Jacques Chirac renouera avec les visites d'État, durant ses deux mandats, en ne cachant ni sa foi catholique ni celle de son épouse. Nicolas Sarkozy, premier Chanoine divorcé dans l'histoire de l'Église catholique, ira plus

---

[31] « *Un chanoine est un membre du clergé attaché au service d'une église. Le titre de chanoine le plus important est celui de premier chanoine de Saint-Jean-de-Latran. L'archibasilique du Très-Saint-Sauveur, plus connue sous le nom de basilique Saint-Jean-de-Latran, est une église cathédrale, siège de l'évêché de Rome, dont l'évêque n'est autre que le Pape. Cette basilique, la plus ancienne et la première, dans l'ordre protocolaire, des basiliques papales, est considérée comme la « mère » de toutes les églises de Rome et du monde. En tant que successeur des rois de France, aux yeux de l'Église catholique, le Président de la République peut être automatiquement fait : Premier chanoine de l'archibasilique de Saint-Jean-de-Latran ; Proto-chanoine de la cathédrale d'Embrun ; Proto-chanoine de Notre-Dame de Cléry ; Chanoine honoraire de la cathédrale de Saint-Jean-de-Maurienne ; Chanoine honoraire de l'église de Saint-Hilaire de Poitiers ; Chanoine honoraire de l'église de Saint-Martin de Tours ; Chanoine honoraire de l'église de Saint-Martin d'Angers ; Chanoine honoraire de l'église de Saint-Martin de Chalons* ». V. en ce sens, La proposition de loi constitutionnelle numéro 2858 enregistrée à la Présidence de l'Assemblée nationale le 14 octobre 2010 et visant à interdire au Président de la République de recevoir tout titre religieux.

[32] Cette position du Président Pompidou peut s'expliquer par ses convictions laïques parfaitement connues, mais aussi par le contexte de crise culturelle de l'époque conduisant à un certain éloignement du Vatican. V. en ce sens, Laurent (2014).

loin en soulignant, lors de son discours prononcé en 2007, que « *la laïcité n'a pas le pouvoir de couper la France de ses racines chrétiennes* » ou que « *dans la transmission des valeurs et dans l'apprentissage de la différence entre le bien et le mal, l'instituteur ne pourra jamais remplacer le curé ou le pasteur* ».[33] Si certains ont vu dans de tels propos une entorse flagrante au principe constitutionnel de laïcité,[34] il n'en reste pas moins que le seul titre de Chanoine porte en lui une trop grande proximité avec la religion catholique préjudiciable à la nécessaire neutralité de l'État incarnée par nature par la présidence de la République. François Hollande, premier Chanoine non marié dans l'histoire constitutionnelle de la Vème République, respectera également ce même usage au nom de la tradition, après avoir critiqué les précédents propos publics de Nicolas Sarkozy, en refusant toutefois de le recevoir officiellement lors de sa visite à Rome et sans considérer que ledit titre honorifique tend à faire de la France laïque une « *fille* » de l'Église. La pratique républicaine se poursuit donc avec plus ou moins de distance du Président de la République en exercice vis-à-vis du Vatican mais avec une ambiguïté toujours présente. À ce titre, en dénonçant un héritage historique archaïque et en s'appuyant sur la laïcité française, car ce "*pilier de la République est en jeu*", une proposition de loi constitutionnelle en date du 14 octobre 2010[35] a suggéré d'inscrire dans l'article 5 de la Constitution un nouvel alinéa faisant interdiction au chef de l'État d'être récipiendaire de titres religieux. L'objectif poursuivi est de mettre fin à un "*mélange des genres entre le politique et le religieux... insupportable dans notre République*" car le fait de "*décerner un titre religieux au Président de la République en exercice est tout à fait contraire au principe selon lequel l'État doit être neutre vis-à-vis des religions* ».[36]

Le titre de coprince d'Andorre[37] conféré au Président de la République française relève aussi d'un usage bien ancré dans l'histoire. Plus précisément, il constitue une « *tradition institutionnelle de l'Andorre* » directement reprise et mentionnée dans l'article 43 de la Constitution de la Principauté en date de 1993. Ainsi, « *Les coprinces, institution issue des Paréages et de leur évolution historique, sont, à titre personnel et exclusif, l'évêque d'Urgell et le président de la République française* ».[38] Ils sont « *conjointement et indivisiblement, le chef de l'État et ils en assument la représentation suprême* ».[39] L'origine de cette curiosité institutionnelle repose sur les Paréages signés en 1278 et constituant une « *association égalitaire établie sur une même terre entre deux seigneurs* »[40] en l'occurrence l'Évêque

[33]Discours de Nicolas Sarkozy au Palais du Latran le 20 décembre 2007, Le Monde, 21 décembre 2007.

[34]Pena-Ruiz (2007).

[35]V. La proposition de loi constitutionnelle numéro 2858 du 14 octobre 2010.

[36]V. L'exposé des motifs de la proposition de loi constitutionnelle précitée.

[37]Pour une étude d'ensemble sur l'Andorre, Colliard (1993), pp. 377–392.

[38]Article 43 alinéa 2 de la Constitution de 1993.

[39]Article 43 alinéa 1 de la Constitution de 1993.

[40]Rousseau (1974), p. 342.

d'Urgell et le Comte de Foix. Par le jeu de la succession, les droits de ce dernier sont passés entre les mains des Rois de Navarre et, à la suite de l'accession au trône d'Henry IV, ont été rattachés aux Rois de France par un édit de 1607. Après une renonciation des républicains de 1793 à perpétuer cette souveraineté partagée au nom de l'abolition des privilèges féodaux, la France l'exercera à nouveau depuis le rétablissement, par Napoléon, de cette situation par un décret du 27 mars 1806. Ainsi, tous les Présidents de la République ont été coprinces d'Andorre et, depuis leur élection au suffrage universel direct par la réforme constitutionnelle de 1962, les citoyens français désignent – très souvent sans le savoir – en même temps leur chef d'État et l'un des deux princes d'Andorre. En bref, la démocratie d'un pays perpétue la monarchie d'un autre et le peuple français désigne le prince d'un autre peuple alors que la Constitution française souligne tout son attachement, dans son article 89 alinéa 5, à la forme républicaine du gouvernement.

2.1.2 Les usages financiers de la présidence

Aborder la question des usages financiers de la présidence de la République n'est pas chose aisée. Elle implique, en effet, de prendre en compte les pratiques qui entourent le budget de la présidence et celles qui ont contribué à la mise en place du statut financier des anciens chefs d'État.

Le sujet relatif au budget de l'Élysée est particulièrement difficile à traiter eu égard notamment à une opacité largement dénoncée[41] mais toujours présente. Il l'est aussi car la pratique y occupe une place importante tant en ce qui concerne la rémunération présidentielle, le statut de la "*première dame*" ou encore la situation des présidents de la République candidats à leur propre succession. S'agissant du premier aspect, les crédits de l'Élysée, et donc la détermination du salaire du Président, relevait d'une demande des services présidentiels simplement validée, sans examen, par le Parlement lors de la discussion et du vote de la loi de finances de l'année. Il s'agissait "*d'une convention de la Constitution*",[42] c'est-à-dire d'une "*pratique devenue constante*"[43] en vertu de laquelle le Président de la République fixait lui-même son traitement "*sans aucune base juridique*".[44] Le législateur se contentait donc d'entériner les exigences présidentielles formulées dans le projet de loi de finances sans se soucier de leur portée. Il était ainsi possible, pour le chef de l'État en exercice, de reconduire l'ancien traitement, de l'augmenter nettement comme sous Nicolas Sarkozy[45] ou de le réduire sensiblement sous François Hollande.[46] À ce titre, la décision rendue par le Conseil

[41]Dosière (2007).

[42]Beaud (2013), p. 30.

[43]Beaud O, préc., p. 1.

[44]Ibid.

[45]L'indemnité mensuelle nette est passée de 7084 euros à 19,331 euros en 2007. Soit une augmentation de 172%. V. Le Monde du 6 novembre 2007.

[46]La réduction de 30% annoncée lors de la campagne de Hollande F amène l'indemnité mensuelle nette de 19,331 euros à 13,532 euros.

constitutionnel en 2012 peut surprendre. Les juges constitutionnels ont effectivement estimé qu'en modifiant le traitement du Président de la République (et du Premier ministre), l'article 40 de la loi de finances rectificative déférée méconnaissait le principe de la séparation des pouvoirs et devait être déclaré contraire à la Constitution.[47] En conséquence, ces questions financières relèvent désormais du seul pouvoir réglementaire ainsi que le démontre le décret du 23 août 2012 relatif au traitement du Président de la République et des membres du gouvernement[48] et concrétisant la promesse électorale de François Hollande allant dans le sens d'une diminution de 30% du traitement présidentiel. Les juges constitutionnels ont sans doute tranché une question de principe en protégeant l'autonomie financière de la présidence de la République qui, comme celle de tous les pouvoirs publics constitutionnels, garantit la séparation des pouvoirs fondée sur l'article 16 de la Déclaration des droits de l'homme et du citoyen de 1789. Toutefois, en dehors de l'hypothèse bien incertaine, depuis la mise en place du quinquennat, d'une cohabitation conflictuelle à l'occasion de laquelle la majorité parlementaire du moment aurait pu être tentée de réduire la marge de manœuvre présidentielle en diminuant considérablement les crédits de fonctionnement de l'Élysée, il est difficile de percevoir la portée pratique de la protection constitutionnelle du budget présidentiel. Certains y voient plus une déférence des juges constitutionnels à la présidence de la République[49] en même temps qu'un retour contesté à la période de l'ancien régime où le monarque décidait seul de ses frais de fonctionnement.[50]

Les usages financiers de la présidence de la République concernent également la personne qui partage la vie du chef de l'État. L'épouse du Président de la République, qualifiée de "*première dame*"[51] par les médias, dispose effectivement de moyens matériels et en personnel financés sur le budget élyséen alors qu'il n'existe aucun statut juridique le permettant. La seule référence à la femme du chef de l'État, fournie par le droit positif, était dans l'article A 40 III du code de procédure pénale en vertu

---

[47]Décision du Conseil constitutionnel du 9 août 2012, numéro 2012-654 DC, Loi de finances rectificative pour 2012 (II), cons. 79 à 83 et spécialement le considérant 82, Rec., p. 461. Dans une décision antérieure, les juges constitutionnels avaient considéré que « *la règle selon laquelle les pouvoirs publics constitutionnels déterminent eux-mêmes les crédits nécessaires à leur fonctionnement... est... inhérente au principe de leur autonomie financière qui garantit la séparation des pouvoirs* ». V. CC, n° 2001-456 DC, du 27 décembre 2001, Rec., p. 180. Il en va ainsi pour la présidence de la République, le Parlement ou encore le Conseil constitutionnel. En revanche, tel n'est pas le cas pour le Conseil d'État, la Cour des Comptes, le Conseil supérieur de la magistrature, le Conseil économique, social et environnemental ou le Défenseur des droits. En ce sens, v. le commentaire aux cahiers du Conseil constitutionnel de la décision du 29 mars 2011 (CC, n° 2011-626 DC), p. 5 et 6.

[48]Décret du 23 août 2012, JORF n°0196 du 24 août 2012 p. 13760.

[49]Pour une intéressante lecture critique de la décision du Conseil constitutionnel, v. Beaud O, préc., spécialement p. 31 et s.

[50]V. Beaud O, préc., p 37 et s. Selon l'auteur, « *en accordant une totale autonomie au Président de la République pour fixer le montant de son traitement, le Conseil constitutionnel semble renouer avec un état du droit antérieur à la Révolution...* ».

[51]V. Valode (2010). V. également, Meyer-Stabley (1995).

duquel "*l'épouse du Président de la République*" se voyait "*assimilée aux autorités administratives avec lesquelles les détenus peuvent correspondre sous pli fermé en application de l'article D. 262*" du même code. Derrière cette étrange formule, aujourd'hui abrogée,[52] l'épouse était donc « *assimilée* » au Président de la République. Considérée en certaines circonstances « *comme le Président* », le droit opérait ainsi une fusion des corps en faisant pénétrer la femme dans les habits présidentiels. La pratique des institutions, antérieure à l'exemple juridique précité, fonctionne de façon sensiblement différente en dissociant les deux personnes dans la mesure où « *la coutume républicaine* » amène l'épouse du chef de l'État « *à jouer un rôle de représentation* ».[53] Néanmoins, les conséquences financières restent les mêmes au bénéfice d'une personne qui ne détient ni de la Constitution, ni de la loi, une habilitation particulière pour agir pour le compte et au nom de l'État. À l'exception des conditions de sécurité qui justifient une protection spécifique de l'épouse du Président, il est difficile de comprendre la mise à disposition à son profit d'un bureau à l'Élysée, de collaborateurs[54] ou encore d'une carte de paiement de la présidence de la République.[55] Si l'histoire nous apprend que les conjointes des Présidents ont joué un rôle humanitaire certain faisant apparaître « *une présidence sociale*[56] » ou une fonction sociale de la « *présidente*[57] », cette mission – généralement effectué par le biais de fondations[58] – ne saurait en aucune façon constituer une explication valable en faveur de l'attribution de moyens financiers rattachés au

---

[52]Article abrogé par l'arrêté du 27 octobre 2011 modifiant le code de procédure pénale (quatrième partie: Arrêtés) et relatif aux autorités administratives et judiciaires avec lesquelles les personnes détenues peuvent correspondre sous pli fermé, JO du 15 novembre 2011, p. 19144.

[53]V. la Réponse du Premier ministre publiée dans le JO Sénat du 06 août 2015 - page 1860 à la question écrite n° 15098 de M. Gérard Bailly (Jura - UMP) publiée dans le JO Sénat du 05 mars 2015 - page 465. La réponse précise que cette coutume républicaine est valable pour « *le conjoint ou la conjointe, le compagnon ou la compagne du chef de l'État* ». « *Le régime juridique de l'union du chef de l'État est sans incidence* ».

[54]Le coût pour la puissance publique des personnels attachés à la compagne de François Hollande lors de son arrivée à l'Élysée était de 19,742 euros par mois. Il s'élevait à 36,448 euros par mois pour Carla Bruni-Sarkozy. V. en ce sens la réponse des services du Premier ministre à une question écrite (numéro 20735) posée par le député G. Larrivé, JO du 30 avril 2013, p. 4710.

[55]V. « En France, la compagne du chef de l'État ne dispose d'aucun statut légal », Le Monde du 14 janvier 2014.

[56]V. Duhamel et Santamaria (2015) et en particulier le passage consacré à la femme de Vincent Auriol laquelle a joué une mission de "*présidence sociale*" pendant le septennat de son mari en prenant en charge un nouveau service social créé au sein de l'Elysée dans le contexte difficile de l'après guerre.

[57]V. V. Duhamel P et Santamaria J, préc. Selon les auteurs, le Président Vincent Auriol a donné ce titre à sa femme Michelle.

[58]La Fondation Claude Pompidou créée en 1970 et chargée de venir en aide aux personnes âgées, aux malades hospitalisés et aux enfants handicapés; la Fondation Danièle Mitterrand « France libertés » créée en 1985 pour défendre les droits de l'homme; l'opération pièces jaunes mise en place en 1989 par Bernadette Chirac présidente de la Fondation Hôpitaux de Paris-Hôpitaux de France; la Fondation Carla Bruni-Sarkozy créée en 2009 pour faciliter l'accès à la culture, l'éducation et au savoir pour lutter contre les inégalités sociales.

pouvoir exécutif. Si, plus récemment, les femmes de Présidents ont été amenées à jouer un rôle d'ambassadeur extraordinaire du chef de l'État,[59] ces mêmes avantages ne peuvent être fondés que par la mise en place préalable d'un véritable statut de collaborateur de la présidence de la République. Si le droit n'a sans doute pas vocation à tout encadrer, il faut reconnaître que le rôle politique de l'épouse du Président implique une clarification. Sans cela, la confusion s'installe ainsi qu'en témoigne l'exclusion de l'audition de l'épouse du chef de l'État devant la commission parlementaire chargée de l'enquête sur les conditions de la négociation de la libération des infirmières et du médecin bulgares en Lybie.[60] Ce traitement privilégié, justifié par l'Élysée par le nécessaire respect du principe de la séparation des pouvoirs, fait immédiatement songer à une sorte d'extension factuelle de l'immunité du Président au couple présidentiel. Sous la présidence de François Hollande, la pratique n'a apparemment pas été suivie puisque sa deuxième compagne n'a ni totalement investi l'Élysée ni endossé le rôle de « *première dame* » de la République. Ainsi, le mariage est peut-être l'institution qui fait perdurer la tradition républicaine là où l'union libre semble la briser en préservant, en même temps, la liberté de la femme, le bon usage des deniers publics et des principes républicains. Toutefois, avec la récente arrivée au pouvoir d'Emmanuel Macron, la volonté politique a été clairement affichée de donner à l'épouse du chef de l'État un statut officiel. Alors qu'un texte juridique était attendu, c'est finalement « *une charte de transparence relative au statut du conjoint du Chef de l'État* » qui a été publiée le 21 août 2017 sur le site de l'Élysée en énonçant ses missions et les moyens qui lui sont alloués. En s'appuyant sur la « *tradition républicaine et sur la pratique diplomatique* », la charte précise que le conjoint joue un rôle de représentation, de patronage et d'accompagnement du Président de la République dans ses missions et dispose, pour ce faire, de deux conseillers, d'un secrétariat et de moyens financiers établis par le budget de la présidence excluant toute rémunération et frais de représentation pour le conjoint du Président. En bref, la pratique est poursuivie par une charte ne permettant pas d'encadrer les conséquences juridiques des actions du conjoint du Chef de l'État.

Enfin, si la position du Président de la République en exercice en tant que candidat à sa propre succession n'est pas dénuée de fondement juridique au regard de l'article 1 de la Constitution, affirmant que la France est une « *République démocratique* », et de l'article 6 de ce même texte en vertu duquel le chef de l'État est élu pour cinq ans au suffrage universel direct dans la limite de deux mandats consécutifs, elle n'en reste pas moins contestable principalement en raison de la confusion possible entre les financements de la campagne officielle et l'utilisation des fonds publics à cette même fin. En la matière, la décision rendue par le Conseil

---

[59]V. par exemple, l'intervention de Madame Cécilia Sarkozy en Lybie pour la négociation de la libération des infirmières et du médecin bulgares en 2007 ou encore la rencontre de Madame Carla Bruni-Sarkozy avec le Dalaï Lama en 2008 en France pendant le déroulement des jeux olympiques de Pékin.

[60]V. Le Monde du 8 octobre 2007.

constitutionnel en 2013[61] met en lumière la pratique tout en l'encadrant. Tout d'abord, en vertu des dispositions du code électoral,[62] le compte de campagne retrace l'ensemble des dépenses engagées ou effectuées en vue de l'élection par le candidat ou pour son compte[63] pendant l'année précédant le premier jour du mois de l'élection. Ensuite, la date à laquelle le candidat a déclaré sa candidature n'est pas de nature à priver de leur éventuel caractère électoral les dépenses intervenues antérieurement à cette déclaration.[64] Enfin, les dépenses relatives aux manifestations auxquelles le Président en exercice participe n'ont à figurer au compte de campagne que s'il apparaît que celles-ci ont revêtu un caractère manifestement électoral[65] et ce déduction faite des frais de protection et de transport attachés à l'exercice du mandat du Président de la République. Là encore François Hollande, en refusant de se présenter aux élections présidentielles de 2017, crée une rupture inédite dans la pratique de la Vème République puisque les Présidents sortants avaient pour habitude de se présenter devant le peuple pour un second mandat.[66] Il inaugure ainsi un acte de « *pur pouvoir souverain* » par « *peur de la punition du peuple* »[67] tout en supprimant le problème de l'utilisation éventuelle de fonds publics pour le financement de la campagne présidentielle.

À la question de savoir si les anciens Président de la République disposent d'un statut particulier, la pratique apporte également une réponse positive. Depuis une

---

[61]CC, décision numéro 2013-156 PDR du 4 juillet 2013, Rec., p. 865.

[62]V. Les articles L. 52-12 et L. 52-4 du code électoral.

[63]Selon le Conseil constitutionnel, il résulte de l'instruction que les huit réunions publiques tenues par M. Henri Guaino « ont eu pour objet principal de présenter des éléments de bilan du mandat de M. Sarkozy, d'appeler à la candidature de M. Sarkozy et de promouvoir celle-ci ; que, compte tenu des fonctions exercées alors par M. Guaino à la Présidence de la République et de la publicité donnée à ces réunions, elles n'ont pu avoir lieu sans l'assentiment du futur candidat ». Il en résulte donc que la Commission nationale des comptes de campagne et des financements politiques « était fondée à procéder, en raison de leur caractère électoral, à la réintégration des sommes dont il s'agit ».

[64]Les dépenses engagées pour la réunion publique organisée à Toulon, le 1er décembre 2011, par Nicolas Sarkozy et avant sa déclaration officielle de candidature ont ainsi été réintégrées dans les comptes de campagne.

[65]Cet élément permet alors d'établir une différence avec les manifestations publiques relevant de l'exercice de la charge présidentielle et rattachables au budget de l'Elysée. Parmi les huit manifestations auxquelles M. Sarkozy a participé antérieurement à sa déclaration de candidature, la réunion à l'Élysée pour le troisième anniversaire du Fonds stratégique d'investissement le 17 novembre 2011, l'inauguration du salon des entrepreneurs à Paris le 1er février 2012, les cérémonies des vœux à Chasseneuil-du-Poitou le 5 janvier 2012 et à Lyon le 19 janvier 2012, les interventions au Tricastin le 25 novembre 2011 et à Fessenheim le 9 février 2012 sur le thème de la filière nucléaire ainsi que l'intervention à Lavaur le 7 février 2012 sur la politique familiale, ont été regardées comme se rapportant à l'exercice du mandat présidentiel. En revanche, pour les juges constitutionnels, « *il n'en va manifestement pas de même de la réunion publique organisée à Toulon le 1er décembre 2011 compte tenu de l'implication de l'Union pour un mouvement populaire dans cette manifestation, de l'ampleur du public convié, comprenant notamment des adhérents et sympathisants de l'UMP, des modalités d'aménagement des locaux et des moyens de communication déployés* ».

[66]À l'exception de Georges Pompidou décédé dans l'exercice de ses fonctions.

[67]Rousseau (2016).

simple lettre de 1985 écrite par le Premier ministre du moment sur commande présidentielle, les anciens chefs d'État bénéficient effectivement d'un certain nombre d'avantages sans fondement juridique et sans justification recevable. Appartement de fonction, conseillers, voiture avec chauffeur, surveillance policière... qui, sur demande de l'ex occupant de l'Élysée, agrémentent son quotidien une fois le mandat achevé et ce sans limite de temps. L'argent public est donc dépensé pour assurer le train de vie, le travail et la sécurité d'une personne privée n'exerçant aucune activité au nom ou pour le compte de l'État. Valery Giscard d'Estaing, François Mitterrand, Jacques Chirac, Nicolas Sarkozy ont donc sollicité ces privilèges d'un autre temps. Le statut constitutionnel de membre de droit à vie du Conseil constitutionnel des anciens Présidents reste le seul qui pouvait, à la limite, fournir un prétexte pour faire apparaître ces avantages matériels comme des éléments accessoires de ladite fonction. Or, la lettre précitée ne le mentionne en aucune façon et Jacques Chirac et Nicolas Sarkozy continuent d'en bénéficier malgré leur départ volontaire de l'institution de la rue Montpensier.

Il n'est donc pas surprenant que le Conseil d'État ait eu récemment à se prononcer sur la légalité de cette missive primo ministérielle. Toutefois, dans leur arrêt de 2016,[68] les juges administratifs suprêmes ont laissé cette pratique perdurer en estimant que l'absence de publication de la lettre de 1985 ne permettait pas de conclure à son inexistence juridique. Dans une concordance de temps notable un décret du Président Hollande du 4 octobre 2016[69] revient sur le sujet dans une période marquée par la préparation des élections présidentielles de 2017. Il est ainsi question de réduire, dans le temps, les privilèges présidentiels. Maintenus pendant les cinq années qui suivent le mandat présidentiel, les avantages seront diminués par la suite. François Hollande et ses successeurs seront concernés par cette mesure à compter de la cessation de leurs fonctions. Les anciens chefs d'État investis avant le 15 mai 2012 se verront, quant à eux, appliquer le même régime à partir de la publication de la mesure réglementaire. Le décret de 2016 reprend donc simplement la pratique en lui donnant, pour la première fois, une base juridique publique. Les nouveautés résident dans la reconnaissance de « *leurs activités liées à leurs fonctions d'anciens chefs de l'État* »[70] et dans la restriction progressive des privilèges du monarque républicain déchu. Leur suppression immédiate aurait sans doute été mal perçue et mal vécue par les prédécesseurs du Président en exercice. Ce dernier n'a vraisemblablement pas non plus souhaité faire l'objet d'un traitement inégalitaire et a préféré assurer son futur statut personnel en estimant peut-être que les services rendus à la Nation le valent bien. Oubliée de nos représentants, la nuit du 4 août 1789 risque d'être rappelée, un jour ou un soir, à leur bon souvenir par le peuple.

---

[68]CE, Anticor, 28 septembre 2016, numéro 399173.

[69]Décret n° 2016-1302 du 4 octobre 2016 relatif au soutien matériel et en personnel apporté aux anciens Présidents de la République, JORF n°0232 du 5 octobre 2016.

[70]V. L'article 4 du décret du 4 octobre 2016, préc.

2.2 *Les usages de la présidence avec le gouvernement*

Dans le but d'assurer un exécutif fort et stable contrastant avec celui de la IVème République, les constituants de 1958 ont veillé à donner une place importante au Premier ministre et au gouvernement dans le cadre d'un régime initialement parlementaire. À cette fin, le gouvernement se voit attribuer une mission constitutionnelle centrale accompagnée de prérogatives permettant de l'accomplir et de mécanismes destinés à l'engagement de sa responsabilité politique devant l'Assemblée nationale. Ainsi, l'article 20 alinéa 1 de la Constitution résume la mission gouvernementale en précisant que « *Le Gouvernement détermine et conduit la politique de la Nation* ». En outre, des moyens juridiques et matériels sont mis à sa disposition pour ce faire. Il dispose effectivement de nombreuses possibilités d'action dans la procédure législative pour s'assurer de l'examen prioritaire des projets de loi (article 48 alinéa 2), pour accélérer leur adoption (article 45, article 49 alinéa 3) ou pour éviter leur dénaturation (article 44 alinéa 3). En vertu de l'article 21 de la Constitution, il exerce le pouvoir règlementaire soit pour assurer l'exécution des lois soit de façon autonome. Le gouvernement peut aussi proposer au Président de la République la soumission d'un texte au référendum (article 11 de la Constitution) et il peut également adopter des ordonnances sur habilitation du Parlement (article 38 de la Constitution). Enfin, l'article 20 alinéa 2 de la Constitution met à la disposition du gouvernement l'administration, laquelle doit exécuter les actes du Parlement et du gouvernement, et l'armée qui assure des missions de défense et de sécurité publique. L'analyse du rôle gouvernemental dans le cadre de la Constitution du 4 octobre 1958 semble donc facile à mener. Toutefois, au-delà des dispositions constitutionnelles, la pratique institutionnelle prouve que le rôle du gouvernement diffère selon les circonstances politiques. En effet, déjà sous de Gaulle et encore plus depuis la réforme de 1962, le gouvernement et la fonction qui est la sienne se retrouvent nettement sous influence présidentielle en période de concordance des majorités présidentielle et parlementaire alors que les périodes de cohabitation, non prévues par la Constitution, ont contribué à lui redonner ses pleines attributions constitutionnelles. Lorsque la majorité parlementaire est en adéquation avec la majorité présidentielle, le gouvernement perd en autonomie. Le chef de l'État impulse alors réellement la politique de la Nation en exerçant son contrôle sur l'ensemble du gouvernement (2.2.1) et le Premier ministre se retrouve, dans les faits, politiquement responsable devant le Président de la République (2.2.2).

2.2.1 Un gouvernement exclu de la détermination de la politique de la Nation

La fonction gouvernementale découle directement de l'article 20 de la Constitution en vertu duquel « *le gouvernement détermine et conduit la politique de la Nation* ». A priori, cette disposition semble exclure la participation normale du Président de la République à la politique du pays. Mais, depuis l'élection du chef de l'État au suffrage universel direct, l'apparition et le développement du phénomène majoritaire a introduit une lecture différente de cet article selon laquelle, en réalité, le Président détermine en premier la politique de la Nation qui est conduite ensuite par le gouvernement. En effet, dès la fin de l'élection présidentielle, la politique nationale est fixée au vue du programme du candidat élu. Et le Premier ministre doit, au Président qui le choisit, son existence politique. En conséquence, les prérogatives gouvernementales précitées sont mises au service de la conduite et de la concrétisation de la politique nationale définie par le Président de la République ou concurrencées par les attributions présidentielles. La pratique institutionnelle, en période de concordance des majorités entraîne donc un « *découpage* » de l'article 20 de la Constitution selon lequel le Président détermine la politique nationale conduite par le gouvernement. Seules les périodes de cohabitation ont permis la remise en service de cette attribution gouvernementale laquelle n'était limitée, dans ces circonstances, que par la durée de ces moments politiques spécifiques. En effet, dans les deux premières cohabitations, s'il était possible de gouverner librement, il était, en revanche, bien difficile de développer une politique durable en deux ans en dehors de toute perspective électoraliste. Toutefois, il en a été autrement lors de la dernière cohabitation car, pendant cinq ans, le gouvernement Jospin a pu véritablement déterminer et conduire une politique nationale sur le long terme en engageant des réformes importantes.

Plus encore, alors que l'article 21 souligne que le Premier ministre dirige l'action du gouvernement, la pratique révèle que le chef de l'État n'hésite pas à entourer le chef du gouvernement d'une tutelle invisible lui permettant de contrôler la bonne mise en œuvre de la politique présidentielle. Ainsi, il n'est pas rare qu'il adresse certaines directives aux ministres sans passer par l'intermédiaire du premier d'entre eux ou qu'il tolère des plaintes ministérielles visant à remettre en cause les positions ou les propos du chef du gouvernement. C'est précisément dans un tel contexte que Jacques Chirac a remis sa démission à Valery Giscard d'Estaing, en 1976, en précisant clairement qu'il ne disposait pas des moyens nécessaires pour gouverner. Le Président acceptera d'ailleurs son départ tout en lui précisant, pour marquer son autorité, qu'il pourra partir à compter du moment choisi par le chef de l'État. En dehors de cette illustration particulière, la présidence du Conseil des ministres peut, à elle seule, permettre au Président de la République de contrôler la mise en œuvre gouvernementale de sa politique. Là où les Présidents de la République avaient pris l'habitude d'entourer le gouvernement et le Premier ministre d'une tutelle invisible, Nicolas Sarkozy n'a pas hésité à prolonger cette tendance en occultant le rôle et les missions de son chef de gouvernement et en inventant la fonction de « *Président-Premier ministre* ».

Enfin, la réforme constitutionnelle de 2008, en posant la limite de deux mandats présidentiels consécutifs et en offrant au chef de l'État une tribune ouverte devant le Congrès semble parachever le virage présidentiel du régime. Désormais, le chef de l'État a la possibilité de se rendre physiquement au Parlement pour y faire un discours qui ne peut être suivi d'un vote. A priori, ce changement constitutionnel accompagne l'accroissement continu du rôle politique du Président de la République. Il s'explique, également, par la volonté de rupture dans la pratique des institutions martelée par le Président Sarkozy. La modification reste cependant limitée puisque, en permettant un débat mais en interdisant que le texte ainsi prononcé soit suivi d'un vote, elle se situe dans la lignée de l'irresponsabilité politique classique du chef de l'État. Elle ne ferait donc qu'instituer la possibilité d'un discours officiel sans doute gratifiant pour son locuteur,[71] mais sans véritable intérêt à moins qu'il vienne se substituer au discours de politique générale que le Premier ministre a pour habitude de prononcer peu de temps après sa nomination en vertu de l'article 49 alinéa 1 de la Constitution. Dans cette configuration, une telle pratique aurait pour conséquence d'infléchir encore plus le rôle du Premier ministre[72] en permettant au chef de l'État de prononcer devant les parlementaires un discours sur « *l'état de l'union* »[73] à la française. Néanmoins, l'ensemble de ces ressemblances ne doit pas donner l'occasion de conclure trop rapidement à la mise en place de régime politique de type américain. En effet, pour cela, encore faudrait-il supprimer le droit de dissolution et la mise en cause de la responsabilité politique du gouvernement devant l'Assemblée nationale à moins de considérer que leur non-usage répété les a déjà fait disparaître.

2.2.2 Un gouvernement politiquement responsable devant le Président de la République

La question de la responsabilité politique du gouvernement, exigée par la loi constitutionnelle du 3 juin 1958, s'est imposée aux rédacteurs de la Constitution de 1958 lesquels ont envisagé de mettre en place un régime parlementaire rationalisé. À cette fin, des procédures d'engagement de la responsabilité politique du gouvernement ont été organisées dans le cadre des articles 49 et 50 du texte fondamental. Si le Premier ministre n'hésite pas à la mettre en jeu directement sur le vote de l'un de ses projets de loi, pour mettre fin au débat parlementaire, soit parce que l'opposition veut en ralentir l'adoption soit pour contraindre sa propre majorité à la discipline, il est beaucoup plus rare qu'une motion de censure déposée par les députés soit votée. À l'exception de celle du 5 octobre 1962, dirigée contre le gouvernement Pompidou considéré comme responsable de l'inconstitutionnalité du recours à l'article 11 pour réviser la Constitution, les motions de censure n'aboutissent jamais en raison du phénomène majoritaire issu de l'élection du Président de la République au suffrage universel direct.

---

[71]Voir en ce sens, le premier discours prononcé par le Président Nicolas Sarkozy devant le Parlement réuni en Congrès à Versailles le 22 juin 2009.

[72]V. les critiques adressées au discours prononcé par Emmanuel Macron devant le Congrès le 3 juillet 2017 avant l'intervention du Premier ministre devant l'Assemblée Nationale, « *Emmanuel Macron devant le Congrès: une pratique en questions* », http://www.lexpress.fr/actualite/politique/assemblees/emmanuel-macron-devant-le-congres-une-pratique-en-questions_1923151.html.

[73]Discours présenté par le Président des États-Unis par le biais duquel il exprime sa politique générale en invitant notamment le Congrès à transformer les suggestions présidentielles en textes de loi.

En revanche, la présidentialisation du régime a été accompagnée de pratiques nouvelles conduisant à l'apparition d'une responsabilité politique du Premier ministre devant le Président de la République. Si le texte constitutionnel, dans son article 8, prévoit que le chef de l'État met fin aux fonctions du chef du gouvernement sur la présentation par celui-ci de la démission du gouvernement, ce départ peut être exigé, en réalité, par le Président.[74] Dans les faits et dans le silence de la Constitution, le Premier ministre peut effectivement être révoqué par le chef de l'État parce que la mission qui lui avait été confiée est achevée ou pour donner un nouveau souffle au pouvoir exécutif ou car il est devenu un second gênant au regard de ses prétentions politiques. La pratique permet donc de démontrer que le chef de l'État dispose, en vertu d'une convention de la Constitution, d'un véritable pouvoir de révocation du Premier ministre mais uniquement, là aussi, en période de concordance des majorités.[75] Non prévue par le texte constitutionnel qui ne vise que le cas de la démission, la révocation permet au Président d'asseoir son autorité et de renouveler son gouvernement lorsqu'il en choisit le moment.[76] Elle traduit, en outre, l'existence d'une responsabilité politique non-écrite du Premier ministre devant celui qui l'a nommé. Dès 1964, lors d'une conférence de presse, le général de Gaulle en avait esquissé les contours en soulignant que le Président a la faculté de changer le Premier ministre « *soit parce que se trouve achevée la tâche qu'il lui destinait... soit parce qu'il ne l'approuverait plus* ». Toutefois, la faculté dont dispose le chef de l'État de se séparer de son Premier ministre est la plupart du temps dissimulée dans la mesure où les lettres de démission révèlent généralement l'existence d'un choix effectué par le second ou d'un accord entre les deux protagonistes. En conséquence, la révocation présidentielle relève très souvent du domaine de l'implicite. Elle apparaît rarement de façon manifeste à l'exception du départ d'E. Cresson, sous la présidence de François Mitterrand, qui s'est déroulé sans la publication des traditionnels échanges de lettres. Dans tous les cas, il existe en ce domaine des précédents[77] acceptés comme des obligations à respecter par les occupants de Matignon et trouvant leur raison d'être dans la présidentialisation du régime et, dans le fait, que le Premier ministre tient son autorité de la confiance présidentielle. Lorsque cette dernière a disparu, le départ du Premier ministre s'impose à lui. Avec la réforme de 2000, la réduction du mandat présidentiel à

[74]En dehors du texte, il existe aussi la pratique des démissions des premiers ministres après des élections (présidentielles ou législatives) qui ont trouvé leur justification dans la tradition républicaine. V. en ce sens, Avril P, op cit., p. 101.

[75]Toutefois, le départ de Jacques Chirac sous la présidence de Valery Giscard d'Estaing, en 1976, est souvent présenté comme le seul cas de démission volontaire d'un Premier ministre en période de concordance des majorités. Néanmoins, le chef de l'État, démontrant en cela toute son influence dans l'application de l'article 8 de la Constitution, a accepté la démission de son chef du gouvernement tout en précisant qu'il déterminerait lui-même le moment de son départ.

[76]En revanche, Nicolas Sarkozy n'a pas pu se séparer de François Fillon, en 2011, car ce dernier disposait de la confiance des députés.

[77]V. Les démissions-révocations de Michel Debré en 1962, de Jacques Chaban-Delmas en 1972, de Pierre Mauroy en 1984, de Michel Rocard en 1991 et d'Édith Cresson en 1992.

cinq ans, sa concordance avec le mandat des députés et l'inversion du calendrier électoral – élections présidentielles suivies des élections législatives – tous les éléments sont réunis pour rayer quasiment la cohabitation de la carte constitutionnelle. En conséquence, le temps est peut-être venu d'envisager une révision constitutionnelle, comme cela a été proposé sans succès par le rapport Balladur de 2007, afin de faire concorder la pratique avec les textes. Il suffirait pour cela de prendre acte de la prééminence que son élection au suffrage universel direct confère au chef de l'État et de préciser qu'il est chargé de « *déterminer la politique de la nation* ». Le Premier ministre aurait le soin de « *mettre en œuvre* » ladite politique, sous le double contrôle du Président et du Parlement devant lesquels il demeurerait responsable. L'article 8 de la Constitution pourrait être également modifié pour que le Président de la République puisse de lui-même mettre fin aux fonctions du Premier ministre sans attendre qu'il remette la démission du gouvernement.

La récente démission de Manuel Valls de ses fonctions de Premier ministre pour se présenter aux primaires socialistes en vue de la concrétisation de sa candidature pour les élections présidentielles de 2017 pose, peut-être, les bases d'une nouvelle pratique institutionnelle. Dans l'histoire de la Vème République, des chefs de gouvernement se sont maintenus en fonction tout en se présentant aux suffrages des français pour devenir Président de la République. Toutefois, il s'agissait de premiers ministres de cohabitation.[78] Ils gouvernaient réellement avec une majorité politique de soutien et il était bien délicat pour eux de laisser le Président seul au sommet de l'État dans ces circonstances. Dans le cas de Manuel Valls, et à la suite du refus de candidater de François Hollande, il était difficile de mener le gouvernement en période d'état d'urgence et de se préparer en même temps pour les présidentielles. En démissionnant, il s'est donc donné les moyens de ses ambitions avec toutefois une tâche dont l'accomplissement s'avérait bien compliqué. Il se devait effectivement de proposer un nouveau projet fédérateur pour l'ensemble de la gauche tout en défendant le bilan de François Hollande. En conséquence, derrière la liberté de sa démission, il existait toujours une forme de responsabilité politique devant le Président de la République en fonction. Son échec aux primaires de la gauche repose sans doute en partie sur cela.

3 Les usages du pouvoir exécutif dans ses relations avec les autres pouvoirs

La Vème République a été construite sur la base du principe de la séparation des pouvoirs clairement affirmé dans la loi du 3 juin 1958. Plus précisément, l'effectivité du principe de la séparation des pouvoirs exécutif et législatif devait être assurée. Il ne doit pas simplement être énoncé mais organisé de manière à ce que le gouvernement et le Parlement assument chacun pour sa part et sous sa responsabilité la plénitude de leurs attributions. La responsabilité du gouvernement devant le

[78]Jacques Chirac en 1988, Édouard Balladur en 1995 ou encore Lionel Jospin en 2002.

Parlement constituait un autre principe à respecter par le gouvernement du général de Gaulle dans son travail d'écriture. Là encore, son rappel permettait de justifier le maintien du régime parlementaire dont il ne s'agissait pas de se défaire mais plutôt d'entreprendre la rationalisation. Pour assurer le libéralisme de la future Constitution, il n'était pas question de remettre en cause les libertés essentielles définies par le Préambule de la Constitution de 1946 et par la Déclaration des Droits de l'Homme et du Citoyen, textes auxquels le peuple a manifesté tout son attachement lors du référendum de 1946.[79] À ce niveau, et il s'agit d'un autre principe, le projet gouvernemental de l'époque se devait d'assurer l'indépendance de l'autorité judiciaire afin de permettre le respect de ces mêmes droits et libertés. À côté de ses intentions de départ, le régime politique de la Vème République a connu une mutation importante. Sous l'effet des réformes constitutionnelles de 1962, de 2000 et de 2008, il s'est présidentialisé. La même majorité politique détient entre ses mains le pouvoir exécutif et le pouvoir législatif et, ce faisant, l'indépendance de l'autorité judiciaire est déterminante pour l'équilibre du système. En conséquence, il est tout aussi important d'analyser les usages du pouvoir exécutif dans ses relations avec le Parlement (3.1) que ceux qu'il développe avec la justice (3.2).

3.1 *Les usages du pouvoir exécutif dans ses relations avec le Parlement*

Sur le plan formel, le Parlement n'apparaît dans le texte de la Constitution qu'à la troisième place après le Président de la République et le gouvernement. Cette position, qui en elle-même n'est pas significative, s'accompagne d'un net recul de l'institution parlementaire par rapport aux régimes précédents. Ainsi, à l'heure actuelle, le Parlement ne définit plus la politique de la Nation comme cela était le cas sous les IIIème et IVème Républiques. En conséquence, les lois d'initiative parlementaire s'avèrent marginales en comparaison avec la place occupée par les lois d'origine gouvernementale, rédigées par l'équipe de Matignon en accord avec le Président de la République, dont l'examen prioritaire est toujours facilité par la définition gouvernementale de l'ordre du jour des assemblées. En cas de conflits politiques majeurs, le texte constitutionnel organise toutefois un équilibre des armes entre le pouvoir exécutif et le pouvoir législatif avec le droit de dissolution entre les mains du Président de la République et la motion de censure à disposition de l'Assemblée Nationale pour mettre en cause et en jeu la responsabilité politique de

[79]Le premier projet de Constitution formulé le 19 avril 1946 contenait une nouvelle déclaration des droits sans rappeler la déclaration révolutionnaire. Il a été rejeté par le peuple à l'occasion du référendum du 5 mai 1946. Finalement, le second projet, reprenant la Déclaration de 1789 et y ajoutant les principes particulièrement nécessaires à notre temps, sera approuvé cette fois-ci par le référendum du 13 octobre 1946. Bien qu'il soit difficile de déceler l'intention véritable du peuple, il est néanmoins possible de considérer que l'absence de la Déclaration de 1789 a pu être l'une des raisons du rejet du premier projet constitutionnel.

l'équipe gouvernementale. Toutefois, dans la pratique, la dissolution s'avère globalement plus efficace (3.1.1) que le renversement du gouvernement (3.1.2).

3.1.1 Du bon usage présidentiel de la dissolution de l'Assemblée nationale

La possibilité offerte au chef de l'État, par l'article 12 de la Constitution, de mettre fin au mandat des députés en provoquant ainsi des élections anticipées, est sans doute celle qui suppose le plus de commentaires au regard de la pratique. Il s'agit d'un pouvoir propre du Président, exercé sans contreseing ministériel mais dont l'exercice doit être précédé de l'avis du Premier ministre ainsi que de celui des Présidents des assemblées. S'il n'existe aucune condition de fond déterminant l'exercice du droit de dissolution, son utilisation reste néanmoins limitée par certaines circonstances: lorsque l'article 16 est appliqué; lorsque le Président du Sénat assure l'intérim de la Présidence de la République ; quand moins d'une année s'est écoulée depuis des élections législatives provoquées par une précédente dissolution. En dehors de ces hypothèses, le Président reste seul juge de la mise en œuvre de ce moyen permettant d'équilibrer les pouvoirs et de résoudre les conflits qui peuvent surgir entre le gouvernement et le Parlement. De ce dernier point de vue, la dissolution provoquée par Jacques Chirac le 21 avril 1997 appelle un certain nombre de remarques dans la mesure où elle se distingue nettement des autres, à la fois sur le terrain des causes du déclenchement et aussi sur celui de ses conséquences.

Tout d'abord, les usages antérieurs ont permis de démontrer que la dissolution a été utilisée pour régler des conflits. Par exemple, de Gaulle l'a exercé, à titre répressif, pour résoudre une crise existante. Il s'agissait notamment d'un conflit politique ouvert en 1962 à la suite de la mise en cause de la responsabilité du gouvernement Pompidou et de son renversement par l'Assemblée nationale. En réponse à la motion de censure déposée et votée par les députés, le général de Gaulle a répliqué en usant, le 9 octobre 1962, de la dissolution pour demander au peuple de trancher le litige qui opposait les deux pouvoirs. Une crise universitaire, sociale puis générale est à l'origine du déclenchement de la dissolution du 30 mai 1968. Ensuite, François Mitterrand a pratiqué une dissolution préventive pour éviter la survenance d'un incontournable conflit politique. Ainsi, les deux dissolutions de 1981 et de 1988 ont-elles été justifiées dans le but d'anticiper la crise latente entre le Président de la République et une majorité parlementaire qui lui était hostile. En d'autres termes, il s'agissait de contourner la cohabitation entre le chef de l'État nouvellement élu et la majorité de l'Assemblée nationale. En revanche, et de façon assez inédite, Jacques Chirac en fera usage alors qu'il n'y a pas de crise déclarée ou imminente. Pour cette raison, certains commentateurs ont vu dans cette dissolution de « *confort* »,[80] une dissolution « *pour convenance personnelle* » ou, de façon encore plus radicale, une « *dissolution monarchique* » contraire à l'esprit de la Constitution qui fait du chef de

---

[80]Selon les propres mots du Président de la République.

l'État un arbitre du bon fonctionnement des institutions. Il est vrai que celui-ci disposait alors d'une solide majorité de 488 députés sur 577 et qu'il n'existait pas de crise au sein de la société. En conséquence, il est assez difficile d'expliquer et de comprendre cette option suggérée par Dominique de Villepin qui était à l'époque conseiller spécial du chef de l'État. Officiellement, le Président a justifié son choix par la nécessité de solliciter le peuple français afin d'obtenir son adhésion pour la mise en place d'une politique de rigueur. Officieusement, cette option a peut-être été privilégiée pour éviter de « *démissionner* » le Premier ministre porteur de ce projet politique et dont l'impopularité était grandissante. L'hypothèse est sans doute audacieuse mais elle pourrait se comprendre par l'attachement du chef de l'État à son fidèle lieutenant. En d'autres termes, et cela serait assez original sous la Vème République, le Président aurait indirectement demandé au peuple le maintien en fonction d'Alain Juppé ! Plus sérieusement, il est sans doute plus raisonnable de songer à un calcul politique opéré par le chef de l'État et destiné à lui permettre de terminer tranquillement son mandat en jouant le « *2 + 5* ».[81] C'est-à-dire deux ans avec une majorité anti-socialiste et cinq ans avec une majorité enfin chiraquienne à l'Assemblée nationale. Le mérite de cette solution était également d'éviter une possible cohabitation en 1998 à l'occasion des élections législatives normales.

Du point de vue des conséquences, la dissolution de 1997 a produit des effets immédiats et des effets à long terme. Pour les premiers, les résultats des élections législatives des 25 et 1er juin 1997 se traduisent par un échec électoral sans précédent du Président de la République sous la Vème République. En effet, là où les dissolutions effectuées par ses prédécesseurs se sont soldées par un accroissement du nombre de sièges de députés du parti du Président[82] celle opérée par Jacques Chirac produit l'effet inverse de celui escompté en amenant à l'Assemblée nationale une nouvelle majorité socialiste. La dissolution débouche donc sur une période de cohabitation au sein de laquelle le chef de l'État, qui n'a pas pris acte de ce désaveu populaire en se maintenant en fonction, se retrouve en position de retrait au bénéfice du nouveau Premier ministre Jospin grand perdant des élections présidentielles de 1995 et véritable artisan de la politique nationale ! À l'époque, les commentateurs avaient spéculé sur plusieurs scénarios de sortie de crise. Certains avaient avancé l'idée d'une banalisation de l'usage de l'article 12 de la Constitution. En effet, et à condition de bien choisir le calendrier politique, la dissolution restait la meilleure arme, entre les mains du chef de l'État, pour retrouver, en respectant au minimum un délai d'un an, une nouvelle majorité à l'Assemblée nationale. D'autres, en revanche, et l'histoire leur a donné raison, pressentaient la désuétude de l'article 12. Il est vrai, eu égard aux conséquences ayant résulté de sa première utilisation, que le Président pouvait être conduit à ne plus avoir recours à cette prérogative. Au final, cet épisode

[81] Alors que François Mitterrand aurait joué de son côté le « 5 + 2 » selon l'expression du doyen Vedel (Vedel G, 7, 5+2, 2+5…, Le Monde du 23 avril 1997). Autrement dit, cinq ans de majorité socialiste à l'Assemblée Nationale et deux ans indéterminés avec une possible cohabitation qui s'est produite à deux reprises en 1986 et en 1993.

[82] 40 sièges de plus en 1962; 100 sièges supplémentaires en 1968; 160 de plus en 1981 et 60 supplémentaires en 1988.

inédit dans l'histoire de la Vème République a débouché sur une cohabitation quinquennale à l'issue de laquelle de nouvelles règles constitutionnelles ont été appliquées en vue de l'éviter.[83]

3.1.2 Du non usage de la responsabilité politique gouvernementale devant l'Assemblée nationale

La responsabilité politique collective des membres du gouvernement, quant à elle, est engagée selon une procédure purement politique débouchant sur un vote d'une assemblée. La sanction politique repose sur l'obligation de démissionner. La responsabilité politique s'analyse en conséquence comme le pouvoir dont dispose l'Assemblée nationale de forcer le Premier ministre à présenter la démission de la totalité de son équipe. Les mécanismes permettant l'enclenchement de cette responsabilité collective des membres du gouvernement sont variés.

Tout d'abord, le chef du gouvernement, après délibération du Conseil des ministres, l'engage sur son programme ou sur une déclaration de politique générale en vertu de l'article 49 alinéa 1 de la Constitution. Dans cette hypothèse, la désapprobation du programme ou de la déclaration par une majorité simple entraîne le renversement du gouvernement. La pratique des institutions a permis de comprendre qu'il ne s'agissait en réalité que d'une faculté – et non d'une obligation imposée par le présent de l'indicatif – laissée entre les mains du Premier ministre, lequel ne saurait véritablement engager la responsabilité politique du gouvernement sans le soutien du Conseil. Correspondant, dans les régimes parlementaires, à la traditionnelle investiture du gouvernement par l'Assemblée et permettant à celui-ci d'avoir la confiance parlementaire à l'occasion d'une question ponctuelle, l'article 49 alinéa 1 a été faiblement utilisé car le gouvernement, et au premier chef le Premier ministre, détiennent leur confiance initialement et principalement du Président de la République. Quelques exemples permettent d'attester du faible intérêt de la technique ou de son simple usage à des fins de courtoisie. Dans l'ensemble, les premiers chefs de gouvernement de la Vème République investis par le chef de l'État se sont contentés de faire un discours solennel de rentrée devant l'Assemblée nationale, en engageant leur responsabilité tout en précisant qu'il ne s'agissait en aucune façon d'une question de confiance. Par la suite, et à partir de Georges Pompidou, le discours n'a pas été suivi d'un vote des députés. Ceux qui se sont partiellement écartés de cet usage et qui ont néanmoins obtenu la confiance de l'assemblée ne se sont pas nécessairement retrouvés dans une position renforcée vis-à-vis du Président de la République.[84] En revanche, tous les gouvernements de cohabitation ont

[83]V. La loi constitutionnelle numéro 2000-964 du 2 octobre 2000, relative à la durée du mandat du Président de la République, JO du 3 octobre 2000, p. 15582.

[84]Le Premier ministre Jacques Chaban-Delmas qui avait demandé et obtenu la confiance en 1972 a, peu de temps après, été démis de ses fonctions par le Président de la République Georges Pompidou et ce malgré l'existence de ce soutien parlementaire.

demandé et obtenu la nécessaire confiance de l'Assemblée car s'ils tenaient officiellement leur investiture du Président de la République il était bien difficile d'en déduire qu'ils pouvaient être assurés de son soutien. À l'heure actuelle, et depuis la révision constitutionnelle du 23 juillet 2008 permettant au Président de la République de se rendre physiquement au Parlement pour y faire un discours, l'utilisation de l'article 49 alinéa 1 pour la présentation, par le Premier ministre, de son programme politique risque de disparaître par désuétude. La notion de « *déclaration de politique générale* » jusqu'alors souvent confondue avec la présentation du programme gouvernemental, trouvera peut-être à l'avenir une autonomie pour permettre, l'espace d'un instant, au Premier ministre de rassembler la majorité présidentielle ou de fédérer l'ensemble des parlementaires autour d'une question particulièrement sensible.[85]

Ensuite, le Premier ministre, peut engager la responsabilité du gouvernement sur le vote d'un texte en vertu de l'article 49 alinéa 3 de la Constitution. Dans ce cas de figure, le texte en question est considéré comme adopté sauf si une motion de censure est déposée et votée dans le respect des conditions posées à l'article 49 alinéa 2. En l'absence de toute réaction de la part de députés, il faut reconnaître que la loi, dans ces conditions, est plus le résultat d'un coup de force du pourvoir exécutif que d'un processus classique de discussion devant aboutir à l'expression de la volonté générale. Le texte est donc le résultat du renoncement de l'opposition face à la toute puissance de la loi du nombre puisqu'en toute logique la majorité politique ne votera pas une motion de censure contre son gouvernement. Dans la pratique, cette prérogative a été utilisée dans différentes circonstances soit pour contraindre à la discipline les membres de la majorité parlementaire qui seraient tentés par la dissidence sur un texte en particulier[86] ou pour éviter que l'opposition ne retarde l'adoption d'un texte en déposant des centaines d'amendements.[87] Mais, à titre principal, parce qu'une telle arme anéantit tout débat parlementaire, la révision constitutionnelle du 23 juillet 2008, destinée à rééquilibrer les institutions, a prévu d'en circonscrire l'usage dans trois cas déterminés. La responsabilité du gouvernement ne pourra désormais être actionnée qu'à l'occasion du vote d'un projet de loi de finances, d'un projet de loi de financement de la sécurité sociale et, enfin, d'un projet de loi ou d'une proposition de loi par session. Dans cette dernière hypothèse, et depuis le passage à la session unique enregistré par la révision constitutionnelle de 1995,[88] il semble possible d'élargir le recours à l'article 49 alinéa 3 au vote d'un projet de loi ou d'une proposition de loi dans le cadre d'une session extraordinaire. Le texte de la Constitution prévoit, enfin, que ces projets sont

[85]Voir en ce sens, le discours de politique générale prononcé par Michel Rocard, le 16 janvier 1990 lors de la crise du Golfe. Il avait précisé, à cette occasion, que l'engagement des députés sur ce sujet ne saurait être interprété comme un soutien à la politique globale du gouvernement.

[86]Par exemple, Jacques Chirac en a fait application sept fois en 1986 en ce qui concernait des projets de loi d'habilitation que son gouvernement avait déposés.

[87]Pratique réalisée notamment par Alain Juppé en 1995.

[88]Voir la loi constitutionnelle n° 95-880 du 4 août 1995, JO du 5 août 1995, p. 11744.

considérés comme adoptés,[89] sauf si une motion de censure, déposée dans les vingt-quatre heures qui suivent, est votée dans les conditions prévues à l'alinéa 2 de l'article 49.

En dernier lieu, la Constitution organise la mise en cause de la responsabilité politique du gouvernement, sur l'initiative de l'Assemblée nationale, dans le cadre de l'article 49 alinéa 2 au travers de la motion de censure spontanée.[90] Les conditions restrictives l'entourant démontrent le caractère exceptionnel de sa mise en œuvre et s'expliquent avant tout par le souci d'assurer la stabilité gouvernementale. Tout d'abord, pour être valable, la motion de censure doit être signée par un dixième des membres de l'Assemblée nationale. Ensuite, son vote ne peut intervenir que quarante-huit heures après son dépôt afin de laisser un temps de réflexion nécessaire car il s'agit d'un acte grave. Enfin, seuls sont recensés les votes favorables à la motion qui ne peut être adoptée qu'à la majorité absolue des membres composant l'Assemblée. En conséquence, les abstentions sont interprétées comme étant favorables au maintien du gouvernement. Si la motion est votée dans le respect des conditions précitées, le gouvernement a l'obligation de démissionner. En revanche, si la motion est rejetée, ses signataires pourront en déposer deux autres au cours de la même session. Le strict encadrement de la motion de censure et l'apparition du phénomène majoritaire permettent de comprendre aisément pourquoi, parmi les nombreuses motions de censure déposées souvent à titre symbolique pour manifester un mécontentement de l'opposition politique, une seule a abouti en 1962. À ce moment-là, les députés ont déposé et voté une motion de censure contre le gouvernement Pompidou car ce dernier avait proposé de réformer la Constitution par le biais de l'article 11 au lieu de l'article 89. Ils souhaitaient donc sanctionner une violation de la procédure de révision de la Constitution orchestrée par le gouvernement. En réalité, au travers de cette motion de censure, ils visaient indirectement le général de Gaulle porteur véritable du projet de révision mais irresponsable politiquement. En outre, les députés étaient farouchement opposés au contenu de la réforme prévoyant l'élection du Président de la République au suffrage universel direct car ils percevaient, dans ce nouveau système, un risque pour la démocratie. En effet, non seulement, l'élection directe du chef de l'État par le peuple avait pour conséquence de conférer à un seul une légitimité démocratique identique à la leur, mais aussi elle ravivait le souvenir du césarisme démocratique. La motion de censure est un droit tiré directement de la Constitution. Il suffit donc de l'exercer. En revanche et en raison du phénomène majoritaire, les motions, à l'exception notable de celle de 1962, n'aboutissent pas qu'elles soient déclenchées

[89]La nouvelle rédaction de l'article 49 alinéa 3 précise cela pour les deux premiers cas. Elle reste silencieuse en ce qui concerne les conditions du dépôt d'une motion de censure à la suite de l'engagement de responsabilité du gouvernement sur le vote d'un projet de loi ou d'une proposition de loi par session. Vraisemblablement, le projet ou la proposition devraient être considérés comme adoptés sauf si une motion de censure, déposée dans les vingt-quatre heures qui suivent, est votée dans les conditions prévues à l'article 49 alinéa 2.

[90]Les règles prévues par cet article encadrent également la motion de censure provoquée par l'utilisation de l'article 49 alinéa 3.

par l'opposition politique ou tentées par des frondeurs au sein de la majorité du moment.[91] En conséquence, elles servent plus à manifester un désaccord politique fort en le médiatisant qu'à renverser le gouvernement. La convention de la Constitution réside ici dans un changement accepté et partagé par les députés de la finalité de l'article 49 alinéa 2 du texte constitutionnel. En bref, la motion de censure permet à l'opposition politique d'exister. Elle ne sert pas ou plus à faire disparaître le gouvernement du moment en obligeant le Premier ministre à donner la démission de l'ensemble de son équipe.

3.2 *Les usages du pouvoir exécutif dans ses relations avec la justice*

La question des relations entre le pouvoir exécutif et la justice a toujours été importante. En observation du droit, les magistrats sont nommés par le pouvoir exécutif. Le Président de la République est, en vertu de l'article 64 de la Constitution, le garant de l'indépendance de l'autorité judiciaire tout en étant assisté, dans cette haute fonction, par le Conseil supérieur de la magistrature dont il n'assure plus la présidence depuis la révision constitutionnelle de 2008. Depuis cette dernière modification, il exerce désormais le droit de grâce à titre individuel. Par ailleurs, le chef de l'État bénéficie, en vertu de la loi constitutionnelle de 2007, d'une inviolabilité pénale pendant toute la durée de l'exercice de ses fonctions présidentielles. Le ministre de la justice, au-delà du rôle important qui est le sien en matière de définition de la politique pénale, est le supérieur hiérarchique des juges du parquet et dispose à ce titre d'un pouvoir important de sanction disciplinaire. Du côté de la justice constitutionnelle, le chef de l'État est en même temps autorité de nomination pour trois juges constitutionnels, autorité de saisine du Conseil constitutionnel et, lorsque son mandat est achevé, membre de droit à vie de l'institution de la rue Montpensier. Dans le contentieux constitutionnel, le secrétariat général du gouvernement assure la défense de la loi. Il résulte de cette rapide description un sentiment mitigé de distance et de proximité entre le pouvoir exécutif et les institutions juridictionnelles là où le principe d'indépendance et la séparation des pouvoirs semblent recommander une nette distinction. La crise récente et assez inédite entre le pouvoir exécutif et l'autorité judiciaire autour du non-respect de la tradition républicaine l'alimente particulièrement (3.2.1). Il en va de même et, plus généralement, des comportements présidentiels dans l'organisation et le fonctionnement de la justice constitutionnelle (3.2.2). Enfin, et en dehors de toute question d'indépendance, la convention constitutionnelle régissant la démission des ministres inquiétés par une affaire judiciaire devra être analysée (3.2.3).

---

[91] Il a manqué deux signatures (56 sur les 58 nécessaires) pour le dépôt de la motion de censure « *de gauche* » visant à renverser le gouvernement de M. Valls à l'occasion de l'examen de la loi travail. V. Le Monde du 12 mai 2016.

3.2.1 Une crise déclarée entre les deux institutions sur fond de méconnaissance de la tradition républicaine

Les relations entre le pouvoir exécutif et l'autorité judiciaire sont organisées par la Constitution. Elles ont été redessinées par la réforme constitutionnelle du 23 juillet 2008 laquelle a mis fin à la présidence du Conseil supérieur de la magistrature (CSM) par le Président de la République. À l'heure actuelle, la présidence du CSM, dans sa formation plénière, incombe au Premier président de la Cour de cassation, lequel est également à la tête de la formation compétente à l'égard des magistrats du siège. Le premier magistrat de France préside donc une institution jusqu'alors dirigée par le Président de la République. Ainsi, le changement matérialisé par la révision constitutionnelle précitée, et précisé par la loi organique du 22 juillet 2010,[92] met fin à une anomalie qui persistait depuis longtemps malgré son incompatibilité flagrante avec le principe de la séparation des pouvoirs. Toutefois, en supprimant le rôle indûment confié au chef de l'État la réforme constitutionnelle maintient néanmoins la rédaction de l'article 64 de la Constitution lequel mentionne que « *le Président de la République est garant de l'indépendance de l'autorité judiciaire* ». Or, si cette disposition pouvait justifier, à la limite, la présence antérieure du Président de la République au sommet du CSM, il semblait logique de la supprimer également et de la remplacer par l'identification du CSM en tant que gardien de l'indépendance de l'autorité judiciaire car il y concourt déjà.[93] En d'autres termes, comme rien ne permet de fonder le rôle du chef de l'État en matière d'indépendance des juges ou le choix de lui confier la présidence du CSM, l'abrogation du dernier titre aurait dû occasionner celle de sa fonction de garant. Par ailleurs, et malgré certains aspects positifs de la réforme constitutionnelle de 2008,[94] des zones d'ombre persistent notamment dans le domaine de l'autonomie administrative. Il est, en effet, capital que le CSM puisse se doter d'un personnel administratif dépourvu de tout lien avec le pouvoir politique en place. Or, le secrétariat général du CSM ne semble pas présenter de garanties suffisantes à ce propos. Si le Président de la République ne préside plus le Conseil, il n'en demeure pas moins doté d'une force d'influence au travers de la nomination du secrétaire général lequel peut être désigné pour une durée deux fois supérieure à celle du mandat des membres du CSM.[95] En outre, ses fonctions très importantes lui permettent d'être présent dans l'ensemble des formations du Conseil y compris au sein de celles qui se prononcent sur les questions sensibles de discipline. S'il est vrai

[92]Loi organique n° 2010-830, du 22 juillet 2010, JO du 23 juillet 2010, p. 13562.

[93]Le Conseil constitutionnel a ainsi souligné que l'indépendance du CSM est primordiale car elle « *concourt à l'indépendance de l'autorité judiciaire* ». V. En ce sens, CC, n° 2010-611 DC, du 19 juillet 2010, JO du 23 juillet 2010, p. 13583.

[94]Qu'il soit permis ici de renvoyer à Sales (2015), p. 325 et s.

[95]Les membres élus et nommés du CSM disposent d'un mandat de quatre ans non renouvelables. Le secrétaire général du CSM peut, contrairement aux autres membres du CSM, être immédiatement renouvelé une fois dans l'exercice de ses fonctions et assume ainsi, potentiellement et pour une part, la continuité de l'institution pendant huit années.

que sa désignation obéit à certaines conditions,[96] il n'en reste pas moins que le magistrat désigné à ce poste a souvent été, depuis 1959, une personnalité proche du Président de la République exerçant, par ailleurs, des fonctions de conseiller technique pour les affaires judiciaires auprès de l'Élysée. En outre, malgré l'indépendance qu'on lui prête souvent, le parquet est en réalité dans une relation de proximité avec le pouvoir politique en place. Le ministère public est, effectivement, hiérarchisé et subordonné au garde des Sceaux lequel est particulièrement vigilant sur le respect de la politique pénale du gouvernement. Dans une affaire récente, la Cour de Strasbourg a reconnu que « *du fait de leur statut ainsi rappelé, les membres du ministère public, en France, ne remplissent pas l'exigence d'indépendance à l'égard de l'exécutif, qui, selon une jurisprudence constante, compte, au même titre que l'impartialité, parmi les garanties inhérentes à la notion autonome de « magistrat » au sens de l'article 5 § 3* ».[97]

Dernièrement, la crise ayant éclaté entre le pouvoir exécutif et l'autorité judiciaire révèle particulièrement les points de tension autour de la question centrale de l'indépendance. À l'origine du conflit, l'ouvrage publié en 2016[98] – dont la parution a été suivie de vives réactions de la part des magistrats et des excuses officielles présentées par le Président de la République – joue sans doute un rôle important. Cet épisode permet certainement de comprendre l'indignation récente exprimée par la Cour de cassation à la suite de la publication, le 5 décembre 2016, du décret[99] portant création d'une inspection générale de la justice chargée d'exercer ses missions sur l'ensemble de l'appareil judiciaire sans distinction alors qu'auparavant la Cour de cassation en était épargnée en ce qui concerne les contrôles de fonctionnement. Depuis la mise en place de l'inspection générale des services judiciaires, par le décret du 22 décembre 1958 sur l'organisation judiciaire, la Cour suprême de l'ordre judiciaire n'était effectivement pas concernée car elle assurait elle-même le contrôle

---

[96]Le secrétaire général est nommé par le Président de la République sur proposition conjointe du premier président de la Cour de cassation et du procureur général près cette même Cour. Le magistrat ainsi désigné doit justifier de sept ans de services effectifs en qualité de magistrat. Il est placé en détachement et ne peut exercer d'autres fonctions.

[97]V. en ce sens, Cour EDH, affaire Moulin c. France, requête n° 37104/06, du 23 novembre 2010, § 57. Dans le même sens, v. Cass. crim., Philippe Creissen, n° 7177, du 15 décembre 2010 (10-83. 674). La Cour de cassation, dans le prolongement de la jurisprudence de la Cour de Strasbourg, a reconnu que le ministère public ne peut être reconnu comme une autorité judiciaire au sens de l'article 5 § 3 de la Convention européenne des droits de l'homme car il ne présente pas les garanties d'indépendance et d'impartialité requise par ce texte. En sens inverse, le Conseil constitutionnel a souligné, quant à lui, que l'autorité judiciaire comprend à la fois les magistrats du siège et du parquet. V. CC, n° 2011-125 QPC, du 6 mai 2011, cons. 8, JO du 7 mai 2011, p. 7850.

[98]Davet et Lhomme (2016). Cet ouvrage rapporte les propos du Président Hollande dénonçant la "*lâcheté*" de l'institution judiciaire. Le Premier Président de la Cour de cassation et la Procureur général, "*mettant en parallèle ces propos avec ceux de l'ancien Président Nicolas Sarkozy qui comparait les magistrats à des "petits pois sans saveur*", ont estimé que ces attaques répétées rendaient plus indispensable que jamais un renforcement de l'indépendance de la justice". V. à ce propos, "*Pour les magistrats, les propos de Hollande posent un problème institutionnel*", Le Monde du 13 octobre 2016.

[99]Décret n° 2016-1675 du 5 décembre 2016, JO n°0283 du 6 décembre 2016.

de son propre fonctionnement. Avec le changement induit par le décret précité, le redéploiement de l'inspection générale de la justice, placée comme avant sous l'autorité du garde des Sceaux et agissant toujours comme auparavant sur sa demande, est perçu, par la Cour de cassation, comme une nouvelle brèche dans l'indépendance de la justice ou plus exactement comme la remise en cause symbolique de ce principe essentiel à tout État de droit. La lettre envoyée le 6 décembre 2016 au Premier ministre, par le Premier président de la Cour de cassation et par le Procureur général près cette même Cour, en témoigne clairement en soulignant que « *la Cour de cassation, juridiction supérieure de l'autorité judiciaire, est placée sous le contrôle direct du gouvernement par l'intermédiaire de l'inspection générale des services du ministère de la justice en rupture avec la tradition républicaine observée jusqu'à ce jour* ».[100] De façon inédite, la passe d'armes entre le pouvoir exécutif et l'autorité judiciaire suprême s'est prolongée par un échange de courriers rendu public par la Cour de cassation, sur son site internet. Pour sa part, le garde des Sceaux n'a pas adhéré à la thèse de la tradition républicaine permettant d'exclure la Cour de cassation du champ de compétence de l'inspection générale en ce qui concerne les contrôles de fonctionnement.[101] En réponse, la Cour de cassation a maintenu sa position en considérant que derrière ladite tradition il y avait une conception de la séparation des pouvoirs qui faisait consensus.[102] En outre, il paraissait sans doute plus opportun de rattacher l'inspection générale de la justice au CSM dont la mission est de garantir l'indépendance de la justice.

3.2.2 Les comportements présidentiels dans l'organisation et le fonctionnement de la justice constitutionnelle

Si l'organisation et le fonctionnement de la justice constitutionnelle sont principalement déterminés par le texte constitutionnel, il existe néanmoins, dans ces deux domaines, une marge de manœuvre présidentielle illustrée par la pratique.

Là où certains pays ont opté pour le système de l'élection, comme en Allemagne, ou pour un système mixte associant élection et nomination, comme la plupart des pays européens,[103] la France a privilégié, quant à elle, une modalité particulière de désignation reposant sur la seule nomination des juges constitutionnels. En outre, le Conseil constitutionnel comprend des membres de droit « *désignés* » par la Constitution. Tout d'abord, les neuf membres dont l'institution est composée sont nommés, pour une durée de neuf ans non renouvelable, par des autorités politiques occupant

[100]https://www.courdecassation.fr/venements_23/relations_institutionnelles_7113/matignon_7930/decembre_2016_35652.html.

[101]Lettre du 7 décembre 2016.
https://www.courdecassation.fr/venements_23/relations_institutionnelles_7113/matignon_7930/decret_5_decembre_2016_7931/decembre_2016_35658.html.

[102]Lettre du 8 décembre 2016. https://www.courdecassation.fr/venements_23/relations_institutionnelles_7113/matignon_7930/decret_5_decembre_2016_7931/decembre_2016_35659.html.

[103]À ce propos, v. Rousseau (1998).

les fonctions les plus importantes au sommet de l'État. Le Président de la République, pour sa part, en désigne trois et les Présidents de l'Assemblée nationale et du Sénat en nomment respectivement trois chacun. Parmi les « *neuf sages* », le chef de l'État désigne le Président du Conseil. À ce stade, il est difficile de ne pas critiquer le choix du constituant de confier aux représentants du pouvoir exécutif et législatif le soin de déterminer la composition de l'institution chargée de contrôler les lois qui, pour la plupart, trouvent leur origine dans des projets défendus par le gouvernement et visant à mettre en œuvre la politique nationale déterminée par le chef de l'État. En outre, deux autorités sur les trois – le Président de la République et celui de l'Assemblée nationale – font généralement partie du même camp politique depuis l'apparition du phénomène majoritaire. Le pouvoir déterminant qui leur est ainsi donné laisse donc planer un doute non négligeable sur la politisation du Conseil constitutionnel. Qui plus est, les nominations sont entièrement discrétionnaires puisqu'il n'existe aucune condition requise pour devenir juge constitutionnel. L'exigence kelsenienne selon laquelle la Cour constitutionnelle doit être composée de juristes de profession n'est pas observée en France et nulle expérience professionnelle, accompagnée d'une durée significative, n'est imposée. Les constituants de 1958 n'ont pas jugé utile de réserver l'exercice du contrôle de constitutionalité à des spécialistes du droit afin d'éviter qu'un tel contrôle soit réalisé essentiellement autour de considérations politiques. Ce faisant, ils n'ont pas directement offert toutes les conditions nécessaires pour assurer l'indépendance et l'impartialité des juges constitutionnels. Les choix partisans sont en conséquence possibles et incontestables sur le terrain contentieux.[104] La récente tentative de limitation de ce pouvoir de nomination, inaugurée par la révision constitutionnelle du 23 juillet 2008, n'inversera pas véritablement cette tendance dans la mesure où les conditions politiques seront rarement réunies pour que la commission permanente de chaque assemblée puisse s'opposer aux décisions des trois présidents.[105]

Néanmoins, la pratique des nominations permet de nuancer cette appréciation. Les Présidents de la République et ceux des deux assemblées ont, il est vrai, souvent pris pour habitude de désigner des personnalités en raison de leur qualité de juristes reconnus. Ainsi, de nombreux professeurs de droit ont siégé au Conseil constitutionnel à l'image de M Waline, de F Luchaire, de G. Vedel, de R. Badinter, de J. Robert ou de J-C Colliard. Des vice-présidents du Conseil d'État ont été également nommés comme B Chenot, R Cassin ou encore R Denoix de Saint-Marc et des anciens premiers présidents de la Cour de Cassation, comme G. Canivet, sont devenus juges constitutionnels. Les membres issus du monde politique ont été également, pour certains, titulaires d'un doctorat en droit. Tel fût

[104]CE, 9 avril 1999, n° 195616, Mme Seynabou Ba, Rec., p. 124.

[105]Le dernier alinéa de l'article 13 de la Constitution prévoit que le Président de la République ne peut procéder à une nomination lorsque l'addition des votes négatifs dans chaque commission permanente compétente des deux assemblées représente au moins trois cinquièmes des suffrages exprimés au sein des deux commissions. En vertu de l'article 56 de la Constitution, « *les nominations effectuées par le président de chaque assemblée sont soumises au seul avis de la commission permanente compétente de l'assemblée concernée* ».

le cas du premier président du Conseil constitutionnel, Léon Noël ou encore de Jean-Louis Debré. Sans qu'il soit nécessaire de multiplier les exemples, il est clair que les autorités de nominations ont recherché à justifier leurs choix par un certain nombre de conditions au titre desquelles la qualité de juriste est assez régulièrement représentée.[106] D'un autre point de vue, il est aussi important de souligner que le Conseil constitutionnel n'a pas fait varier sa jurisprudence au gré des alternances politiques. Par ailleurs, la règle de l'interdiction du renouvellement du mandat constitue une garantie contre la tentation, pour les autorités de nomination, d'échanger une « *bonne décision* » contre une nouvelle nomination au sein du Conseil constitutionnel.[107] Enfin, les dispositions statutaires offrent aux juges constitutionnels une protection indispensable à leur liberté d'action dans le cadre de leurs fonctions. Les incompatibilités avec tout mandat électoral, avec la fonction de conseiller, de membre du gouvernement ou du Conseil économique et social et les incompatibilités professionnelles identiques à celles des parlementaires y sont destinées.[108] En outre, il est prohibé, pendant la durée de leur mandat, de les nommer à un emploi public ou de leur offrir une promotion au choix s'ils sont fonctionnaires.[109] Il est également interdit aux juges de prendre une position publique sur les questions ayant fait ou susceptibles de faire l'objet de décisions de la part du Conseil, ou de consulter sur les mêmes questions.[110] La cessation des fonctions ne peut, de son côté, que relever d'un choix délibéré des juges constitutionnels[111] ou à la suite d'une démission d'office dès lors que le Conseil constitutionnel a constaté un cas d'incompatibilité ou d'incapacité physique permanente.[112]

[106]En revanche, les trois nominations intervenues en mars 2010 (M. Charasse nommé par le Président de la République, H. Haenel par le Président du Sénat et J. Barrot par le Président de l'Assemblée nationale), portant sur des personnalités politiques au moment juste où la question prioritaire de constitutionnalité entrait en application (le 1er mars 2010), contribuent malheureusement à la politisation d'une institution qui se juridictionnalise.

[107]Il est tout de même possible de remercier un juge pour « *services rendus* » en lui offrant d'autres postes à responsabilités, par exemple, au sein d'un gouvernement. Ainsi, Mme N. Lenoir est-elle devenue secrétaire d'État aux affaires européennes dans le gouvernement de J-P Raffarin après avoir siégé au Conseil constitutionnel et préparé le rapport relatif à la décision ayant permis de protéger le Président de la République en exercice contre des poursuites judiciaires devant les juges ordinaires. V. CC, décision n° 98-408 DC du 22 janvier 1999, Rec., p. 29.

[108]Article 4 de l'ordonnance n° 58-1067 du 7 novembre 1958 portant loi organique sur le Conseil constitutionnel.

[109]Article 5 de l'ordonnance précitée.

[110]Article 7 de l'ordonnance précitée. L'article 2 du décret n° 59-1292 du 13 novembre 1959, sur les obligations des membres du Conseil constitutionnel, interdit à ses membres d'occuper au sein d'un parti ou groupement politique tout poste de responsabilité ou de direction.

[111]Roland Dumas, alors Président du Conseil constitutionnel, a remis sa démission le 1er mars 2000 à la suite de sa mise en examen dans l'affaire « *Elf Aquitaine* ». Il sera relaxé par la suite par la Cour d'appel de Paris le 29 janvier 2003.

[112]Voir les articles 9, 10 et 11 de l'ordonnance précitée.

Ensuite, l'institution est composée de membres de droit qui disposent du même statut que tous les juges constitutionnels. À la différence des autres, en revanche, aucune nomination n'est nécessaire dans la mesure où cette catégorie vise les anciens Présidents de la République lesquels décident librement d'intégrer le Conseil constitutionnel. Deux justifications au moins peuvent expliquer l'existence de ce statut particulier. En premier lieu, il permet d'offrir une digne retraite aux anciens chefs d'État. En second lieu, leur expérience passée en tant que garant du bon fonctionnement des institutions constitutionnelles est également susceptible d'être utile. À l'origine, Vincent Auriol et René Coty, Présidents de la IVème République, ont accepté de siéger au Conseil constitutionnel. Le général de Gaulle et François Mitterrand avaient exprimé clairement leur refus d'y participer[113] alors que Georges Pompidou est décédé dans l'exercice de ses fonctions. Valery Giscard d'Estaing, Jacques Chirac et Nicolas Sarkozy en sont membres depuis 2004 pour le premier, 2007 pour le second[114] et 2012 pour le dernier.[115]

La présence des anciens chefs d'État dans la composition de l'institution ne contribue pas à parfaire son indépendance. Plus encore, leur participation ponctuelle aux travaux du Conseil constitutionnel peut totalement discréditer ses décisions. En effet, la présence d'un ancien Président, lors du contrôle de constitutionnalité de telle ou telle loi, peut être interprétée comme une opposition ou un soutien au texte examiné. Ainsi, afin d'éviter les accusations de partialité, Pierre Mazeaud, ancien Président du Conseil, n'avait pas hésité à rappeler à l'ordre Valery Giscard d'Estaing en lui précisant que les membres de droit sont assignés aux mêmes obligations que les membres nommés. En conséquence, et sauf cas de force majeure, ils doivent participer comme les autres aux séances de travail de l'institution. Cependant, la presse révèle régulièrement et dès qu'elle en a l'occasion, l'absence des membres de droit lors de telle ou telle décision rendue par le Conseil constitutionnel. En outre, la participation active de Valery Giscard d'Estaing à la campagne référendaire en faveur de l'adoption de la « *Constitution européenne* », en 2005, a démontré le rôle politique qu'il continuait de jouer sur la scène nationale en délaissant, à cette occasion, son siège au Conseil constitutionnel.[116] Enfin, depuis la mise en place de la question prioritaire de constitutionnalité, les anciens Présidents de la République peuvent être amenés à participer au contrôle a posteriori des lois qui ont été nécessaires à la mise en place de leur ancienne politique lorsqu'ils étaient au pouvoir ou de celles destinées à la détermination de la politique nationale de leurs concurrents. Leur impartialité est donc forcément douteuse. Au-delà de cet aspect, la

[113]François Mitterrand s'était néanmoins réservé la possibilité d'intervenir en cas de menace pour les droits et libertés.

[114]Dans les faits, Jacques Chirac n'y siège plus depuis 2011.

[115]Nicolas Sarkozy n'y siège plus depuis 2013 à la suite de l'annulation par le Conseil constitutionnel de ses comptes de campagne de 2012.

[116]À cette période, une proposition de résolution, *tendant à* créer *une* commission d'enquête *sur les* atteintes *au* devoir *de* réserve *des* membres *du* Conseil constitutionnel *et sur leurs* conséquences *quant à l'*impartialité *des* décisions rendues, a été déposée par le sénateur J-L Masson. Proposition n° 308 enregistrée à la présidence du Sénat le 27 avril 2005.

question prioritaire de constitutionnalité, finalement rejetée par la Cour de cassation en 2011,[117] qui était à l'origine de la suspension du procès de Jacques Chirac dans l'affaire des emplois fictifs de la Ville de Paris, aurait posé des problèmes importants au Conseil constitutionnel avec le nécessaire déport d'un nombre important de membres ayant un lien avec l'ancien chef d'État. L'examen, par le Conseil constitutionnel, de la régularité des comptes de campagne de Nicolas Sarkozy[118] alors que ce dernier était membre du Conseil constitutionnel, constitue un ultime exemple de ce mauvais système malgré le déport de l'intéressé dans cette affaire. Pour l'ensemble de ces raisons, la suppression[119] de cette catégorie de membres au sein du Conseil constitutionnel semble plus opportune que son maintien.

Une fois adoptée par le Parlement, la loi est transmise au Président de la République en vue de sa promulgation. En vertu de l'article 10 de la Constitution, le chef de l'État dispose d'un délai de quinze jours pour clore cette dernière étape du processus législatif conditionnant l'entrée en vigueur de la loi à compter de sa publication au journal officiel de la République française.[120] Néanmoins, entre le moment où la loi est votée et l'instant où elle est publiée s'ouvre une courte période pendant laquelle le Conseil constitutionnel peut en être saisi pour vérifier sa conformité à la Constitution. À ce stade plusieurs remarques s'imposent. Tout d'abord, le silence de la Constitution relatif au temps minimum imparti au chef de l'État pour procéder à la promulgation de la loi pouvait être fatal au contrôle de constitutionnalité facultatif et préventif. En effet, il suffisait, par exemple, au Président de la République d'assurer la promulgation du texte législatif dès la réception de la loi votée pour éviter le contrôle de sa validité constitutionnelle. Une telle hypothèse, si elle ne s'est jamais produite délibérément en raison de l'observation de ce délai par les différents chefs d'État, n'interdit pas une pratique totalement opposée afin de contourner le recours au Conseil constitutionnel.[121] Ainsi, il semblerait préférable de substituer à cette convention de la Constitution une modification du texte fondamental pour intégrer, par exemple, dans l'article 10 de la Constitution un délai fixe pendant lequel le Conseil peut être saisi de l'examen des lois ordinaires. À l'heure actuelle, cette proposition perd sans doute

[117] V. Les arrêts n° 595 à 598 du 20 mai 2011 rendus par la Cour de cassation réunie en Assemblée plénière.

[118] CC, décision n° 2013-156 PDR du 4 juillet 2013, Rec., p. 865.

[119] Voir en ce sens la proposition formulée par le Comité consultatif pour une révision de la Constitution, présidé par le doyen Georges Vedel, 15 février 1993, JO du 16 février 1993, p 2537 et s. Le projet Bayrou « *pour la confiance dans notre vie démocratique* » allait dans le même sens. V. Le Monde du 1er juin 2017, « *La moralisation de la vie politique passera par une révision de la Constitution* ».

[120] La loi entre en vigueur un jour franc après sa publication au JORF.

[121] Un "*accident*" s'est néanmoins produit en 1997 lorsque le Président de la République a promulgué la loi portant réforme du service national la veille du jour où 62 sénateurs ont déposé un recours devant le Conseil constitutionnel. Les juges constitutionnels ont donc été saisi le 29 octobre 1997 de la loi promulguée le 28 octobre ! V. CC, n° 97-392 DC, du 7 novembre 1997, Rec., p. 235.

de son intérêt avec la mise en place de la question prioritaire de constitutionnalité car l'absence de saisine, avant la promulgation, n'empêche nullement le recours a posteriori au Conseil constitutionnel. Néanmoins, il a fallu attendre 2008 pour surmonter ce problème potentiel.

3.2.3 La démission des ministres inquiétés par une affaire judiciaire

Selon l'article 68-1 de la Constitution, les membres du gouvernement, Premier ministre compris, sont à titre individuel pénalement responsables des crimes ou délits commis dans l'exercice de leurs fonctions. À ce titre, ils sont justiciables devant la Cour de justice de la République, depuis une réforme du 27 juillet 1993.[122] En revanche, les actes criminels et délictuels perpétrés en dehors des fonctions ministérielles relèvent de la compétence des juridictions ordinaires. De ce dernier point de vue, la question a été posée de savoir si un ministre mis en cause dans une affaire judiciaire non liée à l'exercice de ses fonctions pouvait rester membre du gouvernement. Ici, il existe depuis les années 90 un usage – abusivement dénommé « *la jurisprudence Bérégovoy-Balladur* » – qui veut qu'un ministre, dans une telle situation, donne sa démission pour pouvoir librement préparer sa défense et pour éviter que l'affaire ne rejaillisse sur l'ensemble du gouvernement.[123] Il ne semble donc pas exagéré de considérer cette pratique comme érigeant, de fait, l'existence d'une responsabilité politique individuelle sanctionnant préventivement un ministre non encore déclaré coupable sur le plan pénal. Néanmoins, ladite solution n'emporte pas totalement la conviction car si les ministres doivent pouvoir être jugés, il est également important, pour eux, de pouvoir disposer des garanties judiciaires offertes à tout justiciable et, au titre des plus importantes, de la présomption d'innocence.[124] Ainsi, sous la présidence de Nicolas Sarkozy, la tendance politique a consisté à admettre le maintien dans le gouvernement d'un ministre tant qu'il n'était pas renvoyé en correctionnelle ou tant qu'il n'était pas condamné. Une nouvelle pratique est donc née, entraînant avec elle la reconnaissance d'une responsabilité politique individuelle impliquant la démission d'un ministre condamné jusqu'à ce que François Hollande et Emmanuel Macron renouent avec l'ancien système avec, pour le premier, l'embarrassante affaire « *Cahuzac* »[125] et pour le second, l'affaire

---

[122]Voir la loi constitutionnelle n° 93-952 du 27 juillet 1993, JO du 28 juillet 1993, p 10600.

[123]Voir par exemple, les démissions de Bernard Tapie en 1992 ; de Gérard Longuet, d'Alain Carrignon et de Michel Roussin en 1994 ; de Dominique Strauss-Kahn en 1999 ; de Renaud Donnedieu de Vabres en 2002 ou encore récemment de Pierre Bédier en 2009.

[124]Ainsi, André Santini a-t-il été nommé ministre du gouvernement Fillon en 2007 alors qu'il faisait l'objet d'une mise en examen depuis 2006. Auparavant, ce fût le cas également de Renaud Donnedieu de Vabres au moment de son entrée dans le gouvernement Raffarin. Deux exemples, qui démontrent une rupture avec la pratique politique inaugurée sous le gouvernement de Pierre Bérégovoy en 1992.

[125]Jérôme Cahuzac a démissionné au mois de mars 2013 et a été condamné à trois ans de prison ferme par le tribunal correctionnel de Paris le 8 décembre 2016. V. Le Monde du 8 décembre 2016.

« Ferrand ».[126] Les deux chefs d'État précités ont également été confrontés à la question sensible des emplois parlementaires présumés fictifs avec la démission, sous François Hollande, de Bruno Le Roux[127] en raison de contrats de travail familiaux et, sous Emmanuel Macron, avec le départ de François Bayrou, de Marielle de Sarnez et de Sylvie Goulard[128] au sujet des salariés du Modem qui auraient été, en même temps, recrutés comme assistants parlementaires de députés européens du parti. Il y a donc bien, en la matière, une convention de la Constitution observée comme une obligation par les membres du gouvernement concernés mais, en même temps, marquée par une discontinuité de nature sur les causes du déclenchement.

Références

Alexis de Tocqueville (1964) *Souvenirs*, dans *Œuvres complètes,* t. XII, Paris, Gallimard, p 188

Avril P (1997) Les conventions de la Constitutions, Léviathan. PUF, p 111 et s. et p 185

Beaud O (2013) Le Conseil constitutionnel et le traitement du Président de la République: une hérésie constitutionnelle. Jus politicum - n°9, p 30

Bréchon P (2009) Le Président français, un monarque républicain, https://halshs.archives-ouvertes.fr/halshs-00468874/document

Capitant R (1971) Écrits politiques. Flammarion, Paris, p 19

Carré de Malberg R (1920) Contribution à la théorie générale de l'État, Sirey, réimpression CNRS, 1962, t. I, p 683

Colliard J-Cl (1993) L'État d'Andorre, Annuaire français de droit international. Numéro 39 (1):377–392

Damamme D (1992) Les précédents. L'enjeu de la qualification. In: Politix. Quatrième trimestre 5 (20):35–53, et spécialement, p 38

Davet G et Lhomme F (2016) Un Président ne devrait pas dire ça. Stock, Paris

Dosière R (2007) L'argent caché de l'Élysée. Seuil, Paris

Duhamel P et Santamaria J (2015) Jamais sans elles, des femmes d'influence pour des hommes de pouvoir. Plon, Paris

Duverger M (1974) La monarchie républicaine ou comment les démocraties se donnent des rois, R. Laffont, Paris, p 284

Duverger M (1996) Les monarchies républicaines, Pouvoirs. Les monarchies 78:107–120

Hogg Peter W (1977) Constitutional Law of Canada, 1977, p 7

[126]Voir Le Monde du 6 juin 2017, « *Affaire Ferrand, le parquet de Brest ouvre une enquête préliminaire* ». À cette occasion, le Premier ministre Édouard Philippe a fait savoir qu'un ministre mis en examen doit démissionner. Richard Ferrand a donc, été maintenu dans ses fonctions jusqu'à la fin du mois de juin. En l'absence de mise en examen, il a tout de même quitté le gouvernement pour prendre la tête du groupe des députés de la République en marche à l'Assemblée Nationale.

[127]« *Bruno Le Roux démissionne à la suite de révélations sur l'emploi de ses filles à l'Assemblée Nationale* », Le Monde du 21 mars 2017, http://www.lemonde.fr/police-justice/article/2017/03/21/affaire-bruno-le-roux-le-parquet-national-financier-ouvre-une-enquete-preliminaire-sur-les-emplois-des-filles-du-ministre-a-l-assemblee_5098389_1653578.html.

[128]« *François Bayrou (Justice) et Marielle de Sarnez (Affaires européennes) quittent le gouvernement* », La Tribune du 21 juin 2017, http://www.latribune.fr/economie/france/francois-bayrou-justice-et-marielle-de-sarnez-affaires-europeennes-quittent-le-gouvernement-740979.html.

Laurent C (2014) Les Présidents français et le pape, des rencontres rituelles, La Croix
Massot J (1979) Le Chef du gouvernement en France, La documentation française, p 30
Meyer-Stabley B (1995) Les dames de l'Élysée - Celles d'hier et de demain. Librairie Académique Perrin, Paris
Pena-Ruiz H (2007) Laïcité: les cinq fautes du Président de la République, Le Figaro
Rosso R (2000) Le ballet de la République, L'Express
Rousseau Ch (1974) Droit international public, Sirey, tome II, p 342
Rousseau D (1998) « *La justice constitutionnelle en Europe* » 3ème édition, Paris, Montchrestien, collection clés
Rousseau D (2016) Le renoncement de François Hollande, Midi libre, rubrique Lignes ouvertes
Sales E (2015) Le droit constitutionnel de la Vème République, Ellipses, p 325 et s, Paris
Valode Ph (2010) Les premières dames de la Vème République. L'archipel, Paris

Political Considerations in the Recognition of Usages: The Israeli Experience

Arlette Slomiansky

Résumé Le premier point de l'article rappelle les raisons historiques et sociologiques des législations en vigueur en Israël et les raisons d'un relatif dédain pour les usages. Le second point s'attarde sur les principales décisions de justice qui ont abouti à une approche apparemment large et informelle de l'interprétation contractuelle qui a été un instrument pour imposer des principes constitutionnels à des pratiques contractuelles. Cela a été possible par l'élaboration d'une technique d'interprétation libre de contraintes textuelles et «téléologique». Cette approche s'est développée à travers une extensive application de la bonne foi. Cependant, la tendance jurisprudentielle indique un retour à une approche plus mesurée. Le troisième et dernier point tend à mettre en exergue les conséquences de l'hégémonie de la bonne foi au détriment des normes informelles.

1 Introduction

Under Israel's current Contracts Law, usages play a poorly understood and apparently negligible role; they have received scant attention in judicial rhetoric and academic works. This paucity of interest in informal norms generally, and in usages specifically derives from sociological, historical and political reasons.

While the Israeli Legal System is a modern and sophisticated legal system, it still is in development (Part 1). The political struggles to determine the political hue of Israeli Democracy that marred the end of the twentieth century and the beginning of the 21st, are reflected in the landmark cases of that period. In those cases involving contractual situations and Contracts Law, the Israeli Supreme Court elaborated a "broad" and "purposive" approach to the interpretation of legal content while it granted considerable discretion to the judge in the analysis and resolution of cases

A. Slomiansky (✉)
Université Hébraïque d'Israël, Jerusalem, Israel
e-mail: ameir2@bezeqint.net

L. Mayali, P. Mousseron (eds.), *Customary Law Today*,
https://doi.org/10.1007/978-3-319-73362-3_10

before the court. The nub of the approach was the broadening of the notion of *Good Faith* into a two-prong concept including "subjective Good Faith" and "objective Good Faith". From the moral concept of *Good Faith* and the obligation of *Good Faith* imposed by legislation, the Supreme Court extracted the overarching "Good Faith Principle" ("the GFP") and applied it extensively. The GFP became an instrument of judicial rhetoric for imposing on contract practices abstract "constitutional" principles and for rewriting the parties' contract according to the judge's own vision of Law and Society. However, the current trend in Israeli case law seems to indicate a return to a more balanced approach. Nevertheless, informal contract norms are far from enjoying in Israeli Law the role recognized by most practicing lawyers and by European academics. (Part 2) The hegemony of the GFP at the expense of informal norms has had notable and often the kind of unfortunate consequences (Part 3) that any legal system would want to avoid (Part 4).

2 The Growing Pains of a Legal System

2.1 The State of Israel Is a Mixed Jurisdiction[1]

In 1948, at the time of the recognition of the State of Israel, its residents were subject to: (1) British Mandatory Law, that is to say that the Common Law applicable in administrative and criminal matters; (2) Ottoman Law, i.e., the Mejelle, a derivative of both the French Civil Code and Muslim Law, applicable in purely local matters such as property and Contracts Law; (3) and by Muslim Law and Jewish Law applicable in personal status matters.

The Jewish Communities who gathered in Israel, brought with them varied interpretations of Jewish Law and the particular customs of their places of origin. Jewish Law has always granted a major role to usages, which allowed the flexibility necessary to the indispensable adaptation of the Jewish People and Jewish Law to changing conditions through time and place. However, because of the rift between Jewish Orthodoxy and Jewish Secularism created by the *Enlightenment*[2] and by the geographical and cultural distances between the various Jewish communities, lawyers and legislators practicing in Israel were often ignorant of Jewish Law or were

[1]The term "mixed jurisdiction" is ambiguous: in this paper it refers to the application by a judicial authority of laws of foreign origin having been integrated within the Law of the state within which this particular court has jurisdiction.

[2]The *Enlightenment* is the period during the seventeenth and eighteenth century when rationalist thought started penetrating and impacting profoundly European culture as well as Jewish communities in Germany and France. Because most of the first Israeli lawyers came from a Jewish environment deeply affected by the *Enlightenment*, few were well-versed in Jewish Law. However, many had received their legal education either in Germany or in other European Civil Law countries and were familiar with the concept of *Good Faith*; the others, educated in England, were familiar with the *Reasonable Man* standard. It is well accepted that, even when not explicitly acknowledged by judicial rhetoric, these two standards rely on conducts generally accepted in similar circumstances.

ideologically committed to ignore it. Actually a majority of them viewed custom and usage as obstacles to the building of a modern legal system in a cohesive society. Very few, such as Professor Tedeski, considered that so long as usages and customs did not violate the public policy of the new state, the respect of such informal norms was a sign of respect for the "other" and that indeed their application was a way of preventing the newcomers' alienation while reassuring them.[3]

Actually the Israeli Legal System manages to combine Common Law and Civil Law: the influence of the Common Law, both British and American, has been dominant in case law while the Israeli legislation, in Contracts Law specifically, is rooted in the German Codification. This intriguing combination finds its source in the national origins and the foreign legal education of the first and second generations of legal scholars, officials, legislators and judges in Israel. Most of the scholars and practitioners responsible for the elaboration of the Israeli Legal System had received their legal education in Weimar Germany or in other European Civil Law countries; the others had been educated in England.

Politically, Israel has seen the gathering of all its exiles but has not been a melting-pot: each ethnic group has either entered the desired ideological mold set by the socialist institutions of the early governments or has resisted it vehemently with varying degrees of success, depending upon the number of each group's constituents and its relative economic and political power. The often violent political and ideological struggles between the groups vying for the power to determine the character of Israeli society impacted the way the Supreme Court perceived its role.

2.2 The Self-Imposed "Mission" of the Israeli Supreme Court

Facing governments promoting a centralist approach either because of socialist ideology or because of perceived threats to the cohesion of the new state, the Israeli Supreme Court quickly saw its role as providing and ensuring the checks and balances necessary to protect the individual, to promote liberalism and to maintain a democratic equilibrium in public life.[4] Judges and academics have been promoting the idea of Israel becoming a *State of Law*. In the Israeli context, the *State of Law* concept could be interpreted as "government by legislation"[5] in which court rulings are not precedent and their only role is to clarify existing legislation. However, the decisions of the Supreme Court have always been given precedential value. Actually, the reference to a *State of Law* is a political statement: it signals the supremacy of legislation as well as the commitment of the Courts to a democratic, liberal and individualistic approach to the interpretation and application of legislation.

---

[3]Tedeski (1973), p. 9 (hereinafter Tedeski).

[4]Mautner (1998), pp. 321–352 (Hebrew).

[5]The *State of* Law concept is a German concept that does not exist in French law and is not the equivalent of the Anglo-American *Rule of Law*.

The 1977 parliamentary elections created a political schism between the Government and Parliament on one hand and the Supreme Court on the other. The "founding" elites who had left or center left leanings and who had governed since the beginnings of the State were replaced by political parties with very different approaches to the economy, to society and to the relations with the Palestinian inhabitants. This divide deepened when Professor Aaron Barak, an academic of exceptional stature who had been a high-ranking civil servant, was appointed to the Supreme Court and became thereafter its Chief Justice.[6] Under his influence and then leadership, the Supreme Court assumed its traditional role of counterbalance to the Legislator and Executive. Thus, in order to compensate for the lack of a civil[7] Constitution that would enshrine enlightened liberalism and thereby would allow the judiciary to protect but also promote liberal values, Chief Justice Barak built an approach to legal interpretation that combined three (3) provisions in the Laws of Contracts (General Section)-1973 (thereafter the Contracts Law): the obligation of *Good Faith* in contractual negotiation[8]; the obligation of *Good Faith* in contractual performance[9]; and the application of the provisions of the Contracts Law to legal actions and transactions not within the scope of the Contracts Law and to obligations even if those were not resulting from a contract.[10] He used the *Good Faith* obligation as a device in order to escape strict textual interpretation and to introduce exteriorities into the contract (or the law),—even in disregard of the parties' agreement. He dubbed the obligation of *Good Faith* "a valve concept" and "the supreme principle of the Israeli Legal System".[11] In parallel, Chief Justice Barak promoted judicial activism and broad judicial discretion in the interpretation of all legal texts. Such interpretation had to be according to the values held by "the Enlightened Public", the latter being none other than the Supreme Court Justices who alone set the standard against which all values and decisions must be measured.

---

[6]Aaron Barak was President of the Supreme Court of Israel from 1995 to 2006. Prior to that, he served as a Justice on the Supreme Court of Israel (1978–1995), as the Attorney General of Israel (1975–1978), and as the Dean of the Law Faculty of the Hebrew University of Jerusalem (1974–1975).

[7]The tem "civil" is used here to reflect the abysmal divide between the members of the Israeli Public who believe that the Israeli State is a secular entity that should have a Constitution as a matter of political good husbandry, and those who believe that the Torah (the Jewish Bible) is the Constitution of the Jewish State.

[8]Contracts (General Part) Law, 1973-Article 12.

[9]Contracts (General Part) Law, 1973-Article 39.

[10]Contracts (General Part) Law, 1973-Article 61.

[11]In the Bible, the linguistic reference for Hebrew, the Hebrew term referred time and again by the Supreme Court means literally "royal".

3 Implications for the Place and Role of Usages in Israeli Law

3.1 General Legal Context

At the time of the establishment of the State of Israel, the British Mandatory courts system was in place and functioning in Palestine, most local lawyers were English-trained. It has long been observed that lawyers argue what they think judges want to hear and can understand. Therefore, after 1948, arguments based on English case law kept on being presented and since custom was a cumbersome tool in its English iteration and a little appreciated source in modern Common Law, case law rarely resorted to usages and informal norms did not developed as such. It was simply easier to practice according to long-established reasoning.

In 1972, the Ottoman Mejelle which recognized usages was abrogated.[12] When the repeal of the Mejelle was first considered, Professor Tedeschi wrote an extensive article on the importance of customs and usages to every legal system. Later, Professor Gavizon also deplored the abolition of the Mejelle and emphasized the importance of integrating customs, usages and generally accepted practices among the recognized sources of law in the new legislation. She argued that usages preserved and promoted the dynamism of the Law.[13] Furthermore, both scholars emphasized that usages were part of Israeli Law, even though the Mejelle had been repealed and would remain so even without any references to usages in the Israeli legislation. Both were convinced of the immense and irrepressible role that usages and practices play in a democratic legal system.

In 1973a series of laws, referred to as the "first codification", were promulgated and most of them remain in force today.[14] These laws contain express references to Usage in specific areas.[15] Moreover, Israel has ratified The Hague Convention and then the Vienna Convention for the International Sales of Goods. Israeli Courts recognize the existence of international merchant practices and they have applied them but to well-circumscribed areas of the Law only. Unfortunately, most of the cases arising under such conventions and involving Israeli parties, are generally

[12]The Mejelle provided that every provision of the custom is considered a written word and binding. Gavizon (1984). Abolition of the Mejelle: Custom as a Source of law. *Mishpatim* 14: 325 (hereinafter "Gavizon"). The place of usages in the Mejelle is similar to that of their place in the French Civil Code: they are informal norms with normative force while in Anglo-Saxon law usage is a standard or measure of reasonableness.

[13]See Gavizon (1984).

[14]A proposed Code of Obligations was written at the instigation of Professor Barak but has unattended in the legislation commission of the Parliament for many years.

[15]Whether those references amount to a specific but limited recognition constituting exception to a general refusal of the use of usages and customs, or whether those references are specific directives to use a particular usage under a general acceptance of all usages and customs, was a question debated after the abolition of Ottoman Law. The answer then given was that indeed Israeli law generally recognized the existence of usages and customs.

arbitrated or subject to foreign jurisdiction; consequently their impact on Israeli domestic law is limited.[16]

3.2 Specific Provisions in Israeli Legislation

In the last thirty (30) years, the obstacle to the recognition of usages as legal norms resulted from the interpretation and application by the Supreme Court of four (4) articles of the Contracts Law. Those are Articles: 12- *Good Faith and Negotiation*; Article 25- *Contract Interpretation*; Article 26- *Contract Completion;* and Article 39-*performance in Good Faith.*

In order to understand the theoretical and practical neglect by Israeli law of informal norms, usages among them, it is essential to understand the long and hard battle among the Justices of the Israel Supreme Court over the nature and process of the interpretation of legal texts generally, and contracts specifically.

Originally, Article 25–Contract Interpretation provided that:

> a- The contract will be interpreted according to the [assessment of the parties' intentions-amp][17], as such [assessment-amp][18] appear from the [content of-amp][19] the contract, and if such intentions do not appear from there- according to the circumstances.
>
> . . .
>
> c- Expressions and provisions in a contract that are customarily used in contracts of a same nature will be interpreted in accordance to the meaning they are given in such contracts.

Since its amendment in 2011, Article 25 now provides that:

> a- A contract will be interpreted according to the [assessment of the parties' intentions-amp],[20] as [the assessment of the parties' intentions -amp][21] appear from the contract and from the circumstances; however, if the [assessment of the parties' intentions] may be explicitly inferred from the language of the contract, the contract will be interpreted according to its language.
>
> b- Should a contract be open to several interpretations, the interpretation supporting its formation will prevail over an interpretation voiding it.

---

[16]Adar (2014), pp. 518–538.

[17]The author added the expression "assessment of the parties' intention" so that the English translation be closer to the Hebrew terminology that indicates that the intentions are the result of an evaluation or of a thought process. Professor Zamir once suggested the indication of a process resulting in intentions would suggest the possibility to refer to external, objective indications of such intentions.

[18]Word added by the author in order that the English translation correspond more adequately to the original.

[19]Id.

[20]Id.

[21]Id.

b1- Should a contract be open to several interpretations, the interpretation against the party who drafted it will be preferred to the interpretation favoring the drafting party.

c- Expressions and provisions in a contract that are customarily used in contracts of a same nature will be interpreted in accordance to the meaning they are given in such contracts.

d- [Interaction with other provisions of various laws]

It must be noted that in section a of old Article 25, usages are referred indirectly through the references to the circumstances, i.e., the context of the transaction and the terminology used in similar contracts.

Nevertheless, Article 26 clearly indicates that the principles of interpretation refer to Usage and that its source is contractual: "*Particulars not provided in the contract or to be established in accordance with its provisions shall be determined according to the usage existing between the parties, or if there is no such usage, according to the usage accepted in contracts of a same nature, and these particulars will be deemed to have been accepted by the parties.*"

Thus, unless the parties have expressly rejected contractual usages, whether private usage and course of dealings (practices followed by the parties in the management of their transactions) or general/trade usage (practices generally followed in similar transactions), the contract reflecting their agreement will be construed with reference to relevant usages if need be. This is legally possible because of the assumption that course of dealings and trade usages reflect the expectations of the parties.

Unfortunately the judicial doctrine of the GFP greatly impeded the role of usages in Israeli Law.

The 1973 Contracts Law has imported into Israeli Law the provisions of the German Civil Code[22] and they presently read as follows:

Article 12 - *Good Faith and Negotiation*: In negotiation for the formation of a contract one must behave according to the **Accepted Way** [usage-as][23] and Good Faith.

Article 39 - *Performance in Good Faith*: In the performance of an obligation resulting from a contract, one must behave in the **Accepted Way** and in Good Faith; this is the law with regard to the exercise of rights resulting from a contract.

The Supreme Court interpreted these provisions and applied them in a way that made impossible a broad acceptance and an effective application of usages in Israeli Contracts Law. Early Israeli Justices and legislators of European legal background were still carrying the baggage of Positivism and Formalism and had also had to adapt to the Mandatory British legal system. Second, but most radically, it is the

[22] BGB-242; BGB-157 "Interpretation of contracts: Contracts are to be interpreted as required by *Good Faith*, taking customary practice into consideration."

[23] Also translated as "generally accepted practices" or "usage".

change in the rules of textual interpretation and the development of the GFP by the Supreme Court in the late years of last century that blocked the development of the concept of *Accepted Way* and its application. The Court merged the concept of *Accepted Way* into that of *Good Faith*: a behavior in keeping with or in violation of the *Accepted Way* became a mere fact used to prove the existence or absence of *Good Faith*.

4 The Evolution of Israeli Case-Law

The apparent withdrawal from a textual or "narrow" approach to contract interpretation or completion and the introduction of a "broad" approach to it which allowed for the circumstances surrounding the formation and performance of the contract should have allowed for reference to and application of existing Usage. The opposite happened because of ideological considerations pertaining to the political constellation in Israel.[24]

The cases reviewed henceforth address the problem of interpretation, completion or construction of contracts supposedly unclear or incomplete. Usage barely appears in the judicial rhetoric in these decisions and when it does, it is more often than not in the minority or dissenting opinions. Yet, one has to understand the judicial rhetoric of these cases in order to understand and appreciate the problematic of the informal norm in Israeli Law.

4.1 The "Yules House" Decision (1989)[25]

This decision is particularly interesting because it illustrates (1) the possible relationships between Usage and *Good Faith*; and (2) the way the concept of *Good Faith* is used as a "valve"[26] allowing the application of a norm of Public Law (in this case the principle of equality and non-discrimination) into the domain of Private Law generally, and Contracts Law specifically.

The "*Yules House*", a private company, had issued a call for tenders that included the obligation to provide a bank guarantee in an amount of 5% of the amount of the offer as well as a statement acknowledging that the "*Yules House*" did not commit to accept any tender even from the lowest bidder. One of the bidders was a public company that did not provide a bank guarantee but instead a corporate guarantee from a subsidiary. *Yules House* decided that it preferred to do business with a public

[24]These considerations did not result from any actual interest in Israel for the School of American New Formalism.

[25]SC-SH *Beit Yules* v Raviv *PD* 43(1): 441 [1989].

[26]Chief Justice Barak coined the term "valve concept" and used it abundantly.

company and allowed the public company to meet the price of the lowest private bidder among the other competitors. The private companies sued *Yules House* but the Supreme Court held that *Yules House* had not acted in bad faith and that the private companies were not entitled to damages.

The Justices framed their debate around the following questions: (1) whether the obligation of negotiating a contract and performing an obligation in *Good Faith* included the obligation of non-discrimination; (2) what the existing usage in private tenders was; (3) whether it was appropriate to limit the freedom of contract of private parties by imposing on them an obligation generating in Public Law, if the existing usage in private tenders did not impose an obligation of non-discrimination (i.e., equality in evaluation of the bids and treating all bidders the same); (3) whether, if it was indeed appropriate to impose an public law obligations on a private contract, the obligation of *Good Faith* set out in the Contracts Law was the proper way to do so; and finally (4) whether the court should have the discretion to intervene in a contract that the parties fully understood.

The Justices resisted the use of the concept of *Good Faith* as a pass-through for public law concepts into private law,—especially because it eliminates the existing usage (understanding? norm?) to the effect that in private law, tenders need not be considered on an equal basis. In private law, the obligation of *Good Faith* only demands the full disclosure of the requirements of the party calling for the tenders. With the exception of Justice Barak, the other Justices held that it was not coherent or even legally possible to transfer a public law norm into private law or to create new legal obligations by application of the GFP. Chief Justice Shamgar circumvented the issue and held that the overarching principle of fairness that pervaded the entire legal system, could not be protected in the case of a tender without enforcing the principle of non-discrimination.[27]

Justice Barak argued that *Good Faith* is an objective framework just as the tender proceedings that the parties put in place and agreed to.[28] In his opinion, the requirement for equalitarian competition results from the nature of a call for tenders and not from the governmental nature of the call itself: non-discrimination is at the core of the institution of any call for tenders. Through Article 12, the GFP applies to the tender procedure because the latter is actually an organized negotiation and the GFP allows reaching a balance between all the rights at stake in the transaction. *Good Faith* is an objective requirement to behave as one should, in the way the Law

---

[27]Chief Justice Shamgar insisted that the semantics of the term "tender" pointed to a legal procedure implying competition between similarly situated parties. This position hints to the relationship existing between language and usage.

[28]Justice Barak sized the fact that one of the bidders was a public company to base his claim that the principles of administrative law applied.

consider befitting the circumstances.[29] And who determines the standards set by the Law? The Justices of the Supreme Court as the faithful interpreter of the opinions of the Enlighted public, will identify these standards from time to time. *Good Faith* as defined by the Supreme Court represents and defines the "reasonable expectations" of the Israeli public represented by its Justices. Justice Barak underscored the role of social mediator and guardian that the Supreme Court assumed by ensuring fair and orderly commerce and the public trust that society demanded.[30] Justice Barak saw in the freedom of contract a constitutional right that like all constitutional rights was relative so that the right to exercise such rights and freedoms was impacted by the GFP. Chief Justice Shamgar argued that separate and apart from the obligation to act in *Good Faith*, there was indeed a general obligation to act with rectitude and fairness; this is so because the Israeli Contracts Law is based on the Reliance Principle and the respect of the reasonable expectations of the parties. Therefore the special requirements of the party calling for tender should have been disclosed to all parties. Fair competition does mean equality of opportunity and *Good Faith* does mean making all things equal.

The other Justices followed neither Justice Barak nor Chief Justice Shamgar. One Justice insisted that it was well known that the usage in private competitive bidding was that of a "free-for-all", which was certainly a burden and a potentially costly risk for the bidders; however, the latter took it in consideration in their pricing. Several Justices insisted that the correlation between *Good Faith* and non-discrimination is circumstantial and not inherent. In the *Yules House* case, all parties had knowledge of the disclaimers stated by the asking party; the bidding parties could have no expectations that the lowest-cost bid would win and neither could the public company. Indeed, the justification for the non- discriminatory principle in public bidding is to protect the public for inconsiderate or corrupt uses of public funds by governmental authorities; such a principle is not justified in private law when no public funds are being used. To the contrary, the application of the non-discrimination principle would harm the freedom of and from contract of individual contracting parties.

Clearly the judicial rhetoric in the "*Yules House*" case did not make much of existing trade usages. There could have been a discussion of the relative normative force of Usage and General Principles but there was none. The *Accepted Way* did not really prevail; the principled legal categorization of private law versus public law prevailed.

---

[29]Justice Barak famously wrote: "*The Law does not demand that the parties behave like angels toward one another; but the Law demands that they not be wolves to one another; the Law demands that they be human to human- humanely.*"

[30]Justice Barak was concerned by the plight of all small businesses that were scrambling in darkness to meet discretionary and ever-changing criteria imposed by unscrupulous commercial and political players.

4.2 *The Apropim Company (1995)*[31] *and Vegetable Growers Association Cases (2006)*[32]

4.2.1 The Apropim decision

The *Apropim* decision[33] radically changed the rules of contract interpretation.[34] Justice Barak lead the Supreme Court from applying a literal and formalist interpretation to implementing what became known as the "*purposive construction*" of the agreement of the parties: the judge has to determine both the *subjective purpose* and the *objective purpose* of such agreement. The *subjective purpose* is found in identifying the particular interests and the specific goals which lead the parties to enter the agreement as expressed in the contract.[35] The *objective purpose* is determined by the type of transaction that the contract is meant to organize, by the elements that characterize this type of transaction, by considerations of efficiencies, common sense attributable to reasonable businessmen in the same commercial or industrial field and overall, by the overarching Principle of *Good Faith* which guarantees the compliance of the agreement of the parties with the fundamental values and principles of the Legal System.[36] The various opinions in *Apropim* still

[31]SC-CA 4628/93 State of Israel v. Apropim Housing and Promotions (1991). *PD* 49 (2): 265 [1995].

[32]Both cases were heard twice by the Supreme Court, the second time by an enlarged panel of nine (9) Justices instead of the regular 3- member panel.

[33]Because of large-scale immigration from the countries of the former Soviet Union, the appellant wished to encourage the speedy building of residential apartments. This was done within the framework of a 'Program Contract', which gave incentives to builders in the form of a State guarantee to buy apartments that were not sold on the open market, and it imposed sanctions in the event of building delays. The incentives were particularly significant in development areas, where the State undertook to buy *all* the apartments that were not sold on the open market. However, the contract was drafted carelessly, and it left room for the respondent to argue that although it imposed sanctions for building delays in desirable areas, there was no such sanction for building delays in development areas. The District Court accepted the respondent's argument.

[34]Until then, the judge had apply the 2-stage approach: to first turn to the text of the contract and the ordinary meaning of its wording in order to find a solution to the dispute between the parties; only when the text proved truly obscure, mistaken, unhelpful would the judge turn to the circumstances surrounding the agreement of the parties. In *Apropim*, The District Court held that the language of the contract *was* clear, and therefore it could not take account of the circumstances, and particularly the underlying purpose of the contract. Barak convinced the Supreme Court to overturn the District Court Decision.

[35]The term "*subjective purpose*" is legally defined in case-law in the singular but its full meaning is better translated in English by using the plural. Actually courts and scholars explain and define the Hebrew term as: the intentions of the parties, i.e., the purposes, objectives, goals and interests of the specific parties in the specific transactions and the expression given to it in the language of the contract.

[36]The *objective purpose* of a contract consists of the purposes, interests and goals that a contract of this sort or type is designed to achieve. The *objective purpose* is deduced from the 'character and nature of the transaction made between the parties'.

held that the *subjective purpose* was to prevail where and if it could be determined. But Justice Barak held not only that the language of the *Apropim* contract did not allow the judge to determine the *subjective purpose* of the parties but also that all language was imprecise, undetermined and therefore could almost never support a finding of the *subjective purpose* of the parties. Therefore, Justice Barak ignored the language that some of the Justices as well as the parties understood fully and restructured the contract so that the latter could further the policy of the government as Justice Barak understood it. As applied in *Apropim*, the application of the GFP allows extremely broad discretion to the judge and stymies the principle of freedom of and from contract. Naturally, the decision caused an uproar among all branches of the Israeli legal and political systems and it embroiled the Supreme Court Justices in incessant internal struggles that lasted for close to 20 years.

4.2.2 The Vegetable Growers Association Case[37]

The *Vegetable Growers Association* case was the cause for one of those memorable battles between Supreme Court Justices.[38] The case was heard twice by the Supreme Court. The main point of contention was the opposition of a majority of the Justices (and the public at large) to the minor role given to the language of the text.[39] The second point of contention was the opposition of many Justices (and jurists) to the preeminence given to the *objective purpose* of the contract in the interpretation or supplementation of the contract. In the first decision of the Court, Chief Justice Barak had written that because one of the parties was the State, the administrative law principle demanding that the State not squander public money "impacted" the *objective purpose* of the contract and such purpose had to comply and to further the Public Good. Therefore the *objective purpose* was held to override the *subjective purpose* of either party, although it might have been possible to elicit the *subjective purpose* of the parties from the provisions of the contract.

Following the rehearing of the case, Justice Cheshin wrote a detailed opinion in which he vehemently disputed the judicial rhetoric employed by Chief Justice Barak and more specifically, the resort to the *objective purpose* of the contract. He insisted

[37]SC-CA. SH 2045/45 Vegetable Growers Association v. State of Israel. *Nevo-online (by subscription)*[2006].

[38]Under the terms of an agreement between the *State of Israel* and the *Vegetables Growers Association*, the State was bound to compensate the Israeli growers for their losses in revenues when, after the opening of trade between Gaza and Israel, vegetables could be imported from Gaza to the detriment of the Israeli growers. The document treated the various produces differently and the issue was whether the potato growers were to be paid the promised compensation as every other grower, even though the import of potatoes from Gaza was inconsequential.

[39]Indeed Chief Justice Barak, now the Supreme Court President, considered that language was "always subject to interpretation" and that its meaning could only be determined at the end of the interpretative process.

that the content of a written contract, even one between private and public parties, must be respected and not distorted.

It is interesting to note that Justice Rivlin, writing the opinion for the majority, justified the decision in part by arguing that there was no existing governmental practice of reimbursing private parties for changes in government policies. The reference to such practice opened the possibility of considering the application of an informal norm. But Justice Rivlin did not pursue it. It must be noted that he analyzed the case applying the method of interpretation that favors language and the *subjective purpose* of the parties.

Some saw in the discussion of the Justices the beginning of the erosion of the *Apropim* doctrine; others saw the decision as (1) the crowning of the dominance of the *objective purpose* in the interpretation or rather the "construction of contracts": the judge could rewrite the contract after substantially changing it according to her/his interpretation in order to achieve a solution better suited to his/her perception of the Law.[40] The critics of the decision were profoundly disturbed by the increase of judicial discretion to the extent that it may threaten individual freedom in as much as it allows the judge to alter the course of private affairs by imposing abstract liberal and universal concepts in Contracts Law when their true place and role were in Constitutional Law.

4.3 *The Rokar Case (1997)*[41]

In the *Rokar* case[42] Justice Cheshin challenged his Chief Justice and maintained that *Good Faith* is an individual standard and a *subjective* one: a person is of *Good Faith* when s/he is honest and fair and her/his intentions and behavior are in harmony. It is in the DNA of most individuals to behave in accordance with the norms of their community although, sometimes, there is occasion for an exception. The individual acting in *Good Faith* is acting according to his/her internal normative code and that of his/her community. This is the meaning of the expression *Good Faith* in common

[40]The democratic division of powers in Public Law was also threatened since the interpretation of legislation was subjected to the same interpretative approach.

[41]*LCA* 6339/97 Roker v. Solomon. *PD* 55(1): 199 [1999].

[42]The owner of an apartment on the ground floor of a jointly-owned building built an extension mostly on jointly-owned grounds and that were not in use under the apartment building; he also appropriated some storage space of other owners. He however built new storage space for those owners adjacent to the jointly-owned grounds. The owners refused to be satisfied with the payment of damages and the brand new storage space and asked and obtained an injunction that the owner-builder demolish all the improvements (which they had a right to demand under the Real Estate Law). The owner-builder refused and argued that the others were exercising their right in bad faith. The majority of the Justices applied Article 14 of the Real Estate Law while Justice Barak argued that Article 39 of the Contracts Law should prevail. The comparison between the two provisions and Justice Barak's arguments led to a heated discussion of the concept of *Good Faith* in the Justices' opinions.

language; and Justice Cheshin insisted that judges have no authority to alter the commonly-accepted meaning of words: to widen the meaning of *Good Faith* to "appropriate" objective norms is to alter the language, this essential link between individuals without which any social link would be impossible. The damage done to society would be immense and irreparable.

Justice Cheshin also forcefully defended the *Accepted Way* seeing it as "law in action", the bearer of objective norms and the true companion of *Good Faith*. According to Justice Cheshin, it would be incorrect and dangerous to understand Usage as the mere description, the photograph of reality or as a map upon which many guide their actions; the *Accepted Way* is not the poor cousin of *Good Faith*; to the contrary, it is the appropriate way to go, the way of fairness, the way a reasonable man chooses to go. Therefore Article 12 and Article 39 set out two requirements, the *Accepted Way* (an objective standard) and the obligation of *Good Faith* (a subjective standard), that complete each other and that must both be met.

Justice Barak answered by writing that the expression the *Accepted Way* reflects the actual behavior of the parties to the contract and not the appropriate way according to which they should behave. This is a standard that reflects the reality as it is and not as it should be, i.e., practices and usages are not necessarily the behavior that the Law expects from parties to a contract. Barak wrote that for this reason, "*it is possible to speak of the behavior of criminals as the Accepted Way*".

The criticisms grew virulent, particularly after the *Vegetable Growers Association* case. Yet, Chief Justice Barak held firm in his broad application of his *Apropim* doctrine until his retirement. But Chief Justice Barak retired, new judges, and among them Justice Dantziger, were appointed and the Court's position started to shift.

4.4 The Post-Barak Supreme Court

Immediately upon his appointment to the Supreme Court, Justice Dantziger, previously a business lawyer, opposed the *purposive interpretation* doctrine. On several occasion, Justice Dantziger expressed his misgivings about the broad reliance of judges on the *objective purpose* of a contract, and chose to reject the *purposive interpretation* that lower courts had applied. Not even addressing the relevant part of the lower court's opinion, he proceeded to show that a judge could reach the resolution of the case without recourse to the disputed concept.

Justice Dantziger argues that textual interpretation must be restored as the foremost approach to understanding and identifying the true intention of the parties. In his opinion, there is a legal presumption that when given its most simple and commonly accepted meaning, the written language of the contract sets forth the intention of the parties. The language of the contract is the anchor to which a just solution can and must be moored. Only this approach will guarantee the certainty, consistency and efficiency to which the Law and its subjects aspire.

Justice Dantzinger recognizes only one purpose to judicial interpretation: the identification of the *subjective purpose* discernable from and within the text. He accepts the need for interpretative flexibility and sensitivity but only within the limits of the written contract and the transaction. Nevertheless, when facing ambiguities or when wanting to reinforce an argument, Justice Dantziger often applies what he calls the "commercial logic" or "business logic" of the transaction to the interpretation of the contract. However, Justice Dantziger limits the outside influences on the contract that he is willing to consider to what is commonly view as the context of the transaction; and he does so strictly to shed light on the *subjective purpose* of the parties. Justice Dantziger is strongly opposed to the intervention of the judge in the content of the contract.

Thus, Justice Dantziger avoids turning to the *Good Faith* Principle and the General Principles of the Law and to the values of society. In early cases he seemed reluctant to refer to usages. In a case where the issue was whether an indefinite contract could anyhow be terminated by one of the parties, Justice Dantziger mentioned that the courts have accepted that such contract be terminated upon proper notice as defined by practice but he makes no rhetorical use of the concepts of "usage" (judicial or otherwise) or practice. In another case, Justice Dantziger analyzed with great precision transactions for the transfer and use of technology and the agreements and contracts that typically regulate them. Nevertheless, in his analysis, Justice Dantziger does not make a reference to "usage" per se; instead, he referred to the "rationale" for such transactions. It would appear therefore that Justice Dantziger might not have completely jettisoned the consideration of the *objective purpose* of the contract but that he is careful to limit the concept to the practical consideration of the immediately relevant context within which the parties act and to an understanding of the legal and business instruments they use.

In recent decisions, Justice Dantziger addressed informal norms set by business actors. In a transaction involving complex financing, banks argued that the interest they imposed and collected on sizeable loans made to the plaintiffs/respondents were comparable to those imposed in similar transactions according to current usages of the banking system[43] and therefore reasonable, accepted and acceptable. Justice Dantziger accepted the arguments of the banks. In the same case, Justice Dantziger also established the amount of the liquidated damages taking into consideration the reasonable expectations of the parties at the time of the formation of the contract. Although in the particular case, practice or trade usage were not directly involved in such a calculation, the answer given depended on an objective evaluation referring to facts and considerations exterior to the contract. As another Justice noted in another case, no interpretative work can be done without some consideration of some externalities and judges have always done so. However, in the interpretation, the externalities must be those affecting specifically the particular parties to the contract.

[43]This was proven by expert testimony.

Indeed, as Justice Dantziger stresses it, the moral justification of contractual obligations rests in their being voluntary.

Therefore, Justice Dantziger opposes broad judicial discretion. Yet he will intervene in cases of unfairness and lack of equilibrium—although only in certain types of contracts. Thus, while a court may intervene in a standard contract between a company and a consumer, there will have to be a gross imbalance in the obligations of the parties for a court to intervene in a contract between sophisticated business people. Justice Dantziger has held that the standards for evaluating the reasonableness of an interest rate are objective (not depending solely on the contract and the parties) and that it is legitimate to refer to the interest rate accepted and usually applied by the banking industry in similar loans,—in other words, to the banking usage applying in similar circumstances. In the particular case though, the word "usage" was neither mentioned nor the concept explored: Justice Dantziger simply approved the decision of the appellate court granting normative force to banking *practices* setting and computing interest rates for different customers. However his opinion indicates that it is enough that the interest rate be equal to that applied by the three largest banks in the market to establish the existence of a binding *practice* and the reasonableness of the rate. It is enough that the rate be applied during the relevant time period in a number even though not all of the cases. The *practice* must be known to the party to which it applies. Moreover, the failure of the experts to refer in their expert testimonies to the *practices* of the banking system in loans of similar nature in similar circumstances invalidated their testimonies.

4.5 Amendment to Article 25 of the Contracts Law

The Knesset decided to intervene in the debate by amending Article 25 of the Contracts Law -*Contract Interpretation*. The purpose of the amendment was to eliminate the *Apropim* rules as revised by the *Vegetable Growers Association* case or at least to constrict the overly wide opening made for the use of the *objective purpose* and the GFP.

The amendment makes clear the preference for the textual language by stressing the decisive importance of any clear language. Many consider that the amendment has not reached its purpose because its language seems to give the same degree of importance to the language ***and*** the context of the contract. It must be noted that the language used between similarly business actors remains recognized as an interpretative usage.

Still the text of the amendment is confused and confusing. The Supreme Court Justices have not succeeded in giving the amendment a single interpretation. The debate goes on....

5 Impact on Israeli Law

5.1 Lower Courts[44]

5.1.1 Pre-Apropim Cases

In a rare case, the Supreme Court provided guidance as what constitutes a valid usage. Thus it held that a divergence from the by-laws of the Kibboutz , repeated over a long period of time, known and condoned by the members of the Kibbutz, became a usage having legal force. The by-laws were in fact amended to reflect the usage. In this case, the usage has some characteristics of Custom and of consensual usage; it is not an independent informal norm. Generally, lower courts have had difficulties identifying informal norms and recognizing their normative impact.

In many cases lower courts have been reluctant to consider usages. More often than not, judges do not bother inquiring about the existence of usage and even reject proof of it or consider the proof insufficient without stating how it failed to satisfy them. Only in certain professions and industries are usages recognized and applied, almost never challenged: in the diamond industry, in the legal and medical professions, international commerce, in the banking industry and in judiciary practice. As a result of the courts' reluctance, parties to a lawsuit often do not even bother to base their argument on such norms. And yet there are a few lower court opinions in which the court points out the existence of a usage or practice but deems it impossible to resort to it because the parties themselves failed to do so.

Those courts that relied on usage did it discretely, including it in their factual analysis without acknowledging its normative nature. When lower courts have been willing to apply an usage, it has been a "general usage" or trade usage. A decision held that, when the contract is silent, the judge *must* turn to existing usages generally followed in similar transactions. In another case, the judge identified a widely accepted practice in the community of exporters, held that therefore a trade usage existed and had to be enforced. It is interesting to note that in both cases the usages met the normativity criteria set out by Professor Deumier and Professor Mousseron.[45] Indeed, in both cases, there were: a well-defined community, strong common interests, a repeated behavior that satisfied a specific need and yet the possibility for any member of the community to follow the usage or to desist from its application without forced to leave the relevant community. In yet another case, a judge did not hesitate to apply by analogy the usage existing in the diamond trade to a completely different trade but in similar circumstances.

---

[44]No specific citation is given for any lower court case because such cases have not been translated in English and therefore they are not accessible to most readers. However, specific references will be provided by the author upon request.

[45]Deumier (2000), Mousseron (2014) (Dir).

5.1.2 Post-Apropim Cases

The *Apropim* rules have worsened the situation of ignorance and neglect from which the Israeli informal norms already suffered before the landmark case. Many judges turn immediately to the *objective purpose* doctrine which made their decision easier because the facts need not be evaluated and the opinion need not be reasoned.

However the judge cannot avoid being confronted with usages and practices. Usages and practices are an integral and perennial part of legal life: a community and parties have no choice but impose upon themselves usages and practices that interpret or complete laws or provide rules and order where the legislator or the courts have not yet intervened. For the lower courts to resort openly to the informal norms, they need only to be given or to take the license to acknowledge the existence and legal nature of usages and practices. Recent decisions of the Supreme Court might be hinting to judicial developments in such a direction.

5.2 *A Confused and Confusing Terminology*

The terminology used in Israeli case law reflects the lack of interest in, and understanding of, the informal norm in private Israeli Law. The classical terminology of Custom and Usage is still relevant in Israeli judicial rhetoric and nothing in case law indicates that Israeli judges have seriously looked beyond the antiquated definitions of these concepts. The unfortunate reality is that, because the dominance of British law when arguments based on informal norms from the Mejelle, Islamic or Jewish Law were made, legal practitioners in Israel have translated the terms referring to such informal norms while relying improper assumptions and associations with English legal terms; as a result, the translation did not reflect the actual meaning of the legal categories and terminology found in non-British contemporary sources. No effort was made to insure that the translation was accurate.

Actually, since Professor Tedeski's comprehensive article, the question of the actual nature of informal norms has not really been considered. Tedeski's categories (contractual usage,-private and transactional-, factual or objective usage, legislative usage and finally judicial usage) have helped very little because, although they are analytically accurate or at least thought-provoking, nobody has really paid attention. More recently Professor Zamir has described the inversion effectuated by the courts of the pyramid of the rules of interpretation set by the Legislation: when interpreting a contract the courts immediately resort to *Good Faith* and then contractual (consensual) usage although their use is prescribed by Contracts Law as a last resort. This tendency has increased with the emphasis on *Good Faith* either as a personal state of mind, as a standard or as an overarching principle. More recently yet, Professor Zamir has demonstrated that courts gained in credibility and that their decisions are more readily enforced when their opinions are detailed and take into account "facts" (!) such as usages and practices.

Still the overall theoretical neglect of informal sources of the Law has led to a terminology in Israeli legislation and case law that is varied, imprecise and confusing: "Usage", *Accepted Way*, "as accepted", "common manner", "generally accepted practices in the field", "the way of business people" (reasonable or not…) and others. A far more disturbing phenomenon is the judges' frequent reference to "common sense", "business logic" and other vague and discretionary terms rather than to identifiable course of dealings or trade usage.

The terminology used by the judges is often blurred and sometimes inaccurate. Typically, in older opinions the terms "custom" and "usage" are used interchangeably. Recently, the terms "policy" and "usage" were used concurrently and interchangeably, revealing the difficulty many judges have with the normativity of usages and the informal norm. Judges use expressions that imply the recourse to standards or informal norms which may in fact rely for their determination on trade usage and course of dealing. The meaning of most of those expressions is difficult to apprehend and so blurry that their use may provide a problematic opening to judicial subjectivity and discretion. The "business logic" so often referred to by Justice Dantziger is the least worrying of all because it sends the interpreter to business paradigms and models that are known and are defined by others than the judge herself/himself. As seen above, the *objective purpose* of a contract could be explained through usage if it ceases to be used for ideological purposes. Reference to Usage could assist the judge in balancing between the *subjective* and *objective purposes* of the contract.

Another concern is that courts will refer broadly to the context of the case or the circumstances of the case rather than conducting a normative analysis of the facts. Justice Cheshin complained that the phrase "the circumstances of the case" was a formula announcing that the judge was about to use his/her discretion. Which is exactly what s/he does when s/he refers to "common sense": the judge relies on observations of the "*us and coutume* " of his/her social environment and not necessarily on firmly established informal norms. Similarly, there is a clear connection between reasonableness and usage; yet judges prefer to call on the reasonable "man", a person with a mindset like hers/his.

The standard of *Reasonable Expectations* which is repeatedly used by the Courts is representative of the Israeli approach to informal norms. Rather than attributing normativity to significant and repeated phenomena, rather than struggling to understand and conceptualize the passage from fact to law, the Israeli approach turns to vague legal concepts already existing, the nature and scope of which must be define anew in each instance.

5.3 Other Consequences

5.3.1 Consequences for the Law Itself

Justice Cheshin feared that the free distortion of generally accepted meaning of the language and the ignorance of the *Accepted Way* would result in lawlessness.

Professor Shalev and many others warned of the death of the freedom of and from contract. Moreover, the confusion of concepts, the lack of interest in the informal norm have resulted in a lack of judicial creativity, and a great deal of instability in the adjudication of contractual matters.

The neglect of trade usages and practices is the neglect of new forms of contracting that require a radically different approach to the formation of contracts and contractual obligations. An example is Article 11 of the Contracts Law: *Acceptance containing a change to the Offer: "Acceptance that contains an addition, a limitation or other change to the offer shall be deemed to be a new offer."* This section does not reflect the reality of modern contracting in which the formation of legal obligations relies heavily on trade usages and practices.[46] However, these contractual arrangements are generally not litigated in the courts of law.

5.3.2 Consequences for the Judicial System

Massive preference for private adjudication involves a non-negligible risk to the legal system. Indeed, corporate internal records as well as arbitral files and opinions are not accessible to the Public; therefore, the legal formal system is not informed of the developments in the informal legal system which is rapidly surpassing in activities and in relevance its formal counterpart. Deprived of the opportunity to be exposed to and to resolve novel issues raised by novel forms of contracting formal legal systems are losing their authority with potentially disastrous consequences.

Overall, the failure to consider usages and practices and the solutions they provide, leads to the impoverishment of the Law, its lack of coherence and to the lack of relevance of both the courts and formal Law.

5.3.3 Social Dangers

One of the dangers of ignoring usages is the decrease of the value of relationships and the increase of the potential for opportunism. A judge with too much judicial discretion is likely to fail to recognize the efficiencies of self-regulation and to promote inefficiencies by applying unsuitable standards to knowledgeable and otherwise well-meaning communities. These inefficiencies and tensions are liable to tear the fabric of the very society that the judge was appointed to protect. In the distortion of common language by judicial interpretation and the ignorance of common usages, Judge Cheshin saw a path to the destruction of society whose cohesion and good order require both consistent language for effective communication and efficient but democratic rules for common living.

Because of the historical and political factors alluded to hereinabove, Israeli judges have remained unaware of the informal norm and all its riches. Happily, a

[46]See for example: Gilson et al. (2009), p. 431; Triantis (2013), p. 177.

change for the better seems in the making. In a recent case, the District Court addresses usage as usage and even justifies it while it criticizes its application but not its purpose and usefulness. A team of young researchers[47] has devoted an article to new forms of contracting that, by necessity, rely on but also lead to the creation of informal customary norms. There is hope. . .However, some serious academic work on the nature and normativity of the informal norm must be done in order to provide the judges and all jurists with improved contractual tools.

References

Adar Y (2014) The CISG in Israel. In: Di-Matteo L (ed) International sales law: the global challenge. Cambridge University Press, Cambridge, pp 518–538
Deumier P (2000) Le Droit Spontané – Contribution à l'Etude des Sources du Droit. Economica, Toulouse (French)
Gavizon R (1984) Abolition of the Mejelle: Custom as a source of law. Mishpatim 14:325
Gilson R, Sabel J, Charles F, Scott Robert E (2009) Contracting for innovation: vertical disintegration and interfirm collaboration. Columbia Law Rev 109:431
Mautner M (1993) The decline of formalism and the rise of values in Israeli law. Ma'agalai Da'at Publishing House, Tel Aviv (Hebrew)
Mautner M (1998) Rules and standards: comments on the jurisprudence of Israel New Civil Code. Mishpatim 17:321–352
Mautner M (2008a) Law and culture. Bar-Ilan University Press, Tel-Aviv (Hebrew)
Mautner M (2008b) Law and culture at the threshold of the twenty-first century. Tel Aviv University Press, Tel Aviv (Hebrew)
Mautner M (2011) Law and culture of Israel. Oxford University press, London
Mousseron P (Dir) (2014) Les Usages: L'autre Droit De L'entreprise. LexisNexis, Paris (French)
Shalev G, Shael H (1975) A source study of Israel's contract codification. Louisiana Law Rev 35:1991
Salzberger E, Oz-Salzberger F (1998) The Secret German sources of the Israeli Supreme Court. Israel Stud 3(2):159–192
Shur-Ofry M, Tur-Sinai O (2015) Constructive ambiguity: IP licenses as a case study. Univ Mich J Law Reform 48:391
Tedeski G (1973) Custom in Israel law: present and future. Mishpatim 5:9
Triantis G (2013) Improving contract quality: modularity, technology, and innovation in contract design. Stanford J Law Bus Financ 18:177
Zamir E (1996) Interpretation and gap filling in contracts. The Harry and Michael Sacher Institute for Legislative Research and Comparative Law, Jerusalem (Hebrew)
Zamir E (1997) The inverted hierarchy of contract: interpretation and supplementation. Columbia Law Rev 97:1710

[47] Shur-Ofry and Tur-Sinai (2015), p. 391.

Droit pénal et usages: entre flux et reflux…

Marie-Christine Sordino

Abstract The principle of the legality of criminal offences and penalties, erected as a constitutional principle and confirmed by all the international conventions imposes the existence of a written statute, either legislative or regulatory, to create an offence and a penalty. As a consequece, the judge has the obligation to interpret narrowly criminal statutes. Traditionally, this requirement has limited the recognition of usages in criminal law. However, contemporary evolutions of criminal law question these assertions. Thus, the modification of the principle of legality into a principle of normativity leads to a radical change in the sources of criminal law, through constitutionalization and internationalization and consequently in the criminal legislative process. As a consequence, one may wonder if the reference to the criminal norm, which refers more to a living law than to a strict written rule, could confer a new role and a new status to usages.

1 Introduction

Il convient de relever que la réflexion portée sur les sources du droit pénal est nouvelle, au moment de l'élaboration de la codification. L'Ancien Droit, en effet, ne connaissait pas le principe de la légalité des délits et des peines. Pendant des siècles, la justice pénale a sanctionné la commission d'infractions sans le support de textes de loi. Les ordonnances étaient dénommées «*codes*», mais elles traitaient surtout de questions procédurales. En conséquence, la loi n'occupait que peu de place en matière pénale. S'était développé un ensemble de sources, d'origine coutumière, constituant un socle au sein duquel puisaient les juges. Les interventions royales étaient peu nombreuses. Au cours du temps, leur pouvoir avait fluctué, entre le passage des capitulaires des carolingiens à la féodalité, système dans lequel la loi ne constituait plus le seul apanage du roi. Si certains souverains ont bien tenté de s'imposer comme une source législative, la loi devait être consentie par seigneurs et

M.-C. Sordino (✉)
Université de Montpellier, Montpellier, France
e-mail: marie-christine.sordino@umontpellier.fr

L. Mayali, P. Mousseron (eds.), *Customary Law Today*,
https://doi.org/10.1007/978-3-319-73362-3_11

n'être envisageable que si elle était justifiée par l'utilité commune. Ainsi, la loi ne pouvait être adoptée en contrariété à une coutume. Le roi ne légiférait en conséquence en matière pénale que s'il créait une incrimination nouvelle dans un espace vacant et pour réglementer la procédure, dans un souci de prôner une uniformisation de la pratique.[1] En 1670, un «*Code de procédure criminelle*» fût adopté de cette manière.

Les sources du droit pénal étaient donc, pour la plupart, d'origine coutumière, fondées sur la répétition d'usages au sein de groupes de personnes.[2]

Lorsque les légistes parvinrent à imposer l'idée selon laquelle toute justice émane du roi, se profilait celle de l'unité du droit, notamment en droit pénal. Au moment où se produisit la Révolution française, l'unification était déjà en marche, par la conception d'une source centralisée et elle fût accélérée par les bouleversements induits sur les plans politique, social et juridique.

La survenance de la Révolution française et de l'entreprise de codification au début du XIXème siècle a totalement bouleversé la manière dont sont conçues la genèse et l'application du droit pénal. Désormais, le principe de la légalité des délits et des peines, posé comme un principe d'une force considérable, s'oppose frontalement à la possibilité de laisser jouer aux usages, entendus comme une pratique particulière à un groupe de personnes ou à un territoire,[3] un rôle dans la production du droit pénal, ainsi que dans son interprétation. Ceci s'impose avec d'autant plus de vigueur que la légalité a longtemps été analysée de manière très stricte, reposant sur une conception formelle. Cependant, une ouverture pourrait se profiler, dès lors que l'analyse fait référence, non à la légalité formelle, mais à une prise en compte de la normativité. Ainsi, dès lors qu'est abordée la question des usages face au droit pénal, leur place réduite en vertu d'une légalité formelle (2) pourrait-elle se transformer en une place possible en vertu de la normativité ? (3).

2 Les usages face au droit pénal: une place réduite en vertu d'une légalité formelle

Les usages ne peuvent occuper une place importante en droit pénal, en raison de l'existence du principe de la légalité des délits et des peines, qui irrigue toute la discipline. La force du principe (2.1) engendre une rigueur qui ne trouve un assouplissement que lorsque celui-ci est mis en avant au bénéfice de la défense (2.2).

---

[1]V. notamment, Ordonnance de Montils-les-Tours d'avril 1453.

[2]Coutume de Bretagne, article 634 : "*Les faux-monnayeurs seront bouillis, puis pendus*". Il s'agit d'une reprise de l'ancienne loi du talion : le malfaiteur bout dans un chaudron, comme le métal qu'il a inséré dans un creuset.

[3]Dictionnaire du vocabulaire juridique, Ass. H Capitant.

2.1 La force du principe de légalité des délits et des peines

Le principe de la légalité des délits et des peines emporte des conséquences sur la source du droit pénal. Ainsi, le texte écrit est la seule source formelle du droit pénal (2.1.1) et ce texte est interprété strictement par le juge (2.1.2).

2.1.1 Le texte écrit, seule source formelle du droit pénal

L'affirmation programmatique du principe de la légalité des incriminations et des peines peut être considérée comme une réaction contre le système de répression en vigueur sous l'Ancien Régime.[4] L'Ancien Droit, essentiellement composé de coutumes et de quelques textes royaux, le juge exerçait un pouvoir important, puisqu'il était chargé de compenser les lacunes de ces deux sources du droit pénal. Il déterminait lui-même l'étendue des agissements répréhensibles et choisissait les sanctions à appliquer, qui allaient jusqu'à la peine capitale en passant par des châtiments corporels.

Une réflexion sur l'arbitraire du juge s'est amorcée dès le XIVe siècle. C'est le « *siècle des Lumières* » qui a vu poindre le principe de la légalité, sous les impulsions conjuguées de Montesquieu, Voltaire et Beccaria, dont le *Traité des délits et des peines* constitue en 1764 la traduction en droit criminel des théories du contrat social proposées par Jean-Jacques Rousseau.

Au moment de la Révolution française, l'élaboration de la Déclaration des droits de l'homme et du citoyen de 1789 représente l'occasion d'insérer dans un texte interne de la plus haute importance le principe de la légalité. Ce dernier est sous-jacent dans la totalité du texte, mais il est surtout concerné par ses articles 7 et 8.

Depuis lors, le principe a été inscrit dans des textes internes et internationaux.

C'est ainsi qu'en France, l'article 4 du Code pénal de 1810 disposait que « Nulle contravention, nul délit, nul crime, ne peuvent être punis de peines qui n'étaient pas prononcées avant qu'ils fussent commis ».

L'article 111-3 du Code pénal issu de la réforme intervenue en 1992, consacre, à son tour, le principe, qui est exprimé sous la forme de l'adage latin *nullum crimen nulla poena sine lege.*

Intégré dans le bloc de constitutionnalité, le principe de la légalité des incriminations et des peines a valeur constitutionnelle. Le Conseil constitutionnel l'a reconnue à plusieurs reprises[5] et la Cour de cassation lui reconnaît un caractère d'ordre public.

---

[4]Il semble néanmoins que le principe ait été présent dès l'Antiquité, notamment dans le Code d'Hammourabi qui contenait une description détaillée des actes prohibés et une échelle des peines correspondante.

[5]Décision n° 80-127 DC des 19 au 19 janvier 1981, *D.* 1982, II, 441, note A. Dekeuwer; 27 juillet 2000, n° 2000-433 DC.

Au plan international, le principe de la légalité est également consacré par les articles 11-2 de la Déclaration universelle des droits de l'homme de 1948, 7-§ 1 de la Convention européenne de sauvegarde des droits de l'homme et 15 alinéa 1 du Pacte international relatif aux droits civils et politiques de 1966.

Il est de même intégré à l'article 49 de la Charte des droits fondamentaux de l'Union européenne du 18 décembre 2000.

Le principe de la légalité des incriminations et des peines est placé au cœur des règles fondamentales de tous les États démocratiques.

Le principe participe d'abord de la politique criminelle d'un pays. En prévenant les citoyens de l'existence de comportements susceptibles de fonder une poursuite pénale, il contribue à un objectif de prévention. De même, il est un facteur de certitude de la répression, puisque tout citoyen peut s'attendre au châtiment s'il a enfreint la norme préexistante. Au-delà, la règle sert à rassembler le groupe social, en favorisant l'adhésion de ses membres aux valeurs communes.[6] En ce sens, le principe participe des fonctions expressive et pédagogique de la loi pénale.[7]

Le principe de la légalité est ensuite une conséquence de la théorie du pacte social et du principe de la séparation des pouvoirs. Les citoyens, titulaires de droits, en concèdent l'exercice à des représentants qui élaborent en leur nom la loi pénale. Dès lors, cette loi, qui exprime la souveraineté du peuple, doit être seule à même de créer des incriminations et de fixer les sanctions qui s'y rattachent.

Mettre en exergue le devoir d'avertissement du législateur envers les citoyens va également dans le sens de la garantie des libertés individuelles des justiciables contre les tentations de retour à l'arbitraire de l'Ancien Régime. Assurer la primauté de la loi constituerait donc un moyen indispensable afin de garantir un minimum de sécurité juridique.

Cette position ferme fait du texte écrit la seule source du droit pénal, ce qui exclut le recours aux usages, en vertu d'une position stricte issue de l'appréhension formelle du principe de la légalité.

2.1.2 Le texte interprété strictement par le juge

Interpréter la loi consiste à rechercher son sens exact, de manière à pouvoir l'appliquer aux espèces concrètes qu'elle a vocation à régir. En droit pénal, où les libertés individuelles sont plus souvent en cause que dans les autres branches du droit, règne le principe de l'interprétation stricte de la loi pénale, classiquement présenté comme le corollaire du principe de la légalité.[8]

Les origines du principe de l'interprétation stricte de la loi pénale se situent dans la mouvance de la philosophie des Lumières.

[6]Lazerges (2004), p. 194.

[7]Sordino (2017).

[8]Sordino (2016), p. 55.

Au nom de la crainte d'un retour à l'arbitraire, Beccaria prône une conception très stricte de la légalité, dans le sens d'une légalité formelle, qui emporte des limitations importantes aux pouvoirs du juge en matière pénale.[9] Ainsi, dans le Traité des délits et des peines publié en 1764, il écrit que « *le pouvoir d'interpréter les lois pénales ne peut pas être confié... aux juges des affaires criminelles, pour la bonne raison qu'ils ne sont pas législateurs* ».

Cependant, interpréter constitue la mission du juge. Aussi, interdire l'interprétation revient à nier le travail judiciaire qui est obligatoire sous peine de déni de justice. Il est donc impossible de maintenir une telle conception car la réalité impose dans la plupart des situations un minimum d'interprétation, dans les cas les plus simples et, *a fortiori*, pour les textes contenant des aspects techniques. C'est la raison pour laquelle le principe a perduré en droit français en s'adaptant et en perdant son contenu le plus rigoriste. Toutefois, une limite importante demeure en droit pénal, car le juge ne dispose pas d'un pouvoir créateur au sens strict. Le pouvoir d'interprétation qui lui appartient lui permet de remodeler certains textes, mais il ne peut créer si aucune base légale n'existe.[10] Un minimum textuel doit être présent, excluant la création *ex nihilo*.

Le Code pénal entré en vigueur en 1994 consacre pour la première fois de manière expresse cette règle appliquée très tôt par la jurisprudence criminelle,[11] dans son article 111-4. Il est plus que jamais placé sous les feux des projecteurs de l'actualité juridique depuis que la Cour de cassation l'a utilisé comme visa unique, afin de refuser l'application au fœtus de l'article 221-6 du Code pénal réprimant l'homicide involontaire.[12]

Cette vigueur du principe ne permet pas, *a priori*, au juge de recourir aux usages ou à la coutume lorsqu'il doit interpréter le texte, en raison même de la plasticité de ceux-ci, qui participe de leur force dans l'adaptation du droit à un groupe de personnes. La loi pénale doit demeurer générale et abstraite et recourir aux usages risquerait d'introduire une part trop importante de subjectivité. L'interprétation stricte emporte en effet deux conséquences : l'une positive et l'autre négative.

La conséquence positive réside dans le fait que le juge donne son sens au texte de manière pleine et entière: tout le texte, mais rien que le texte.

---

[9]Vanderlinden (2000), p. 55.

[10]Ghica-Lemarchand (2006).

[11]Cass. crim., 4 février 1898, *S.* 1899, 1, 249.

[12]Cass. crim., 30 juin 1999, *Dr. pénal* 2000, comm. n° 3 et chr. p 4, M.-L. Rassat; CA Reims, 3 février 2000, *D.* 2000, Jur., p 873, note J.-Y. Chevallier; Cass. Ass. plén., 29 juin 2001, *D.* 2001, Jur., p 2917, concl. J. Sainte-Rose, note Y. Mayaud; Cass. crim., 25 juin 2002, *JCP* éd. G 2002, Act. n° 305, p 1281; *Dr. pénal* 2002, Commaret D, chr. n° 31 et comm. n° 93; Cass. crim., 27 juin 2006, n° 05-83767; en revanche, l'incrimination d'homicide involontaire est applicable à l'enfant né vivant, bien que la faute à l'origine du décès soit antérieure à sa naissance, Cass. crim., 2 décembre 2003, *D.* 2004, p 449, note J. Pradel; il en est de même si des blessures involontaires lui ont été infligées par une faute antérieure ou concomitante à sa naissance, Cass. crim., 17 février 2004, *D.* 2004, IR, p 1935 et 2 octobre 2007, *Bull. crim.*, n° 234; v. également CEDH, 8 juillet 2004, *D.* 2004, IR, p 2085.

La conséquence négative est que le juge ne peut pas utiliser un raisonnement par voie d'analogie, qui consisterait à étendre un texte à une situation factuelle voisine qu'il n'a pas visée. L'analogie est en elle-même une source trop importante d'incertitude, pour qu'elle soit admise, sauf lorsqu'elle est *in favorem,* au profit des droits de la défense.

2.2 *Une rigueur assouplie au bénéfice de la défense*

Face à la garantie des droits de la défense, l'opposition absolue du droit pénal vis-à-vis des usages offre des atténuations. Celles-ci prennent la forme de l'appréciation de certaines formes de justification (2.2.1) et de la personnalisation de la peine (2.2.2).

2.2.1 L'appréciation de certaines formes de justification

Le législateur intègre parfois le renvoi à un usage dans la loi, directement ou indirectement, de manière à délimiter le domaine d'une cause d'irresponsabilité pénale, afin de justifier un comportement qui devrait tomber sous le coup de la loi pénale. L'élément légal qui incrimine peut, à l'inverse, constituer l'élément de la justification.

Il en est ainsi, notamment, de l'article 521-1 du Code pénal qui vise « *des localités où une tradition ininterrompue peut être établie* » à propos des combats de coqs et « *une tradition locale ininterrompue* » pour les courses de taureaux,[13] alors que constitue une infraction pénale la commission d'actes de cruauté, de sévices graves ou de nature sexuelle, envers les animaux.

La tradition peut être définie comme une pratique héritée du passé, susceptible d'être un élément d'un usage.[14]

Cependant, ce renvoi exprès à l'usage par le truchement de la tradition, introduit une marge d'interprétation pour le juge, dès lors qu'il est question d'apprécier, pour les courses de taureaux, le caractère « *local* »[15] ou « *ininterrompu*».[16]

---

[13]Sur la représentation de la corrida : Bottois (2012). L'auteur s'interroge sur le regard que le groupe social porte sur cette pratique parfois devenue tradition, entre politique, droit et représentation artistique.

[14]Dictionnaire du vocabulaire juridique, Ass. H Capitant; V. *Les usages de la tradition dans le droit, sous la* direction de Altwegg-Boussac M, Basset A et Richard G (2016) Mare et Martin, coll. Droit public.

[15]Soubelet (2002), p. 2267; Cass. crim, 27 mai 1972, n° 72-90875; Cass. crim, 16 septembre 1997, n° 96-82649; Cass. civ. 2ème, 22 novembre 2001, n° 00-16452; Cass. civ. 2ème, 10 juin 2004, n° 02-17121.

[16]Cass. civ. 1ère, 7 février 2006, n° 03-12804.

Dans la mesure où, d'une part, le support légal demeure le texte, source formelle de la justification et, d'autre part, l'interprétation judiciaire bénéficie à la défense, l'office du juge peut prendre appui sur une méthode téléologique, voire analogique, *in favorem*.

Le Conseil constitutionnel a relevé, dans une décision n° 2012-271 QPC en date du 22 septembre 2012, que l'exclusion de responsabilité pénale instituée par l'article 521-1 alinéa 7 du Code pénal n'est applicable que dans les parties du territoire national où l'existence d'une tradition ininterrompue est établie et pour les seuls actes qui relèvent de cette tradition. Le législateur, par ces dispositions, a entendu que le premier alinéa de l'article 521-1 du Code pénal ne remette pas en cause des traditions de courses de taureaux. Ainsi, la différence de traitement instaurée par le législateur entre agissements de même nature accomplis dans des zones géographiques différentes est en rapport direct avec l'objet de la loi qui l'établit et ne heurte pas le principe de l'égalité devant la loi.

Il appartient aux juridictions compétentes d'apprécier les situations de fait répondant à la «*tradition locale ininterrompue*», de sorte, pour le Conseil Constitutionnel, que cette notion n'est pas ambiguë.

En ce qui concerne les combats de coqs, la position du législateur est plutôt en retrait, car les travaux préparatoires de la loi du 8 juillet 1964 montrent que le législateur a entendu encadrer plus strictement la pratique des combats de coqs afin d'accompagner et de favoriser leur extinction.

Le Conseil constitutionnel a été saisi le 3 juin 2015 par la Cour de cassation d'une question prioritaire de constitutionnalité relative à la conformité aux droits et libertés que la Constitution garantit de l'article 521-1 alinéa 8 du Code pénal.

Cette disposition prévoit que «toute création d'un nouveau gallodrome» est punie des peines prévues à l'article 521-1 du Code pénal pour réprimer «le fait, publiquement ou non, d'exercer des sévices graves, ou de nature sexuelle, ou de commettre un acte de cruauté envers un animal domestique, ou apprivoisé, ou tenu en captivité». Le requérant soutenait qu'en incriminant la création de nouveaux gallodromes et non celle de nouveaux lieux accueillant des courses de taureaux, les dispositions contestées portent atteinte au principe d'égalité devant la loi. Il faisait valoir en particulier que le législateur a prévu, tant pour les courses de taureaux que pour les combats de coqs, une même dérogation à l'incrimination pénale des sévices sur les animaux, soumise à la même condition qu'existe une tradition locale ininterrompue.

Le Conseil constitutionnel a écarté cette argumentation et a déclaré conformes à la Constitution les dispositions litigieuses: si le législateur a entendu, tant pour les courses de taureaux que pour les combats de coqs, fonder l'exclusion de responsabilité pénale sur l'existence d'une tradition ininterrompue, ces pratiques sont distinctes par leur nature. Aussi, en interdisant la création de nouveaux gallodromes, le législateur a traité différemment des situations différentes et cette différence de traitement est en rapport direct avec l'objet de la loi qui l'établit.

La distinction que le droit pénal entretient vis-à-vis des courses de taureaux et des combats de coqs est le fruit d'une perception différenciée des pratiques, devenues tradition constitutive d'usage, par le groupe social. En effet, alors que la corrida demeure acceptée socialement et juridiquement par le droit qui la légitime et la justifie au regard de la responsabilité pénale, le combat de coq n'est plus accepté socialement et le droit pénal, par la loi, le condamne à l'extinction, en interdisant la création de nouveaux gallodromes, dans le but de provoquer l'affaiblissement de la pratique, puis sa disparition à terme. Le droit intervient donc ici pour forcer l'extinction d'un usage, grâce au support de la loi pénale, expression de l'ordre public.

2.2.2 La personnalisation de la peine

Si la constitution de l'infraction relève du texte qui la définit, la détermination de la peine doit être conduite au regard du principe de personnalisation,[17] principe à valeur constitutionnelle, fondé sur l'article 8 de la Déclaration des Droits de l'Homme et du Citoyen de 1789.[18]

La loi du 15 août 2014 réécrit l'article 132-24 du Code pénal qui exprimait le principe et opère un transfert du principe de personnalisation dans l'article 132-1 du Code pénal.

Ainsi, l'article 132-1 du Code pénal, relatif aux principes généraux du régime des peines, a été modifié par la loi du 15 août 2014 pour affirmer expressément que « toute peine prononcée par la juridiction doit être individualisée. Dans les limites fixées par la loi, la juridiction détermine la nature, le quantum et le régime des peines prononcées en fonction des circonstances de l'infraction et de la personnalité de son auteur ainsi que de sa situation matérielle, familiale et sociale, conformément aux finalités et fonctions de la peine énoncée à l'article 130-1 ».

Quant à l'article 132-24 du Code pénal, il prévoit que « les peines peuvent être personnalisées selon les modalités prévues par la présente section ». Ainsi, le juge peut adapter la peine, en fonction de circonstances attachées au délinquant et il est alors possible de penser que l'existence de certains usages au sein, notamment, d'une profession, s'ils ne font pas disparaître l'infraction, pourrait permettre, néanmoins, une meilleure adéquation de la peine avec la situation personnelle de l'auteur.

---

[17]Syr (1994), p. 217; Giacopelli (2007), p. 233 et s., spéc. p. 234.

[18]Le principe a acquis valeur constitutionnelle, d'abord de manière indirecte, puis, directement en prenant appui sur l'article 8 de la Déclaration des droits de l'homme et du citoyen de 1789; V. not., C. const, déc. 27 juillet 1978 n° 78-97 DC, dans lequel le Conseil reconnaît que le pouvoir d'individualiser la sanction reconnu au juge ne heurte pas le devoir d'égalité des justiciables, sans expliquer toutefois le fondement de l'existence dudit pouvoir; décision n° 80-127 DC des 19 et 20 janvier 1981 dans laquelle le Conseil constitutionnel considère que l'article 8 de la Déclaration de 1789 « *n'implique pas que la nécessité des peines doive être appréciée du seul point de vue de la personnalité du condamné, et encore moins qu'à cette fin, le juge doive être revêtu d'un pouvoir arbitraire que, précisément, l'article 8 a entendu proscrire* »; C. const, déc. 22 juillet 2005 n° 2005-520 DC sur la loi précisant le déroulement de l'audience d'homologation de la comparution sur reconnaissance préalable de culpabilité; 9 août 2007, n° 2007-554 DC, décision relative à la lutte contre la récidive des majeurs et des mineurs.

3 Les usages face au droit pénal: une place possible en vertu de la normativité ?

La conception strictement légaliste de manière formelle au sens du droit français connaît des évolutions.[19] La loi qui était entendue au sens strict peut être conçue davantage comme la norme, en raison des évolutions du principe de la légalité (3.1) et en raison des évolutions des modalités d'interprétation (3.2).

3.1 Le passage de la loi à la norme pénale par les évolutions du principe de la légalité

Les évolutions des sources du droit pénal (3.1.1) s'accompagnent de celles des techniques de législation en droit pénal (3.1.2).

3.1.1 Les évolutions des sources du droit pénal

Les sources du droit pénal sont confrontées à des influences internationales, qu'il s'agisse du droit européen ou du droit de l'Union européenne.

La Cour européenne des droits de l'homme procède ainsi à une harmonisation progressive des sources du droit au fur et à mesure du développement de sa jurisprudence. L'article 7 de la C.E.S.D.H. contient une référence au « *droit national* » et non à la loi de manière exclusive. L'élargissement des sources ainsi visées est conforme au contexte international de son application, car la Convention a vocation à s'appliquer à tous les systèmes juridiques des Etats parties. Elle doit donc englober les pays de *common-law* qui ne se fondent pas sur la « *loi* », au sens formel du terme. Cette référence au «*law*» permet à la Cour Européenne des Droits de l'Homme d'entendre la «*loi* » dans une acception plus large, visant le droit écrit et la jurisprudence qui l'interprète.[20]

Depuis l'entrée en vigueur du Traité de Lisbonne le 1er décembre 2009, à la suite de sa ratification par la France au travers de la loi n° 2008-125 du 13 février 2008, l'Union européenne s'est vue également reconnaître un pouvoir plus important en matière pénale.[21] Un arrêt de la CJCE en date du 13 septembre 2005[22] était venu jeter le trouble sur la répartition des compétences entre le premier et le troisième pilier et la solution qu'il retenait avait été confirmée par un arrêt de la CJCE en date

---

19 Giudicelli (2007), p. 509.

20 V. not., CEDH, arrêt Cantoni/France, 16 novembre 1996, Dr. pénal 1997, comm. n° 11, obs. Robert J-H.

21 Rubi-Cavagna (2009), p. 501; Nourissat (2010), p. 153.

22 De Bellescize (2005), chron. 16.

du 23 octobre 2007 à propos du transport maritime.[23] Cette communautarisation du droit pénal s'est élargie depuis la disparition des trois piliers.

Désormais, l'Union peut en premier lieu fixer des sanctions, par le biais de la définition de la nature et de la durée des peines et se trouve compétente pour poser des règles relatives à la définition des infractions et des sanctions pénales dans des cas de criminalité « *particulièrement grave revêtant une dimension transfrontalière*[24] » (article 83.§1 du TFUE). Ces cas correspondent aux « *eurocrimes* » et visent des infractions telles que le terrorisme, la traite des êtres humains, l'exploitation sexuelle des femmes et des enfants, le trafic de drogues, le trafic d'armes, le blanchiment, la corruption, la contrefaçon de moyens de paiement, la criminalité informatique et la criminalité organisée. Toute adjonction à cette liste doit procéder d'une décision unanime du Conseil, avec l'accord du Parlement européen.

L'Union peut, en second lieu, poser des règles minimales relatives aux autres formes de délinquance lorsque le recours au droit pénal est indispensable pour assurer la mise en œuvre effective d'une politique de l'Union européenne. Ainsi, l'article 83.§2 du TFUE permet au Parlement européen et au Conseil, sur proposition de la Commission, d'établir des règles minimales relatives à la définition des infractions pénales et des sanctions lorsque le rapprochement des dispositions législatives et réglementaires des Etats membres en matière pénale s'avère indispensable pour assurer la mise en œuvre efficace d'une politique de l'Union dans un domaine ayant fait l'objet de mesures d'harmonisation. Aucune infraction n'est ici précisée. Ceci recouvre un vaste domaine, car les institutions de l'Union doivent décider de recourir ou non au droit pénal et aux sanctions pénales plutôt qu'à d'autres types de sanctions (sanctions civiles ou administratives par exemples), afin de faire appliquer la législation et déterminer les politiques de l'Union qui nécessitent un recours au droit pénal afin d'être effectivement mises en œuvre.

Il en est ainsi, notamment, dans le domaine des marchés financiers. Ce secteur est sensible et il est difficile d'assurer la mise en œuvre effective de la législation en la matière. C'est la raison pour laquelle le droit pénal pourrait être conçu comme un instrument complémentaire afin d'accroître l'effectivité de ces règles. Cela est l'objectif de la communication dénommée « Renforcer les régimes de sanctions dans le secteur des services financiers » (COM (2010) 716 du 8 décembre 2010).

L'Union peut, en troisième lieu, en vertu de l'article 325.§4 du TFUE, prendre des mesures dans le secteur de la prévention de la fraude portant atteinte aux intérêts financiers de l'Union et de la lutte contre cette fraude. Ce domaine d'intervention était déjà ouvert à l'Union.[25] Il est important, afin de protéger les contribuables relevant des Etats membres de l'Union européenne.

---

[23]De Bellescize (2008), chron. 2.

[24]Chaltiel (2008), p. 4.

[25]V. la Convention de 1995 relative à la protection des intérêts financiers de l'Union européenne et ses protocoles; v. également le règlement n°2988/95 du Conseil du 18 décembre 1995, relatif à la protection des intérêts financiers des Communautés européennes portant sur les sanctions administratives, JO L312, 23 décembre 1995, p. 1.

Les institutions de l'Union européenne possèdent donc un pouvoir d'harmonisation, à la fois sur les sanctions mais aussi sur les incriminations, qui ressemble à un réel pouvoir d'incrimination.

Cependant, deux éléments doivent être relevés.

D'une part, ce pouvoir doit s'exercer dans le respect des principes du droit communautaire[26] de subsidiarité et de proportionnalité.[27]

D'autre part, il sera difficile d'harmoniser à la fois les concepts de droit pénal et la réponse pénale nationale qui leur est apportée. En effet, le traité n'a pas choisi de créer des concepts pénaux communs de droit pénal général, de sorte qu'il est malaisé de vouloir harmoniser une politique pénale à partir de concepts qui eux-mêmes ne l'ont pas été au préalable. C'est la raison pour laquelle des universitaires n'hésitent pas à demander l'élaboration d'un Code pénal européen et d'une politique criminelle européenne. Il existe déjà des propositions en ce sens, le *Corpus Juris* portant dispositions pénales pour la protection des intérêts financiers de l'Union européenne[28] et le projet de Code pénal européen sur les infractions d'affaires.[29]

Une fois les directives adoptées, elles doivent faire l'objet d'une transposition en droit national. L'exigence formelle du principe de la légalité est donc respectée, bien que l'inspiration de la norme pénale puisse ne pas être strictement interne. Dans certains cas, le contenu de la norme pénale auquel la directive fait référence peut reposer sur des notions directement inspirées des pratiques et usages professionnels. En ce sens, peut être relevé l'exemple des « *pratiques commerciales déloyales* » ou trompeuses.

Les sources du droit pénal sont également traversées par d'autres influences et il en est ainsi du mouvement de constitutionnalisation qui s'est accru depuis l'entrée en vigueur de la procédure de la question prioritaire de constitutionnalité.

Ces mouvements conduisent à reconfigurer le principe de la légalité autour de la norme pénale et non plus strictement autour de la loi pénale.[30] Il est dès lors possible de s'attacher au contenu de la règle et à sa nature pénale, plutôt qu'à son origine strictement formelle. L'une des conséquences du renouvellement de l'analyse du principe de la légalité pourrait être la place conférée aux usages, appréhendés non en tant que source formelle de droit pénal, mais en tant qu'élément du contenu de la norme pénale.

---

[26]Sotis (2012), p. 59 et s.; Van de Kerchove (2012), p. 27 et s.

[27]Protocole n°2, sur « l'application des principes de subsidiarité et de proportionnalité », article 7 paragraphe 2. Ainsi, il ne s'agit pas d'une révolution mais bien de la consécration d'une évolution tendant à limiter la souveraineté pénale pleine et entière des États, s'agissant du droit de punir (pas de possibilité de punir en contradiction avec le droit communautaire) et du droit de ne pas punir (création d'une obligation de punir par la nécessité de prévoir des sanctions effectives, proportionnées et dissuasives pour donner effet utile au droit communautaire, CJCE, 21 septembre 1989, Commission c/République hellénique, aff. 68/88, espèce « du maïs grec »), v. Giudicelli-Delage (2010), , p. 131 et s.

[28]Sous la direction de M. Delmas-Marty, Economica, 1997.

[29]*Euros-délits*, RPDP 2003, 289.

[30]Drago (2016), spéc. n°81 et 82.

3.1.2 Les évolutions des techniques de législation en droit pénal

Les techniques utilisées par le législateur ont, en parallèle, évolué afin de s'adapter à la nouvelle conception du principe de la légalité.

Ainsi, les exigences de prévisibilité, donc de précision et de clarté, doivent être entendues comme s'appliquant à la norme pénale, c'est-à-dire au contenu de l'infraction et non à la loi elle-même, support de l'infraction.

Le législateur a recours très souvent à la technique du renvoi, entendu comme une « *invitation formelle, énoncée par la règle, à se reporter à une ou plusieurs autres dispositions* ».[31] En droit pénal, le procédé est fréquent, la loi pénale intervenant en prévoyant, notamment, la peine applicable à une incrimination définie dans un texte de référence. Le renvoi peut s'opérer d'une loi en direction d'un décret, afin de définir plus précisément certains éléments contenus dans l'élément matériel de l'infraction. Si la conception retenue s'arrêtait à l'analyse classique du principe de la légalité, le texte de référence serait extérieur à la loi et pourrait ne pas satisfaire aux exigences du principe, ce qui est dénoncé comme porteur potentiellement d'un flou, préjudiciable à l'exigence de prévisibilité.[32]

C'est ici que l'évolution du principe en principe de normativité permet de considérer que la norme pénale naît de la conjonction de la loi et du texte de référence. En conséquence, le renvoi de la loi peut s'opérer en direction d'usages professionnels ou d'usages commerciaux, comme cela est le cas dans le délit de tromperie et dans ses délits voisins. Sur le fondement de la loi du 1er août 1905 relative aux fraudes et falsifications, la Cour de Cassation approuve ainsi la condamnation d'un boulanger qui vendait un gâteau élaboré à partir de margarine et non de beurre, sous la dénomination de « *Quatre-quarts, spécialité bretonne* ».[33] Selon les usages, la recette bretonne traditionnelle du quatre-quarts repose, en effet, sur des ingrédients déterminés, à savoir de la farine, des œufs, du sucre et du beurre. L'usage fait corps avec le contenu de la norme pénale, bien que le renvoi à celui-ci ne soit pas exprès. D'autres décisions de la Chambre criminelle de la Cour de Cassation se réfèrent également aux usages en ce domaine.[34]

Si les infractions relatives à la tromperie ou aux fraudes et falsifications relevant du droit pénal de la consommation constituent le domaine d'élection du renvoi aux usages, de manière tacite, le délit de faux en offre également une illustration.[35] La Chambre criminelle de la Cour de Cassation a ainsi approuvé la condamnation d'un

---

[31]Molfessis (1999)' p. 55.

[32]Delmas-Marty (2004), p. 70.

[33]Cass. crim. 5 octobre 1967, Bull.crim, n°242.

[34]Cass. crim. 4 mars 1971, Bull.crim, n°76, pour du safran vendu comme étant "pur", alors que le produit s'était vu incorporer des éléments extérieurs; Cass. crim., 15 janvier 1985, Bull. crim. n° 26, pour du miel vendu sous l'appellation "Gâtinais", miel récolté sur le territoire français; Cass. crim., 17 mai 1989, pourvoi n° 87-81.970; Cass. crim., 7 février 1994, Bull. crim, n° 54.

[35]Cass. crim., 26 octobre 1992, pourvoi n° 92-80.080.

prévenu pour faux et usage de faux, les juges du fond ayant caractérisé ces infractions en faisant référence à des usages commerciaux.

En l'espèce, un certificat avait été signé par une personne qui n'aurait pas dû le faire, en vertu des usages. Le délit de fraude fiscale peut aussi être cité en exemple, dès lors, selon les constatations des juges du fond, que « *les documents comptables versés aux débats n'étaient pas conformes aux exigences légales et aux usages professionnels* ».[36]

Parfois, le renvoi à l'usage par le texte pénal peut être direct et exprès. Ainsi, est-il possible de citer une disposition désormais abrogée, qui renvoyait aux usages commerciaux, afin de caractériser le délit de pratique de prix illicite. L'article 37-1 de l'Ordonnance du 30 juin 1945 prévoyait en ce sens qu'« *est assimilé à la pratique de prix illicite le fait: 1- Par tout producteur, commerçant, industriel ou artisan: a) de refuser de satisfaire, dans la mesure de ses disponibilités et dans les conditions conformes aux usages commerciaux, aux demandes des acheteurs* ... ».

Le législateur a recours également à la technique dite « *des catégories générales* », incriminant, par exemple, le fait d'exécuter tel comportement « par tout moyen » : la CEDH admet l'utilisation de ces catégories lorsque le justiciable peut savoir, à partir du libellé de la disposition pertinente et au besoin à l'aide de l'interprétation qui en est donnée par les tribunaux, quels actes et omissions engagent sa responsabilité pénale.[37] Parfois, le législateur va encore plus loin,[38] grâce à la pratique dite des « *codes pilote* » et « *code suiveur* »,[39] par laquelle le législateur insère la même infraction dans deux codes différents, en recopiant à l'identique le texte d'origine.[40]

3.2 Le passage de la loi à la norme pénale par les évolutions des modalités d'interprétation

Si la loi est interprétée par le juge (3.2.1) et offre des illustrations de la place occupée par les usages, il est possible de s'interroger sur la perspective d'autres évolutions (3.2.2).

---

[36] Cass. crim., 22 mai 1991, pourvoi n° 90-62.852.

[37] V. not., *Cantoni c. France*, 15 novembre 1996, § 29, Recueil des arrêts et décisions 1996-V.

[38] La Commission supérieure de codification entend néanmoins qu'il soit mis fin à cette pratique, qui peut engendrer des difficultés et des incertitudes juridiques.

[39] Drago (2016), n° 188 et s.

[40] Malabat (2006a), p. 159; (2006b), p. 155 et s.; (2009), p. 71 et s.; sur le doublon en matière de harcèlement, v. la loi n° 2010-769 du 9 juillet 2010 relative aux violences faites spécifiquement aux femmes, aux violences au sein des couples et aux incidences de ces dernières sur les enfants.

3.2.1 La loi interprétée

Le passage à une légalité matérielle plus que formelle est notable en droit français, qui va dans le sens d'une coproduction de la norme pénale entre législateur et juge.[41]

Cela est visible, notamment, lorsque la Cour de Cassation refuse de transmettre des questions prioritaires de constitutionnalité au Conseil Constitutionnel pour défaut de caractère sérieux, en se fondant, notamment, sur le renvoi exprès à « *l'interprétation par l'office du juge sans risque d'arbitraire* ».[42]

L'interprétation de la disposition est indissociable du texte même portant celle-ci.

Lorsque la norme pénale renvoie aux usages, le fait de se conformer aux usages devient un référent abstrait d'un modèle de comportement, qui peut être interprété par le juge. Parfois, ce standard est utilisé par le texte afin d'apprécier, notamment, l'élément moral de l'infraction, élément dont la démonstration peut être complexe. Ainsi en est-il de l'article 121-3 du Code pénal, modifié par la loi n°96-393 du 13 mai 1996, qui introduit la référence à l'accomplissement de « *diligences normales* » dans l'appréciation de la faute pénale non intentionnelle simple. Pour la faute intentionnelle, un raisonnement identique pourrait être conduit. L'adhésion morale à la violation de la valeur sociale protégée par l'incrimination peut être appréciée, voire caractérisée, en fonction d'un comportement conforme ou non conforme aux standards professionnels ou commerciaux. Les juges du fond ont ainsi pu considérer que la faute pénale intentionnelle n'était pas démontrée dans le cas d'une poursuite sur le fondement de la qualification d'usage de faux, au regard du contenu d'usages commerciaux existant entre deux entreprises.[43]

L'interprétation du texte fait évoluer la norme pénale qu'il contient[44] et le recours à la méthode téléologique est très important dans ce domaine.[45] Rechercher l'esprit plutôt que le libellé de la disposition *stricto sensu* permet au juge de se référer dans certaines situations à l'existence d'usages, tout en respectant le principe de la légalité, entendu selon l'analyse nouvelle de la normativité.

3.2.2 Vers de nouvelles évolutions ?

D'autres évolutions pourraient-elles se produire en faveur d'une plus grande place conférée aux usages sur le plan juridique ?

Il est ainsi surprenant de relever le caractère osé de la position de la Chambre criminelle de la Cour de Cassation, à propos de l'attentat du DC 10 de la compagnie UTA commis le 19 septembre 1989 et ayant provoqué le décès de 170 personnes.

[41]De Lamy (2010).

[42]Cass. crim., 3 octobre 2012, n°12-90052, Gaz. Pal. 9 février 2013, p29, obs. E. Dreyer; Cass. crim., 20 février 2013, n°12-90074, Gaz. Pal. 11 mai 2013, p25, obs. E. Dreyer.

[43]Cour d'appel de Nîmes, 16 décembre 1987 et Cass. Crim., 14 mars 1989, n° 88-80.035.

[44]Viala (2010) *Philosophie du droit*, Ellipses, coll. Cours magistral, n°61.

[45]Dechenaud (2015), p. 137; Saint-Pau (2015), p. 177.

A propos de la détermination de l'implication du colonel Kadhafi, chef de l'Etat libyen en exercice, l'arrêt se distingue par le choix de rompre la logique du droit écrit pour appliquer une coutume internationale, en matière pénale, conduisant à l'immunité du chef d'Etat.[46]

En droit strictement interne, le développement de certaines chartes ou codes de bonne conduite,[47] procédant d'un consensus sur des pratiques admises au sein d'un groupe pourrait être rattaché aux usages et nourrir également l'interprétation du juge, dans la limite du principe de normativité.

Au-delà, il convient de garder présente à l'esprit la fonction de prévention du droit pénal, qui ne saurait se limiter à la répression. L'existence d'un usage fondé sur une pratique répétée et admise au sein d'un groupe traduit l'adhésion des membres dudit groupe à un comportement, toléré socialement et n'appelant pas de réponse pénale.

L'avenir permettra, peut-être, de trouver un point d'ancrage aux mouvements de flux et de reflux entre le droit pénal et les usages...

Références

Bottois O (2012) De la tauromachie en peinture: usages et imaginaires de Goya à Albarracin, Thèse de doctorat, Histoire de l'art, École doctorale Langages, Idées, Sociétés, Institutions, Territoire, Dijon

Chaltiel F (2008) Le traité de Lisbonne: l'espace de liberté, de sécurité et de justice, Les Petites Affiches, 67, 4, Paris

Dechenaud D (2015) Interprétation téléologique ou interprétation par analogie ? In: Histoire et méthodes d'interprétation en droit criminel, Dalloz, coll. Thèmes, commentaires et actes, Paris, p 137

De Bellescize R (2005) La CJCE limite la souveraineté des États en matière pénale, Dr pénal, chron. 16

De Bellescize R (2008) La communautarisation silencieuse du droit pénal, Dr. pénal, chron. 2

De Lamy B (2010) Dérives et évolution du principe de la légalité en droit pénal français (contribution à l'étude des sources du droit pénal français). Cahiers de Droit

Delmas-Marty M (2004) Le flou du droit, PUF, coll. Quadrige, Essais, débat, Paris

Drago ML (2016) Le principe de normativité criminelle, reconfiguration du principe de légalité criminelle. Thèse de doctorat, Université de Montpellier

Ghica-Lemarchand C (2006) L'interprétation de la loi pénale par le juge, colloque Sénat « L'office du juge », 29–30 septembre 2006

Giacopelli M (2007) De l'invidualisation de la peine à l'indétermination de la mesure, Mélanges offerts à Monsieur le Professeur R Gassin, PUAM, Aix-Marseille, p. 233 et s., spéc. p 234

Giudicelli A (2007) Le principe de légalité en droit pénal français, aspects légistiques et jurisprudentiels. RSCrim, Paris, p 509

Giudicelli-Delage G (2010) *Les eaux troubles du droit pénal de l'Union européenne*, Archives de philosophie du droit, Dalloz, t. 53, p 131 et s., Paris

Lazerges C (2004) De la fonction déclarative de la loi pénale, RSC, Paris, p 194

[46]Roulot (2003), p. 2631; M. Massé (M) (2003), p. 894.

[47]Wester-Ouisse (2000), Le droit pénal face aux codes de bonne conduite, RSC 2000, p. 351.

Malabat V (2006a) De l'efficacité du contrôle de constitutionnalité en matière pénale. L'exemple d'une double incrimination, Politeia 2004.5.159
Malabat V (2006b Le champ inutile du droit pénal: les doubles incriminations, Mélanges en l'honneur de R. Ottenhof, Dalloz, et s. Paris, p 155
Malabat V (2009) Les infractions inutiles. Plaidoyer pour une production raisonnée du droit pénal. In: La réforme du Code pénal et du Code de procédure pénale, Opinio doctorum, Dalloz, Thèmes et commentaires, 2009, et s, Paris, p 71
Massé M (2003) La coutume internationale dans la jurisprudence de la chambre criminelle. RSC 2003, p 894
Molfessis N (1999) Le renvoi d'un texte à un autre. In: Les mots de la loi, Economica, coll. Etudes juridiques, Paris, p 55
Nourissat C (2010) Lisbonne: and so what? Rev. pénitentiaire, 153
Roulot JF (2003) La coutume du droit international pénal et l'affaire « Kadhafi », RSC 2001, p 2631
Rubi-Cavagna E (2009) Réflexions sur l'harmonisation des incriminations et des sanctions pénales prévues par le traité de Lisbonne, RSCrim., p 501
Saint-Pau JC (2015) Le revirement d'interprétation, in Histoire et méthodes d'interprétation en droit criminel, Dalloz, coll. Thèmes, commentaires et actes, p 177
Sordino MC (2016) Droit pénal général, Ellipses, coll. Universités, 6ème éd, Paris
Sordino MC (2017) Les fonctions expressive et pédagogique de la loi pénale confrontées aux mutations du droit pénal, in Mutations du droit pénal, entre affirmation de valeurs et protection des libertés ?, 3èmes Journées Cambacérès, Colloque 29 juin 2017, Faculté de droit et science politique de Montpellier, à paraître décembre 2017, Presses de la Faculté de droit et science politique de Montpellier, coll. Actes de colloque
Sotis C (2012) Les principes de nécessité et de proportionnalité. In: Le droit pénal de l'Union européenne au lendemain du Traité de Lisbonne, Société de législation comparée, Collection de l'UMR de droit comparé de Paris, volume 28, p 59 et s
Soubelet P (2002) Corridas: confusion sur la "tradition locale ininterrompue", Point de vue, p 2267
Syr J-H (1994) Les avatars de l'individualisation dans la réforme pénale. RSCrim, Paris, p 217
Van de Kerchove M (2012) Le principe de subsidiarité, in Le droit pénal de l'Union européenne au lendemain du Traité de Lisbonne, Société de législation comparée, Collection de l'UMR de droit comparé de Paris, volume 28, et s, Paris, p 27
Vanderlinden J (2000) Le juriste et la coutume: un couple impossible ? (bis) ou A propos de Méthode d'interprétation et sources, contrepoint au départ d'une image française de la loi et du juge, in François Gény, mythe et réalités; 1899–1999 centenaire de Méthode d'interprétation et sources en droit privé positif - Essai critique. Les Editions Yvon Blais Inc., Bruylant Bruxelles, p 55
Viala A (2010) Philosophie du droit, Ellipses, coll. Cours magistral, Paris
Wester-Ouisse V (2000) Le droit pénal face aux codes de bonne conduite. RSC 2000, p 351

Customary Law and the Domain of Federal Common Law Today

Amanda L. Tyler

Résumé Ce chapitre vise à placer dans son contexte le rôle limité du Droit coutumier dans le Droit fédéral actuel des USA en évaluant le statut de le common law fédéral dans la jurisprudence des tribunaux fédéraux. Comme nous l'étudions ici, du common law fédéral d'origine judiciaire- qui en composant une règle de décision peut parfois faire référence au Droit coutumier- est contrariée, si ce n'est pas défavorisée. En retour, cela offre peu de possibilité pour le Droit fédéral- ou tout au moins pour le common law fédéral pour regarder et emprunter des principes du Droit coutumier. Après avoir tracé l'approche évolutive de le common law fédéral aux USA et avoir discuté les « enclaves » contemporaines dans lesquelles le Droit coutumier continue d'exercer une influence sur le common law fédéral, ce chapitre conclut en observant que le résultat de cette évolution est un corps de Droit fédéral moderne qui est plus insulaire par sa nature qu'à sa Fondation et qui dès lors, contrairement à ce qui prévalait à ses débuts est moins susceptible d'utiliser le Droit coutumier. Déterminer si cela est une bonne ou une mauvaise chose, comme nous l'étudions en conclusion, est un sujet qui mérite un débat sérieux.

1 Introduction

The role of customary law today in American federal law, including constitutional law, is far more limited than it once was. Indeed, as a general proposition, one might say that customary law has no formal foothold in federal law, while judge-made federal common law—which, in fashioning a rule of decision, may sometimes reference customary law—is constrained, if not disfavored. This has proved fodder for many critics, particularly those who champion the importing of customary principles from the international sphere into domestic American law. Without

A. L. Tyler (✉)
Berkeley Law, University of California, Berkeley School of Law, Berkeley, CA, USA
e-mail: atyler@law.berkeley.edu

L. Mayali, P. Mousseron (eds.), *Customary Law Today*,
https://doi.org/10.1007/978-3-319-73362-3_12

entering that specific debate *per se*, this chapter aims to put into context the limited formal role of customary law in federal law by evaluating the current state of federal common law in federal jurisprudence.[1]

This discussion necessarily entails tracing the evolving approach to federal common law in American federal courts while trying to ascertain the principles that inform the modern framework. It also requires exploring the concept of constitutional common law, an area in which the United States Supreme Court's modern decisions point in decidedly different directions. In all of this, several core principles emerge. First, the modern domain of federal common law is far more limited in scope than it was in the early decades of the Republic and, as a result, customary law wields far less influence on federal law than it did in those decades.[2] Second, modern decisions presuppose that any federal common law must be anchored in the constitutional design, a ratified treaty that has the force of federal law, or a statutory scheme. Third, federal law has an overarching preference for positive law and therefore generally speaking, where Congress enters a field and provides the rule of decision, any existing and contrary federal common law will be displaced. Fourth, how far this principle extends when courts are confronted with questions about how best to administer the Constitution on the ground poses immensely difficult questions on which the Supreme Court in recent decades has given inconsistent answers. Nonetheless, in the realm of determining how best to enforce the Constitution, modern jurisprudence has increasingly deferred to the judgment of Congress and, at times, to state law remedies. Putting these various strands together, one sees how the domain of modern federal common law is limited, and with it, so is the potential for customary law to influence federal law, at least through judge-made common law. Each of these points is explored in turn below.

[1]At the outset, it must be stated that the domain of federal common law even as a definitional matter is widely disputed. One person's view of judicial statutory interpretation may constitute another's judicial common lawmaking. I will use the phrase here in the vein of the definition employed in the *Hart & Wechsler* Federal Courts book to encompass, loosely speaking, "federal rules of decision whose content cannot be traced directly by traditional methods of interpretation to federal statutory or constitutional commands." See Richard H. Fallon, Jr., John F. Manning, et al. (2015), p. 635 [hereinafter "Hart & Wechsler"]. For a list of other scholarly definitions, see id. at n.1. As the discussion that follows reveals, this chapter intends to avoid wading into the disputes over the distinction between statutory interpretation and federal common lawmaking that informs much of the core debate between purposivists and textualists. For an overview of that debate, see id. at 653–656; see also John F. Manning (2006), pp. 70–111 Instead, my focus here is predominantly on those "enclaves" of federal common law that today have arguable connection to the Constitution and its presuppositions.

[2]Here, it bears highlighting that the focus of the chapter is on federal common law as announced and enforced by federal courts (and state courts under the Supremacy Clause). This chapter does not speak to *state* law, whether common law, statutory law, or constitutional law. For a host of institutional reasons, judicial common law decisions at the state level are far more common. It follows that there exists the potential for customary law to wield greater influence at the state level.

2 "There Is No General Federal Common Law"

In the early decades following ratification of the United States Constitution in 1789, federal judges had very little law with which to work. Specifically, the United States Congress had passed only a handful of statutes (some of which remain the subject of heated debates to this day over what they were meant to accomplish[3]), and the notion of national courts operating in a federal system against the backdrop of a written, binding constitution represented in many respects an innovation as compared to the country's colonial origins. (It was instead the state courts in the United States that looked much more like their British colonial ancestors.[4])

As the federal courts set to work, there were a host of important questions that quickly arose for which there was no clear answer to be found in positive, or written, law. Federal courts therefore often exercised a free hand in filling the proverbial gaps. A classic, and arguably extreme, example in this regard may be found in the early acceptance of the concept of federal common law crimes. Studying this example also offers an introduction to the modern way of thinking about such problems, setting up the larger discussion that follows.

Congress gave exclusive jurisdiction to the federal courts over prosecutions for federal crimes in the 1789 Judiciary Act, which also established the courts themselves.[5] Congress, meanwhile, only established a handful of federal crimes in the Crimes Act of 1790,[6] leaving "large gaps in the federal penal code."[7] Where statutory law ended, federal judges initially stepped in both to declare and enforce federal common law crimes. This practice continued well through the first decade in the life of the federal courts,[8] with many lower courts concluding, in the words of one such court, that "[t]he federal courts have common-law jurisdiction of criminal cases, and may punish a crime though there be no express statute for that purpose."[9]

---

[3]Top on this list is the Alien Tort Statute, 28 U.S.C. § 1350, which confers jurisdiction on the federal courts over a "civil action by an alien for a tort only, committed in violation of the law of nations," but provides little else in the way of guidance as to what actions may be brought and against whom. For a summary of the current debates, see Hart & Wechsler, supra note 1, at 712–722.

[4]This in part explains why the domain of common lawmaking for state judges is much broader than that enjoyed by federal judges. See supra note 2.

[5]Judiciary Act of 1789, ch. 20, §§ 9, 11, 1 Stat. 73, 76–79. The principle author of the first Judiciary Act was Oliver Ellsworth, who later served as the third Chief Justice of the Supreme Court of the United States.

[6]Crimes Act of 1790, ch. 9, 1 Stat. 112.

[7]Bradford R. Clark (2001), p. 1321, p. 1404.

[8]See Anthony J. Bellia, Jr. & Bradford R. Clark (2009), pp. 1–93.

[9]United States v. Smith, 27 F. Cas. 1147, 1147 (C.C.D. Mass. 1792) (No. 16,323); see United States v. McGill, 26 F. Cas. 1088, 1090 (C.C.D. Pa. 1806) (No. 15,676) (concluding that federal courts have jurisdiction over common law crimes); United States v. Anonymous, 1 F. Cas. 1032, 1034 (C.C.D. Pa. 1804) (No. 475) (instructing jury that indictments may be sustained by common law or statute); Williams' Case, 29 F. Cas. 1330 (C.C.D. Conn. 1799) (No. 17,708) (upholding conviction of expatriate under common law rule); United States v. Ravara, 27 F. Cas. 714, 714 (C.C.D. Pa.

Naturally, in so doing, the courts turned to customary principles of what constituted core criminal behavior. By 1800, all but one of the Justices on the Supreme Court had approved of federal common law crimes while riding circuit.[10] In 1798, the remaining Justice, Samuel Chase, launched the movement to reject federal common law crimes in *United States v. Worrall*.[11] In his view, the courts had transgressed their carefully prescribed powers in declaring and enforcing such crimes.[12]

But it was not until over a decade later, first in *United States v. Hudson & Goodwin*[13] in 1812, and then in *United States v. Coolidge*[14] in 1816, that the Supreme Court finally embraced Justice Chase's position. In *Hudson & Goodwin*, which involved common law charges of seditious libel, the Court declared that before a federal court can enforce a federal crime, "[t]he legislative authority of the Union must first make an act a crime, affix a punishment to it, and declare the Court that shall have jurisdiction of the offence."[15] In *Coolidge*, the Supreme Court reaffirmed this position and largely settled the matter, but only after reversing an opinion by Justice Story riding circuit that upheld enforcement of a common law crime in the process.[16] To be sure, *Hudson & Goodwin* may be understood in part as a product of the political atmosphere in which it arose,[17] but it marked an important departure from earlier practices and in so doing sounded a new approach to thinking about the federal judicial role and sources of law that would define the content of federal law. Today, *Hudson* & Goodwin's rejection of the idea of federal common law crimes essentially

1794) (No. 16,122a) (upholding common law indictment against a foreign consul despite the defendant's argument that "the matter charged in the indictment was not a crime by the common law, nor is it made such by any positive law of the United States"); Henfield's Case, 11 F. Cas. 1099, 1100 (C.C.D. Pa. 1793) (No. 6360) (instructing the jury on the common law crime of breach of neutrality).

[10]See 1 William W. Story ed. (1851), p. 299 (discussing federal common law crimes and noting that "excepting Judge Chase, every Judge that ever sat on the Supreme Court Bench, from the adoption of the Constitution until 1804 . . . held a like opinion").

[11]2 U.S. (2 Dall.) 384, 28 F. Cas. 774 (C.C.D. Pa. 1798) (No. 16,766).

[12]See id. at 393–394 ("For, the Constitution of the Union, is the source of all the jurisdiction of the national government; so that the departments of the government can never assume any power, that is not expressly granted by that instrument, nor exercise a power in any other manner than is there prescribed.").

[13]11 U.S. (7 Cranch) 32 (1812).

[14]14 U.S. (1 Wheat.) 415 (1816).

[15]11 U.S. (7 Cranch) at 34.

[16]Justice Story had considered the issue of federal common law crimes "as one open to be discussed, notwithstanding the decision in *U.S. v. Hudson*." United States v. Coolidge, 25 F. Cas. 619, 621 (C.C.D. Mass. 1813) (No. 14,857), rev'd, 14 U.S. (1 Wheat.) 415.

[17]See Story, supra note 10, at 299.

controls, although it bears noting that some subsequent authority questions its reasoning at its broadest.[18]

On the civil side, matters have also evolved along similar lines, albeit much more slowly. As first-year American law students learn each new academic year, up until 1938 (a monumental year in civil procedure[19]), the doctrine of *Swift v. Tyson*[20] governed the deciding of diversity cases. The question in *Swift* was whether to apply New York law or the law of merchant—the latter being part of the so-called "general law"—to a dispute over a negotiable instrument before a federal court exercising its diversity jurisdiction.[21] In brief, diversity jurisdiction constitutes party-based, as opposed to content-based, jurisdiction. Classic diversity case examples include suits between citizens of different states and suits between citizens and aliens (although technically the latter comprises "alienage jurisdiction"). The key point for present purposes is this: because of the diverse nature of the parties, the Constitution provides that their dispute may be brought in a more neutral forum (the federal courts) than the state courts might otherwise offer.

In *Swift*, the plaintiff could have brought the case in New York state court, but instead proceeded in federal court. Notably, in the New York courts, which would have applied New York law, the plaintiff would almost certainly have lost.[22] The key issue was what law should be applied in the federal court, which only enjoyed jurisdiction over the case because of the happenstance that the two parties lived in different states. To answer the question, the Supreme Court had to wrestle with the Rules of Decision Act, § 34 of the Judiciary Act of 1789. As it reads today, the provision says:

> The laws of the several states, except where the Constitution or treaties of the United States or Acts of Congress otherwise require or provide, shall be regarded as rules of decision in civil actions in the courts of the United States, in cases where they apply.[23]

---

[18]See *In re* Debs, 158 U.S. 564 (1895). In the *Debs* case, the Supreme Court recognized judicial authority to provide injunctive relief where general federal power exists in the background, notwithstanding the absence of an express legislative grant of authority:

> Is the army the only instrument by which rights of the public can be enforced, and the peace of the nation preserved? Grant that any public nuisance may be forcibly abated, either at the instance of the authorities, or by any individual suffering private damage therefrom. The existence of this right of forcible abatement is not inconsistent with, nor does it destroy, the right of appeal, in an orderly way, to the courts for a judicial determination, and an exercise of their powers, by writ of injunction and otherwise, to accomplish the same result.

Id. at 582.

[19]In addition to the deciding of the *Erie* case, discussed below, 1938 witnessed the adoption of the Federal Rules of Civil Procedure, which continue to govern civil litigation in the federal courts to this day, albeit heavily amended from their original form.

[20]41 U.S. (16 Pet.) 1 (1842).

[21]U.S. Const. art. III, § 1 (authorizing the creation of inferior federal courts); id. § 2 (authorizing the exercise of diversity jurisdiction).

[22]In 1842, New York followed the old American rule, which entitled Tyson to raise the defense of fraud, which, if successful, would have invalidated the instrument.

[23]28 U.S.C. § 1652.

Given that Congress had not passed any legislation governing the specific dispute in *Swift*, the Court had to decide whether *Swift* was a case in which the Rules of Decision Act directs that the "laws of the several states" (and specifically the laws of New York) should be "appl[ied]" by the federal diversity court.

Writing for the Court, Justice Story concluded that the New York rule did not apply and instead applied a rule derived from the law of merchant, a body of customary general commercial law well known to the Founding generation that "applied to disputes between merchants from different countries."[24] The term "laws" as employed in the Rules of Decision Act did not, in Justice Story's view, encompass common law decisions of the state courts. ("Laws," Justice Story wrote, are passed by legislatures.[25]) Instead, Justice Story referenced the law of merchant in formulating a rule of decision for the situation posed in *Swift*. In the end, although Justice Story purported to limit the scope of the Court's ruling,[26] *Swift* set the federal courts on a course of referencing "the general law" in a wide range of diversity cases for almost a century and, in so doing, the courts often looked to international customary law to resolve what were most often domestic disputes.

Given that state courts bore no obligation to follow the decisions of federal courts in diversity cases under the *Swift* regime, those decisions constituted an odd form of federal law that did not reign supreme in force. This non-supreme federal law sat more than a little uneasily alongside the Supremacy Clause of the United States Constitution.[27] It also resulted in extensive forum shopping, given that parties might secure different law and, as a result, different outcomes depending on whether a case proceeded in state or federal court.

The Supreme Court's 1938 decision in *Erie v. Tompkins*[28] put an end to all of this. In rejecting *Swift* in its entirety and establishing the modern framework that controls today, the *Erie* Court famously declared that "[t]here is no federal general common law." More specifically, in an opinion by Justice Brandeis, the Court held that the "laws" to be applied in diversity cases under the Rules of Decision Act encompassed state law in all its forms, including law established in state court judicial decisions.

The Court's reasoning followed in several movements, like a symphony. First, Justice Brandeis concluded that Justice Story had misunderstood the original intent of

---

[24]See generally Anthony J. Bellia, Jr. & Bradford R. Clark (2017).

[25]In Story's view, only "statutes … and the construction thereof adopted by the local tribunals" constitute "laws" within the scope of the Rules of Decision Act. *Swift*, 41 U.S. (16 Pet.) at 18. This being said, Justice Story also said that "long established local customs having the force of laws" would fall within the Rules of Decision Act. Id. at 12.

[26]Specifically, Justice Story differentiated between matters strictly local (for example, property) and those that were not (for example, contractual and commercial matters). Eventually, however, the *Swift* regime came to govern in many areas of the law that Justice Story would have categorized as local.

[27]See U.S. Const. art. VI, cl. 2. The Supremacy Clause is discussed below.

[28]304 U.S. 64, 78 (1938).

the sweep of the Rules of Decision Act.[29] Second, Brandeis lamented the inequities and forum shopping that had resulted under the *Swift* regime.[30] But, Justice Brandeis wrote, "[i]f only a question of statutory construction were involved, we should not be prepared to abandon a doctrine so widely applied throughout nearly a century."[31] Because, however, "[t]he unconstitutionality of the course pursued has now been made clear," the Court was "compel[led]" to reverse direction.[32] Specifically, Brandeis wrote for the Court:

> [T]he doctrine of *Swift v. Tyson* is, as Mr. Justice Holmes said, "an unconstitutional assumption of powers by the Courts of the United States which no lapse of time or respectable array of opinion should make us hesitate to correct. . . ." We . . . declare that in applying the doctrine this Court and the lower courts have invaded rights which in our opinion are reserved by the Constitution to the several states.[33]

Without identifying the specific constitutional grounds animating its holding, the Court nonetheless left important hints, declaring that "[e]xcept in matters governed by the Federal Constitution or by Acts of Congress, the law to be applied in any case is the law of the State."[34]

Setting to the side the curiousness of the fact that it took the Court so long to jettison the *Swift* doctrine given that much earlier Court decisions arguably had already rejected *Swift*'s foundations in large measure,[35] *Erie* marked an important change in the diversity context and more broadly harkened a reconsideration of the role of federal common law in the constitutional framework. It has also produced a massive amount of literature, penned by both fans and detractors. One legal scholar

---

[29]Here, Justice Brandeis relied upon the work of a legal scholar who had uncovered an earlier version of the Rules of Decision Act defining the "[t]he laws of the several states" as "the statute law of the several states . . . and their unwritten or common law now in use." Id. at 72–73; see Charles Warren (1923), p. 49, p. 86 (quoting original wording of the statute).

[30]See Erie, 304 U.S. at 74–77.

[31]Id. at 77. Some have questioned whether Brandeis actually meant this statement, but there is good reason to believe that he did. After all, Justice Brandeis subscribed to a strong view of statutory stare decisis—that is, the view that once the courts interpret a statute, that interpretation should control unless and until the legislature amends the statute. See Burnet v. Coronado Oil & Gas Co., 285 U.S. 393, 406 (1932) (Brandeis, J., dissenting) ("Stare decisis is usually the wise policy, because in most matters it is more important that the applicable rule of law be settled than that it be settled right."). Justice Brandeis also advocated in favor of construing statutes to avoid constitutional difficulties. See Ashwander v. Tennessee Valley Authority, 297 U.S. 288 (1936) (Brandeis, J., concurring). Further, as Judge Friendly once said, just because a critic would have decided a case differently does not make the stated basis for the decision *dictum*. See Henry J. Friendly (1964), pp. 383, 385–386 ("A court's stated and, on its view, necessary basis for deciding does not become dictum because a critic would have decided on another basis.").

[32]Erie, 304 U.S. at 77–78.

[33]Id. at 79–80.

[34]Id. at 78. Here again it bears highlighting that the content of state law may well derive from customary principles, depending on the issue and context in which it arises.

[35]See, e.g., Murdock v. City of Memphis, 87 U.S. 590 (1875) (holding that in exercising its appellate jurisdiction over decisions of state courts, the Supreme Court should decline to disturb state court decision on issues of state law).

recently went so far as to label *Erie* the worst Supreme Court decision of all time.[36] Considering other candidates for that dubious honor (consider, for example, *Dred Scott* and *Korematsu*), the claim is a bit over the top, to put it mildly. In any event, the claim is also misguided, a point to which I will return below.

3 The "New Federal Common Law"

On the same day as *Erie*, the Supreme Court handed down a decision in *Hinderlider v. La Plata River & Cherry Creek Ditch Company*.[37] The decision, also written by Justice Brandeis, announced and applied a federal common law rule in an interstate water dispute. The distinct context in which the case arose made all the difference.

As it does with diversity cases, Article III of the Constitution vests jurisdiction in the federal courts over suits between states.[38] This is unsurprising insofar as even the Articles of Confederation—the short-lived compact that governed the independent United States before the Constitution and did *not* establish national courts—authorized the temporary establishment of national courts by the Continental Congress for resolving interstate disputes.[39] The logic behind applying a federal rule to such cases is simple: it would be unfair and unwise to apply the law of either disputing state in a suit between states and illogical to apply the law of yet another state that is unrelated to the dispute. Thus, just as such a dispute calls for a neutral forum, it necessarily calls for a neutral rule, which is to say, a *federal* rule. In *Hinderlider*, as in so many cases involving questions of interstate disputes, Congress had not legislated in the relevant context. Thus, the problem posed to the Court was how to ensure application of a federal (or neutral) rule, as the Constitution would seem to demand, to a

---

[36]See Suzanna Sherry (2011), pp. 129–154.

[37]304 U.S. 92 (1938). *Hinderlider* actually involved a private party suing a state; the core issue, however, pertained to the force and application of an interstate water compact, which the Court held posed questions of law that were federal in nature.

[38]See U.S. Const. art. III, § 2. The Judiciary Article of the Constitution provides in its first section that "[t]he judicial Power of the United States, shall be vested in one supreme Court, and in such inferior Courts as the Congress may from time to time ordain and establish" and that judges "shall hold their Offices during good Behaviour." Id. § 1. In promoting the Constitution, Alexander Hamilton championed the importance of independent courts in *The Federalist Papers* by arguing that "'there is no liberty, if the power of judging be not separated from the legislative and executive powers.'" Clinton Rossiter ed. (2003), p. 465 (Federalist No. 78) (Alexander Hamilton) (quoting Montesquieu's Spirit of Laws) (positing that "complete independence of the courts of justice is peculiarly essential" and that limits on legislative authority "can be preserved in practice no other way than through the medium of courts of justice. . . .").

[39]Articles of Confederation of 1781, art. IX. For additional details on the Articles as well as a survey of the literature on them, consult Jack Rakove (1982), p. 45.

case where Congress has failed to legislate any governing principles. The answer: in such circumstances, federal courts must fashion the rule themselves.[40]

In essence, this is the justification and explanation for what Judge Henry Friendly famously termed "the new federal common law."[41] This new form of federal common law, widely accepted today—albeit strongly disputed in its scope—is entirely different from the so-called "general law" that ruled in the age of *Swift*. The new federal common law is, as Judge Friendly lectured some years ago, much more limited in the subjects that it regulates (and therefore "specialized") and much more potent in its application.[42] The latter point follows from the fact that the new federal common law is "supreme" within the understanding of the Supremacy Clause, meaning that it is binding on federal as well as state courts and it displaces any contrary state law that stands in its way.

The only thing surprising about *Erie*, Judge Friendly observed, is how long the decision was in coming:

> The complementary concepts—that federal courts must follow state decisions on matters of substantive law appropriately cognizable by the states whereas state courts must follow federal decisions on subjects within national legislative power where Congress has so directed or the basic scheme of the Constitution demands—seem so beautifully simple, and so simply beautiful, that we must wonder why a century and a half was needed to discover them, and must wonder even more why anyone should want to shy away once the discovery was made.[43]

Indeed. More specifically, as Professor John Hart Ely once wrote about *Erie*:

> The prior interpretation [of the Rules of Decision Act] was unconstitutional, but not because the federal common law rules that had been developed under it were encroaching on areas of "state substantive law" or "state law governing primary private activity"; it is on precisely those areas that new federal domestic legislation inevitably encroaches. It was unconstitutional because nothing in the Constitution provided the central government with a general lawmaking authority of the sort the Court had been exercising under *Swift*.[44]

An important aspect to understanding *Erie*'s rejection of the *Swift* regime is the Supremacy Clause. Article VI, Clause 2 provides:

> This Constitution, and the Laws of the United States which shall be made in Pursuance thereof; and all Treaties made, or which shall be made, under the Authority of the United States, shall be the supreme Law of the Land; and the Judges in every State shall be bound thereby, any Thing in the Constitution or Laws of any State to the Contrary notwithstanding.[45]

---

[40]In such cases, the Court has held that "the principles of right and equity shall be applied having regard to the 'equal level or plane on which all the States stand . . . under our constitutional system.'" Connecticut v. Massachusetts, 282 U.S. 660, 670 (1931). As this quotation suggests, the equal footing doctrine has wielded considerable sway over this area of jurisprudence.

[41]See generally Friendly, supra note 31.

[42]Id. at 405.

[43]Id. at 422.

[44]John Hart Ely (1974), pp. 693–740.

[45]U.S. Const. art. VI, cl. 2.

The Supremacy Clause only contemplates one form of federal law—supreme federal law. It is therefore easy to see why the *Swift* regime of non-supreme general federal common law was not sustainable under the Constitution. There is, in short, no such thing as non-supreme federal law that state courts are free to ignore in subsequent cases. This is one of many reasons why *Erie* was correctly decided.

The issue in *Erie*—the duty of care owed to a trespasser—was also not a matter on which Congress had legislated, although Congress likely could have legislated the rule of decision given that the defendant was an interstate railroad engaged in interstate commerce.[46] Further, there was no argument to be made that the Constitution *required* a federal rule in such cases; indeed, state law, traditionally developed through common law decisions, had long governed general tort and property matters (and largely still does). Thus, given the lack of federal legislation speaking to the matter at hand and the absence of any claim that the constitutional design mandated that a federal rule govern the case, *Erie* was correct to hold that state law should regulate the substantive elements of the case.

But, as explored above, a case like *Hinderlider* is very different. In the context of interstate disputes, there *must* be a neutral rule to determine the rights and obligations of one state to another. Thus, where Congress has not supplied that rule, the federal courts are obliged not just to apply a federal rule but to fashion it in the first instance. It is here that customary law can and often does find a foothold in federal law. For example, in the realm of interstate disputes, the Court has often turned to general law principles derived from the law of nations as one source for identifying the appropriate rule of decision.[47]

The same larger defense predicated upon the need for a neutral—which is to say federal—rule applies to a host of "enclaves," as they are often called, in which federal common law rules are generally (though not uniformly) accepted. To offer but some of many examples, the Supreme Court has said that federal rules are necessary to protect the authority over foreign affairs that the Constitution vests in the federal government.[48] This has, in turn, called upon courts to reference the law of

---

[46]Thus, any such legislation could be sustained on the basis that it regulated interstate commerce. Indeed, Congress has enacted extensive legislation governing the employer obligations of interstate railroads. See, e.g., Federal Employers' Liability Act, Pub. L. No. 60–100, 35 Stat. 65 (1908), codified as amended at 45 U.S.C. §§ 51 et seq.

[47]See, e.g., Kansas v. Colorado, 206 U.S. 46, 97 (1907) (referencing international law as one source to which the Court will turn in such cases); see also Hart & Wechsler, supra note 1, at 696–698 (discussing the law of interstate disputes and debates over whether the defense of judicial lawmaking in this area stems from constitutional design or some other basis).

[48]For an example of judicial lawmaking in this realm, see, e.g., Banco Nacional De Cuba v. Sabbatino, 376 U.S. 398 (1964). To be sure, the contours of this proposition and its framing are the subject of considerable debate, and case law is anything but clear on whether this area of jurisprudence is grounded in the inherent assumptions of the constitutional structure and the role of the federal government as a single voice in foreign relations for this country, and/or an implied assumption of the Constitution that state law is preempted in the field, at least in part. Some notable scholars, moreover, have questioned even the premise that foreign relations is inherently a federal matter. See Jack L. Goldsmith (1997), pp. 1617–1716.

nations, and specifically the law of state-state relations, in order to resolve issues as they arise.[49] The Court has also concluded federal rules are necessary with respect to at least a core group of admiralty cases,[50] which were thought at the Founding to implicate foreign affairs. (Consider, in this regard, prize cases.) In the field of admiralty, accordingly, the federal courts "initially provided an entire corpus juris without prior congressional regulation" based solely upon the jurisdictional grants of Article III and congressional statutes.[51] Much of this early admiralty and maritime law, moreover, drew upon "general law" derived from of the law of nations.[52] The Supreme Court has also long held the position that the Constitution requires that federal rules govern the federal government as it engages in commerce.[53] Further, although here one enters more controversial terrain, one could add to the list the Supreme Court's modern case law on state sovereign immunity, which is today predicated entirely upon the unwritten proposition that the Constitution presupposes that the states entered the Union with much of their sovereignty intact.[54] Finally, to the extent that the Constitution may be read to require remedies for at least some violations of its terms, many Supreme Court decisions hold that what those remedies should entail presents a federal question.[55]

In each of these areas, the federal courts have fashioned a great deal of federal common law. Again, the core defense of this "new" federal common law is that it is essentially born out of necessity, insofar as the very design or scheme of the Constitution requires a federal rule. When facing a *tabula rasa* in cases falling within these enclaves, the courts have no choice but to fashion the relevant rule. Importantly, unlike in the days of *Swift*, "the Court must point to some source, such

---

[49]See Bellia & Clark, supra note 24, at 41–112.

[50]U.S. Const. art. III, § 2 (granting jurisdiction over admiralty cases); see also Chelentis v. Luckenbach S. S. Co., 247 U.S. 372, 382 (1918).

[51]Hart & Wechsler, supra note 1, at 686.

[52]For details, see William A. Fletcher (1984), p. 1513. The description above in text provides a simplistic account of the field. Note that today admiralty law sweeps far beyond its original core described above so as to govern navigable waterways generally. Here, again, one sees how questions of scope are enormously important to modern debates over federal common law. For criticism of the breadth of the modern reach of admiralty law and its preemptive effect, see, e.g., Bradford R. Clark (1996), pp. 1245–1376; Ernest A. Young (1999), pp. 273–398.

[53]See, e.g., Clearfield Trust Co. v. United States, 318 U.S. 363, 367 (1943) (referencing the law of merchant in fashioning the rule of decision); D'Oench, Duhme & Co. v. FDIC, 315 U.S. 447, 456 (1942) (holding that questions of liability in a suit brought by a federal corporation "involve[] a decision of a federal not a state question").

[54]To call this proposition controversial does not even begin to do it justice. The Supreme Court decisions in recent decades on point were all decided by a vote of 5-4 and have proved fodder for enough critical academic commentary to fell a forest. For a sampling of these debates, see Hart & Wechsler, supra note 1, at 935–981.

[55]Cf. Home Telephone & Telegraph Co. v. City of Los Angeles, 227 U.S. 278, 283–286 (1913) (holding that what constitutes state action for purposes of the Fourteenth Amendment presents a question of federal, and not state, law). The case law on constitutional remedies is discussed further below in Part 5.

as a statute, treaty, or constitutional provision, as authority for the creation of substantive federal law" in the process.[56] There are, of course, important second-order debates to be had over the actual content of the federal common law rules chosen, but these matters must be distinguished from the first-order question of judicial authority—namely, whether federal common lawmaking is even appropriate in a given set of circumstances.

One prominent federal common law decision provides a window into this important distinction. In *Boyle v. United Technologies Corporation*,[57] the Supreme Court held that a federal rule must govern the tort liability of a federal contractor who manufactures military equipment for the government when the contractor is later sued on a tort claim alleging design defects in the product. In *Boyle*, the Court went on to declare that the appropriate rule in such cases should grant the contractor a complete defense to tort claims where the supplier complied with "reasonably precise specifications" provided to it by the government and "warned the United States about the dangers in the use of the equipment *that were known* to the supplier but not to the United States."[58] Professor Bradford Clark makes a compelling case that a federal rule must govern the tort liability of federal contractors to whom the government has outsourced its work. After all, if the federal government had manufactured the equipment itself, there would be a very strong argument that a federal rule should govern its potential tort liability (if any).[59] But it does not necessarily follow that the Supreme Court's chosen rule in *Boyle*, which placed no obligation upon and offered no incentive to the contractor to research feasible and safer alternatives, strikes the right balance from a regulatory perspective.[60]

The larger point for present purposes is this: where the Constitution may fairly be read to require a federal rule, the federal courts have long claimed the authority to supply that rule where Congress and the Constitution itself have failed to do so. This kind of lawmaking could be termed the "new federal common law," as Judge Friendly called it, but I prefer to think of it as "federal common law by necessity"—the necessity being the fact that the constitutional framework demands a federal rule and neither the Constitution nor Congress has provided its content, leaving the courts obliged to do the work.

[56] Henry P. Monaghan (1975), pp. 1–45.

[57] 487 U.S. 500 (1988).

[58] Id. at 512 (emphasis added).

[59] See Bradford R. Clark (2017), pp. 2129–2142. Of course, also looming large here is potential government immunity from suit.

[60] Here it bears also noting that it does not automatically follow that any federal rule chosen should necessarily be *different* than the state rule that would otherwise govern a dispute. Indeed, in many cases in which the government is a party, adopting the relevant state rule as the federal rule might be preferable insofar as doing so will not disrupt settled expectations and the larger legal context in which the federal rule operates. See, e.g., Clearfield Trust Co. v. United States, 318 U.S. 363, 367 (1943) (defining the rights and obligations of the United States in a federal paycheck dispute with respect to matters of forgery); see also Friendly, supra note 31, at 409–411 (making this same point and referencing *Clearfield* as potentially skipping over it too quickly).

In all events, it is in these contexts that customary law may influence American federal law, insofar as the courts often refer to the law of nations or other forms of customary law in fashioning the federal common law rule that it chooses. And of course, in all of this, the states—with their richer tradition of common law decision making—continue to reference customary law in fashioning their own rules of decision, just as they did at the Founding.

4 The Primacy of Positive Law in the Federal Scheme

But what happens where the courts have fashioned a federal common law rule in the absence of any congressional guidance and then Congress subsequently legislates within the relevant arena? Here, an important lesson about federal law emerges and explains the limited nature of federal common law. In short, even as the constitutional design does allow for federal common lawmaking by the courts where necessary, structural constitutional principles embody a deep and overriding preference for positive federal law. This means that where positive law emerges on point, it will almost always override and supplant any contrary federal common law rule. And generally speaking where this position has not controlled, this has been due to constitutional restrictions governing the manner by which Congress has chosen to implement its legislative commands.[61]

In the field of admiralty, for example, the Court has generally held that federal common law rules must give way to congressional commands that chart a different course.[62] The same is true in the realm of interstate disputes.[63] In such cases, the Court has held that "[t]he test for whether congressional legislation excludes the declaration of federal common law is simply whether the statute 'speak[s] directly to [the] question at issue.'"[64] This idea of the primacy of positive law may well explain the otherwise opaque passage in *Erie* declaring that "[e]xcept in matters governed by the Federal Constitution or by Acts of Congress, the law to be applied in any case is the law of the State."[65] The statement certainly explains and supports the account of federal common law set forth above, which suggests that it is only when such rules of

---

[61] An example from the admiralty world highlights the point. See Knickerbocker Ice Co. v. Stewart, 253 U.S. 149, 160 (1920) (concluding that a congressional statute improperly delegated authority to states in maritime realm).

[62] See, e.g., Moragne v. States Marine Lines, Inc., 398 U.S. 375, 390–391 (1970) ("The legislative establishment of policy carries significance beyond the particular scope of each of the statutes involved. The policy thus established has become itself a part of our law, to be given its appropriate weight not only in matters of statutory construction but also in those of decisional law.").

[63] See, e.g., Milwaukee v. Illinois, 451 U.S. 304, 424 (1981) ("[I]t is for Congress, not federal courts, to articulate the appropriate standards to be applied as a matter of federal law.").

[64] American Elec. Power Co. v. Connecticut, 564 U.S. 410, 424 (2011) (quoting Mobil Oil Corp. v. Higginbotham, 436 U.S. 618, 625 (1978)).

[65] Erie, 304 U.S. at 78.

decision can be anchored to the constitutional design or presuppositions, or else governing treaties or legislation, that it is justified.

To be sure, this account of the proper domain of federal common law, even in its most limited descriptive form, is far from uncontroversial. The reach and justification of federal common law in federal courts jurisprudence has long been and remains the subject of extensive debate among both jurists and scholars.[66] Nonetheless, the above account strives both to explain and justify—even if not perfectly—the general contours of the domain of what are arguably the purest and most defensible forms of federal common law.[67] I will leave to others a full defense of this model, noting that even where some scholars agree that the constitutional structure contemplates a limited domain of federal common law, they still disagree on important aspects of what its modern scope should encompass.[68]

This being said, highlighting an important distinction between judge-made law and positive law strongly supports the argument for the limited domain of federal common law. Specifically, in every case in which the Constitution originally provided for the creation of positive federal law through treaties, statutes, or constitutional ratification and amendment, the states enjoyed a seat at the table (and still do, albeit with the election of senators now through popular state-wide election under the Seventeenth Amendment, rather than as a result of the choice of the state legislatures, as was the case before the Amendment[69]). Thus, as Professor Herbert Wechsler once wrote, the "political safeguards of federalism" play a role in both influencing and containing the sweep of federal law adopted through such processes.[70] The same cannot be said of federal common law, which is the genesis of

---

[66]For an overview of the debates and literature, see Hart &Wechsler, supra note 1, at 645–653.

[67]By this statement and as discussed at supra note 1, this chapter means to exclude reference to areas considered by some to constitute federal common law but by others to constitute statutory interpretation. Thus, for example, this discussion does not speak to the debates over whether it is permissible for the courts to imply private causes of action and/or remedies out of statutory schemes, see, e.g., Cannon v. University of Chicago, 441 U.S. 677 (1979) (implying a private cause of action under Title IX); id. at 743 (Powell, J., dissenting) (arguing that doing so "allows the Judicial Branch to assume a policymaking authority vested by the Constitution in the Legislative Branch"), or to debates over whether statutory grants of jurisdictional permit courts to develop an entire corpus of law, see, e.g., Textile Workers Union v. Lincoln Mills, 353 U.S. 448 (1957).

[68]Professor Bradford Clark, for example, has argued that the Supremacy Clause anchors all federal law and limits its sources, embodying an undoubted preference for positive law as part of its role in advancing federalism principles. For a full account, see generally Clark, supra note 7, at 1321–1458; see also Bradford R. Clark (2007), pp. 1289–1313; Bradford R. Clark (2008), pp. 699–731. Professor Henry Monaghan, although not necessarily disputing that Professor Clark's account of the Supremacy Clause makes sense as a textual matter, argues that historical practice undermines Professor Clark's thesis. See generally Henry Paul Monaghan (2010), pp. 731–796.

[69]See U.S. Const. am. XVII ("The Senate of the United States shall be composed of two Senators from each State, elected by the people thereof, for six years; and each Senator shall have one vote.").

[70]Herbert Wechsler (1954), pp. 543–560. Specifically, through the Senate and both the ratification and amendment processes governing the Constitution, states have a voice in what federal law is adopted.

federal judges intentionally removed from the political process and very far removed from the states.[71]

More generally, Judge Friendly correctly situated this debate within the larger considerations that informed the Constitution at its inception. As he once wrote, "*Erie* must be appraised . . . in the familiar setting of a Congress of limited powers, with considerable areas of law-making reserved to the states, and a judiciary article where, in general, 'Laws of the United States' mean federal statutes and decisions applying them."[72] In other words, one must recall that the states ratified the Constitution still wary of centralized authority (having fought for their independence from Britain) and intent on creating a federal government of limited powers. This same mindset governed the creation of the federal courts, which is to say they too were given only limited powers, with the balance being reserved to the states.[73] This is no doubt why, at least in its original design, the Constitution contemplates state courts doing a great deal of the judicial work.[74]

But there is one area in which these background considerations arguably come into tension with basic notions of judicial supremacy.

5 Constitutional Remedies and Constitutional Common Law

Specifically, matters become less clear where the constitutional structure's preference for positive law runs directly up against the notion, grounded in *Marbury v. Madison*, that it is the role of the judiciary to "say what the law is."[75] This role necessarily entails not only speaking to the meaning of the Constitution, but also

---

[71] As Professor Henry Monaghan has written:

> [W]hen a federal court announces a federal rule of decision in an area of plenary congressional competence, it exercises an initiative *normally* left to Congress, ousts state law, and yet acts without the political check on national power created by state representation in Congress.

Monaghan, supra note 56, at 11; see also Henry M. Hart, Jr. (1954), pp. 489–542.

[72] Friendly, supra note 31, at 393–394.

[73] Article III by its own terms does not mandate the creation of inferior courts, see U.S. CONST. art. III, § 1; see also Sheldon v. Sill, 49 U.S. (8 How.) 441, 449 (1850) ("Courts created by statute can have no jurisdiction but such as the statute confers."), and it provides that the Supreme Court's appellate jurisdiction exists subject to "such Exceptions" and "such Regulations as the Congress shall make," U.S. CONST. art. III, § 2; see also Durousseau v. United States, 10 U.S. (6 Cranch) 307, 314 (1810) (positing where Congress has "described" the appellate jurisdiction, "this affirmative description has been understood to imply a negative on the exercise of such appellate power as is not comprehended within it").

[74] As Professor Henry Hart once wrote, state courts "are the primary guarantors of constitutional rights, and in many cases they may be the ultimate ones." Henry M. Hart, Jr. (1953), pp. 1362–1402.

[75] 5 U.S. (1 Cranch) 137, 177 (1803).

confronting questions regarding how best to *enforce* the Constitution in the cases that come before the courts. As an initial matter, one would hope that it is hardly controversial to suggest that ascertaining constitutional remedies is an imminently defensible area of federal common lawmaking by the courts.[76] And indeed, a wealth of case law has developed jurisprudence governing such questions.[77]

One of the most prominent—and most controversial—decisions in this line is *Bivens v. Six Unknown Named Agents of Federal Bureau of Narcotics*, in which the Supreme Court held that an individual whose Fourth Amendment right against unreasonable searches and seizures had been violated could pursue monetary damages against the offending officers.[78] For Mr. Bivens, whose apartment had been ransacked and who had suffered, by his account, a humiliating search of his person in front of his family, it was "damages or nothing," as Justice Harlan wrote in a concurring opinion.[79] This is because the authorities failed to find any incriminating evidence in their search. Accordingly, there was nothing to suppress as part of any subsequent criminal proceedings[80]—because no such proceedings ever occurred.

In writing for the majority in *Bivens*, Justice Brennan laid claim to several propositions. As an initial matter, in keeping with the Court's earlier holding in *Home Telephone & Telegraph Co. v. City of Los Angeles*,[81] Justice Brennan rejected out of hand the notion that the Fourth Amendment to the United States Constitution fails to operate "as an independent limitation upon the exercise of federal power,"

---

[76]See Monaghan, supra note 56, at 19 ("The Court's history and its institutional role in our scheme of government, in which it defines the constitutionally compelled limits of governmental power, make it a singularly appropriate institution to fashion many of the details as well as the framework of the constitutional guarantees.").

[77]See, e.g., United States v. Lee, 106 U.S. 196, 219 (1882) (ordering federal officers ejected from the Lee family property and observing in the case, which involved a claim of deprivation of property in violation of due process, that "there is no safety for the citizen except in the protection of the judicial tribunals for rights which have been invaded by the officers of the government professing to act in its name"); Ex parte Young, 209 U.S. 123, 155–156 (1908) (recognizing a cause of action under the Fourteenth Amendment for injunctive relief against state actors); Ward v. Love County, 253 U.S. 17, 24 (1920) (holding that a county must provide a refund of unlawful taxes); see id. ("To say that the county could collect these unlawful taxes by coercive means and not incur any obligation to pay them back is nothing short of saying that it could take . . . property . . . arbitrarily and without due process of law."); Mapp v. Ohio, 367 U.S. 643, 655 (1961) (holding that violations of the Fourth Amendment prohibition on unreasonable searches and seizures requires the exclusion of evidence so obtained in a subsequent criminal prosecution).

[78]403 U.S. 388 (1971).

[79]Id. at 410 (Harlan, J., concurring in the judgment).

[80]The Supreme Court earlier held that one whose Fourth Amendment rights are violated in an unlawful search is entitled to suppression of any evidence obtained in that search in subsequent criminal proceedings. See Mapp v. Ohio, 367 U.S. 643, 655 (1961). Later decisions have carved out a host of exceptions to this rule.

[81]227 U.S. 278, 283–286 (1913) (holding that what constitutes state action for purposes of the Fourteenth Amendment presents a question of federal, and not state, law).

rejecting also the argument that Mr. Bivens should be relegated exclusively to seek whatever state law remedies were available to him.[82] Second, he wrote that the fact that the Constitution may contemplate a damages remedy for someone in Mr. Bivens' position "should hardly seem a surprising proposition."[83] Finally, Justice Brennan's opinion seemed to suggest that Congress might have a role to play in the dialogue over appropriate constitutional remedies going forward.[84] Based on his later opinions in the *Bivens* line, one is left to wonder whether Justice Brennan really meant to invite Congress to the table—indeed, all available evidence suggests to the contrary. Thus, in the wake of *Bivens*, Justice Brennan penned a 5-4 majority opinion rejecting a detailed legislative remedial scheme as insufficient to remedy alleged Eighth Amendment violations, substituting judge-made remedies in its place.[85] Justice Brennan's position controlled that day, but has never since. In the cases that followed in the *Bivens* line, the Court has almost universally concluded that legislative remedial schemes supersede *Bivens* arguments favoring judicially declared remedies.[86] Further, some of the Court's most recent decisions, such as *Correctional Services Corp. v. Malesko*, have held that the existence of state law remedies may suffice to address any alleged constitutional injuries.[87] Accordingly, in the view of the *Malesko* Court, today the *Bivens* doctrine and judicially-crafted constitutional remedies should only apply—if at

[82]*Bivens*, 403 U.S. at 394; see also id. at 400 (Harlan, J., concurring in the judgment) ("[T]he interest which Bivens claims—to be free from official conduct in contravention of the Fourth Amendment—is a federally protected interest.").

[83]Id. at 397 (relying on, among other things, Marbury v. Madison, 5 U.S. (1 Cranch) 137, 163 (1803), for the proposition that "[t]he very essence of civil liberty certainly consists in the right of every individual to claim the protection of the laws whenever he receives an injury"); see also id. at 411 (Harlan, J., concurring in the judgment) ("[I]t is important, in a civilized society, that the judicial branch of the Nation's government stand ready to afford a remedy in these circumstances.").

[84]Specifically, Justice Brennan wrote "we have here no explicit congressional declaration that persons injured by a federal officer's violation of the Fourth Amendment may not recover money damages from the agents, but must instead be remitted to another remedy, equally effective in the view of Congress." Id. at 397.

[85]See Carlson v. Green, 446 U.S. 14 (1980); see also Davis v. Passman, 442 U.S. 228 (1979) (holding that congressional staffer could bring a Fifth Amendment claim for gender discrimination related to her firing despite evidence that Congress had considered applying a remedial scheme to the situation and declined to do so).

[86]See, e.g., Bush v. Lucas, 462 U.S. 367 (1983); Schweiker v. Chilicky, 487 U.S. 412 (1988). In *Bivens'* wake, the Court has also deemed certain situations to involve special considerations counseling against recognition of *any* remedy for alleged constitutional injuries. See, e.g., United States v. Stanley, 483 U.S. 669 (1987) (holding that a former serviceperson could not sue the government for administering LSD on him without his consent as part of an army experiment because courts should abstain with respect to injuries that "arise out of or are in the course of activity incident to [military] service" (internal quotation marks and citation omitted)).

[87]534 U.S. 61 (2001).

all—where the "plaintiff is in search of a remedy."[88] Little wonder that Professor Laurence Tribe has observed that *Bivens* is, if not formally, in practice, a dead letter.[89]

The Court's jurisprudence on constitutional remedies has therefore come very far from its roots. Indeed, in the earlier and enormously important decision in *Home Telephone & Telegraph*, the Court held that the meaning and application of the United States Constitution is entirely independent of the domain of state law. Put another way, the Court there held that the Constitution presents questions entirely federal in nature, even where, as in that case, the question posed was how to define state action for purposes of the Fourteenth Amendment to the United States Constitution. If the rule was anything else, the Court implied, it would be all too easy for states to circumvent the protections set forth in the Fourteenth Amendment and the Constitution would not operate of its own force as a constraint on government action.[90] Assuming the continuing soundness of *Home Telephone & Telegraph*, decisions like *Malesko*, which sideline both the federal courts *and* the federal Constitution from the inquiry over constitutional remedies, seem deeply misguided.

There remain, however, the middle-ground questions of whether Congress may participate in the dialogue over constitutional remedies. In a famous article, Professor Henry Monaghan labeled the decisions in *Bivens*, *Miranda v. Arizona*,[91] and *Mapp v. Ohio*,[92] among others, as "constitutional common law."[93] Professor Monaghan's work correctly noted that *Miranda* and its progeny described the *Miranda* warnings as prophylactic and not directly mandated by the Constitution. He also noted correctly that decisions following *Miranda* specifically suggested that Congress could legislate a different approach to addressing coercive interrogation. Nonetheless, in its 2000 decision in *Dickerson v. United States*, the Supreme Court rejected legislation doing just that, and the Court went on to reaffirm the *Miranda* warnings as presumptively required to prevent unconstitutional self-incrimination.[94]

[88]Id. at 74. In *Malesko*, Justice Scalia would have gone further, arguing in a separate opinion that *Bivens*, *Carlson*, and *Davis* are outdated and should be limited to their specific circumstances, if not overruled. See id. at 75 (Scalia, J., concurring) ("*Bivens* is a relic of the heady days in which this Court assumed common-law powers to create causes of action—decreeing them to be 'implied' by the mere existence of a statutory or constitutional prohibition.").

[89]See Laurence H. Tribe (2007), pp. 23–76 ("[T]he best that can be said of the *Bivens* doctrine is that it is on life support with little prospect of recovery.").

[90]See generally *Home Telephone & Telegraph Co. v. City of Los Angeles*, 227 U.S. 278 (1913).

[91]384 U.S. 436 (1966) (holding that the Fifth Amendment protection against self-incrimination requires that suspects be given detailed warnings before any custodial interrogation proceeds).

[92]367 U.S. 643 (1961).

[93]See generally Monaghan, supra note 56; see id. at 24 ("[U]nless the Court views a damage action as an indispensable remedial dimension of the underlying guarantee, it is not constitutional interpretation, but common law."); id. at 18 n.98 (calling this common law "a subconstitutional penumbral area formed by emanations from [constitutional] guarantees").

[94]530 U.S. 428 (2000).

It is a curious thing to have witnessed the demise of *Bivens* coincide with the entrenchment of *Miranda*.

In all events, Professor Monaghan's notion of constitutional common law marries well with the overarching preference for positive law that more generally controls in the domain of federal common law. In so doing, it contributes to the larger phenomenon explored here, namely the limited influence of customary law on federal law. But the idea poses significant and difficult conceptual questions. On this latter point, Professor Monaghan recognizes that distinguishing between the Court's interpretative role with respect to the Constitution and decisions regarding how best to implement the overarching principles it announces—the latter being constitutional common law on his view—will rarely be straightforward.[95] (Importantly, he claims that the determination of where the relevant dividing line lies itself presents a judicial question.[96]) And to the extent that Congress should have a seat at the table to participate in a dialogue over how to implement the Constitution on the ground, one must then analyze whether a proposed legislative substitute is adequate to the task. In Professor Monaghan's view, there is still a substantial role of engagement for the Court to play at this stage beyond ascertaining if Congress's proposal or other background law is merely "adequate" to protect the constitutional values at stake,[97] but as a comparison of *Malesko* and *Dickerson* shows, the Court's record has been altogether mixed on this score.

More generally, the larger lesson of a study of the Court's modern constitutional common law jurisprudence reveals that its recognition of congressional authority over questions going to how best to enforce the Constitution has led to yet further inroads upon the domain of federal common law. The same may be said of the idea that the availability of federal constitutional remedies may turn upon the existence or non-existence of state law remedies. And, as the sweep of federal common law diminishes in this and other contexts, the potential for customary law to influence federal law arguably does as well. (To be sure, Congress may certainly draw influence from customary law in this and other realms when it legislates; the point for present purposes is that this determination ceases to be one for the courts, which have often looked to customary sources in fashioning common law rules.) In other

[95] The editors of Hart & Wechsler describe the analysis somewhat differently, steering at least as a general matter clear of the constitutional common law label: "First, was there a constitutional violation: for example, does a challenged government action abridge free speech or deny equal protection? Second, even where there is a constitutional violation, to what remedy, if any, is the litigant constitutionally entitled?" Hart & Wechsler, supra note 1, at 329. Beyond its promise of due process, the Constitution only mentions two remedies in its text: just compensation for property taken for public use see U.S. Const. amend. V, and the privilege of the writ of habeas corpus, see id. art. I, § 9, cl. 2.

[96] See Monaghan, supra note 56, at 29–30 ("[I]t is the Court, and not Congress, which in the end decides whether a given rule is common law or something more.").

[97] See Monaghan, supra note 56, at 26. Cf. Hart & Wechsler supra note 1, at 329–335 (surveying sources on and discussing Congress's authority to control constitutional remedies); see also Hart, supra note 74, at 1366 (representing one speaker in his *Dialogue* as saying: "It must be plain that Congress necessarily has a wide choice in the selection of remedies. . . .").

words, the decline witnessed in *Bivens* jurisprudence with respect to the judicial role to confront in the first instance questions of how best to implement the Constitution is part of a larger decline in the sweep of federal common law today, which in turn has resulted in the declining influence of customary law on federal law more generally.

6 Conclusion

Having explored the terrain and sweep of federal common law, we can now discern several key elements to its framework. First, the "new" federal common law is supreme federal law binding on state and federal courts, but far more limited in scope than the federal common law of the *Swift* era. Second, under the Court's modern jurisprudence, federal common law today must be anchored (however loosely) in the constitutional design, a ratified treaty, or a statutory scheme. It follows, as with the examples explored above, that a good portion of federal common lawmaking involves (or should involve) telling a story about the meaning of the Constitution and the presumptions embedded in its basic design. Third, the domain of federal common law is in most, if not all cases, subject to override by acts of Congress. Thus, one might say that the Constitution presupposes the primacy of positive law in federal law. Finally, constitutional common law cases pose the hardest questions respecting where the line falls between interpreting the Constitution (one of the most important roles carried out by the courts[98]) and administering constitutional values, and yet modern jurisprudence in this area tends toward deferring to state law and congressional judgments. In so doing, the sweep of federal common law, and with it the potential for customary law to influence its content, has diminished.

Putting all of these various strands together, one now can see how this model affords little opportunity for federal law (at least federal common law) to look to and borrow principles from customary law. Indeed, customary law has the potential to influence federal common law only in those contexts in which federal common lawmaking is generally accepted: namely, (1) where Congress has delegated a common lawmaking function to the courts (a matter that itself poses hard questions as to when a delegation has actually occurred, along with the scope of any delegation); or (2) where courts must fashion a rule of decision out of necessity grounded in the basic design of the Constitution in the absence of any legislation providing the rule of decision. As explored here, these "enclaves" represent important domains of federal law and they often reference customary practices grounded in the law of nations, among other sources. But, as the Court's approach to federal common law has evolved, the sweep of federal common law is far more limited than it once was.

---

[98]See Marbury, 5 U.S. (1 Cranch), at 177 ("It is emphatically the province and duty of the judicial department to say what the law is.").

In all of this, then, an overarching theme emerges respecting the role of customary law in federal law in the United States—namely, that much of federal law is unabashedly inward-looking. Text and structure rule the interpretive enterprise and the primacy of positive law ultimately substantially restricts opportunities for importing customary law into federal law through common law decisions.[99] The result is a body of modern federal law that is more insular in nature than at the Founding and accordingly, unlike in its infancy, much less likely to engage with customary law. Whether that is a good or a bad thing is a topic worthy of serious debate.

References

Bellia AJ, Clark BR (2009) The federal common law of nations. Columbia Law Rev 109:1–93

Bellia AJ, Clark BR (2017) The law of nations and the United States Constitution. Oxford University Press, Oxford

Clark BR (1996) Federal common law: a structural reinterpretation. Univ PA Law Rev 144:1245–1376

Clark BR (2001) Separation of powers as a safeguard of federalism. Tex Law Rev 79:1321–1458

Clark BR (2007) Erie's constitutional source. Calif Law Rev 95:1289–1312

Clark BR (2008) Federal lawmaking and the role of structure in constitutional interpretation. Calif Law Rev 96:699–730

Clark BR (2017) Boyle as constitutional preemption. Notre Dame Law Rev 92:2129–2142

Ely JH (1974) The irrepressible myth of Erie. Harv Law Rev 87:693–740

Fallon RH, Manning JF et al (2015) Hart & Wechsler's the federal courts and the federal system, 7th edn. Foundation Press

Fletcher WA (1984) The general common law and section 34 of the judiciary act of 1789: the example of Marine Insurance. Harv Law Rev 97:1513–1580

Friendly HJ (1964) In praise of Erie—and of the new federal common law. N Y Univ Law Rev 39:383–422

Goldsmith JL (1997) Federal courts, foreign affairs, and federalism. Va Law Rev 83:1617–1716

Hart HM (1953) The power of congress to limit the jurisdiction of federal courts: an exercise in dialectic. Harv Law Rev 66:1362–1402

Hart HM (1954) The relations between state and federal law. Columbia Law Rev 54:489–542

Manning JF (2006) What divides textualists from purposivists? Columbia Law Rev 106:70–111

Monaghan HP (1975) Foreword: constitutional common law. Harv Law Rev 89:1–45

[99]Perhaps this is part of the explanation for the general reluctance of American courts in the analysis of constitutional law questions to look to the constitutional law and customs of other countries. Indeed, it is only on rare occasions that the Supreme Court of the United States engages in tentative comparative analysis of the constitutional law and judicial decisions of other countries. Some prominent examples may be drawn from decisions interpreting the Eighth Amendment's prohibition on cruel and unusual punishment. See, e.g., Roper v. Simmons, 543 U.S. 551, 578 (2005) (holding that the execution of juveniles is unconstitutional while reviewing a host of international approaches to the same question); see id. ("The opinion of the world community, while not controlling our outcome, does provide respected and significant confirmation for our own conclusions."); see also Thompson v. Oklahoma, 487 U.S. 815, 830 n.31 (1988) (plurality opinion) (observing that "[w]e have previously recognized the relevance of the views of the international community in determining whether a punishment is cruel and unusual").

Monaghan HP (2010) Supremacy clause textualism. Columbia Law Rev 110:731–796
Rakove J (1982) The legacy of the articles of confederation. Publius 12(4):45–66
Rossiter C (ed) (2003) The federalist papers. Signet, New York
Sherry S (2011) Wrong, out of step, and pernicious: Erie as the worst decision of all time. Pepp L Rev 39:129–154
Story WW (ed) (1851) Life and letters of Joseph Story, vol 1. John Chapman, London
Tribe LH (2007) Death by a thousand cuts: constitutional wrongs without remedies after Wilkie v. Robbins. Cato Sup Ct Rev 2007:23–76
Warren C (1923) New light on the history of the federal Judiciary Act of 1789. Harv Law Rev 37:49–132
Wechsler H (1954) The political safeguards of federalism: the role of the states in the composition and selection of the national government. Columbia Law Rev 54:543–560
Young EA (1999) Preemption at sea. George Washington Law Rev 67:273–398

Part IV
International Customary Law

Les usages en droit privé européen

Gustavo Cerqueira

Abstract Associating the notions of usage and of European Private Law may be surprising for some. Indeed, these notions appear to be mutually unfamiliar: as a spontaneous source of law, usages do not depend on the latter to exist as a legal rule; in its turn, based fundamentally on written rules and case-law solutions, EU Law does not set up usages as a pillar of its construction. Rather the opposite, the EU Court of Justice fulfils the substantive law of the European Union. It is therefore not surprising to note the absence of customary law—with the exception of international custom—among the sources of EU Law. Yet, EU Private Law is not entirely European neither in its essence nor in its content: in its essence, national laws influence the construction of EU rules; in its content, other legal sources, which are not classified as formal sources of the EU Law, take part in the construction of this legal order and in its functioning. Hence, since EU Law is built on the interaction between different sources, it cannot fully ignore usages. Indeed, EU Private Law does not ignore them. Whatever their origin (national, international, contractual or specific to an economic activity), usages are applied to situations governed by EU Law. Furthermore, the activity of many private legal institutions that have a European legal nature, as for example Supranational European companies, may lead to spontaneous behaviors, which could be invoked with the aim of producing legal effects. Thus, the arising of an autonomous category of usages, peculiar to EU Private Law, could not be avoided. This being said, "usages in EU Private Law" can be approached from a dual perspective: as a source of law incorporated into EU Private Law, and as an autonomous category of usages, peculiar to EU Private Law.

Bien que la notion de droit européen recouvre à la fois le droit du Conseil de l'Europe et le droit de l'Union européenne (Bergé J-S et Robin-Olivier S, *droit européen – Union européenne, Conseil de l'Europe*, 2ᵉ éd. mise à jour, 2011, Puf, coll. Thémis, n° 2 s.), seul ce dernier est retenu dans cette étude, que l'auteur dédie au Pr. Jean-Sylvestre Bergé.

G. Cerqueira (✉)
Faculté de Droit et Science Politique, Université de Reims Champagne-Ardenne, Centre d'études juridique sur l'efficacité des systèmes contemporains, Reims, France

L. Mayali, P. Mousseron (eds.), *Customary Law Today*,
https://doi.org/10.1007/978-3-319-73362-3_13

1 Introduction

Associer les notions d'usages et de droit privé européen peut surprendre. En effet, ces notions paraissent s'ignorer mutuellement: en leur qualité de règle spontanée,[1] les usages ne dépendent pas du droit européen pour s'imposer comme règle juridique ; à son tour, le droit européen n'érige pas les usages en pilier de sa construction. Tant s'en faut, bien que certaines pratiques institutionnelles soient admises,[2] la notion de « coutume européenne » – et *a fortiori* celle d'usage – a été assez tôt rejetée,[3] puisqu'il revient à la Cour de Justice de combler, à travers son rôle interprétatif, les lacunes du droit matériel de l'Union européenne.[4]

Il n'est donc pas étonnant de constater l'absence des usages, voire de la coutume – hors la coutume internationale[5]–, parmi les sources du droit de l'Union européenne. Ils ne sont pas présents dans les traités, qui n'offrent pas une typologie des sources comparable à l'article 38 du Statut de la Cour internationale de justice.[6] Pas plus dans les manuels dédiés à cette matière, seules les pratiques interétatiques et (inter) institutionnelles y étant envisagées.[7]

Plus encore, la morphologie du droit de l'Union européenne interpelle quant à la place et au rôle que les usages pourraient jouer dans le traitement juridique des rapports entrant dans son champ d'application. Le droit européen est un droit fondamentalement écrit, qui *naît* soit des conventions internationales, soit des

[1]Deumier (2002), *passim* ; Deumier (2013a), n° 413.

[2]Dans le droit institutionnel de l'Union européenne, certaines pratiques sont admises sans pour autant créer un précédent liant les institutions (CJCE, 23 février 1988, *Royaume-Uni c. Conseil*, C-68/86, Rec. 00855, point 24 : « Une simple pratique du Conseil n'est pas susceptible de déroger à des règles du traité. Une telle pratique ne peut pas, par conséquent, créer un précédent liant les institutions de la communauté (...) ». En revanche, lorsqu'elles sont *contra legem*, les pratiques interétatiques et (inter)institutionnelles sont sanctionnées (cf. notamment : CJCE, 3 février 1976, *Manghera*, aff. 59/75, Rec. 00091, pts 19 et 21 ; 8 avril 1976, *Drefenne I*, aff. 43/75, Rec. 00455 (pts 57 et 58) ; 14 déc. 1971, *Commission c. France*, aff. 7/71, Rec. 01003 (désuétude des dispositions du traité) ; 6 mai 2008, *Parlement c. Conseil*, aff. 133/06, Rec. I-03189, pts 55 à 57, 59 et 60). Souvent, les pratiques institutionnelles évoluent en la forme et acquièrent, par leur contenu et leur mode d'élaboration, un degré de formalisation et de structuration qui les apparente aux règles de droit ; elles se présentent alors sous la forme d'un droit souple, méthode de gouvernance occupant une place considérable au sein de l'Union européenne (cf. Conseil d'Etat (2013), pp 28–32. Sur l'absence de coutumes en droit européen et le développement de pratiques institutionnelles, v. Jacqué (1987), pp 377–405 ; Blanchet and Keller-Noellet (2012), pp. 207–251; Simon (2001), n° 69, 144, 189, 203, 249, 258 272 et 276.

[3]V. *infra,* 3.1.1.

[4]Blanchet and Keller-Noellet (2012), pp. 213–214.

[5]Bismarck (2014), pp. 141–157.

[6]Simon (2001), n° 241.

[7]Simon (2001), n° 69, 144, 189, 203, 249, 258 272 et 276 (Pour cet auteur, la pratique institutionnelle est l'un des indicateurs des normes et de leurs rapports réciproques permettant d'opérer une construction du système des sources du droit européen. Les pratiques institutionnelles y figurent comme une source interne et non écrite); Bergé and Robin-Olivier (2011), n° 29 s ; Jacqué (2010), pp. 20–34.

actes émanant des organes de l'Union. Ces derniers sont adoptés selon un système d'attribution de compétences fondé sur le principe de spécialité (article 5-2 TUE), lequel commande que des compétences normatives soient spécialement conférées à l'Union, et dont l'exercice est encadré par les principes de subsidiarité – repris du droit canonique[8] – et de proportionnalité (article 5-1, 5-3 et 5-4 TUE). L'application de ce droit écrit et "intégré au système juridique des États membres"[9] est assurée par les juges nationaux et éclairée par la Cour de Justice.[10] Ces caractéristiques ont un impact sur les sources et sur les objectifs de la norme. Au plan des sources, le droit privé européen constitue un *acquis normatif*, généré par l'activité législative et jurisprudentielle de l'Union.[11] Au plan des objectifs, ce droit participe à la construction du marché intérieur (en poussant l'exercice des libertés de circulation), à l'effectivité de la citoyenneté européenne et à la construction d'un espace judiciaire européen en matière civile. Au regard de ces particularités, est-il possible d'envisager une quelconque place aux usages dans le droit privé de l'Union ?

Pour y répondre, il convient de s'entendre au préalable sur la définition de la notion de droit privé européen. Si les textes européens indiquent le plus souvent les matières qu'ils couvrent, les questions relatives à l'existence et à la définition même d'un droit privé européen ne sont que peu posées dans les pays européens.[12] Dans la perspective des sources, ce droit comprendrait les règles et les solutions jurisprudentielles couvrant les rapports entre particuliers et entre particuliers et les États membres n'agissant pas dans l'exercice de la puissance publique.[13] En outre, les concepts qu'il retient s'émancipent, parfois et en substance, des concepts existants dans les systèmes de droit privé des États membres afin d'assurer l'autonomie et l'uniformité des solutions européennes vis-à-vis des droits nationaux.[14] De surcroît, les rapports juridiques en

[8]Libchaber (2013), n° 196.

[9]CJCE, 15 juillet 1964, *Costa/E.N.E.L.*, aff. 6/64, Rec. 01149, p. 1158.

[10]Parmi une vaste littérature, v. en dernier lieu : Bergé and Canivet (dir.) (2016), *passim*.

[11]Un auteur y intègre les propositions techniques et les propositions doctrinales : Poillot (2012), p 14 s. V. également Picod (dir.) (2009); Fauvarque-Cosson (2008), pp. 419–435 (source créatrice d'une pensée juridique européenne) ; Rivollier (2016), n° 14.

[12]C'est dans le monde académique germanique que les discussions sur le droit privé européen au sens strict (celui du droit de l'Union européenne) sont les plus riches et avancées. Cf. Poillot (2012), p. 15. En France, les juristes s'investissent également dans ce débat (cf. notamment de Vareilles-Sommières (1988); Fauvarque-Cosson (2008); Fauvarque-Cosson (2010)). Une thèse récente a, par ailleurs, retenue une définition subjective de l'Europe dans la perspective d'une d'étude portant sur la doctrine et la (re)construction d'un droit privé européen, tenant pour européenne toute initiative qui se prétend comme telle (Rivollier (2016), n° 10).

[13]Au regard de la solution retenue dans l'arrêt CJCE 14 oct. 1976, aff. 29/76, *LTU Lufttransportunternehmen GmbH Co. KG c/ Eurocontrol*, Rec. I-1541, et consacrée depuis dans des nombreux textes structurant l'espace judiciaire européen en matière civile et commerciale.

[14]Sur l'émergence de ces concepts, tels que la personne, la propriété, le contrat et le délit civil, au sein de la jurisprudence de la Cour de Justice, v. en dernier lieu : Micklitz and Sieburgh (2017). Les concepts tirés du droit de l'Union peuvent faire l'objet d'une distinction entre *notion européenne* et *définition autonome* (v. Cerqueira (2012), pp. 780–782). En ce qu'elle est spécifique à l'ordre juridique européen, une *notion européenne* possède un contenu qui lui est propre, qui n'a pas d'égal

cause doivent, dans de nombreux cas, avoir une incidence transfrontière, sans laquelle l'existence, voire l'application du droit de l'Union ne se justifie guère.

Le droit privé européen n'est pas encore parvenu à sa maturité.[15] Il s'agit d'un droit dont l'existence précède son essence,[16] d'où la difficulté de le définir.[17] Aussi, le droit privé européen n'est pas totalement européen.[18] Il n'est pas totalement européen ni dans son essence, ni dans son contenu : son essence est tributaire de l'influence des droits nationaux ; son contenu dépend parfois d'autres sources juridiques non-européennes d'un point de vue formel pour son application effective.

Dès lors, puisqu'il se construit de l'interaction entre différentes sources,[19] le droit européen ne saurait pleinement ignorer les usages. De fait, il ne les ignore pas. Quelle que soit leur origine (nationale, internationale, contractuelle ou propre à une activité économique), les usages intègrent les solutions juridiques applicables aux situations relevant du droit de l'Union.[20]

En revanche, nulle référence n'est faite ni dans les textes, ni en doctrine,[21] à des « usages européens », alors que le fonctionnement de certaines institutions de nature

---

en droit national, voire international (approche inspirée de Bergé and Robin-Olivier (2011), n° 56, lorsque les auteurs démontrent l'originalité du droit européen en tant que « droit objet », et de l'article de Harnay and Bergé (2011), p. 188). Si des concepts peuvent apparaître comme spécifiquement européens, « c'est qu'ils mettent en évidence et conçoivent des réalités distinctes de celles conçues par les droits nationaux » (Poillot-Peruzzeto (1998), p. 125). Une telle notion s'affirmerait même lorsqu'elle ne se trouve définie dans aucun texte, à l'instar de la notion de Société européenne. En revanche, lorsqu'il s'agit d'une notion nullement définie par l'instrument européen et qui correspond à des concepts juridiques connus en droit interne, il peut paraître nécessaire de soustraire son interprétation à l'empire des droits nationaux pour éviter des divergences d'interprétation entre les différents ordres juridiques des États membres et pour garantir le bon fonctionnement de l'instrument concerné. En effet, si exceptionnellement le droit européen admet qu'un terme utilisé dans un texte puisse être interprété au sens d'un système juridique national, en règle générale, les notions employées par ses textes reçoivent une *interprétation* autonome, forgée indépendamment du sens que la notion en cause possède en droit interne et dont le contenu sera potentiellement différent de celui connu en droit interne (Audit (2004), pp. 789–816). Ces deux types de notion ne s'opposent évidemment pas, mais ils ne s'assimilent pas non plus. La notion proprement européenne possède un objet juridique qui est autonome des droits nationaux; la notion autonome concerne un objet juridique originalement national dont le contenu doit en être émancipé pour satisfaire l'économie des textes européens qui les emploient (cf. Cerqueira (2017), n° 2389).

[15]Kinsch (2012), p. 353.

[16]Poillot (2012), p. 13.

[17]Kinsch (2012), p. 353.

[18]Bergé and Robin-Olivier (2011), n° 29 s. ; Poillot (2012), p. 14 s.

[19]Bergé and Robin-Olivier (2011), n° 40.

[20]Un simple sondage dans le moteur de recherche de la Cour de Justice en avril 2017 indique : 1.741 documents contenant le mot « usage » ; 770 documents contenant « usages du commerce » ; 332 documents contenant « usages du commerce international » ; 476 documents contenant « usages commerciaux ».

[21]Certaines définitions données de la notion de droit privé européen en sa qualité de branche du droit ne retiennent que les sources formelles, gardant ainsi un silence profond sur le droit spontané (Poillot (2012), p. 13 s ; Rivollier (2016), n° 13).

européenne, à l'instar des sociétés de droit européen, peut engendrer des comportements spontanés, susceptibles d'être invoqués avec l'objectif de produire des effets de droit. La question de l'émergence d'une catégorie autonome d'usages, propres au droit privé européen, ne pourrait alors être éludée.

En conséquence, après avoir étudié l'intégration des usages au droit privé européen (2), il conviendra de s'intéresser à la catégorie autonome d'usages, propres à ce droit (3).

2 Des usages intégrés au droit privé européen

Bien que le droit privé européen appartienne à un système légiféré et jurisprudentiel, les usages y sont intégrés pour permettre son fonctionnement, soit en garantissant l'autonomie de ses solutions (2.1), soit en les complétant (2.2).

2.1 Les usages garants de l'autonomie des solutions européennes

L'un des traits caractéristiques du droit privé européen est l'autonomie de ses solutions vis-à-vis des droits nationaux. Les usages sont parfois appelés à garantir cette autonomie. Leur invocation vise à éloigner toute possibilité de retour aux droits nationaux, y compris les usages circonscrits à un territoire étatique, lorsqu'il s'agit de préciser ou de compléter la règle écrite européenne. Dans ces cas, les usages participent à la construction et au fonctionnement d'un régime juridique autonome posé par un texte européen.

L'illustration la plus remarquable de ce phénomène se trouverait dans le domaine de la compétence internationale des tribunaux en matière civile et commerciale, fondamentalement[22] régie par l'actuel règlement Bruxelles I refondu (règlement (UE) n° 1215/2012). Deux régimes sont particulièrement concernés : celui de l'option de compétence en matière contractuelle et celui des clauses attributives de juridictions.

Régime d'option de compétence en matière contractuelle.[23] Conformément à l'article 7-1, sous b) premier tiret du règlement Bruxelles I refondu, une personne domiciliée sur le territoire d'un État membre peut être attraite dans un autre État membre, en matière contractuelle, devant la juridiction du lieu d'exécution de

---

[22]Sur les situations de concurrence entre le règlement (UE) n° 1215/2012 et d'autres règlements spécifiques, intervenant par hypothèse à l'égard de matières ou de questions couvertes par le premier, v. Cerqueira (2016), pp. 297–306.

[23]Sur ce régime très complexe, v. Ancel et al. (2017a), n° 105 à 156 ; Gaudemet-Tallon (2015), n° 173 s.

l'obligation qui sert de base à la demande ; sauf convention contraire, ce lieu est, pour la vente de marchandises, le lieu d'un État membre où, *en vertu du contrat*, les marchandises ont été ou auraient dû être livrées. Invitée à interpréter les termes « en vertu du contrat », figurant dans cette disposition, la CJUE répond, dans un arrêt *Electrosteel*[24] du 9 juin 2011, à la question de savoir s'il était possible de prendre en considération les termes et clauses d'un contrat qui ne désignent pas directement et explicitement un lieu de livraison qui déterminerait le tribunal compétent, à titre optionnel, pour connaître des différends entre les parties.[25] La Cour y répond par l'affirmative, en précisant que, pour déterminer le lieu de livraison des marchandises en vertu du contrat, « *la juridiction nationale doit prendre en compte tous les termes et toutes les clauses pertinentes de ce contrat, y compris, le cas échéant, les termes et les clauses généralement reconnus et consacrés par les usages du commerce international, tels que les Incoterms, pour autant qu'ils sont de nature à permettre d'identifier, de manière claire, ce lieu* ».[26]

Dans cet arrêt, la Cour de Justice a fait valoir l'esprit de la disposition interprétée, en évitant tout recours au mécanisme conflictuel pour déterminer, selon la loi nationale désignée, le lieu d'exécution de l'obligation qui sert de base à la demande en cas de vente internationale de marchandises, comme l'y invite, en l'absence d'indication dans le contrat, la lettre *a* de l'article 7-1 pour tous les autres contrats.[27] Pour cela, elle va jusqu'au bout du raisonnement : le lieu de la livraison permettant de fixer la compétence optionnelle des tribunaux nationaux pour connaître des litiges

[24]CJUE, 9 juin 2011, *Electrosteel, Europe SA c. Edil Centro SpA*, aff. 87/10, Rec. I-04987.

[25]Cette question se justifiait dans la mesure où la Cour avait affirmé dans l'arrêt *Car Trim* du 25 février 2010 que l'article 5-1, sous b) premier tiret du règlement Bruxelles I (actuel article 7-1, sous b) premier tiret du règlement Bruxelles I refondu) devait être interprété en ce sens que, en cas de vente à distance, le lieu où les marchandises ont été ou auraient dû être livrées « en vertu du contrat » doit être déterminé *sur la base des dispositions de ce contrat* (CJUE, 25 fév. 2010, *Car Trim GmbH*, aff. 381/08, Rec. I-01255).

[26]Arrêt *Electrosteel*, préc., pt. 22. Ce n'est qu'à titre infiniment subsidiaire, s'il est impossible de déterminer le lieu de livraison sur cette base, sans se référer au droit matériel applicable au contrat, que le juge doit retenir comme lieu de livraison « *celui de la remise matérielle des marchandises par laquelle l'acheteur a acquis ou aurait dû acquérir le pouvoir de disposer effectivement de ces marchandises à la destination finale de l'opération de vente* » (pt. 26).

[27]CJCE, 6 oct. 1976, *Tessili*, aff. 12/76, Rec. 01473. Pour déterminer s'il est compétent en tant que juge du lieu d'exécution de l'obligation qui sert de base à la demande, le juge doit rechercher, en l'absence d'indication contractuelle, quelle est la loi applicable au contrat conformément aux règles de conflit de lois. Autrement dit, le lieu d'exécution de l'obligation litigieuse doit être déterminé conformément à la loi qui régit cette obligation telle qu'elle est désignée par la règle de conflit de la juridiction saisie. Par cet arrêt, la Cour de Justice oblige à l'inversion de l'ordre du raisonnement en droit international privé : le juge devra d'abord résoudre le conflit de lois, pour ensuite pouvoir résoudre le conflit de juridictions. Pour la Cour, cette approche s'explique par la divergence qui subsiste entre les législations nationales en matière de contrats, de sorte qu'il n'apparaît pas possible de donner des indications plus amples sur l'interprétation de la référence faite, par l'article 7-1 sous *a*, au lieu d'exécution des obligations contractuelles ; ceci est d'autant plus vrai que la détermination du lieu d'exécution des obligations contractuelles est tributaire du contexte contractuel duquel ces obligations découlent.

résultant d'un contrat de vente de marchandises ne saurait être déterminé par référence au droit matériel applicable à la vente, désigné selon la règle de conflit du for saisi, mais bien par renvoi au contrat lui-même et aux usages dont les parties sont convenues.[28] Certes, la décision se remet à la volonté des parties pour légitimer le recours aux usages du commerce international à l'espèce, mais cela n'enlève en rien à leur fonction, au plan général, de garant de la solution matérielle européenne, comme l'affirme la Cour elle-même: dès lors que l'article 25 du règlement Bruxelles I refondu (ancien article 23 du règlement Bruxelles I) recourt expressément aux usages du commerce international, *« [i] l n'y a pas de raison de considérer que le législateur de l'Union aurait voulu écarter la prise en compte de tels usages commerciaux aux fins de l'interprétation d'autres dispositions du même règlement et, notamment, pour la détermination du tribunal compétent conformément à l'article 5, point 1, sous b), premier tiret, de ce règlement »*.[29]

Régime des clauses attributives de juridictions.[30] Justement, l'article 25 du règlement Bruxelles I refondu dispose qu'une convention attributive de juridiction peut être conclue par écrit ou verbalement avec confirmation écrite, mais également sous une forme qui soit conforme aux *habitudes* que les parties ont établies entre elles[31] ou, dans le commerce international, sous une forme qui soit conforme à un *usage* dont les parties avaient connaissance ou étaient censées avoir connaissance et qui est largement connu et régulièrement observé dans ce type de commerce par les parties à des contrats du même type dans la branche commerciale considérée.

En ce qui concerne la clause conclue *« sous une forme qui soit conforme aux habitudes que les parties ont établies entre elles »*, référence est faite à une catégorie de comportement qui se distingue des usages en ce que les *habitudes inter partes* restent limitées à une relation particulière et auxquelles les parties peuvent mettre fin, sous condition, alors que nul particulier n'est en pouvoir de décider seul de la disparition d'un usage, qui plus est professionnel.[32]

Pour ce qui est des clauses conclues *« dans le commerce international, sous une forme qui soit conforme à un usage... »*, l'accord des parties sur la compétence d'une juridiction est présumé établi lorsqu'il existe à cet égard des « usages commerciaux » dans le commerce international.[33] C'est le caractère de généralité dont doit se revêtir une pratique pour être érigée au rang d'*usage*, cette généralité

---

[28]Sur ce point, la décision ne fait que rependre la solution de l'arrêt *Car Trim GmbH*. Cf. Martel (2011), pp. 23–26.

[29]Arrêt *Electrosteel*, préc., pts. 19 et 20.

[30]La convention de La Haye sur les accords d'élection de for du 30 juin 2005, entrée en vigueur dans l'ordre juridique européen le 1er octobre 2015, n'érige pas la conformité aux usages en condition de validité en la forme de ces accords (cf. article 3 *c*).

[31]Pour une application de cette règle : Cass. 1re civ., 17 fév. 2010, n° 08-12749 et 08-15024, Bull. 2010, n° 38.

[32]Ainsi Deumier (2014), n° 13. Pour les illustrations de cette hytpothèse à partir d'une vaste jurisprudence: Alexandre and Huet (2015), n° 247; Ancel et al. (2017b), n° 174.

[33]CJCE 20 fév. 1997, *Mainschiffahrts-Genossenschaft eG (MSG) contre Les Gravières Rhénanes SARL*, aff. 106/95, Rec. I-00911; 16 mars 1999, *Transport Castelletti*, aff. 159/97, Rec. I-01597.

s'observant *in casu* dans la branche commerciale concernée.[34] Contrairement à l'hypothèse précédente, l'usage commercial en question ne saurait disparaître par la seule volonté des parties, voire d'une seule d'entre elles – ce qui ne les empêche pas de les mettre à l'écart par convention, tout usage étant par nature supplétif en droit privé.[35] Par ailleurs, l'article 25 du règlement Bruxelles I refondu précise que seul l'élément matériel définit l'usage du commerce international, celui-ci étant « largement connu et régulièrement observé ». Aucune référence n'y est faite à l'élément psychologique, consistant en la conviction du caractère obligatoire de l'usage (l'*opinio juris sive necessitatis*). Un tel encadrement conceptuel – également applicable aux usages du commerce international servant de base à l'interprétation de l'article 7-1, sous b), premier tiret du règlement Bruxelles I refondu[36] – était nécessaire au regard de l'autonomie souhaitée du régime de validité formelle de la clause attributive de juridictions posé par le règlement européen.

En effet, si l'objectif premier de ces solutions est de « tenir compte des usages particuliers et des exigences [...] de non-formalisme, de simplicité et de rapidité dans le commerce international »,[37] le recours aux *habitudes que les parties ont établies entre elles* et aux *usages du commerce international* participe *in fine* à l'autosuffisance du régime de protection du consentement de parties à la clause attributive de juridiction posé par l'article 25 du règlement Bruxelles I refondu,[38] en ce sens que les États membres ne peuvent pas prescrire d'autres exigences de forme que celles prévues par ce règlement.[39] *In extenso*, l'autonomie recherchée de la règle européenne est particulièrement atteinte lorsque les usages envisagés ont une portée transnationale, puisqu'ils offrent une solution internationalement uniforme dans le secteur professionnel concerné.

Dans ces exemples, la préoccupation majeure est ainsi de garantir l'autonomie des solutions européennes. Mais au-delà de cette fonction, les usages participent également au fonctionnement des normes européennes, en les complétant.

---

[34]CJCE, 16 mars, 1999, préc.

[35]Ainsi Deumier (2014), n° 35 ; rapp Bollée and Callé (2014), n° 25 ; exemple : article 9-2 CVIM.

[36]Arrêt *Electrosteel*, préc., pts. 21 et 22.

[37]CJCE 20 février 1997, *Mainschiffahrts-Genossenschaft eG (MSG) contre Les Gravières Rhénanes SARL*, aff. 106/95, Rec. I-00911 ; 16 mars 1999, *Castelletti*, aff. 159/97, Rec. I-01597.

[38]Les conditions de validité de la clause en la forme « ont pour fonction d'assurer que le consentement (des parties à la clause de juridiction) soit effectivement établi » (CJCE, 9 nov. 2000, *Coreck Maritime*, aff. 387/98, Rec. I-09337), celui-ci devant se manifester d'une manière claire et précise (CJCE, 14 déc. 1976, *Estasis Salotti*, aff. 24/76 Rec. 01831). La réalité du consentement est ainsi l'un des objectifs de l'article 25 (CJCE, 20 fév. 1997, *Mainschiffahrts-Genossenschaft eG (MSG*, préc. ; CJCE, 9 déc. 2003, *Gasser*, aff. 116/02, Rec. I-14693) ; CJUE 7 fév. 2013, *Refcomp SpA*, préc.). L'objet de l'article 25 est donc de neutraliser les effets des clauses qui risquent de passer inaperçues dans les contrats (CJCE, 19 juin 1984, *Tilly Russ*, aff. 71/83, Rec. 02417).

[39]CJCE, 24 juin 1981, *Elefanten Schuh*, aff. 150/80, Rec. 01671.

2.2 Les usages complétant les solutions européennes

Si la fonction complémentaire des usages semble une évidence face à des renvois explicites opérés par des textes européens (2.2.1), elle ne saurait être exclue face au silence de certains textes opérant un renvoi au droit national (2.2.2).

2.2.1 Le renvoi explicite aux usages

Plusieurs textes européens opèrent un renvoi explicite aux usages afin que ces derniers interviennent pour compléter le régime qu'ils instaurent. Cette technique est présente dans différents types de norme, y compris les propositions savantes.

De lege lata, la directive 2001/24/CE concernant l'assainissement et la liquidation des établissements de crédit en offre un bon exemple: selon son considérant n° 6, « *il importe de confier aux autorités administratives ou judiciaires de l'État membre d'origine, la compétence exclusive de décider et d'appliquer les mesures d'assainissement prévues dans la législation et* ***les usages*** *en vigueur dans cet État membre* ».

De lege ferenda, la Proposition de règlement du Parlement européen et du Conseil relatif à un droit commun européen de la vente de 2011[40] avait retenu comme clause d'un contrat conclu entre professionnels tous les usages sur l'applicabilité desquels les parties se sont accordées, les pratiques qu'elles ont établies entre elles, ainsi que tout usage que des professionnels placés dans la même situation qu'elles considéreraient comme généralement applicable. Seuls les usages et pratiques contraires aux clauses du contrat ayant fait l'objet d'une négociation individuelle ou à des règles impératives du droit commun européen de la vente en étaient exclus (articles 66 et 67).[41]

Quant aux propositions savantes dans le domaine du droit privé, elles fournissent le matériau dont se nourrit le droit positif européen et, à ce titre, méritent d'être envisagées. À leur égard, la place et le rôle attribués aux usages ont connu une évolution considérable au fil du temps. Tandis que le Projet d'un statut de société anonyme européenne présenté par Peter Sanders en 1967 avait écarté le recours aux usages au motif que le droit des sociétés de la plupart des États membres était en majeure partie un droit impératif, laissant peu de place aux « us et coutume »,[42] les propositions plus récentes formulées en vue d'un futur droit européen des contrats – elles-mêmes inspirées des pratiques contractuelles établies dans les États membres[43] – en font plein usage ! Ainsi, l'un des plus ambitieux d'entre eux, le Projet de cadre

[40] COM (2011) 635 final, Bruxelles, du 11.10.2011.

[41] Dispositions partiellement inspirées de la Convention de Vienne de 1980 sur la vente internationale des marchandises (art. 9) et des Principes d'Unidroit pour les contrats du commerce international (article 1.9).

[42] Sanders (1966), p. 24.

[43] Ancel et al. (2017a), n° 11.23.

commun de référence (communément dénommé *Draft Common Frame of Reference* – DCFR), contient plusieurs références aux usages et aux pratiques, dont une règle de portée générale applicable aux contrats et aux actes juridiques qui attribue aux usages une force créatrice d'obligations (article I.-I: 104)[44]; il en est de même pour les *Principes du droit européen des contrats*, la règle générale de l'article 1: 105 (Usages et pratiques) prévoyant que: « *(1) Les parties sont liées par les usages auxquels elles ont consenti et par les pratiques qu'elles ont établies entre elles. (2) Elles sont liées par tout usage que des personnes placées dans la même situation qu'elles tiendraient pour généralement applicable, à moins que son application ne soit déraisonnable* ».

Dans ces exemples, la préoccupation est moins celle de garantir l'autonomie des solutions européennes que d'assurer la complétude du régime instauré par les textes, d'où le recours à différentes catégories d'usages, y compris ceux circonscrits à un territoire étatique. Les exemples pourraient encore être reproduits à loisir. Pourtant, c'est l'hypothèse d'un renvoi implicite aux usages qui mobilise les arguments justifiant de leur reconnaître une place et un rôle complémentaire en droit privé européen.

2.2.2 Le renvoi implicite aux usages

Un renvoi implicite aux usages pourrait bien résulter d'une compétence législative attribuée par des textes européens au droit national. Cette hypothèse peut être mise à l'épreuve dans deux situations distinctes: la première, plus rare, pour la rejeter (2.2.2.1), la seconde, plus fréquente, pour la confirmer (2.2.2.2).

2.2.2.1 Le renvoi implicite rejeté

Il est des situations où un *usage* pourrait intégrer la règle européenne comme support conceptuel nécessaire à son application. Dans ces situations, l'usage serait considéré dans sa dimension normative, non pas pour produire un effet immédiat mais pour faire l'objet d'une *qualification* permettant la mise en œuvre d'une règle européenne. L'hypothèse s'est particulièrement vérifiée en droit international privé européen.

La question s'est en effet posée de savoir si un usage pouvait, en sa qualité normative, être invoqué au titre des dispositions protectrices de la loi applicable à défaut de choix, afin d'évincer la loi choisie par les parties à un contrat de travail. Pour la Cour de cassation, la réponse est négative: un usage professionnel ne constitue pas une disposition légale impérative au sens de l'article 6 de la Convention

---

[44]DCFR : Article II. – 1:104: Usages and practices. (1) The parties to a contract are bound by any usage to which they have agreed and by any practice they have established between themselves. (2) The parties are bound by a usage which would be considered generally applicable by persons in the same situation as the parties, except where the application of such usage would be unreasonable. (3) This Article applies to other juridical acts with any necessary adaptations.

de Rome du 18 juin 1980 sur la loi applicable aux obligations contractuelles,[45] selon lequel le choix par les parties de la loi applicable ne peut avoir pour résultat de priver le travailleur de la protection que lui assurent les dispositions impératives de la loi qui lui serait applicable à défaut de choix, laquelle est souvent celle du lieu d'exécution habituelle du travail.[46] En l'espèce, une ancienne salariée de l'Institut culturel autrichien à Paris sollicitait des indemnités suites à son licenciement au motif qu'elle avait été licenciée au cours du mois de septembre alors qu'il était d'usage dans l'enseignement de procéder au licenciement avant la fin du mois de mai. Alors que son contrat de travail contenait une clause de choix de loi en faveur du droit autrichien, l'enseignante invoquait l'application de l'usage mentionné dans différentes conventions collectives françaises au titre des dispositions impératives du lieu d'exécution, Paris. Selon elle, l'application des dispositions impératives de la loi française prévue par l'article 6 de la Convention de Rome du 18 juin 1980 emportait celle des usages professionnels, dès lors que ceux-ci ne pouvaient être mis à l'écart par les parties au contrat de travail. Cette qualification fut donc rejetée par la Cour de cassation, de sorte que les usages en vigueur en France ne peuvent être revendiqués par un salarié dont le contrat de travail ne serait pas soumis à la loi française.

Dégagée en application l'article 6 de la Convention de Rome du 18 juin 1980, cette solution semble pouvoir être transposée à d'autres hypothèses où le choix de loi est encadré par le jeu de dispositions impératives – et *a fortiori* par le jeu des lois de police – prévues par cette convention (à l'instar de l'article 3-3) ou par le règlement Rome I (à l'instar de l'article 3-3 et 3-4). Dès lors, il est permis de conclure que, d'après le droit international privé européen des contrats, les usages ne sauraient être invoqués en qualité de disposition impérative à laquelle la volonté des parties ne saurait déroger, parce qu'ils ne correspondent pas à cette catégorie normative de correction de la règle de conflit de lois.

Susceptible d'être rejeté dans des hypothèses bien précises, le renvoi implicite aux usages pourrait, en revanche, être plus largement admis lorsque la règle européenne reconnaît la compétence du droit étatique pour compléter le régime qu'elle instaure.

2.2.2.2 Le renvoi implicite admis

Cela est particulièrement le cas des règlements instituant les sociétés de droit européen, groupements dotés d'une personnalité morale européenne,[47] telle la société européenne (SE),[48] dont la stratification complexe du droit qui leur est

---

[45]Cass. soc., 12 nov. 2002, n° 99-45.821 et 99-45.888, Bull. 2002 V, n° 339, p. 329.

[46]Sur les vicissitudes de ce régime, v. Nord (2016), pp. 309–330.

[47]En ce sens : Menjucq (2016), n° 157.

[48]À ce jour, seule l'Union européenne offre une gamme de structures sociétaires supranationales aux acteurs économiques. Existent ainsi le groupement européen d'intérêt économique (Règlement (CE) n° 2137/85 du Conseil, du 25 juillet 1985, relatif à l'institution d'un groupement européen

applicable[49] offre un large champ d'intervention des usages sociétaires. En effet, pour les matières non réglées par ces règlements ou, lorsqu'une matière l'est partiellement, pour les aspects non couverts par ceux-ci, le droit de l'État du siège statutaire de la société s'applique. Prenant pour seul exemple la société européenne, ce sont, entre autres,[50] « les dispositions de loi des États membres qui s'appliqueraient à une société anonyme constituée selon le droit de l'État membre dans lequel la SE a son siège statutaire » (article 9-1, *c*, ii du règlement SE).

Lorsqu'il s'agit de déterminer l'étendue de ce renvoi au droit étatique, se pose la question de savoir si le règlement entend englober les usages sociétaires en vigueur dans l'ordre juridique national. Il a été démontré que la pluralité de rattachement de la SE admet ce recours. Au même titre que la jurisprudence,[51] les usages sociétaires constituent une expression de la « *loi des États membres* » ou de « *législation des États membres* » ou encore du « *droit de l'État membre* » qui s'appliquerait à une société anonyme constituée selon le droit de l'État membre dans lequel la SE a son siège statutaire.[52] En effet, employés indistinctement par le règlement SE pour désigner la compétence législative de l'État du siège de la société pour en compléter le régime, les termes « loi », « législation » et « droit » ne semblent pas préjuger de l'origine de la règle de droit interne. Toutefois, l'intégration des usages sociétaires dans le régime de la SE n'est envisageable qu'à condition qu'ils soient considérés comme source de droit dans le système national en question. Effectivement, si les termes « loi », « législation » et « droit » ne préjugent pas de la source normative, ils permettent d'évincer toute règle qui, aux yeux de l'ordre juridique national

---

d'intérêt économique), la société anonyme européenne (Règlement (CE) 2157 du Conseil du 8 octobre 2001 relatif au statut de la société européenne), ou encore la société coopérative européenne (Règlement (CE) 1435 du Conseil du 22 juillet 2003 relatif au statut de la société coopérative européenne). *De lege ferenda*, la Commission européenne envisage la mise en place d'autres structures de même envergure. Sur ces groupements, v. Menjucq (2016), n° 157 s.

[49]Sur le système de rattachement des sociétés de droit européen, v. notamment Cerqueira (2017), *passim*; Coipel (2005), pp 19–76 ; Blanc (2002), pp. 1052–1057 ; Béguin (2003), pp. 31–58 ; Bischoff (2002), pp. 43–47; van Veen (2004), pp. 111–116 ; Brandt and Scheifele (2002), p. 552 ; Casper (2003), pp. 51–72 ; Teichmann (2003), pp. 309–331; Grote (1990), *passim* ; Barsan (2016), pp. 35–91; Parleani (2004), pp. 74–92.

[50]À savoir, les dispositions de loi adoptées par les États membres en application de mesures communautaires visant spécifiquement les SE (art. 9-1, c, ii du règlement SE) et les dispositions des statuts de la SE, dans les mêmes conditions que pour une société anonyme constituée selon le droit de l'État membre dans lequel la SE a son siège statutaire (article 9-1, c, iii du règlement SE).

[51]La Cour de Justice a estimé que la portée des dispositions du droit national doit s'apprécier compte tenu de l'interprétation qu'en donnent les juridictions nationales (CJCE, 16 avril 1991, *Eurim-pharm GmbH c. Freistaat Bayern*, aff. 347/89, Rec. I-01747, pt. 15). Dans l'affaire *Katsikas – Konstantinidis et autres*, la Cour a précisé que lorsqu' « il y a lieu d'entendre par "dispositions législatives, réglementaires ou administratives", [. . .], les dispositions législatives, réglementaires ou administratives d'un État membre, telles qu'elles sont interprétées par les juridictions de cet État » (CJCE, 16 déc. 1992, *Katsikas – Konstantinidis et autres*, aff. 132/91, aff. 138/91 et aff. aff. 139/91, Rec. I-06577, pts. 38-40 ; en ce sens également CJCE, 8 juin 1994, *Commission c. Royaume-Uni*, aff. 382/92, Rec. I-2435, pt. 36).

[52]Cerqueira (2017), n° 2073 s.

compétent, ne relèverait pas du droit. Il est alors loisible d'estimer que les usages n'auront vocation à jouer un rôle dans la construction du régime juridique de la SE que dans la mesure où le droit national désigné par le règlement SE leur reconnaît la juridicité.

En droit français, c'est le cas. Encore faut-il que le domaine s'y prête. En matière commerciale, il est monnaie courante d'affirmer que « *la pratique est aussi importante que la légifération* ».[53] Cependant, le droit des sociétés étant marqué par l'inflation législative, réglementaire et jurisprudentielle, il est permis de douter de l'existence d'un espace normatif soustrait à l'emprise de ces sources. Qu'en est-il effectivement en droit français des sociétés ?

En dépit de son aspect fortement réglementé et de l'intensité de l'ordre public, une place aux usages est reconnue en droit français des sociétés.[54] Certes les textes de droit des sociétés « ignorent superbement les usages »,[55] mais l'applicabilité de ces derniers n'est pas subordonnée à des textes spécifiques à ce domaine: elle découle du droit commun.[56] Dans la pratique, les usages jouent un rôle important en la matière et peuvent être invoqués avec ou sans renvoi de la loi.[57] Leur invocabilité par renvoi de la loi peut, par exemple, se faire en matière de conventions

[53]Rodière (1969), p. 111. Le Code de commerce renvoie souvent expressément aux usages « *en leur permettant de compléter et corroder la règle de droit écrite* » (Mousseron (2014a), p. 1). Le Code civil, qui prête main-forte aux rapports commerciaux, intègre de surcroît les usages dans le champ contractuel : articles 1120, 1163 et 1166 nouveaux. Le Code de procédure civile, à son tour, détermine à l'article 1511 que, dans un arbitrage international, l'arbitre « *tient compte, dans tous les cas, des usages du commerce* ». La jurisprudence quant à elle apporte souvent force aux usages commerciaux, lorsqu'elle en reconnaît expressément la juridicité, à l'instar de la règle de la solidarité entre débiteurs (Cass. req., 20 octobre 1920, S. 1922, 1, 201). La normativité des usages atteint son degré le plus élevé en matière d'arbitrage corporatif, où une jurisprudence bien assise les assimile à la loi, laquelle (lesquels) nul (les professionnels de la branche considérée) n'est censé ignorer (v. CA Paris, Chambre supplémentaire 1, 10 fév. 1981, JurisData n° 1981-027492 ; Cass. com., 13 mai 2003 n° 00-21555, Bull. 2003 IV, n° 82, p. 93).

[54]V. Mousseron (2014b), pp. 391–398; Germain (2003), p. 10 s (dont l'analyse porte moins sur la pratique source de droit que la pratique source d'attitudes juridiques dont la répétition structure de manière originale la réalité juridique); Debailleul and Soldea (2010), pp. 39–53.

[55]Mousseron (2014b), p. 391.

[56]Mousseron (2014b), pp. 391–392. Il est à noter qu'avant l'avènement de la loi n° 78-9 du 4 janvier 1978, qui a modifié l'intégralité des dispositions du Code civil relatives aux sociétés, l'article 1878 Code civil 1804, qui est à rapprocher de l'article 1107, al. 2, *in fine* (énonçant que « *les règles particulières aux transactions commerciales sont établies par les lois relatives au commerce* »), précisait que « *les dispositions du présent titre ne s'appliquent aux sociétés de commerce que dans les points qui n'ont rien de contraire aux lois et usages du commerce* ». Nonobstant le fait que l'actuel article 1844 C. civ. issu de la modification de la réforme de 1978 ne mentionne plus les « usages du commerce » dans son énoncé (« *les dispositions du présent chapitre sont applicables à toutes les sociétés s'il n'en est autrement disposé par la loi en raison de leur forme ou de leur objet* »), les usages demeurent bel et bien une source du droit français des sociétés. Cf. Le Cannu and Dondero (2013), n° 38.

[57]Parmi une vaste littérature, v. Riffard (2013), pp. 78–81; Goldman (1983), p. 163 s ; Guyon (2003), n° 30 à 32 ; Legeais (2007), n° 20; Molfessis (2003), Mousseron (2010) *passim*; Mousseron (2010), pp. 1–40 ; Cabinet Clifford Chance (2012), n° 108.

réglementées. À cet égard, les articles L. 223-20 et L. 225-39 C. com. prévoient que le formalisme qu'ils stipulent n'a pas à être appliqué pour des « *conventions courantes conclues dans des conditions normales* ». De toute évidence, l'expression « conditions normales » renvoie à ce qui est fait habituellement en la matière, faisant ainsi référence aux usages.[58] Quant aux usages dont l'invocabilité se fait sans renvoi précis de la loi, le régime de l'obligation de contribution aux pertes est illustratif: c'est l'un des traits importants et même caractéristiques du contrat de sociétés.[59] L'obligation de contribuer aux pertes qu'est susceptible de connaître la société n'a, en réalité, vocation à s'appliquer qu'au moment de la dissolution de la société et certainement pas au cours de son fonctionnement. Le principe est aujourd'hui d'enseigner qu'en dépit du silence des textes,[60] la contribution aux pertes est retardée au moment de la liquidation.[61] Face à cette règle dépourvue de tout fondement légal, un auteur l'a qualifiée de règle coutumière, d'usage.[62] Cette solution confirme le rôle classique des usages: celui de contribuer à la définition et à l'interprétation du contenu contractuel.[63]

---

[58]Debailleul and Soldea (2010), p. 44.

[59]Kenderian (2002), pp. 617–651, qui juge toutefois que l'introduction, par la loi n° 78-9 du 4 janvier 1978, de cette obligation dans la définition de la société qui est donnée par l'article 1832 C. civ. n'était pas nécessaire.

[60]Exception faite à la contribution anticipée exigée par l'article L. 225–248 C. com. lorsque, en cas de perte de la moitié du capital social, les associés des sociétés de capitaux décident la poursuite de l'activité sociale. Dans un tel cas les associés doivent renflouer la société au cours de la vie sociale. La mise à contribution anticipée pourra également résulter d'une clause statutaire.

[61]La cour de cassation a ainsi rappelé que, sauf application de stipulations particulières, c'est seulement en cas de dissolution de la société que celle-ci peut agir contre ses membres en paiement de ses pertes (Cass. com., 3 mars 1975, n° 73-13721, Bull. n° 68, p 56). Marcadé avait déjà expliqué la justification théorique de cette règle : « *[a]ujourd'hui en perte le fonds social peut demain, à la suite d'une opération heureuse, se trouver notablement augmenté, il importe que les associés [...] prennent les affaires sociales dans leur ensemble et ne les scindent pas. Le chiffre réel de la perte ou du gain, c'est celui que donne le résultat final des opérations consommées par la société pendant son existence plus ou moins prolongée ; c'est celui qui résulte de l'examen, non pas des affaires prises isolément et divisées en deux catégories selon qu'envisagées distinctement elles ont ou n'ont pas réussi, mais de toutes les affaires envisagées dans l'ensemble et la compensation entre les pertes et les bénéfices partiels* ». (Marcadé (1874), p. 300).

[62]Lucas (2000b), p. 1175. Ce même auteur remarque qu'une telle règle est « permanente, regardée comme obligatoire par ceux qui l'appliquent, voilà ce qui fait la coutume, étant précisé que cet usage a reçu l'onction du juge nécessaire pour qu'un simple usage devienne une coutume ayant force de loi » (Lucas (2000a), n° 64).

[63]Ainsi Fouchard (1982), p. 77; Mousseron (2014b), pp. 393–395. La jurisprudence française faisant référence aux usages en matière sociétaire, soit pour fonder ses décisions, soit pour contrer leur juridicité au cas concret, est par ailleurs expressive. La « Bibliothèque des Usages », mise en ligne et administrée par le Centre du droit de l'entreprise de l'université de Montpelier référence près de 500 références jurisprudentielles, dont plus d'une dizaine en droit des sociétés (http://bibliotheque-des-usages.cde-montpellier.com/). Ce n'est donc pas sans raison que le Tribunal de Commerce de Paris tient un Bureau des usages professionnels avec, aujourd'hui, une trentaine de références à des recueils d'usage.

En toutes ces matières, les statuts des sociétés de droit européen sont muets. Dès lors, pour celles établies en France, ces usages seront applicables, tout comme ceux en matière de gouvernance d'entreprise, par rapport à laquelle ces statuts demeurent également précaires. Lors de l'adoption du règlement SE en 2001, par exemple, plusieurs questions sur la gouvernance d'entreprise sont demeurées sans réponse[64]; il revient alors au droit national d'y répondre.[65]

L'application des usages en raison des renvois au droit étatique permet ainsi de faire fonctionner pleinement le mécanisme engendré par la méthode de la pluralité de rattachements des sociétés de droit européen et d'apporter des réponses spécifiques à des questions très pointues conformément au droit national indiqué par la règle de conflit prévue dans les règlements régissant ces sociétés. Une telle solution satisfait, en outre, le principe du traitement égal entre les sociétés de droit européen et les sociétés de droit national de l'État du siège social, qui encadre le fonctionnement de la méthode de la pluralité de rattachement des sociétés de droit européen.[66] Conformément à ce principe, ces sociétés doivent être traitées dans chaque État membre comme une société du même type constituée selon le droit de l'État membre où elles ont leur siège statutaire. Il en résulte qu'elles se voient administrer un traitement identique à celui dispensé à une société de droit national, y compris au plan des sources du droit applicable.

La méthodologie du droit international privé conforte, par ailleurs, cette approche inclusive : « *[...] lorsque l'on dit qu'il [le juge] doit appliquer la loi étrangère désignée par la règle de conflit, il faut entendre le droit étranger dans sa totalité, solutions coutumières et jurisprudentielles comprises [...]* ».[67] Dès lors que la règle de rattachement vise le droit tel qu'il existe, à savoir l'ensemble de ses sources, il convient d'y attacher la portée que chacune d'elles reçoit dans le système désigné, les usages devant recevoir, le cas échéant, la juridicité que leur attribue le droit désigné.[68] La jurisprudence de la Cour de cassation confirme cette approche englobante.[69]

Ces premières analyses démontrent que si les usages ne sont pas crédités comme source du droit privé européen, ils y sont intégrés pour garantir tant l'autonomie de ses solutions que leur complétude. Dans ce dernier cas, si le recours aux usages peut être explicitement envisagé par la norme européenne, souvent la question d'un renvoi implicite aux usages se posera en présence d'un renvoi au droit national. Si ce renvoi peut être parfois rejeté, il pourrait être fréquemment admis dès lors que les usages constituent une source du droit étatique désigné.

Assez logique, parce que nécessaire, l'intégration des usages au droit privé européen ne s'opère cependant pas sans que ce dernier en détermine les conditions.

---

[64]Ce qui a valu de nombreuses critiques : Hopt (2003), pp. 264–266; Magnier (2004), n° 25 et 54.

[65]À ce propos, v. Cerqueira (2017), n° 2389.

[66]Cerqueira (2017), n° 361 s et n° 405 s.

[67]Mayer and Heuzé (2014), n° 191.

[68]Rigaux and Fallon (2005), n° 6.57.

[69]Pour un exemple en droit de la filiation : Cass. 1re civ., 22 octobre 2008, pourvoi n° 07-14.934, Bull. 2008 I, n° 235.

D'abord, le droit européen en précise les contours conceptuels: alors qu'il refuse aux usages la qualification, au plan normatif, des dispositions impératives auxquels les conventions ne peuvent déroger, il les définit sans égard à l'élément psychologique. Ensuite, le droit européen encadre l'application des usages par une exigence de conformité. En effet, qu'il vise à garantir ou à compléter la règle écrite européenne, le recours aux usages ne saurait aboutir à des solutions contraires à l'esprit et aux principes sous-tendant la norme en cause, sous peine d'en éliminer l'effet utile. Cette exigence de conformité au droit européen sera davantage requise lorsque la norme à compléter est impérative. Outre la conformité aux normes écrites, une conformité aux normes non-écrites d'une communauté peut aussi être exigée. L'exemple est fourni par l'article 14 de la Directive (UE) 2015/2436 du Parlement européen et du Conseil du 16 décembre 2015 rapprochant les législations des États membres sur les marques (refonte). Selon ce dispositif, les droits exclusifs conférés par une marque ne devraient pas permettre à son titulaire d'interdire aux tiers l'usage de signes ou d'indications lorsque celui-ci est loyal et par conséquent conforme aux usages honnêtes en matière industrielle ou commerciale.[70]

Au-delà de cette perspective d'intégration des usages de toutes les origines au droit privé européen, l'existence d'institutions essentiellement européennes, comme les sociétés de droit européen, pose la question de l'émergence d'usages européens.

3 Des usages propres au droit privé européen

Alors que dans tous les ordres juridiques de facture classique (droit national et droit international) les usages constituent une source du droit,[71] en droit européen le doute semble permis en raison de son caractère fondamentalement légiféré et jurisprudentiel. Pourtant, doit-on exclure toute possibilité d'existence d'un droit des usages européens ? La question invite à s'intéresser, d'une part, à l'hypothèse des usages européens (3.1) et, d'autre part, aux conditions de leur invocabilité (3.2).

3.1 L'hypothèse des usages européens

Dans un ordre juridique réfractaire à la notion de « coutume européenne » (3.1.1), l'hypothèse des usages propres au droit européen semble néanmoins pouvoir être admise (3.1.2).

---

[70]Pour un auteur, le renvoi à des « usages honnêtes » montre bien le glissement d'une conception (usages professionnels, type d'usage-règle) à une autre (usages-utilisations, destination donnée à une chose) : Deumier (2006), pp. 119–133.

[71]Deumier (2014), n° 8.

3.1.1 L'aversion constatée à la notion de « coutume européenne »

Bien qu'il s'accommode de pratiques institutionnelles, le système juridique de l'Union européenne se montre réfractaire à la notion de « coutume européenne » de droit matériel. Cela se comprend, la logique du système d'attribution des compétences normatives, qui garantit aux États membres le contrôle sur leur *Création*, les protège de toute dépossession, par une éventuelle « coutume européenne », des compétences qu'ils n'ont pas conférées à l'Union.[72] Il paraît ainsi peu concevable que puisse se former une règle spontanée de droit matériel susceptible de produire les mêmes effets qu'une disposition du traité ou un acte de droit dérivé à l'égard tant des États membres que des citoyens.[73]

Dans ce contexte, la Cour de Justice – dont l'une des missions consiste à veiller au respect de compétences attribuées à l'Union et de celles conservées par les États Membres – opère comme un bouclier contre l'émergence des règles coutumières dans l'ordre juridique européen. En effet, les méthodes d'interprétation du droit européen qu'elle a développées lui permettent de combler les lacunes du droit matériel de l'Union, rendant ainsi inutile toute création coutumière dans ce droit.[74] Pour certains auteurs, cette aversion à la notion de « coutume européenne » ressort indirectement de l'arrêt *Watson et Belman,*[75] par lequel la Cour a refusé de suivre le raisonnement de l'Avocat général, qui s'était fondé sur une éventuelle « règle coutumière » dans l'ordre juridique communautaire ou une « évolution spontanée du système communautaire » de nature à étendre le champ d'application subjectif des règles du traité en matière de libre circulation des touristes. Pour la Cour, les règles d'antan sur la libre circulation des personnes s'appliquaient à la personne en question, qu'elle soit ou non touriste.[76]

Au-delà de cette approche jurisprudentielle restrictive, une autre forme d'aversion à la notion de coutume, voire d'usage européen peut se manifester au plan législatif avec le refus d'harmoniser les usages dans certains domaines. Tel fut le cas en

[72]Ainsi Blanchet and Keller-Noellet (2012), p. 213.

[73]Blanchet and Keller-Noellet (2012), p. 214.

[74]Blanchet and Keller-Noellet (2012), p. 214.

[75]CJCE, 7 juillet 1976, C-118-75.

[76]CJCE, 7 juillet 1976, préc. Dans cette affaire, l'Avocat général Trabucchi s'était interrogé s'il s'était instauré « [. . .] dans l'ordre communautaire une règle coutumière sur la base de laquelle les touristes peuvent faire valoir un droit consistant à pouvoir prétendre au même traitement que les Etats sont obligés d'accorder aux prestataires de services ». Pour cet avocat, une telle « évolution spontanée du système communautaire de nature à étendre le champ d'application subjectif des règles du traité » se justifiait lorsque le changement correspond à des exigences fonctionnelles du système, s'insère dans le cadre des finalités du traité et, surtout, s'appuie sur un consensus général des institutions et des Etats membres, ce qui était le cas en l'espèce puisque « dès les premiers phase d'application du traité, les trois institutions communautaires (. . .) ont considéré expressément le touriste comme une personne qui, en cette qualité, est protégée dans sa grande liberté de mouvement par les règles du traité (. . .). Aucun Etat ni aucun autre sujet de droit communautaire n'ont jamais contesté cette position, du moins jusqu'à la présente procédure (. . .) » (p. 1204). Apud Blanchet and Keller-Noellet (2012), p. 214, *ad notam* 34.

matière d'assainissement et de liquidation des établissements de crédit. Alors que la directive 2001/24/CE accorde toute la place aux usages en vigueur dans un État membre d'origine d'un établissement pour fonder les mesures d'assainissement qu'il prendra à l'égard de cet établissement, cette même directive reconnaît la difficulté d'harmoniser, non seulement les législations, mais également les usages des États membres. D'où la mise en place de la reconnaissance mutuelle par les États membres des mesures prises par chacun d'entre eux pour restaurer la viabilité des établissements qu'il a agréés.[77] Certes, une éventuelle harmonisation des usages au plan européen implique l'adoption d'une règle écrite, par laquelle nombre de solutions juridiques passe, par induction, de l'état d'usage à l'état écrit. Une telle technique abandonne, en conséquence, le caractère originairement spontané de la règle, de sorte qu'il ne serait *in fine* plus question d'un usage européen mais bien d'une règle écrite européenne. Toutefois, l'esprit de refus est présent: en s'abstenant d'harmoniser dans une matière les usages constatés dans les États membres, le législateur européen se montre réticent à l'idée même des usages européens – métamorphosé en règle écrite – dans le domaine concerné.

Nonobstant ces réticences à la reconnaissance d'un droit spontané européen, le caractère évolutif de l'Union et de son droit devait permettre, dans certains cas, l'admission des usages propres au droit européen.

3.1.2 L'admission possible des usages européens

Le fonctionnement de certaines institutions de droit privé européen peut engendrer des comportements spontanés non régis par les textes. La reconnaissance juridique des usages propres à ces institutions pourrait alors être souhaitable pour répondre à des problématiques purement européennes, lesquelles ne sauraient être convenablement résolues par les droits nationaux, y compris les usages. Étant donné que les branches du droit modèlent les sources,[78] l'exemple du fonctionnement des sociétés de droit européen pourrait illustrer l'hypothèse.

En effet, la nature européenne de ces sociétés fait émerger des questions étrangères aux sociétés de droit national ou qui demandent une solution plutôt européenne que nationale. C'est l'hypothèse de « lacunes légales spécifiques » aux sociétés de droit européen (« *Europäische Gesellschafte-spezifische Regelungslücke* »).[79] À titre d'exemple, il est question de savoir si, une fois constituée, une société de droit

[77]CJUE 24 oct. 2013, *LBI hf / Kepler Capital Markets S.A. et Frédéric Giraux*, aff. 85/12.

[78]Comme le démontre P Deumier, inspirée des écrits de J.-M. Jacquet et de la piste lancée par G. Gurvitch dès 1934 dans son article « Théorie pluraliste des sources du droit positif » (in *Le Problème des sources du droit positif : Annuaire de l'Institut international de philosophie du droit et de sociologie juridique*, Sirey 1934, p. 114 *sq*), la prise en compte des particularités de l'objet de chaque branche du droit conduit à analyser la théorie des sources à partir de la marque que la branche imprime sur ses forces créatrices : « *ce ne sont plus les sources qui construisent la branche du droit mais la branche du droit qui modèle les sources* ». V. Deumier (2013b), p. 183.

[79]Selon l'expression employée par Brandt and Scheifele (2002), p. 552.

européen doit garder sa dimension européenne (sa multinationalité), ou si elle peut s'en dispenser sans que cela ait un quelconque impact sur la continuité valable de la forme sociétaire. La question est pertinente au regard des finalités de la société, qui est une forme sociale destinée à réunir les facteurs de production de différents États membres.[80] Outre le besoin d'un traitement uniforme de la question, rien ne laisse présager que le droit national serait à même d'y répondre, puisqu'une telle question lui est absolument étrangère.

De même en matière de transfert intra-européen du siège, il n'est pas certain que les droits nationaux, faute d'une harmonisation en la matière, puissent offrir des réponses adéquates aux diverses questions propres à ce type d'opération transfrontière. Pour s'en tenir à un seul exemple, quelles sont les conséquences pour une SE ayant dissocié le siège réel du siège statutaire du point de vue de l'État d'accueil du nouveau siège réel ?[81] Alors que le règlement donne le régime applicable dans l'État d'origine, rien n'est prévu vis-à-vis de l'État d'accueil au-delà de l'obligation imposée à celui-ci d'informer l'État d'origine de l'irrégularité constatée (article 64-4). Parallèlement aux mesures prises dans l'État de départ suite à l'information reçue, que se passe-t-il alors dans l'État d'accueil du nouveau siège réel ? Y a-t-il un régime européen à respecter ou doit-on se reporter au droit national de l'État d'accueil pour déterminer le régime juridique applicable à la désormais SE *pseudo-foreign* ? Si le droit national devait être privilégié, il y aurait autant de régimes applicables aux SE *pseudo-foreign* que de systèmes nationaux de conflit de lois et de reconnaissance en présence à l'intérieur de l'Union européenne.[82] Outre la diversité de solutions qui en résulte, c'est leur non-adaptabilité au problème qui serait ainsi révélée.

Dès lors, les questions spécifiques à la forme sociétaire européenne et aux opérations qu'elle peut réaliser constituent les limites à l'intervention du droit national normalement compétent pour intervenir en cas de lacune des règlements les régissant.[83] Par conséquent, les règles générales de rattachement des sociétés de droit européen,[84] à l'instar de l'article 9-1, lit. *c* du règlement SE, doivent être interprétées comme ne couvrant que les lacunes pouvant être convenablement et pertinemment comblés par le droit national. Cette approche découle, par exemple, du considérant n° 9 du règlement SE et du « *principe de l'effectivité* » du droit

[80]Cf. Ficker (1967), p. 1163. La question de la présence de l'élément transfrontière a été posée au cours des négociations de la proposition de règlement de la Commission du 25 juin 2008 concernant le statut de la société privée européenne et son abandon a fait l'objet de fortes critiques. Cf. Bottiau and Martinek (2009), pp. 808–819.

[81]Fernandéz del Pozo (2004), p. 154.

[82]Pour un large aperçu de ces systèmes, v. Fernandéz del Pozo (2004), pp. 154–156.

[83]Brandt and Scheifele (2002), p, 552.

[84]Article 2 du Règlement (CEE) n° 2137/85 du Conseil du 25 juillet 1985 relatif à l'institution d'un groupement européen d'intérêt économique (GEIE) ; article 9 du Règlement (CE) n° 2157/2001 du Conseil du 8 octobre 2001 relatif au statut de la société européenne (SE) ; article 8 du Règlement (CE) n° 1435/2003 du Conseil du 22 juillet 2003 relatif au statut de la société coopérative européenne (SEC).

européen.[85] Conformément au considérant n° 9, le législateur européen a voulu rattacher la SE au droit national, « *dans des domaines où le fonctionnement d'une SE n'exige pas de règles communautaires uniformes* ». Par le « *principe de l'effectivité* », le règlement SE, et plus particulièrement son article 9-1, lit. *c*, doit être interprété en ce sens que le règlement SE produit pleinement ses effets.[86]

Face aux insuffisances du droit national, y compris des usages sociétaires pouvant y être constatés, et au principe de l'exhaustivité du règlement régissant les sociétés de droit européen à l'égard des lacunes spécifiques à leur nature européenne,[87] ne devrait-on pas admettre un *rattachement à des usages européens* qui pourraient émerger pour répondre à des questions purement européennes ? La question semble d'autant plus opportune que le recours à de tels usages présente un triple avantage. D'abord, cela permettrait de détacher davantage ces sociétés du droit de l'État de leur siège, contribuant ainsi à l'autonomie et à l'uniformité de leur régime juridique. Ensuite, cela éviterait d'être arbitraire à l'égard de ce que les parties établissent normalement sur les mêmes types de questions, qu'il s'agisse d'usages propres à la société, à un groupe de sociétés ou à un certain type de société, comme les sociétés cotées. En effet, la longue durée des relations sociétaires facilite la formation et puis l'invocation de certains usages.[88] C'est un gage de sécurité juridique pour les associés et pour la société elle-même. Enfin, cela permettrait de profiter du rôle régulateur que peuvent jouer les usages dans leur définition de bons comportements en matière sociétaire.[89]

Puisque « *la pratique aime les terres vierges, qu'elle entend conquérir avant les sources officielles du droit* »,[90] la présence chaque fois plus affirmée de sociétés de droit européen dans tous les pays européens devrait ainsi conduire à la naissance d'une pratique puis d'usages spécifiques à ces nouvelles formes, dont l'application par le juge ou par l'arbitre dans le cadre contentieux sera tout à fait envisageable.

---

[85]Brandt and Scheifele (2002), pp. 552–553.

[86]Cette approche vaut également pour l'interprétation de l'article 2 du règlement GEIE et de l'article 8 du règlement SCE.

[87]V. en ce même sens, Raiser (1993), p. 297.

[88]En ce sens également Mousseron (2014b), p. 394.

[89]En effet, les usages peuvent participer au renforcement des « bonnes pratiques » de certains secteurs d'activités, certains marchés ou certaines places. Certes, rappelle un auteur, les autorités administratives de surveillance et de contrôle – notamment des marchés financiers, et les associations tendent aujourd'hui plutôt à édicter des bonnes pratiques (droit commandé) qu'à recueillir des usages (droit spontané). Mais, alors que bonnes pratiques et usages ne se confondent pas, il convient de conclure avec l'auteur que « *les pratiques ainsi édictées se rapprochent des usages dans la mesure où certaines peuvent correspondre à des comportements déjà observés. En outre, au fil de leur observation, les bonnes pratiques pourront devenir des usages. L'actualisation et la publicité données à ces bonnes pratiques dans des rapports* [des autorités administratives] *facilitent* [sic] *l'identification de nouveaux usages précis et mis à jour. Ces rapports permettent notamment de connaître le degré de généralisation de certaines pratiques telles que le recours à des comités de rémunérations ou la représentation des femmes au conseil d'administration* » (Mousseron (2014b), pp. 394–397).

[90]Carbonnier (2004), n° 135.

L'admission possible de la notion d'usages européens requiert, cependant, une définition des conditions de leur invocabilité.

3.2 Les conditions d'invocabilité des usages européens

Alors que les usages, comme la coutume, ne se définissent pas par rapport à la loi ou par rapport au juge,[91] comment définir les conditions de leur invocabilité au regard d'un ordre juridique d'essence légiférée et jurisprudentielle ? En partant de la problématique rencontrée dans le fonctionnement des sociétés de droit européen, il est possible de jeter les bases d'un futur régime général d'application de ces usages, quelle que soit l'institution privée de nature européenne concernée.

Transnationalité. Un usage ne saurait être européen que dans la mesure où il ne se limite pas aux seules frontières d'un État membre. Au regard d'une société de droit européen, la condition de la transnationalité tient à l'existence de solutions transcendant le cadre national du siège social, plus adaptées à la dimension européenne de la forme.

Cependant, l'exigence de transnationalité des usages pourrait être redoutable. En effet, elle pourrait engendrer une réduction des hypothèses de leur application en raison de la spécificité de nombre d'entre eux à la culture d'entreprise d'un pays, voire d'une seule Place. Cette crainte semble néanmoins devoir être évacuée puisque, nonobstant leur soumission à différents droits nationaux, les sociétés de dimension internationale façonnent leurs propres normes, qui deviennent elles aussi transnationales,[92] et ce dans les différents domaines de leur activité. D'abord, et en dehors des rapports sociétaires, les entreprises du commerce international – notamment les groupes – jouent un rôle très important dans l'élaboration de la *lex mercatoria,*[93] dont les usages constituent une source structurante.[94] Ensuite, il existe à l'intérieur des groupes internationaux une véritable *lex laboris* dépassant les règles étatiques puisque l'évolution de la carrière des cadres supérieurs se fait dans une optique transnationale.[95] Enfin, d'un point de vue de la *lex societatis*, il existe une pratique très répandue de rédaction de règlements intérieurs, qui, en complétant les statuts, couvrent un champ très vaste: de l'organisation de la vie quotidienne du groupement, en passant par la fixation des modalités de fonctionnement des organes sociaux, les règlements intérieurs vont jusqu'à discipliner les rapports intragroupe.[96]

---

[91]Deumier (2002), *passim*; Bureau (1992), *passim*. V. également, Oppetit (1988), p. 59 s.

[92]V., parmi d'autres, Catá-Backer (2008), pp. 499–523.

[93]Ainsi Laborde (1991), p. 57.

[94]Loquin (2013), pp. 215–234.

[95]Siblini-Vallat (1988), pp. 660–663.

[96]Cf. Le Cannu (1986), p. 723 s. Un auteur a néanmoins jugé inopportun de compléter les statuts par un règlement intérieur même si ce document bénéficie de l'avantage de la discrétion : Guyon (2003), n° 142.

Par ailleurs, dans un contexte d'universalisation des principes de gouvernance d'entreprise et de la responsabilité sociale de l'entreprise, le règlement intérieur intervient comme un support privilégié pour en véhiculer les règles et recommandations au sein des entreprises.[97] Face à cette activité normative des entreprises, il ne subsiste aucun doute sur l'existence d'un vivier d'usages transnationaux en matière sociétaire dans lequel pourront puiser les associées, les dirigents, les juges et les arbitres confrontés à la nécessité de combler un vide du statut d'une société de droit européen.

La condition de transnationalité des usages européens réclame, dans le même temps, la définition de leur périmètre de manifestation. Tout d'abord, il convient d'exiger que les usages se manifestent à l'intérieur de l'espace juridique de l'Union européenne, voire de l'Espace économique européen (EEE), en raison de la connaissance ou de la présomption de connaissance préalable de leur existence qu'il conviendrait d'exiger des associés. Ensuite, il faut définir, à l'intérieur de ces espaces, le périmètre requis de manifestation des usages pour être qualifiés d'européens: doivent-ils être constatés dans toute l'Union ou faut-il se satisfaire de leur prépondérance, dénotant une tendance majoritaire à l'intérieur de l'Union, voire de l'EEE ? Si cette dernière branche de l'option est retenue, quel critère adopter vis-à-vis d'un usage pour en conclure qu'il est « prépondérant » ? Que faut-il faire si, selon le critère retenu, l'usage en question n'est prépondérant que dans quelques États membres ? Devra-t-on le considérer également prépondérant vis-à-vis de tous les États membres concernés dès lors qu'il ne l'est que dans la majorité d'entre eux ? En cas d'appréciations divergentes, comment les départager ? Les doutes sont donc nombreux et les seules difficultés de mise en œuvre d'une méthode comparative sélective devraient dissuader d'envisager le principe de majorité que l'adjectif « prépondérant » implique. Ces mêmes difficultés devraient alors favoriser l'émergence de l'exigence du consensus pour autoriser l'invocabilité d'un usage constatée dans les États membres, parce qu'il serait « commun » à l'intérieur de l'Union, voire de l'EEE.

Cependant, quelques arguments conduisent à envisager la solution opposée. Tout d'abord, l'exigence d'efficacité fonctionnelle du rattachement aux usages ne peut être négligée. La condition d'unanimité dans la reconnaissance d'un usage pourrait en entraîner le blocage dès qu'une divergence minoritaire se manifesterait à l'intérieur de l'Union européenne. Pire, si cette condition était retenue, l'apparition des usages européens dépendrait, du moins à l'égard des instruments optionnels,[98]

[97]Viandier (2003), pp. 1003–1009.

[98]L'expression « instrument optionnel » n'est devenue usuelle qu'à l'occasion du débat sur le droit commun de la vente, relancé par la proposition de règlement relatif à un droit commun européen de la vente, adoptée par la Commission le 11 octobre 2011. Une étude réalisée par Trans Europe Experts devant le Parlement européen relève néanmoins que le caractère facultatif des régimes instaurés par ces instruments a toujours été reconnu par les juristes européens. Ainsi, suite à l'analyse de cette méthode législative, l'étude en question préconise la définition suivante de la notion d'instrument optionnel : « *il y a instrument optionnel européen dès lors qu'est donné aux sujets un choix entre d'une part, un système mettant en œuvre au moins pour partie un droit national ou un régime issu d'une convention internationale liant l'État membre, et d'autre part un*

d'une ample promotion de ces instruments dans tous les États membres. Or, il est des États où le développement de certaines institutions issues des instruments optionnels est encore très faible, voire inexistant.[99] Ensuite, c'est la nécessité de prise en compte du sens des évolutions dans certaines pratiques qui conduirait à envisager le critère de la prépondérance. L'éviction d'usages constatés dans la majorité des États membres du seul fait de leur non-reconnaissance unanime laisserait le régime juridique de la société figé face aux évolutions constatées dans ces États, elles-mêmes indicatives d'une tendance dominante. L'approche retenue se confirme même dans la signification du caractère général d'un usage : si l'« ensemble » ou la « totalité » est compris dans le concept de généralité, la « majorité » l'est tout autant. En effet, le caractère général d'une chose ne semble nullement exiger la somme de tous ses éléments particuliers pour qu'elle s'exprime, mais la convergence des éléments prédominants qui en désigne la tendance. L'approche retenue ne change en rien la tâche de l'interprète. Que l'on en vienne à privilégier l'exigence de consensus ou à valoriser le principe majoritaire, l'interprète devra utiliser systématiquement les mêmes ressources permettant d'établir l'existence et la teneur d'un usage. Pour toutes ces raisons, il paraît plus pertinent de s'intéresser aux tendances au plan régional, indiquées par le constat d'usages sur la majorité des États membres en présence (principe de majorité) que de s'attacher à la règle du consensus (principe d'unanimité).[100] Cette approche converge par ailleurs avec celle du droit positif, dans la mesure où le droit européen requiert des usages du commerce international, lorsqu'ils sont appelés à jouer pour compléter et pour garantir l'autonomie des solutions européennes,[101] qu'ils soient *largement* – donc généralement[102] – connus et régulièrement observés . . .[103]

---

instrument européen, d'une autonomie relative, issu du droit dérivé ou d'une convention internationale conclue uniquement entre États membres de l'Union européenne et susceptible de bénéficier à tous les États membres de l'Union, peu important que les deux systèmes en cause aient une portée territoriale différente, dès lors que l'utilisation de l'un exclut l'utilisation de l'autre ». V. Fauvarque-Cosson and Béhar-Touchais (2012), pp. 37–38.

[99]Tel est le cas des sociétés de droit européen. V. par exemple : Rapport de la Commission sur l'application du règlement (CE) n° 2157/2001 relatif au statut de la société européenne (COM (2010) 676 final – Bruxelles 17.11.2010).

[100]En droit de l'arbitrage international, la valorisation du principe majoritaire semble l'emporter lorsqu'il s'agit de recourir à des principes généraux du droit dans un contexte transnational. Cf. Gaillard (2008), pp 77–80.

[101]V. *supra* n°. 2.1.

[102]À propos du régime des clauses attributives de juridictions en matière civile et commerciale, la Cour de Justice a déjà décidé qu'il n'est pas nécessaire qu'un usage du commerce international soit établi dans des pays déterminés ni, en particulier, dans tous les États contractants (CJCE, 16 mars 1999, *Transport Castelletti*, aff. 159/97, Rec. I-01597, pts 27).

[103]La même approche est retenue à propos des principes généraux communs aux droits des États membres auxquels le droit de l'Union recourt pour combler ses lacunes. En effet, alors qu'en droit international, la Cour internationale de Justice a estimé qu'il convenait de mettre à l'écart des principes appliqués seulement par « certains systèmes de droit » (CIJ, 18 juillet 1966, *Sud-Ouest africain* , Rec. 1966, p 6 s., p. 47), un auteur a jadis démontré que le droit de l'Union s'est maintes fois construit par la « réception » de solutions nationales représentant, à défaut de convergence, à

L'exigence d'intelligibilité de la source. Outre le fait qu'ils soient majoritairement admis, les usages européens invoqués doivent être intelligibles pour qu'ils soient des véritables règles de droit. Leur identification ne devrait donc pas suffire à les appliquer, encore faudrait-il qu'ils soient suffisamment précis et compréhensibles pour l'interprète.[104]

La subsomption. Comme dans le droit du commerce international, l'application des usages européens « *ne peut résulter que du seul constat que la relation juridique entre dans leurs champs d'application* ».[105]

L'appartenance à la communauté productrice de l'usage. Il est enseigné que « *l'usage est un produit d'une communauté, d'un groupe d'opérateurs* » [106] et que « *c'est l'appartenance à la communauté qui a sécrété l'usage qui détermine l'application de celui-ci* ».[107] Par conséquent, seuls les usages secrétés par le groupe auquel appartiennent les parties devraient s'appliquer. Puisque « *l'application de l'usage suppose l'appartenance des opérateurs à la même communauté que celle qui a créé l'usage* »,[108] tout conflit spatial d'usages est éliminé.[109] Si la situation se rattache à plusieurs groupes ou communautés différents, l'usage ne s'applique pas.[110]

*L'inexigibilité de l'*opinio juris necessitatis. Eu égard à l'ensemble des conditions retenues ci-dessus, ainsi qu'à l'état actuel du droit européen,[111] il est inopportun d'associer l'*opinio juris* propre aux définitions doctrinales classiques de la coutume et des usages en droit interne à la notion d'usage européen. Par ailleurs, au regard des dimensions territoriales et de la diversité culturelle de l'Union européenne, la démonstration de l'*opinio juris* éventuellement associée à la définition des usages européens serait, pour le moins, complexe.

Conformité à l'ordre public européen. C'est la question de la fonction des usages au regard des textes et décisions européens qui est posée. Quels usages européens seraient-ils admis : *praeter legem*, *secundum legem*, voire *contra legem* ? Dans la

---

tout le moins des courants dominants, ou encore des situations caractérisées par une convergence de toutes les solutions nationales repérables, alors que, sur les mêmes problèmes, il était impossible de trouver des prises de position significatives dans les autres États. Parfois, ce sont des conceptions juridiques d'un seul État membre, à l'instar du principe de la confiance légitime du droit administratif allemand, qui sont introduites dans le droit européen en raison de leur utilité évidente ou du progrès judiciaire qu'elles permettent d'accomplir (Pescatore (1980), p. 353 s.).

[104] Ainsi, à propos de la *lex mercatoria*, Oppetit (1988), p. 60. En précisant le régime européen des clauses attributives de juridictions en matière civile et commerciale, la Cour de Justice estime qu'aucune forme de publicité de l'usage du commerce international ne s'impose systématiquement (CJCE, 16 mars 1999, *Transport Castelletti*, aff. 159/97, Rec. I-01597, pts 28 s et 40 s.).

[105] Loquin (2013), p. 219.

[106] Loquin (2013), p. 219.

[107] Loquin (2013), p. 219.

[108] Loquin (2013), p. 219.

[109] Loquin (2013), p. 219.

[110] Loquin (2013), p. 220.

[111] V. *supra*, n°s 2.1 et 2.2.2.2, *in fine*.

mesure où ils apporteraient une réponse juridique à une question purement européenne, les usages invoqués ne devraient produire aucun effet lorsqu'ils se révèlent contraires aux textes ou aux principes d'ordre public sous-tendant l'institution en question. En matière sociétaire, ce seraient les principes sous-tendant les statuts des sociétés de droit européen, ou, le cas échéant les principes du droit européen des sociétés.

Deux exemples peuvent illustrer l'encadrement des usages par l'ordre public concernant des questions spécifiques à la société européenne.

Le premier est relatif à la perte de la multinationalité. Plus les opérations sur la composition du capital des sociétés européennes déjà constituées ont lieu, plus grand est le risque d'une composition nationale de l'actionnariat, ne serait-ce que temporairement. Ce risque est davantage présent dans les sociétés européennes non cotées, qui sont les plus nombreuses aujourd'hui. Dès lors, un usage peut s'établir sur l'ensemble de l'Union européenne consistant à ne pas s'abstenir d'une opération sur la composition du capital qui conduirait à la disparition de tout élément transfrontière. L'invocabilité d'un tel usage dépendrait alors de la réponse à la question de savoir si, une fois constituée, la SE doit garder sa dimension européenne au plan de l'actionnariat. Or, faute d'une règle spécifique sur ce point, la réponse ne peut être trouvée que dans les principes ayant inspiré le statut SE, comme celui de la non-concurrence avec les formes nationales qui a toujours été avancé comme l'un des arguments justifiant l'adoption de toutes les formes sociales par le droit européen.[112] Ce principe devait neutraliser tout effet juridique à l'usage en question.[113] Le principe de subsidiarité de l'action européenne pourrait également justifier une telle approche. Ainsi, à défaut d'une règle spécifique sur ce point, les effets d'un tel usage requièrent une interprétation européenne de la question posée et le recours aux principes généraux du droit européen,[114] ainsi qu'à ceux ayant inspiré le règlement SE.

Le second exemple concerne la pratique – qui pourrait devenir un usage – consistant à constituer des sociétés européennes dormantes (*shelf companies*). Ces sociétés sans activités sont créées sans un accord sur l'implication des travailleurs, alors que le règlement SE prévoit qu'une SE ne peut être immatriculée que si un accord, au sens de l'article 4 de la directive 2001/86/CE, sur les modalités d'implication des travailleurs a été conclu (article 12-3) ou que si un accord, au sens de l'article 4 de ladite directive, sur les modalités relatives à l'implication des

---

[112]Cerqueira (2017), n° 752.

[113]Le débat sur cette question avait provoqué des changements dans le texte de la proposition de la Commission d'un règlement SPE du 25 juin 2008 en vue d'insérer l'obligation d'existence et de maintien d'un élément transfrontière pour justifier aussi bien l'accès à la forme que son existence après la constitution.

[114]Dans un domaine proche à celui des sociétés, un ouvrage tout récent démontre l'influence que les principes généraux du droit européen codifiés dans la Charte des droits fondamentaux de l'Union européenne peuvent exercer sur la matière contractuelle Collins (2017), attestant ainsi de la fonction d'encadrement qui est dévolue aux principes généraux du droit européen dans les domaines couverts par le droit de l'Union.

travailleurs, y compris la participation, a été conclu, ou encore que si aucune des sociétés participantes n'est régie par des règles de participation avant l'immatriculation de la SE (article 12-2). Dans la pratique, cependant, des SE dormantes sont immatriculées, leurs statuts demeurant par ailleurs muets quant à la négociation future avec les travailleurs lors de la mise en activité de la société. Le droit national de certains pays, notamment l'Allemagne et la République Tchèque, permet la création des sociétés dormantes, ce qui explique leur grand nombre dans ces pays.[115]

Alors que le règlement ne prévoit pas de solutions spécifiques à ce type de situation, qui relève bien de la nature européenne de la SE, la question de la régularité des SE dormantes s'est posée. Bien que les tribunaux allemands aient reconnu, sous certaines conditions, la régularité de la constitution des SE dormantes,[116] leur existence semble contraire à l'esprit du règlement, puisque leur constitution fait fi des conditions essentielles posées par le règlement, notamment celles liées à l'existence d'éléments transfrontières et à l'implication des travailleurs. En effet, il n'est pas dans la logique du statut de la SE de permettre la création des entreprises sans activité économique ou sans employé, la SE dormante pouvant servir à des fins frauduleuses pour les fondateurs désireux de détourner le régime de participation des travailleurs au sein de la SE.[117]

---

[115]Pour des statistiques actualisées, consulter le site de l'*European Trade Union Institut* : http://ecdb.worker-participation.eu/.

[116]Alors que le règlement ne prévoit pas de solutions spécifiques à ce type de situation, qui relève bien de la nature européenne de la SE, le Tribunal du travail de Düsseldorf (AG Düsseldorf, Verfügung v. 16.01.2006 – HRB 52618, Zeitschrift für Wirtschaftsrecht (ZIP) 2006, Heft 6, p 287, *apud* Ernst&Young (2008), p. 252) s'est néanmoins décidé en faveur de la validité de la constitution d'une SE sans aucune procédure de négociation sur l'implication des salariés, dès lors que la SE et ses sociétés fondatrices n'ont pas d'employés. Toutefois, selon les tribunaux d'Hamburg (AG Hamburg, Beschl. v. 28.06.2005 – 66 AR 76/05 und LG Hamburg, Beschl. vom 30.9.2005, Zeitschrift für Wirtschaftsrecht (ZIP), Heft 45 (2005), p 2017, *apud* Ernst&Young (2008), p 252), si au moins une des sociétés fondatrices a des employés et même si la SE elle-même n'en a pas, des négociations sur l'implication des salariés doivent être menées pour autoriser le registre d'une SE filiale commune. Dans le cas de l'activation d'une SE dormante, une décision de l'*Oberlandsgericht Düsseldorf* (Oberlandsgericht Düsseldorf, I-3 Wx 248/08, 30 Mai 2009, Deutsche Notarzeitung, 2009 p 699, *apud* Ernst&Young (2008), p 14) précise que la procédure de négociation sur la participation des travailleurs doit avoir lieu, en application, par analogie, du §18 de la *Gesetz über die Beteiligung der Arbeitnehmer in einer Europäischen Gesellschaft* (SEBG) allemande relative au « wiederaufnahme der Verhandlungen » (prévue à l'article 3-6 de la Directive 2001/86/CE). Certes, la solution demeure d'origine européenne, mais elle concerne une problématique par rapport à laquelle une directive a été adoptée. En dehors du cas de la participation des travailleurs, il n'existe pas de directive visant spécifiquement la SE. Le régime applicable demeure de surcroît national, puisque la directive n'est pas exhaustive, il suffit de comparer à ce propos les règles qui y sont prévues et le §18 de la SEGB, que le tribunal applique.

[117]En effet, la principale protection des travailleurs tient à l'existence d'une procédure bien encadrée dans la phase de constitution de la SE, au sein de laquelle des négociations sur leur implication dans la gestion de l'entreprise sont assurées. Si aucun accord n'est parvenu dans un délai de six mois (les parties peuvent, par *consensus*, prolonger les négociations jusqu'à un an, au total, à partir de la constitution du groupe spécial de négociation : article 5-2, directive 2011/86/CE),

Ces exemples montrent ainsi que l'invocabilité des usages européens serait *in fine* conditionnée à un ordre public européen, à être défini dans chaque branche où ils seront susceptibles d'être constatés et d'intervenir.

Pourtant, à supposer que ces conditions d'invocabilité fassent l'objet d'un consensus, des difficultés d'ordre pratique resteront à surmonter. Qui – et par quels moyens et par quelles méthodes – aurait la légitimité, voire la compétence pour établir l'existence et la teneur d'un usage européen ?[118] Comment, par ailleurs, le distinguer d'une simple pratique courante ? Quel rôle reconnaître *in fine* à la Cour de Justice à l'égard des usages européens, alors que toute juridiction nationale est à la fois juge national et juge du droit de l'Union[119] ? Cette question est d'autant plus importante que « la représentation des sources d'un système juridique [est] intimement liée à leur pratique judiciaire »[120]

4 Conclusion

La question des usages en droit privé européen atteste de la vitalité des constructions juridiques.[121] Alors que ces notions semblent s'opposer, elles sont résolument compatibles. Il a été ainsi constaté que les usages sont intégrés au droit privé européen afin de permettre son bon fonctionnement, soit en garantissant l'autonomie

ou lorsque les parties en conviennent ainsi, un ensemble de règles de référence relatives à l'information, à la consultation et/ou à la participation des travailleurs est mis en place ; leur contenu est déterminé par le régime le plus favorable aux travailleurs qui s'appliquait à la société ou aux sociétés participant à la constitution de la SE (article 7, directive 2011/86/CE). L'objectif est d'encourager un accord qui ne soit pas moins favorable aux travailleurs que le régime auquel ils étaient soumis auparavant. Dans le cadre de cette procédure, les employés peuvent, en règle générale, être persuadés d'abandonner, ou à tout le moins, de modifier les droits relatifs à leur implication dans la gestion de la société. Toutefois, une exception à cette liberté existe lorsque la SE est constituée par voie de transformation : dans ce cas, la nouvelle SE (l'accord) doit prévoir, pour les éléments de l'implication des travailleurs, un niveau au moins équivalent à celui qui existait dans la société qui s'est transformée en SE (article 4-4, directive 2011/86/CE). Face à cette règle d'ordre public, les parties ne peuvent en disposer autrement. Or, pour la détourner, les SE dormantes s'avèrent un instrument redoutable. Afin d'y échapper, il suffit pour une SA, plutôt que se transformer en SE, de fusionner avec une SE dormante située dans un autre État membre (Armour (2005), p. 36, *ad notam* 136), d'autant plus que celle-ci peut être constituée sans un accord sur l'implication des travailleurs.

[118] L'arrêt *Electrosteel*, préc., pt. 21 laisse entrevoir un début de réponse à cette question : l'appel aux institutions privées sectorielles et générales (« les usages, notamment s'ils sont assemblés, précisés et publiés par les organisations professionnelles reconnues et sont largement suivis dans la pratique par les opérateurs économiques, jouent un rôle important dans la réglementation non étatique du commerce international »).

[119] La juridiction nationale est frappée d'un « dédoublement fonctionnel » (Heymann (2016), pp. 155–171; Simon (1991), pp. 481–493.

[120] Deumier (2016), pp. 571–572 (en référence à la thèse de Ho Dinh (2015): n° 225 s).

[121] Sur cette vitalité dans l'espace européen, v. Bergé (2013), *passim*.

des solutions matérielles européennes, soit en les complétant. Aussi, l'hypothèse d'une catégorie autonome d'usages, propres au droit privé européen, a été avancée et soutenue. Si quelques questions d'ordre pratique demeurent, les principales conditions subordonnant leur invocabilité ont pu être esquissées.

Toutefois, l'étude des usages européens pose la question fondamentale de savoir s'il est possible de leur transposer les catégories à partir desquelles le droit privé européen est aujourd'hui réfléchi et mis en œuvre, telles que *champs d'application* (matériel, spatial, personnel, temporel), *définitions autonomes*, *régime optionnel*, *applicabilité immédiate*, *reconnaissance*, *légalité au regard des exigences des traités* (marché intérieur, subsidiarité, proportionnalité, droit fondamentaux, espace de liberté, sécurité et justice), entre autres.

Quelle qu'en soit la réponse, une chose est certaine: comme cela a été le cas pour le positivisme étatique,[122] les incomplétudes du droit européen ouvrent une sérieuse brèche dans la citadelle du positivisme légaliste européen et invitent à la coexistence, voire à l'application combinée, des règles d'origine institutionnelle et d'un droit spontané. Quoi de plus naturel dans un espace de liberté que d'admettre la spontanéité, fût-elle juridique ?

Références

Alexandre D, Huet A (2015) Compétence, reconnaissance et exécution (Matières civile et commerciale), Rép. Internat. Dalloz, Paris

Ancel F, Fauvarque-Cosson B, Gest J (2017a) Aux sources de la réforme du droit des contrats. Dalloz, Paris

Ancel M-E, Deumier P, Laazouzi M (2017b) droit des contrats internationaux. Sirey, Paris

Armour J (2005) Who Should Make Corporate Law? EC Legislation versus Regulatory Competition. European Comparation Governance Institute (ECGI), – ESRC Centre for Business Research, University of Cambridge, Law Working Paper – n° 54, Cambridge

Audit M (2004) L'interprétation autonome du droit international privé communautaire. Journal de droit international (Clunet) 3:789–816

Barsan IM (2016) La société coopérative européenne – entre identité coopérative et efficacité économique, Préf. Paul Le Cannu. Iris Éditions, Paris

Béguin J (2003) Le rattachement de la SE. In: Hopt KJ, Menjucq M, Wymeersch E (dir.) La société européenne – Organisation juridique et fiscale, intérêts, perspectives. Dalloz, Paris, pp 31–58

Bergé J-S (2013) L'application du droit national, international et européen. Dalloz, Paris

Bergé J-S, Canivet G (dir.) (2016) La pratique du droit de l'Union européenne par le juge judiciaire, Réflexions autour de cas. Dalloz, Paris

Bergé J-S, Robin-Olivier S (2011) droit européen – Union européenne, Conseil de l'Europe, 2e éd. mise à jour. Puf, Paris

Bischoff J-M (2002) La société européenne – Aspects de droit international privé. Les Petites Affiches 76:43–47

Bismarck F (2014) La coutume, source du droit de l'Union européenne. In: Choisel G, Cerqueira G *et alii* (dir.) Coutumes, usages et pratiques – Disputation magistrorum et scholarium argentorati Prima, Préf. P. Deumier. mare&martin, Paris, pp 141–157

[122]Ainsi Oppetit (1988), p. 56.

Blanc G (2002) La société européenne: la pluralité des rattachements en question (à propos du règlement (CE) n° 2157/2001 du 8 oct. 2001. Recueil Dalloz 12:1052–1057
Blanchet Th, Keller-Noellet J (2012) Peut-on parler de « coutume » en droit de l'union européenne ? In: I. Hachez et *alii* [sous la dir. de] Les sources du droit revisitées, vol. 1. Anthemis et Université Saint-Louis, Limal, pp 207–251
Bollée S, Callé P (2014) droit du commerce international et des investissements étrangers. LGDJ, Paris
Bottiau A, Martinek L (2009) La future société privée européenne (Societas Privata Europaea) – menace pour la GmbH. Bulletin Joly Sociétés 9:808–819
Brandt U, Scheifele M (2002) Die Europäische Aktiengesellschaft und das anwendbare Recht. Deustches Steurecht (DStR) 13:547–555
Bureau D (1992) Les sources informelles du droit dans les relations privées internationales. Thèse, Université Paris II – Panthéon-Assas, dir. Y. Loussouarn, Paris
Cabinet Clifford C (ed) (2012) Le rôle créateur de la pratique juridique. Gazette du Palais 108
Carbonnier J (2004) droit civil, vol 1 – Introduction, Les personnes, La famille, L'enfant, Le couple. Puf, Paris
Casper M (2003) Der Lückenschluss im Statut der Europäischen Aktiengesellschaft. In: Festschrift für Peter Ulmer zum 70. Geburtstag am 2. Januar 2003. De Gruyter, Berlin, pp 51–72
Catá-Backer L (2008) Multinational corporations as objects and sources of transnational regulation. ILSA J Int Comp Law 14(2):499–523
Cerqueira G (2012) Pour une interprétation autonome de la notion de « raisons d'intérêt public » dans le régime des opérations transfrontalières concernant la société anonyme européenne. Revue trimestrielle de droit européen 4:771–800
Cerqueira G (2016) La réduction progressive du domaine matériel du règlement Bruxelles I refondu: l'environnement normatif du nouveau règlement. Revue critique de droit international privé 2:285–307
Cerqueira G (2017) Le rattachement juridique des sociétés commerciales supranationales. Pedone, Paris (à paraître)
Coipel M (2005) La pluralité des rattachements aux normes applicables à la société européenne. In: La société Européenne. Bruylant, Bruxelles, pp 19–76
Collins H (ed) (2017) European contract law and the charter of fundamental rights. Intersentia, Anvers
Conseil d'Etat (2013) Le droit souple - Etude annuelle 2013. La documentation française, Paris
Debailleul D, Soldea L (2010) In: Mousseron (dir.) Les usages en droit de l'entreprise, Actualités de droit de l'entreprise, t. 27. LexisNexis, Paris, pp 39–53
de Vareilles-Sommières P (1988) Le droit privé européen. Economica, Paris
Deumier P (2002) Le droit spontané: contribution à l'étude des sources du droit. Economica, Paris
Deumier P (2006) De l'usage prudent des « usages honnêtes ». Réflexions sur un – éventuel - malentendu. In: Libres propos sur les sources du droit – Mélanges en l'honneur de Philippe Jestaz. Dalloz, Paris, pp 119–133
Deumier P (2013a) Introduction générale au droit, 2 éd. LGDJ, Paris
Deumier P (2013b) Les sources du droit et les branches du droit – À propos d'une conception doctrinale des sources du droit du commerce international. In: Mélanges en l'honneur du professeur J.-M. Jacquet. LexisNexis, Paris, pp 181–199
Deumier P (2014) Coutume et usages. Rép. droit civil Dalloz, Paris (actualisation juin 2016)
Deumier P (2016) Quand le droit souple rencontre le juge dur. Revue trimestrielle de droit civil 3:571–577
Fauvarque-Cosson B (2008) Le rôle de la doctrine en droit privé européen. In: Etudes offertes à Geneviève Viney. Liber Amicorum. LGDJ Lextenso Editions, Paris, pp 419–435
Fauvarque-Cosson B (2010) Codification et droit privé européen. In: Etudes à la mémoire du Professeur Bruno Oppetit. LexisNexis, Paris

Fauvarque-Cosson B, Béhar-Touchais M. (2012) La mise en œuvre des instruments optionnels dans le domaine du droit civil européen. Société de législation comparée, coll. Trans Europe Experts, vol 5, Paris

Fernandéz del Pozo L (2004) Domicilio y 'nacionalidad' de la SE. Traslado internacional de domicilio de la SE. Publicidad registral de la SE. In: Esteban Velascos G, Fernández del Pozo L (coord.) La Sociedad Anónima Europea – Régimen Jurídico Societario, Labora y Fiscal. Marcial Pons, Madrid pp 119–277

Ficker HC (1967) Die Arbeiten der Kommission der Europäischen Wirtschaftsgemeinschaft auf dem Gebiet des Gesellschaftsrechts. Neue Juristische Wochenschrift 25:1160–1164

Fouchard Ph (1982) Les usages, l'arbitre et le juge. In: Le droit des relations économiques internationales – Mélanges Berthold Goldman. Litec, Paris, pp 67–87

Gaillard E (2008) Aspects philosophiques du droit de l'arbitrage international. Martinus Nijhoff Publ, The Hague

Gaudemet-Tallon (2015) Compétence et exécution des jugements en Europe – Matières civile et commerciale, 5e éd. LGDJ, Paris

Goldman B (1983) Rapport général. In: Le rôle de la pratique dans la formation du droit, Trav. Assoc. H. Capitant, t. 34. Economica, Paris pp 163 s

Germain M (2003) Les manifestations en droit des sociétés. In: Les pratiques juridiques, source du droit des affaires. Les Petites Affiches 237:10

Grote R (1990) Das neue Europäischen Aktiengesellschaft zwischen europäischen und nationalem Recht. Dissertation, Universität Göttingen, Göttingen

Guyon Y (2003) droit des affaires, t. 1, 12e éd. Economica, Paris

Harnay S, Bergé J-B (2011) Les analyses économiques de la concurrence juridique: un outil pour la modélisation du droit européen. Revue internationale de droit économique 2:165–192

Heymann J (2016) Note sous Cour de justice de l'Union européenne, première Chambre, 16 juillet 2015, *Diageo Brands BV contre Simiramida*, affaire numéro C681/13. Journal de droit international (Clunet) 1:155–171

Ho D (2015) Les frontières de la science du droit. Thèse, Université Paris II – Panthéon-Assas, dir. N. Molfessis, Paris

Hopt KJ (2003) L'appréciation globale de la société européenne (*societas europaea*). In: Hopt KJ, Menjucq M, Wymeersch E (dir.) La société européenne – Organisation juridique et fiscale, intérêts, perspectives. Dalloz, Paris, pp 264–266

Jacqué J-P (1987) La pratique des institutions communautaires et le développement de la structure institutionnelle communautaire. In: Bieber R, Ress G (dir.) Die Dynamik des Europäisches Gemeinschaftsrecht/The dinamics of E.C.-Law. NomosVerlagsgesellschaft, Baden-Baden, pp 377–405

Jacqué J-P (2010) droit institutionnel de l'Union européenne, 6e éd. Dalloz, Paris

Kenderian F (2002) La contribution aux pertes sociales. Revue des sociétés 4:617–651

Kinsch P (2012) Incertaines frontières – Rapport de synthèse. In: Poillot E, Rueda I (dir) Les frontières du droit privé européen. Larcier, Bruxelles, pp 351–359

Laborde J-P (1991) droit international privé et groupes internationaux des sociétés: une mise à l'épreuve réciproque. In: Les activités et les biens de l'entreprise – Mélanges offertes à J.-P. Derrupé. GLN Joly-Litec, Paris, pp 49–61

Le Cannu P (1986) Le règlement intérieur des sociétés. Bulletin Joly sociétés 7–8:723

Le Cannu P, Dondero B (2013) droit des sociétés, 5e éd. Montchrestien, Paris

Legeais D (2007) droit commercial et des affaires, 17e éd. Sirey, Paris

Libchaber R (2013) L'ordre juridique et le discours du droit – Essai sur les limites de la connaissance du droit. LGDJ, Paris

Loquin E (2013) Retour sur les sources premières de la *lex mercatoria*: les usages du commerce international. In: Mélanges en l'honneur du professeur Jean-Michel Jacquet. LexisNexis, Paris, pp 215–234

Lucas F-X (2000a) Théorie des bénéfices et des pertes. J.-Cl. Sociétés Traité, fasc. 15-10 (mise à jour le 17 novembre 2015 par M. Petot-Fontaine)

Lucas F-X (2000b) Méconnaissance par la cour d'appel de Versailles de la coutume qui invite à différer la contribution aux pertes au jour de la liquidation de la société (note sous CA Versailles, 7 sept. 2000, *Barthes c/de Maublanc et autre*). Bulletin Joly Sociétés 12:1175
Magnier V (2004) La société européenne en question. Revue critique de droit international privé 3:555–587
Marcadé V-N (1874) Explication théorique et pratique du Code Napoléon, t. VII. Delamotte et fils, Paris
Martel D (2011) Le rôle des usages commerciaux internationaux dans la détermination du lieu de livraison des marchandises. La Semaine juridique – Entreprise et affaires 40:23–26
Mayer P, Heuzé V (2014) droit international privé, 11e éd. Montchrestien, Paris
Menjucq M (2016) droit international et européen des sociétés, 4e éd. LGDJ, Paris
Micklitz H-W, Sieburgh C (eds) (2017) Primary EU law and private law concepts. Intersentia, Cambrige/Antwerp
Molfessis N (dir) (2003) Les pratiques juridiques, source du droit des affaires. Les Petites Affiches 237
Mousseron P (2010) Préface. In: Mousseron (dir.) Les usages en droit de l'entreprise, Actualités de droit de l'entreprise, t. 27. LexisNexis, Paris, pp 1–5
Mousseron P (dir.) (2014a) Les usages: l'autre droit de l'entreprise. LexisNexis, Paris
Mousseron P (2014b) Le renouveau des usages en droit des sociétés. In: Mélanges en l'honneur de Professeur Paul Le Cannu – Le droit des affaires à la confluence de la théorie et de la pratique. LGDJ, Paris, pp 391–398
Nord N (2016) La nécessaire refonte du système de conflit de lois en matière de contrat de travail international. Revue critique de droit international privé 2:309–330
Oppetit B (1988) L'émergence de la *lex mercatoria*. In: Oppetit B (ed) droit et Modernité. Puf, Paris, pp 53–64
Parleani G (2004) Le règlement relatif à la société coopérative européenne, et la subtile articulation du droit communautaire et des droits nationaux. Revue des sociétés 1:74–92
Pescatore P (1980) Le recours, dans la jurisprudence de la Cour de justice des Communautés européennes, à des normes déduites de la comparaison des droits des États membres. Revue internationale de droit comparé 2:337–359
Poillot E (2012) La notion de droit privé européen. In: Poillot E, Rueda I (dir) Les frontières du droit privé européen. Larcier, Bruxelles, pp 11–33
Poillot-Peruzzeto S (1998) Les concepts en droit communautaire. In: Poillot-Peruzzeto S (dir.). Vers une culture juridique européenne? Montchrestien, Paris, pp 121–135
Picod F (dir.) (2009) Doctrine et droit de l'Union européenne. Bruylant, Bruxelles
Raiser Th (1993) Die Europäische Aktiengesellschaft und die nationalen Aktienrechte. In: Festschrift für J. Semler. DeGruyter, Berlin/New York, pp 277–297
Riffard J-F (2013) A la recherche de la coutume en droit commercial. . . La Revue (Centre Michel de l'Hospital de l'Université d'Auvergne) 2:69–81
Rigaux F, Fallon M (2005) droit international privé, 3e éd. Larcier, Bruxelles
Rivollier V (2016) La doctrine et la (re)construction d'un droit privé européen. Institut universitaire Varenne, Paris
Rodière R (1969) Le renouvellement du droit commercial français par le droit comparé. In: Livre du centenaire de la Société de législation comparée, Un siècle de droit comparé en France (1869–1969). Les apports du droit comparé au droit positif français, t. 1. LGDJ, Paris. pp 109–130
Sanders P (1966) Société Anonyme Européenne. Projet d'un statut d'une société anonyme européenne. Services des publications des Communautés européennes, Luxembourg
Siblini-Vallat A (1988) Les normes matérielles internationales d'entreprise. Revue critique de droit international privé 77:653–673
Simon D (1991) Les exigences de la primauté du droit communautaire: continuité ou métamorphose? In: L'Europe et le droit. Mélanges en hommage à Jean Boulouis. Dalloz, Paris, pp 481–493

Simon D (2001) Le système juridique communautaire, 3e éd. Puf, Paris
Teichmann C (2003) The European Company – a challenge to academics, legislatures and practitioners. Germ Law J 4(4):309–331
van Veen WJM (2004) The law governing SEs: an interpretation based on a textual analysis and the referencing methodology in the regulation. EC Law 1(3):111–116
Viandier V (2003) Le règlement intérieur du conseil d'administration des sociétés cotées. Revue de Jurisprudence de droit des Affaires 12:1003–1009

Décisions de justice

CIJ, 18 juillet 1966, *Sud-Ouest* africain (*Ethiopie c. Afrique du Sud; Libéria c. Afrique du Sud*), deuxième phase, Rec. 1966, p. 6 s
CJCE, 15 juil. 1964, *Costa/E.N.E.L.*, aff. 6/64, Rec. 01149
CJCE, 14 déc. 1971, *Commission c. France*, aff. 7/71, Rec. 01003
CJCE, 3 fév. 1976, *Manghera*, aff. 59/75, Rec. 00091
CJCE, 8 avril 1976, *Drefenne I*, aff. 43/75, Rec. 00455
CJCE, 6 oct. 1976, *Tessili*, aff. 12/76, Rec. 01473
CJCE 14 oct. 1976, LTU Lufttransportunternehmen GmbH Co. KG c/Eurocontrol, aff. 29/76, Rec. I-1541
CJCE, 14 déc. 1976, *Estasis Salotti*, aff. 24/76, Rec. 01831
CJCE, 24 juin 1981, *Elefanten Schuh*, aff. 150/80, Rec. 01671
CJCE, 19 juin 1984, *Tilly Russ*, aff. 71/83, Rec. 02417
CJCE, 23 fév. 1988, *Royaume-Uni c. Conseil*, aff. 68/86, Rec. 00855
CJCE, 16 avril 1991, *Eurim-pharm GmbH c. Freistaat Bayern*, aff. 347/89, Rec. I-01747
CJCE, 16 déc. 1992, *Katsikas – Konstantinidis et autres*, aff. 132/91, aff. 138/91 et aff. 139/91, Rec. I-06577
CJCE, 8 juin 1994, *Commission/Royaume-Uni*, aff. 382/92, Rec. I-02435
CJCE 20 février 1997, Mainschiffahrts-Genossenschaft eG (MSG) c. Les Gravières Rhénanes SARL, aff. 106/95, Rec. I-00911
CJCE 16 mars 1999, *Transport Castelletti*, aff. 159/97, Rec. I-01597
CJCE, 9 nov. 2000, *Coreck Maritime*, aff. 387/98, Rec. I-09337
CJCE, 9 déc. 2003, *Gasser*, aff. 116/02, Rec. I-14693
CJCE, 6 mai 2008, *Parlement c. Conseil*, aff. 133/06, Rec. I-03189
CJUE, 9 juin 2011, *Electrosteel, Europe SA c. Edil Centro SpA*, aff. 87/10, Rec. I-04987
CJUE, 25 fév. 2010, *Car Trim GmbH*, aff. 381/08, Rec. I-01255
CJUE 7 fév. 2013, *Refcomp SpA*, aff. 543/10, publié au Recueil numérique (Recueil général)
CJUE 24 oct. 2013, *LBI hf/Kepler Capital Markets S.A. et Frédéric Giraux*, aff. 85/12, publié au Recueil numérique (Recueil général)
Cass. req., 20 oct. 1920, S. 1922, 1, 201
Cass. com., 3 mars 1975, n° 73-13721, Bull. 1975 n° 68, p. 56
Cass. soc., 12 nov. 2002, n° 99-45.821 et 99-45.888, Bull. 2002 V, n° 339, p. 329
Cass. com., 13 mai 2003 n° 00-21555, Bull. 2003 IV, n° 82, p. 93
Cass. 1re civ., 22 oct. 2008, pourvoi n° 07-14.934, Bull. 2008 I, n° 235
Cass. 1re civ., 17 fév. 2010, n° 08-12749 et 08-15024, Bull. 2010, n° 38
CA Paris, Chambre supplémentaire 1, 10 fév. 1981, JurisData n° 1981-027492
AG Hamburg, Beschl. v. 28.06.2005 – 66 AR 76/05 und LG Hamburg, Beschl. vom 30.9.2005, Zeitschrift für Wirtschaftsrecht 45(2005):2017
AG Düsseldorf, Verfügung v. 16.01.2006 – HRB 52618, Zeitschrift für Wirtschaftsrecht 6 (2006):287
Oberlandsgericht Düsseldorf, I-3 Wx 248/08, 30 Mai 2009, Deutsche Notarzeitung 2009:699

Documents en ligne

Références jurisprudentielles appliquant des usages.: La « Bibliothèque des Usages » :http://bibliotheque-des-usages.cde-montpellier.com/

Statistiques relatives au nombre de sociétés européennes constituées en Europe: *European Trade Union Institut*.:http://ecdb.worker-participation.eu/

Ernst & Young (2008) Study on the operation and the impacts of the Statute for a European Company (SE) – 2008/S 144-192482. Disponible à l'adresse: http://ec.europa.eu/internal_market/consultations/docs/2010/se/study_SE_9122009_en.pdf

Usages de l'internet et divulgation adaptative des clauses contractuelles : la force exécutoire de l'iconographie

Arthur Oulaï and Serge Kablan

Abstract Pictograms start to be used to define the rights and obligations of the parties to e-transactions. This practice helps to limit the volume of data and to provide more efficiently parties to e-transactions with the contractual content of their transactions. In order to define the legal force of these pictograms, this contribution examines whether we could extend to them the methods used by the Courts from Quebec which led to the qualification of Incoterms of the International Chamber of Commerce as international trade usages.

In this respect, the role of the intent of the parties as well as the reference to the Incoterms by established institutions like the Internet Corporation for Assigned Names and Numbers ("ICANN") may facilitate this qualification.

En commerce électronique, l'iconographie évoque le recours à des ensembles de pictogrammes pour fixer simplement, mais avec précision, les droits et les obligations des parties à une transaction électronique. Cet usage naissant vise au moins deux objectifs : d'abord, gérer une partie des contraintes technologiques de la transaction, notamment en commerce mobile, la taille des équipements et le débit de connexion ou la vitesse de chargement des contenus textuels et leur impact sur la divulgation *ex ante* des clauses contractuelles ; ensuite, et plus fondamentalement, remédier à la conduite des acteurs cocontractants qui, s'ils doivent s'engager en connaissance de cause, ont développé l'habitude de ne pas lire leurs contrats électroniques. C'est notamment que ces contrats, parfois complexes, sont de plus en plus longs (dépassant aisément les 2 300 mots), souvent mal édités et les acteurs se hâtent de les conclure. Or si les pictogrammes sont en quelque sorte au commerce

A. Oulaï (✉)
Université de Sherbrooke, Sherbrooke, QC, Canada
e-mail: Arthur.oulai@Usherbrooke.ca

S. Kablan
Université Laval, Québec, QC, Canada
e-mail: Serge.Kablan@fsa.ulaval.ca

L. Mayali, P. Mousseron (eds.), *Customary Law Today*,
https://doi.org/10.1007/978-3-319-73362-3_14

électronique ce que les Incoterms sont au commerce international, on se demande dans quelle mesure ils peuvent être contraignants.[1]

Pour apprécier leur force exécutoire, nous nous proposons d'examiner la démarche adoptée par les tribunaux québécois pour traiter des incoterms. Les juges, en insistant sur l'importance qu'il faut accorder à l'intention des parties dans la consécration des usages, laissent entrevoir la possibilité d'une reconnaissance plus aisée des pictogrammes à titre d'usage dans le commerce électronique. Leur insistance en la matière sur la primauté des règles impératives n'est pas surprenante et ne saurait constituer un réel obstacle à la validation de ces usages. De plus, le recours aux pictogrammes par des organismes tels que l'ICANN, organisation reconnue pour son rôle central dans la gouvernance du réseau internet, pour la divulgation de certains de ses documents, ouvre également la voie à une acceptation de la force exécutoire de ces usages. Il y a sans doute un parallèle à faire avec la Chambre de Commerce Internationale, maintes fois citée au départ de l'analyse des tribunaux québécois.

1 Introduction

Le débat sur la nature du droit des affaires électroniques a mis en évidence deux principaux ensembles de règles : d'une part, les normes formelles, c'est-à-dire les règles issues des institutions traditionnelles de la vie démocratique, notamment le législateur et le juge[2] ; d'autre part, les normes informelles, élaborées par les acteurs des affaires électroniques eux-mêmes. Ces deux ensembles de règles ne s'excluent pas mutuellement. Ils se complètent. Les secondes paraissent néanmoins plus adaptées aux particularités du cyberespace que les premières initialement conçues pour le monde de l'atome et qui, parfois, se transposent dans l'univers immatériel avec difficultés.[3] Or malgré cette adéquation qui s'explique en partie par la flexibilité des normes informelles dans un environnement fortement évolutif, leur force contraignante n'est pas toujours spontanée mais doit s'envisager au cas par cas.

On examinera ici l'iconographie, c'est-à-dire cet usage naissant ou que les acteurs et la doctrine recommandent en commerce électronique et qui consiste à utiliser des ensembles de pictogrammes pour fixer simplement, mais avec précision, les droits et les obligations des parties à une transaction électronique. Il importe, d'une part, de préciser le contexte de cet usage et ses similarités avec les Incoterms du commercial

[1]La pertinence du recours aux pictogrammes dans le commerce international avait déjà été discutée à l'occasion d'une décision de la Cour de cassation française en 2000 (Cass. Crim., 14 novembre 2000). Voir : Commentaire Daniel Mainguy (2001), p. 121 s.

[2]Kablan and Oulaï (2009), p. 89 s.

[3]On a en mémoire, aux États-Unis, l'adoption du *Communications Decency Act* en 1996 : *Communications Decency Act of* 1996, 47 U.S.C. 223; *ACLU v. Reno*, 521 U.S. 844 (1997); Benyekhlef (1997), p. 2.

international (2). C'est d'ailleurs ce voisinage avec les Incoterms qui, d'autre part, permet d'évaluer prospectivement sa force sa force exécutoire (3).

2 L'émergence de l'iconographie : les pictogrammes comme les Incoterms

Les particularités du cyberespace ont révélé celui-ci comme un cadre propice à l'apparition des usages. Ces particularités seront rappelées (2.1) avant de décrire l'usage de l'iconographie (2.2).

2.1 Le contexte

Internet est un réseau planétaire d'ordinateurs, qui repose sur l'idée d'une décentralisation et d'une fragmentation de la communication, défiant, à l'occasion, tout contrôle étatique et soulevant ainsi la question de la définition des règles susceptibles de s'appliquer aux activités qui s'y déroulent. Le cyberespace a, en effet, révélé les limites des règles émanant des États. S'il est vrai qu'il n'a pas conduit à une disqualification de ces règles, il a mis tout au moins en évidence la pertinence d'autres règles parmi lesquelles figurent les usages.

Le cyberespace est par définition dématérialisé et délocalisé.[4] Des pays ont, certes, tenté d'y imposer des limites « territoriales » afin d'affermir leur emprise sur certaines parties du réseau.[5] Ces initiatives, liberticides selon certains, sont décriées. Elles ne doivent leur efficacité qu'à la collaboration des intermédiaires techniques et sont pour l'heure confinées à une certaine marginalité. Le cyberespace demeure ainsi affranchi des limites territoriales, se jouant d'ailleurs souvent des frontières étatiques et des règlementations nationales. Ces règles formelles, qui sont traditionnellement conçues pour réguler les activités qui se déroulent à l'intérieur des frontières des États, voient leur efficacité conséquemment réduite, n'ayant pas d'office une emprise extraterritoriale.[6] Internet repose, par ailleurs, sur un ensemble d'éléments techniques composé d'équipements informatiques mais aussi de logiciels et de codes informatiques qui permettent la communication entre ces ordinateurs. Le cyberespace se démarque par cette dimension hautement technique qui en fait également un domaine spécialisé à l'image d'autres domaines du droit des affaires

[4]Philippe Amblard emploie l'expression « déterritorialisation » des activités sur L'Internet », Amblard (2004), p. 45 s; voir aussi : Trudel (2001), p. 223 s.

[5]Par exemple, la Chine a tenté à quelques reprises de contrôler l'accès aux services offert par les géants de l'Internet, tels que Alta Vista, Facebook et Google. L'on avait même craint l'apparition d'une cyber-muraille dans le cyberespace.

[6]Vermelle (1999), p. 213.

tant internes qu'internationales.[7] Il faut insister sur ce caractère éminemment technique qui fait du cyberespace un domaine favorable à l'émergence des usages. La possibilité d'une « règlementation » par des codes informatiques, beaucoup plus effective qu'une règle étatique confinée à des limites territoriales, est même évoquée.[8]

Soulignons aussi l'évolution accélérée des technologies source d'une perpétuelle mutation du cyberespace et d'un renouveau constant des enjeux législatifs. Si le désormais célèbre passage du web 1.0 au Web 2.0 semble à la fois emblématique du web et galvaudé, il ne doit pas masquer les évolutions techniques constantes du réseau. On voit à peine la norme étatique suivre le rythme, elle qui doit déjà gérer la dimension internationale du réseau. Si ce contexte prédispose aux usages en tant que complément normatif sûr, mieux adaptés aux caractéristiques du réseau et susceptible d'être respecté,[9] il n'est pas inédit ni inconnu de la doctrine. Il a pu être observé dans le commerce international. C'est à juste titre que les développements concernant la *lex mercatoria* trouvent en partie quelque pertinence dans les affaires électroniques avec la notion de *lex electronica.*[10] Les usages que ces notions expriment partagent les mêmes sources, qui sont institutionnelles ou substantielles.[11] Parmi les sources institutionnelles, figurent les conventions et les textes internationaux relatifs au commerce électronique. À ce titre, la Commission des Nations Unies pour le droit commercial international (CNUDCI) s'est illustrée de fort belle manière en posant les jalons du droit du commerce électronique.[12] La *Loi type sur le commerce électronique* (1996), *Loi type sur la signature électronique* (2001) et la *Convention des Nations Unies sur l'utilisation des communications électroniques dans les contrats internationaux* (2005) énoncent plusieurs règles dont l'objectif principal est de favoriser le développement du commerce électronique en s'assurant de lever les obstacles juridiques liés à l'utilisation des technologies de l'information. Ces textes reposent sur les principes de non-discrimination entre le papier et l'électronique, la neutralité technologique et l'équivalence fonctionnelle. Ces principes sont présentés comme émanant de la *lex electronica* et ont servi à guider plusieurs États dans la rédaction de leurs propres législations sur le commerce électronique.

Les organismes de normalisation nationaux et internationaux ont également été inscrits parmi les sources institutionnelles de la *lex electronica.*[13] En raison de leur mission portant sur des normes techniques et du caractère essentiellement technique du cyberespace, ces organismes sont portés à jouer un rôle prépondérant dans l'identification des usages dans ce domaine. Il faut préciser d'emblée que le

[7]Gautrais et al. (1997), p. 8 s.

[8]Reidenberg (1998), p. 553; Reidenberg (1996), p. 911.

[9]Gautrais et al. (1997), p. 6 s; Parisien (1996).

[10]Trudel et al. (1997), p. 53 s.

[11]Gautrais et al. (1997); Trudel (2001), p. 236 s.

[12]Caprioli (2007), p. 81.

[13]Trudel (2001), p. 253 s.

professeur Mousseron hésite à inclure les standards de ces organismes parmi les usages, parce que ces standards techniques ne trouvent pas leur source dans des pratiques qui les précèdent.[14] Il nous semble, par contre, que cette réticence pourrait fléchir si ces standards n'étaient que la consécration de pratiques observées par certains de ces organismes. Il existe une zone dans laquelle ces organismes, soucieux de détecter les bonnes pratiques, source d'inspiration de leurs standards, pourraient trouver une place à titre de sources des usages dans les affaires électroniques. À ce titre, et sous réserve du processus de sécrétion du standard en cause, l'on peut noter les organismes de standardisation traditionnels dont certains conservent toute leur pertinence dans le commerce électronique. Il s'agit notamment l'Organisation internationale de standardisation (ISO) et de l'Union internationale des télécommunications.

À côté de ces organismes traditionnels, il existe plusieurs organismes techniques dédiés à Internet. À titre d'exemple nous pouvons citer L'ICANN (*Internet corporation for assigned names and numbers*) qui occupe une place prépondérante dans la gestion du réseau Internet et notamment dans l'attribution des noms de domaine et des adresses qui donnent un accès à ce réseau. Quant à l'*Internet Society*, son avis s'est avéré important dans la détermination par les tribunaux de l'existence d'un usage en matière de spamming. Le W3 Consortium émet pour sa part des normes techniques, dont certaines s'inspirent des pratiques des acteurs du réseau, et s'avèrent déterminantes dans la configuration du web. L'*Internet Architecture Board* a la responsabilité des protocoles de communication qui constituent la substance même du réseau Internet. L'*Internet Engineering Task Force* s'intéresse également à ces protocoles et en général aux autres technologies qui constituent l'essence du cyberespace.[15] Ces organismes, dont l'énumération n'est qu'indicative, ont l'avantage d'édicter des règles techniques incontournables liées à l'architecture du réseau et dont l'observation est presqu'obligatoire, voire généralisée. D'ailleurs, certaines de ces normes sont considérées comme ayant une effectivité plus grande dans leur règlementation du cyberespace, tout accès et toute opération dans cet espace étant conditionnels à l'observation de ces normes.

Au Québec, le législateur concède un avantage à ces organismes et leur accorde une place dans la définition de certaines normes. L'article 12 de la *Loi concernant le cadre juridique des technologies de l'information*[16] pose les règles se rapportant aux conditions qui permettent à un document technologique de remplir les fonctions pour être considéré comme un original. Cette disposition précise que pour être la forme première d'un document relié à une personne ou pour présenter un caractère unique et être considéré ainsi comme un original, un document technologique doit faire appel à des composantes structurées au moyen d'un procédé de traitement qui permet d'affirmer le caractère unique de ce document. L'article 12 conclut en exigeant que les procédés de traitement s'appuient sur des normes ou standards

[14]Mousseron (2011).
[15]Sur l'ensemble de ces instances de normalisation, Trudel (2001), p. 253 s. Trudel (2002), p. 285 s.
[16]L.R.Q., c. C-1.1.

techniques approuvés par un organisme reconnu. L'article 68 de ladite loi donne une idée de ces organismes en énumérant quelques-uns d'entre eux : la Commission électronique internationale (CEI), l'Organisation internationale de normalisation (ISO), l'Union internationale des télécommunications (UIT), le Conseil canadien des normes et ses organismes accrédités et le Bureau de normalisation du Québec. Il ajoute que « [l]a reconnaissance peut également inclure la référence à un procédé établi ou à la documentation élaborée par un groupement d'experts, dont l'Internet Engineering Task Force ou le World Wide Web Consortium ». Il s'agit d'un appel explicite aux pratiques et aux normes de ces organismes pour la définition de l'original d'un document électronique dans le cadre d'un contrat électronique

Les mécanismes de règlement des litiges en matière de commerce électronique comptent aussi parmi les sources institutionnelles des usages du commerce électronique.[17] Les arbitres, qu'ils interviennent ou non dans le cadre de procédure en ligne, jouent un rôle déterminant dans l'identification de ces usages en y ayant recours dans leurs sentences. Ils participent de plus à la définition de ces usages ou aident dans certains cas à clarifier leur portée.[18] D'autre part, en matière de contentieux de noms de domaine, l'ICANN a élaboré des principes qui guident le règlement des différends,[19] et a accrédité un certain nombre d'organismes pour connaître de ce contentieux. Le système d'attribution des noms de domaine, basé sur la règle du « premier arrivé premier servi », a favorisé une course à l'enregistrement des noms de domaine. Plusieurs y ont vu l'occasion d'enregistrer des noms de domaines de marques célèbres et de célébrités afin de les forcer, à travers une manœuvre dénommée cybersquattage, à racheter ces noms. À côté de ce cybersquattage, une autre manœuvre, appelée typosquatting, consiste à détourner le trafic destiné à un site internet en enregistrant un nom de domaine similaire à celui de ce site mais en y incluant volontairement une erreur. Le contrat d'enregistrement de nom de domaine inclut une clause qui oblige à recourir à la procédure de l'ICANN ou aux procédures apparentées pour régler ce type de litiges. Il s'agit d'un mécanisme rapide qui a permis de clarifier rapidement les règles applicables à ce contentieux. Il faut noter par ailleurs que la décision rendue à l'issue de ce mécanisme administratif est assurée d'être exécutée malgré le caractère transfrontière du réseau Internet et la possibilité, par conséquent, de voir les parties aux litiges situées dans des pays différents. La décision s'impose en effet au registraire qui a procédé à l'enregistrement du nom de domaine litigieux et qui doit le cas échéant procéder au transfert de ce nom de domaine. Le règlement de ces litiges peut donner lieu à un recours à des usages dont l'identification, à la différence de l'arbitrage, est favorisée par une publication des décisions rendues par les différents panels.

[17]Trudel (2001), p. 257 s; Gautrais et al. (1997), p. 33 s; voir en général : Schultz (2005).

[18]Patrikios A (....), p. 27; sur le rôle des arbitres dans l'élaboration et la précision de la *lex mercatoria*, voir : Goldman (1979), p. 475.

[19]Uniform Domain Name Dispute Resolution Policy, en ligne : <http://www.icann.org/en/dndr/udrp/policy.htm> (Date d'accès: 08/11/2013).

Les sources substantielles des usages des affaires électroniques réfèrent, pour leur part, aux pratiques contractuelles. Le contrat s'est posé comme l'instrument par excellence du commerce électronique comblant à plusieurs égards le silence du législateur. « Hormis les situations de courrier électronique non sollicité, il est plutôt rare que les interactions se nouent en dehors d'un geste consensuel de la part de chacun des protagonistes. C'est dire l'importance que prend le contrat dans la problématique de la régulation des environnements électroniques ».[20] Et dans une énumération qui n'a pas la prétention d'être exhaustive, Patrikios souligne que : « *international e-business usages and practices in aspects of e-commerce, such as validity and enforceability of electronic contracting, time and place of dispatch and receipt of electronic communications, or attribution of communications, have started to emerge* ». Les deux lois types de la CNUDCI et la *Convention des Nations Unies sur l'utilisation des communications électroniques dans les contrats internationaux* (2005) sont présentées comme des codifications des pratiques et usages observés en matière contractuelle dans les affaires électroniques.[21] Pour sa part, la Chambre de commerce internationale consacre, à travers différents textes, quelques pratiques et usages du commerce électronique. Il s'agit notamment du *ICC eTerms 2004*, du *ICC guide to Econtracting* et du *ICC General Usage for International Digitally Ensured Commerce*. L'iconographie est une autre manifestation, plus récente, de ces usages du commerce électronique.

2.2 Le portrait de l'iconographie

Une étude publiée dernièrement par Jennifer Shore et Jill Steinman montre, chez certains acteurs majeurs du cyberespace, une tendance à la multiplication des clauses et documents contractuels, sans doute pour une meilleure transparence dans leurs rapports avec les usagers.[22] L'étude concerne précisément Facebook, dont la Politique de confidentialité soumise au consentement des utilisateurs n'a cessé de prendre de l'ampleur : ce document a en effet franchi le cap des 12 000 mots en avril 2015, ne comptant pourtant qu'à peine 1 000 mots dix ans plus tôt.

Le nombre de mots n'est pas l'unique irritant relevé dans l'étude (il ne s'agit pas non plus d'une pratique isolée. La littérature donne l'exemple des contrats de licence de logiciels qui comptent en moyenne 2 300 mots[23]). Les auteurs critiquent globalement la lisibilité du document pour l'utilisateur moyen, en pointant des éléments comme la taille des polices d'écriture :

[...] Facebook's privacy policy has become more inaccessible in readability terms. The PPR Framework provides several criteria to assess this including the

[20]Trudel (2001), p. 239.

[21]Patrikios A, p. 23, voir particulièrement la note 110.

[22]Shore and Steinman (2015).

[23]Bailey and Bailey (1999).

ease of reading, the size of the font, and the length of the policies. The privacy policies have become more difficult for the average user to understand [. . .], the size of the font has gotten smaller [. . .], and the word length has increased from approximately 1,000 words to over 12,000 words.[24]

Malgré cette accessibilité relative (voire l'inaccessibilité) des documents contractuels du réseau social (c'est-à-dire des Conditions d'utilisation ; Politique de confidentialité ; etc.), ils étaient 1,23 milliard à y avoir adhéré au 31 décembre 2016,[25] plusieurs sans doute ignorant la portée exacte des conditions imposées. Ces conditions réservent pourtant parfois des surprises. On se souvient des débats judiciaires concernant le fameux témoin de connexion (*cookie*) *Datr* quand, en novembre 2014, Facebook a annoncé la modification de ses conditions d'utilisation. L'enquête a révélé que le réseau social dépose le témoin de connexion *Datr* dans le terminal de tout internaute qui visite son domaine *facebook.com*, y compris l'internaute qui n'est pas un usager de Facebook. Ce témoin de connexion demeure dans le terminal hôte pendant deux années, permettant ainsi de suivre la navigation de cet internaute, même lorsque celui-ci a quitté le domaine *facebook.com*. Le Tribunal de première instance néerlandophone de Bruxelles a jugé la pratique invasive, illicite, et a conséquemment ordonné au réseau social d'y mettre fin, sauf une astreinte de 250.000 euros par jour.[26]

L'échange de consentement dans les ventes en ligne soulève la même préoccupation. L'acceptation, qui porte habituellement sur les deux parties de l'offre, c'est-à-dire sur les Conditions générales de vente ou d'utilisation (CGV/CGU) et sur les clauses spécifiques au bien ou au service qui fait l'objet du contrat, s'exprime de diverses manières. Les acteurs du commerce électronique ont en effet promu la technique du Box-Top / Shrink-Wrap qui, à l'origine, fait allusion à un produit enveloppé d'une cellophane sur laquelle sont apposées des conditions d'utilisation. Il est indiqué sur le produit que la rupture de l'emballage exprime l'acceptation de ces conditions.[27] Ce rituel a été transposé dans le cyberespace et a évolué vers le Click-Wrap, qui consiste à cliquer sur un bouton de commande pour exprimer son acceptation des clauses contractuelles. Puis, il y a eu la technique du Browse-Wrap à partir de 2000 où l'on considère que l'acceptation survient à partir du moment où le destinataire de l'offre, qui est informé qu'une certaine action vaut acceptation des conditions contractuelles (par exemple, l'utilisation du site Web), initie ladite action. Dernièrement, le Click-Wrap hybride est venu combiner les techniques du Browse-Wrap et du Click-Wrap : le destinataire doit cliquer sur une icône pour exprimer son acceptation des conditions, lesquelles sont mises à disposition et accessibles par un

---

[24]Id.

[25]« Nombre d'utilisateurs de Facebook dans le monde », Journal du Net, 28 avril 2017, en ligne : http://www.journaldunet.com/ebusiness/le-net/1125265-nombre-d-utilisateurs-de-facebook-dans-le-monde/.

[26]Willem Debeuckelaere c/ Facebook Inc. et al., Tribunal de première instance néerlandophone de Bruxelles – 9 novembre 2015, 2015/57/C; en ligne: https://www.privacycommission.be/sites/privacycommission/files/documents/vonnis_fr.pdf.

[27]ProCD Inc v Zeidenberg, 908 F Supp 640 (WD Wis 1996).

hyperlien. En examinant la force exécutoire de ces différentes techniques d'expression de l'acceptation, nous avons constaté que les tribunaux considèrent avant tout la manière dont les clauses contractuelles ont été divulguées, plus que le rituel de l'acceptation (Box-Top / Shrink-Wrap, du Click-Wrap, du Browse-Wrap ou du Click-Wrap hybride). Ces rituels ont reçu la sanction des tribunaux dans la mesure où les clauses contractuelles auxquelles ils font référence ont été divulguées de façon satisfaisante.[28] Il a même été possible de définir un seuil de divulgation acceptable à partir des décisions analysées : il s'agit de rendre « le contrat (c'est-à-dire les CGV/ CGU et les clauses spécifiques) est suffisamment évident pour qu'une personne raisonnable et prudente en ait une connaissance sinon réelle, du moins implicite ».[29] Il semble que les pictogrammes permettent de répondre à cette exigence, en plus de gérer la pratique promouvant des documents contractuels de plus en plus longs et inaccessibles à l'utilisateur moyen.

L'idée est notamment défendue par la *Mozilla Privacy Icon Approach* en 2010 sous l'égide du World Wide Consortium. L'initiative a permis de proposer huit icones pour divulguer les conditions applicables à la collecte des données personnelles des usagers, leur conservation, utilisation et destruction.[30] Les licences *Creative Commons* sont une autre illustration bien vivante de l'idée.[31] La doctrine y est allée d'une proposition complémentaire dans les ventes en ligne, en soumettant une version iconographique des clauses relatives à l'utilisation des sites Web marchands, des clauses relatives aux achats et des clauses concernant la modification et l'application du contrat.

3 L'iconographie créatrice d'obligations

Le recours aux pictogrammes, même s'il est salué comme une avenue permettant aux internautes de prendre connaissance des conditions de vente affichées sur les sites internet, soulève la question de la déférence que les tribunaux pourraient leur accorder en cas de litige. Le procédé n'est toutefois pas nouveau. Nous avons donc choisi d'examiner le regard porté par les tribunaux québécois sur les Incoterms afin d'anticiper le sort de ces pictogrammes dont la conception emprunte largement à la démarche de la Chambre de Commerce Internationale. De plus, il semble que le recours aux pictogrammes par les organismes occupant une place importante dans la gouvernance d'internet pourrait participer à la reconnaissance de la démarche iconographique comme un usage pour annoncer les conditions contractuelles sur le Web.

---

[28] Kablan and Onguéné Onana (2015), p. 95.

[29] Kablan and Onguéné Onana (2015), p. 116.

[30] Voir: <https://icons.disconnect.me/icons>.

[31] Voir: <http://creativecommons.org>. La version *International Public License* 4.0 (en anglais) est celle utilisée pour la computation des mots.

3.1 L'enseignement de la jurisprudence des Incoterms

Dans sa décision du 26 août 2010, la Cour d'appel du Québec offre quelques éléments qui pourraient éclairer le chemin de la reconnaissance juridique des pictogrammes. Son examen des Incoterms à titre d'usages du commerce international et le critère retenu pour ce faire pourraient être riches d'enseignement pour le droit du commerce électronique ou le droit du cyberespace en général. Même s'il est reconnu que la démarche des pictogrammes emprunte à celles des Incoterms, les images se substituant ici aux lettres, force est de concéder que des pictogrammes types ne sont pas encore imposés à tous les acteurs du Web. Tout au plus, quelques secteurs tels que celui régi par les licences *Créative Commons* ont vu émerger quelques images communes. C'est donc la démarche iconographique en elle-même, à titre d'usage, qui suscite notre intérêt et que nous cherchons à valider avec ce recours à la jurisprudence.

Dans l'affaire *Kingsway, compagnie d'assurances générales* c. *Bombardier Produits récréatifs inc*,[32] Bombardier Produits récréatifs inc. (BRP) avait passé un contrat avec Gosselin Express Ltée (Gosselin) et sa filiale Logistique pour la gestion des expéditions des produits fabriqués par BRP. La gestion de ces expéditions consistait essentiellement dans le choix des différents transporteurs sur la base des prix les plus avantageux. Pour les fins de la planification et de l'attribution des expéditions aux différents transporteurs, les employés de Logistique étaient installés dans les locaux de l'usine du fabricant BRP. En vertu d'une clause du contrat signé avec BRP, Gosselin et Logistique doivent indemniser BRP en cas de réclamation ou de dommages subis en raison de la perte ou du vol pendant le transport des produits. Dans le modus operandi, Logistique se sert du système informatique de BRP pour l'attribution des contrats de transport, de sorte que le connaissement ne mentionne que BRP, à titre d'expéditeur, et le destinataire de la marchandise. Le 31 décembre 2001, la remorque d'un transporteur contenant des produits destinés à un client américain est l'objet d'un vol. La facture de la marchandise concernée par ce vol indique «F.A.B. –F.O.B. Ex. Works». La question soumise aux tribunaux portait sur l'intérêt juridique de BRP de réclamer la perte consécutive au vol de la marchandise. Le juge de première instance, en se basant sur l'art 1456 du *Code civil du Québec*[33] a fait droit à la demande de BRP compte tenu du contrôle de l'organisation du transport par BRP et Logistique. Selon le tribunal, la délivrance de la marchandise n'a donc pas été réalisée en vertu de cet art 1456. C'est cette décision qui est contestée devant la Cour d'appel sur la base de l'argument selon lequel, en vertu du contrat de transport «F.O.B», le destinataire de la marchandise en devient propriétaire à partir du chargement à l'usine de BRP. La délivrance de la

[32] 2010 QCCA 1518 (CanLII).

[33] L'art 1456 prévoit que : « [l]'attribution des fruits et revenus et la charge des risques du bien qui est l'objet d'un droit réel transféré par contrat sont principalement réglées au livre Des biens. Toutefois, tant que la délivrance du bien n'a pas été faite, le débiteur de l'obligation de délivrance continue d'assumer les risques y afférents ».

marchandise étant ainsi réalisée, seul le destinataire peut poursuivre le transporteur. Il est, de plus, reproché au premier juge d'avoir fait fi des effets de la mention des lettres F.O.B. dans le contrat en recourant à l'art 1456. La Cour d'appel va renverser la décision du premier juge en partant de la distinction entre les contrats de vente et de transport. Relativement au contrat de transport, elle n'hésitera pas, en se référant à la doctrine, à qualifier les incoterms d'usages du commerce. En revenant sur les lettres F.A.B. F.O.B. : Ex Works utilisés dans les documents joints aux marchandises, elle écrit :

> « Il s'agit d'abréviations Incoterms publiées par la Chambre de commerce internationale située à Paris. Ces acronymes anglophones précisent les responsabilités et les obligations d'un vendeur et d'un acheteur dans les contrats commerciaux internationaux. L'énoncé Ex. Works – Delivering Plant va dans le même sens que Ex Works et renvoie à l'usine du vendeur.
>
> Ainsi, les documents contractuels font voir qu'il était de l'intention des parties de situer la délivrance des biens, comme c'est la règle, au plus tard au moment de leur enlèvement de la cour de l'usine de BRP. Le transfert des risques s'est effectué dès ce moment sur les épaules de l'acheteur [...] ou de l'acquéreur subséquent [...] ».

La Cour d'appel donne toute sa préséance à l'intention des parties en la matière, les seules contraintes résidant dans les exigences de l'ordre public. Elle précise ainsi que : «[l]e transfert des risques ne concerne pas l'ordre public. Les parties avaient toute latitude pour s'entendre comme elles l'ont fait en cette matière». Aussi, refusera-t-elle à BRP la reconnaissance d'un intérêt juridique pour demander un dédommagement à la suite du vol de la marchandise puisqu'elle n'en était plus le propriétaire.

Cette position, qui consiste à consacrer la primauté de l'intention des parties, trouvera écho auprès de la division administrative et d'appel de la Cour du Québec lorsque celle-ci s'est prononcée le 14 juillet 2014 sur les incoterms dans l'affaire *Techtronic Industries Canada inc.* c. *Agence du revenu du Québec*.[34] Les faits de cette cause sont relativement simples. L'Agence du revenu du Québec avait émis un avis de cotisation en vertu duquel elle réclame un montant de la taxe de vente du Québec (TVQ) à Techtronic dont le centre de distribution est situé en Ontario. Cette dernière aurait dû, selon l'Agence, percevoir ladite taxe sur les fournitures d'équipements électriques vendus à des distributeurs et détaillants du Québec. Techtronic, dans son appel de cet avis de cotisation devant la Cour du Québec, indique qu'en vertu du contrat de vente (*Sales Policy*) conclu avec ses clients du Québec, les ventes concernées sont des ventes franco à bord origine (FAB origine) à partir de son centre de distribution localisé à l'extérieur du Québec, en Ontario précisément. Elle considère donc que le lieu de délivrance des marchandises aux clients québécois se situant en dehors du Québec, elle n'était pas fondée à percevoir la taxe de vente du Québec sur ces équipements.

La Cour, sans surprise, va reconnaître que les lettres «F.O.B.» doivent être classées parmi les usages du commerce international, même si elle concède que le

---

[34]2014 QCCQ 7394 (CanLII).

sens de ces usages peut varier «selon le contexte, y compris en droit américain ou en droit international».[35] Une telle conclusion, bien que peu surprenante pour qui s'intéresse au droit du commerce international, permet de se prémunir contre l'argument qui pourrait nier la qualité d'usage au recours aux pictogrammes compte tenu du fait que ces icônes peuvent recevoir des significations différentes. Toutefois, c'est en reprenant la règle émise par la Cour d'appel que la Cour du Québec ouvre une porte plus grande à leur reconnaissance à titre d'usage. Elle indique à cet égard que «[p]our déterminer si les incoterms font partie des «usages» et qu'ils doivent s'imposer aux parties (art 1426 et 1434 C.c.Q.), il faut démontrer par une preuve suffisante que telle intention des parties». La preuve ne fut pas concluante en l'espèce. Quant aux deux articles du *Code civil du Québec* auxquels réfère ce passage de la Cour, ils portent sur le rôle des usages tant dans l'interprétation des contrats que dans la détermination de leur force obligatoire.[36]

Finalement cette décision offre aussi l'occasion d'illustrer l'exigence de l'ordre public à laquelle les usages ne sauraient échapper en dépit de la primauté de l'intention des parties. La Cour rappelle ainsi la particularité des lois fiscales :

> « En l'espèce, la preuve *prima facie* révèle que la référence au «Sales Policy» à la notion de l'Incoterm «*F.O.B. Distribution Centre*» a pour objet, entre autres, le transfert des risques ou la responsabilité de l'une des parties suite à la perte de la marchandise, mais que dans un contexte fiscal et d'application des dispositions impératives de la LTVQ [*Loi sur la Taxe de vente du Québec*], le tribunal ne peut conclure que cela a préséance sur les présomptions légales absolues que le Législateur a mis en place [...] ».

Les juges, en insistant sur l'importance qu'il faut accorder à l'intention des parties dans la consécration des usages, laissent entrevoir la possibilité d'une reconnaissance plus aisée du recours aux pictogrammes à titre d'usage dans le commerce électronique. Leur rappel en la matière de la primauté des règles impératives ne saurait constituer un réel obstacle à la validation de cet usage. De plus, le recours aux pictogrammes prôné, par différents organismes jouant un rôle dans la gouvernance du réseau internet, pour la divulgation des documents à caractère juridique, ouvre également la voie à une acceptation de la force exécutoire de cet usage.

[35]Elle précise ainsi que «[l]'expression «F.A.B. origine» signifie «franco à bord» ou en anglais, «F. O.B.» pour «free on board» (ou sans frais à bord). En principe cette expression serait réservée au transport par voie maritime, pour désigner le montant des marchandises sans les frais de transport, autres frais et taxes y afférents. Toutefois, en droit américain, l'expression est également utilisée pour le transport par voie terrestre pour identifier le lieu et le moment où il y a transfert des risques quant aux biens, une fois ceux-ci pris en charge par le transporteur» (voir paragraphe 57 de la décision).

[36]L'art 1426 indique : « On tient compte, dans l'interprétation du contrat, de sa nature, des circonstances dans lesquelles il a été conclu, de l'interprétation que les parties lui ont déjà donnée ou qu'il peut avoir reçue, ainsi que des usages». Quant à l'art 1434 il prévoit que «[l]e contrat valablement formé oblige ceux qui l'ont conclu non seulement pour ce qu'ils y ont exprimé, mais aussi pour tout ce qui en découle d'après sa nature et suivant les usages, l'équité ou la loi ».

3.2 *L'apport des organismes liés à la gouvernance du réseau internet*

Dans son rapport quinquennal publié en 2011,[37] la Commission d'accès à l'information du Québec marquait déjà son intérêt pour l'iconographie. Il faut souligner d'emblée que cette commission est un organisme gouvernemental chargé de la mise en œuvre de la *Loi sur l'accès aux documents des organismes publics et sur la protection des renseignements personnels* et *de la Loi sur la protection des renseignements personnels dans le secteur privé.* C'est à juste titre que son rapport va s'intéresser aux interactions entre les technologies de l'information, en particulier le réseau internet, et la vie privée. Dans le cadre de la protection des renseignements personnels dans l'environnement numérique, la commission note le caractère fondamental du consentement de l'internaute. Ce consentement doit toutefois être éclairé par une information préalable donné à celui-ci. Dans le sillage de plusieurs écrits en la matière, elle érige l'information préalable et le consentement en deux piliers de la protection des renseignements personnels dans l'environnement numérique. Elle fait malheureusement le constat du caractère presqu'illusoire de cette protection devant la longueur et la complexité des politiques en matière de renseignements personnels que l'on retrouve sur la plupart des sites internet. La Commission indique ainsi «[...] qu'il serait naïf de considérer que le fait de cocher une case du type 'j'ai lu et j'accepte' ou 'j'atteste avoir pris connaissance' signifie que les personnes concernées ont lu et compris les conditions d'utilisation ou la politique de confidentialité associée à un site Web» [...]. Nombreux sont les utilisateurs qui cochent une telle case sans avoir consulté ces informations, ils ne savent donc pas toujours à quoi ils consentent».[38] La Commission avait également une préoccupation pour les personnes à faible littératie et pour l'affichage de ces politiques sur les écrans de taille réduite des téléphones mobiles. Son rapport recommande, d'une part, la présentation d'une version résumée des politiques en matière de renseignements personnels, en rendant disponible également l'accès à la version détaillée. Il préconise, d'autre part, le recours à des images qui permettent en un coup d'œil de donner une idée des engagements de l'internaute, ce dernier ayant la possibilité de cliquer sur les images pour accéder au texte (résumé ou détaillé).[39] L'intérêt de ce rapport réside dans l'examen de différentes pratiques en la matière à travers le monde, permettant d'inscrire le recours à l'iconographie parmi les bonnes pratiques.

Sans prétendre à un examen exhaustif des différents organismes impliqués dans la gouvernance du réseau internet, il nous semble indiqué de souligner l'intérêt de l'ICANN et de l'Internet Society pour l'iconographie. Le rôle de l'ICANN dans l'administration du réseau, en particulier dans le système des noms de domaine, en

---

[37] Commission d'accès à l'information du Québec, Technologies et vie privée à l'heure des choix de société, Rapport quinquennal 2011, en ligne : <http://www.cai.gouv.qc.ca> (consulté le 10 mai 2017).

[38] *Ibid.*, p. 19.

[39] *Ibid.*, pp. 21–24.

fait une des principales sources des règles et politiques qui s'appliquent au réseau. Même si sa mainmise semble de plus en plus contestée, son rôle reste déterminant. Son adhésion aux deux avenues identifiées dans le rapport de la Commission d'accès à l'information du Québec, soit le résumé des engagements et le recours aux pictogrammes pour énoncer ses propres politiques, pourrait contribuer à la reconnaissance de ces bonnes pratiques. Les normes de conduite requises par cet organisme sont accessibles sur son site Web dans une version écrite, avec des textes résumés, et sous forme d'images accompagnées des textes brefs.[40] Il faut espérer un rôle plus actif de sa part, à l'image de celui de la Chambre de commerce internationale relativement aux incoterms.

Quant à Internet Society, il participe à l'élaboration de standards et de normes techniques applicables au réseau internet. Le site Web de sa division française précise que «[l] 'Internet Society France s'exprime et agit sur l'ensemble des problématiques du réseau : usages, éducation, législation, données personnelles, déploiement des infrastructures, gestion des ressources, gouvernance».[41] Ce site présente également les résultats d'une enquête internationale (Global Internet User Survey (GIUS)) réalisée en 2012 sur la protection de la vie privée.[42] Devant les résultats inquiétants de cette étude, soit un taux de 7 % d'internautes qui se livrent à la lecture de politiques d'utilisation et de confidentialité et un taux de 12 % d'internautes disant comprendre ces politiques, son Vice-Président, qui occupe également le rôle de Président de sa commission juridique, indique que

> « l'Internet Society a notamment pour mission la sensibilisation du public et des opérateurs pour assurer une meilleure protection de la vie privée et une meilleure information des utilisateurs. Nous avons décidé de lancer un groupe de travail sur le sujet des conditions générales pour proposer aux éditeurs de sites web et mobiles un référentiel de bonnes pratiques en la matière, accompagné de pictogrammes standardisés, garantissant une lisibilité accrue pour les utilisateurs finaux ».[43]

De plus, Internet Society avait déjà joué un rôle déterminant dans la reconnaissance par les tribunaux d'un usage sur le Web. Le tribunal de Grande instance de Rochefort sur Mer avait, dans un jugement du 28 février 2001, sollicité cet organisme pour l'éclairer sur l'existence parmi les règles de la nétiquette (règles de bonne conduite sur l'internet) d'une règle interdisant le 'spamming'. L'attendu suivant de ce jugement ne fait d'ailleurs aucun doute sur l'importance de l'avis de cet organisme.

> « Attendu, en effet, qu'il résulte des pièces produites aux débats par SA FTI, spécialement de l'extrait du rapport de la commission Informatique et Libertés du 14 octobre 1999 et de l'avis du Président de l'Internet Society, qu'il existe un usage proscrivant le recours au 'spamming' dans les groupes de discussion ».

---

[40] <https://www.icann.org/en/system/files/files/expected-standards-15sep16-fr.pdf> (consulté le 10 mai 2017).

[41] <http://www.isoc.fr/actualites-isoc/vie-privee?page=1> (consulté le 10 mai 2017).

[42] *Ibid.*

[43] *Ibid.*

Aussi, le choix de l'Internet Society France de faire émerger de bonnes pratiques et en particulier de participer à la conception de pictogrammes standardisés laisse présager une reconnaissance et une preuve aisées des usages sur le Web, au-delà de la seule consécration de la démarche iconographique.

4 Conclusion

Malgré le relatif jeune âge du réseau internet, la possibilité de voir des usages parmi les règles qui le régissent ne semble plus faire l'objet de doutes. À l'image de la *lex mercatoria* dont elle s'inspire, la *lex electronica* a su s'imposer devant les mêmes défis qui se sont posés aux commerçants, défis que ces derniers ont su relever grâce aux bonnes pratiques devenues des usages. Parmi les défis nouveaux, se trouve la question de la lecture des clauses contractuelles sur le Web. Devant les possibilités presqu'illimitées offertes par les technologies de l'information, plusieurs acteurs du Web se sont contentés d'une simple mise en ligne d'informations contenues sur support papier, ignorant les différences dans la lecture sur papier et sur un écran. L'exigence des tribunaux d'une divulgation raisonnable et adéquate des informations précontractuelles et des conditions générales a fait émerger, heureusement, la pratique du recours à l'iconographie pour synthétiser les politiques et autres clauses contractuelles. À ce stade, nos observations semblent confirmer le seul recours à l'iconographie comme bonne pratique contractuelle voir d'un usage naissant sur le Web. Il est à espérer que sous l'influence d'organismes comme l'ICANN et l'Internet Society, des pictogrammes standardisés voient le jour afin de dépasser la simple démarche iconographique. En cela, les *Creative Commons* devraient être une source d'inspiration.

Références

ACLU v. Reno, 521 U.S. 844 (1997)

Amblard P (2004) Régulation de l'Internet – L'élaboration des règles de conduite par le dialogue internormatif. Cahiers du Centre de Recherches Informatique et Droit, Bruylant, Bruxelles, p 45 et suiv

Bailey RW, Bailey LM (1999) Reading speeds using RSVP: user interface update. UI Design Newsletter: http://www.humanfactors.com/library/feb99.asp

Benyekhlef K (1997) ACLU v. Reno : pour la reconnaissance d'un régime propre à l'Internet au regard de la liberté d'expression. Lex Electronica 2 : en ligne: http://www.lex-electronica.org/docs/articles_173.pdf

Caprioli EA (2007) Droit international de l'économie numérique, 2e éd. LexisNexis, Paris, p 81

Commission d'accès à l'information du Québec (2011) Technologies et vie privée à l'heure des choix de société - Rapport quinquennal.: http://www.cai.gouv.qc.ca

Communications Decency Act of 1996, 47 U.S.C. 223

Gautrais V, Lefebvre G, Benyekhlef K (1997) Droit du commerce électronique et normes applicables : la notion de *lex electronica*. Revue de droit des affaires internationales 5:8–10

Goldman B (1979) La lex mercatoria dans les contrats et l'arbitrage internationaux : réalité et perspectives. Journal de droit international (Clunet) 106:475

Kablan S, Onguéné Onana E (2015) Le rituel du contrat électronique entre mutations et orthodoxie. Revue de droit d'Ottawa, 1 46:63

Kablan S, Oulaï A (2009) L'essence des approches du droit cyberspatial et l'opportunité de la co-régulation. Revue générale de droit 39: 89-156.

Kingsway, compagnie d'assurances générales c. *Bombardier Produits récréatifs inc*, 2010 QCCA 1518 (CanLII)

Loi concernant le cadre juridique des technologies de l'information, L.R.Q., c. C-1.1

Mainguy D (2001) Emploi de la langue française. Droit & Patrimoine 91:121–123

Mousseron P (2011) Introduction terminologique : des usages aux «Best Practices». In: Colloque *Le renouveau des usages*, Faculté de droit de Montpellier, 17 juin 2011

Parisien S (1996) Un essai sur le mode de formation des normes dans le commerce électronique. Lex Electronica 2: http://www.lex-electronica.org/docs/articles_206.html

ProCD Inc v *Zeidenberg*, 908 F Supp 640 (WD Wis 1996)

Reidenberg J (1996) Governing networks and cyberspace rule-making. Emory Law J 45:911

Reidenberg J (1998) Lex Informatica: the formulation of information policy rules through technology. Texas Law Rev 76:553

Schultz T (2005) Réguler le commerce électronique par la résolution des litiges en ligne. Bruylant, Bruxelles

Shore J, Steinman J (2015) Did you really agree to that? The evolution of Facebook's privacy policy. Technology Science: http://techscience.org/a/2015081102

Techtronic Industries Canada inc. c. *Agence du revenu du Québec,* 2014 QCCQ 7394 (CanLII)

Trudel P (2001) La Lex electronica. In: Morand C-A (dir.) Le droit saisi par la mondialisation. Bruylant, Bruxelles, coll. Droit international 221 et suiv

Trudel P (2002) L'élaboration des règles de conduite pour les environnements Internet. In: Poulin D, Éric Labbé E, Jacquot F, Bourque J-F (dir.) Guide juridique du commerçant électronique. Thémis, Montréal, p 285 et suiv

Trudel P, Abran F, Benyekhlef K, Hein S (1997) Droit du cyberespace. Thémis, Montréal, pp 53–64

Vermelle G (1999) L'immatériel et la répression. Archives de philosophie du droit 43:213

Willem Debeuckelaere c/ Facebook inc. et al., Tribunal de première instance néerlandophone de Bruxelles – 9 novembre 2015, 2015/57/C: https://www.privacycommission.be/sites/privacycommission/files/documents/vonnis_fr.pdf

International Trade Usages: What's So Special About Them?

Pierre Mousseron

Résumé Un ouvrage récent vient de faire état de la croissance du domaine et de la force des usages en matière d'arbitrage international.

Le présent chapitre vise à démontrer que cette spécificité des usages tient moins à l'internationalité qu'au recours à l'arbitrage. Ce mode de règlement des conflits s'avère en effet plus favorable aux usages qu'il s'agisse d'arbitrage international ou interne.

1 Introduction

Customary Law is not known for radical changes. However, a recent and stimulating publication[1] has shed some new light in the field of international trade usages.

According to some of the contributors to this book, international trade usages would include principles. In addition they could prevail over national legislation.

These assertions would increase the originality of usages in the international sphere.

In this article, we would like to discuss the extent of and the justification for this originality.

[1]Gelinas (2016a).

P. Mousseron (✉)
Faculté de Droit de Montpellier, Montpellier, France
e-mail: pierre.mousseron@umontpellier.fr

L. Mayali, P. Mousseron (eds.), *Customary Law Today*,
https://doi.org/10.1007/978-3-319-73362-3_15

2 Extent of the Originality of International Trade Usages

2.1 As to Their Content, International Trade Usages Would Include Principles

Emmanuel Jolivet, Giacomo Marchisio and Fabien Gélinas's contribution is entitled « *Trade Usages in ICC Arbitration* ». It is based on a review of cases rendered by the Arbitration court of the International Chamber of Commerce between 2000 and 2011. It observes a trend which consists of including general principles of international trade into international usages.[2] This point of view first seems to create a confusion[3]: "*whether we like it or not, general principles of law began to contaminate the notion of usages as early as the 1970s*".[4] Fabien Gélinas justifies this trend as follows: "*... arbitral practice and the resulting arbitral awards are part and parcel of international commerce. They take place at the request and on behalf of business and so form part of business self-regulation. They must therefore, also be viewed as part of commercial practice: a secondary, or ancillary, practice of international commerce*".[5] Diplomatically, Emmanuel Jolivet, Giacomo Marchisio and Fabien Gélinas suggest to reconcile this new approach with the traditional one which distinguishes usages and principles[6]: the traditional view of usages could serve to establish the content of the contract whereas this new concept would aim at ensuring that the international context of the case has well been taken into account by the arbitrators.

2.2 As to Their Force, International Trade Usages Could Prevail Over National Legislation

Authors defend the possibility for usages to prevail over national legislation: "*commercial usages naturally control the application of national laws to international transactions by setting aside particular rules that would defeat the parties' reasonable expectations*".[7]

According to these authors, this controlling force of usages is based on the concept of "*reasonable expectations upon which the integrity of international arbitration*" would depend".[8]

---

[2]Jolivet et al. (2016), p. 211.

[3]In this direction: Mousseron (2011), p. 21.

[4]Jolivet et al. (2016), p. 231. In 2005, E. Jolivet was already foreseeing this confusion with respect to the UNIDROIT Principles: Jolivet (2005) The UNIDROIT Principles in ICC arbitration, mentioning.

[5]Gelinas (2016b), p. 253 et s.

[6]Gaillard (1991), p. 203.

[7]Paulsson J cited by Gelinas F (2016a).

[8]Gelinas (2016b), p. 272.

3 Justification of the Originality of International Trade Usages

In this second section, we would like to determine if this specificity of international trade usages in arbitration is based more on internationality or on arbitration.

3.1 Originality Based on Internationality

Some authors claim for a specific treatment for usages in the international sphere.[9]

3.1.1 Defense of Internationality as a Cause of Specific Treatment for Usages

The fact that usages may have a specific statute in the international sphere is consistent with the position that asserts the specificity of the rules applicable in this international context. This specificity is illustrated by provisions such as Article 7-1 of the United Nations Convention on Contracts for the International Sale of Goods which provides: "*In the interpretation of this Convention, regard is to be had to its international character . . ..*".[10]

With respect to usages in particular, this view is consistent with the French Code of Civil Procedure. The architecture of this code is dualist and distinguishes domestic from international arbitration. Thus, with respect to usages, Article 1511, paragraph 2 of the French Code of civil procedure which is included in the section dedicated to international arbitration states that: "*In all cases, it* -the arbitral tribunal-*shall take trade usages into account*".

This view is confirmed by recent French case law. Thus the French court of cassation expressly justified the fact that parties to an arbitration were jointly bound to pay the fees of the arbitrators because of the "*international character of the arbitration*".[11]

3.1.2 Opposition to Internationality as the Only Cause of Specific Treatment for Usages

The justification of the originality of the international context could be searched in the international legal order usually recognized by international public law.

[9]Loquin (2013), p. 215; Polanski (2007), p. 127 and f.; *Contra*: Kassis (1984), (in particular n°502 and following and 545: "If one should . . ..).

[10]See also, Mousseron (2010), p. 377.

[11]Cass. civ. 1ère February 1, 2017, n°15-25697.

However, the justification of this original legal order in this field remains mysterious. Thus, in a recent analysis of custom in international public law, Gerald J Postema takes "*at face value*" the claim according to which "*customary rules and standards offer a distinctive kind of norm of the international legal order*".[12] This kind of assumption does not invite to be optimistic about the existence of a strong legal basis. The theoretical basis of the originality of the international legal order sometimes referred to as the dualist approach is questionable on the basis of the Kelsenian approach of the Unity of Law.[13]

In addition, using internationality as the source of originality can be challenged on several grounds.

- First, usages do not relate to a special nation but to a business. As a consequence, the fact that they are invoked in an international context should not affect their regime.
- Second, usages are instruments of definition of the content of contracts whether they are used in a domestic or in an international context.[14] Thus, when Article 1194 of the French Civil Code provides that "*contracts create obligations not only arising from the express terms thereof but also from such further consequences as are implied therein, depending upon the nature of such obligations, by equity, usage or the law*" it does not draw any distinction based upon the existence of internationality. Such identity of function whether the situation before arbitrators is domestic or international should not justify a special regime on this basis.
- Third, in French domestic and international arbitration, usages fall under the same concept of « *rules of law* » (*règles de droit).* The reference to the same concept allows a similar status for usages whether they are used in a domestic or an international context.[15] The existence of a specific paragraph in article 1511 referring to the duty for the arbitral tribunal "*to take trade usages into account in all cases"* only deals with the duty of the arbitral tribunal but does not affect the definition or the authority of usages.
- Fourth, many arbitral institutions provide for a single standard of review[16] for arbitration, regardless of their domestic or international characteristic. The fact that domestic and international arbitration are regulated by the same provisions of

[12]Postema (2007), p. 279, sp p 283.

[13]For a critical presentation of the Kelsenian theory: see. Tropper (2015), p. 553.

[14]Kassis (1984), in particular, n°475.

[15]With respect to domestic arbitration, article 1478 of the French Code of Civil Procedure provides that "The arbitral tribunal shall decide on the dispute in accordance with the rules of law, unless the parties have granted it the mission to rule in amicable composition". With respect to international arbitration, Article 1511 of the same code states that "The arbitral tribunal shall decide on the dispute in accordance with the rules of law chosen by the parties, or, where ne such choice has been made, in accordance with the rules of law it considers appropriate. In all cases, it shall take trade usages into account".

[16]Park (2003), p. 1245.

the FAA is a sign that the originality of international arbitration is not only due to its international character.

- Fifth, the criteria used to declare that a situation is international are rather vague.[17]
- Sixth, and finally, one may note that the special regime of usages is often justified by the issuance of codes of usages at an international level and particularly by the International Chamber of Commerce. However, we note that domestic institutions also enact codes of usages. This is the case in the USA of the National Cotton Products Association (NCPA). The purpose of this association is to create an environment that is suitable for all domestic cottonseed buyers and consumers in the United States. Thus, the NCPA has published Trading Rules including standard contracts that could be viewed as usages according to the meaning that we give to this term, i.e. generalized practices benefiting of a legal force.

3.2 Originality Based on Arbitration

According to us and more convincingly, the special regime of trade usages may stem more from the recourse to arbitration. Three types of arguments may be used to make this assertion:

Firstly, various historical facts allow to observe the particular status of usages in arbitration.

Thus, in 1560, the French Edit de Fontainebleau which made mandatory arbitration for disputes among merchants insisted on the need not "*to keep and observe the subtleties of statutes*".[18] This statute is one of the first texts to attempt to see arbitration as the best way to promote usages.

Later, the French *Loi de réforme de la Justice* of 1790 increased the role of arbitration even out the commercial sphere. This text recognized that the right for all citizens to have their disputes solved through arbitration could not be restricted by the legislative power. Its first article stated: "*Arbitration being the most reasonable mean to terminate disputes among citizens, the legislators will not be authorized to pass any statute that would tend to diminish the favor for or the efficiency of arbitration agreements*". We find similar provisions in Article 5 of the French Constitution of September 1791 or in the one of June 24, 1793 and even in article 210 of the French Constitution of An 2 which provided that "*One cannot affect the right to have disputes rules by arbitrators selected by the parties*".

These texts show that arbitration was established after the French Revolution as a mechanism to be implemented out of the legal sphere.[19] May this conception of arbitration still be defended today? It seems possible for international arbitration whose validity does not rest on national legislation. It seems more difficult for

[17]Sauvagnac (2016), p. 226.

[18]« sans garder et observer les subtilités des loix ».

[19]Jallamion and Clay (2014), p. 177.

domestic arbitration particularly after the Napoleonic reforms that placed arbitration under a tighter legislative control. However, this difficulty rests on the traditional mindset that first approaches legal questions through the statutes. If we accept to see customary law as a legal order parallel to the statutory one, as it was the case during the French Revolution, a more independent answer can be proposed. In this customary system, usages may include principles if the application of such principles constitutes a generalized practice. In this customary system, usages may also prevail over legislation as arbitrators do not have any obligation to give priority to legislation but rather to the most specific and appropriate rule. This past experience where the legal status of usages was not dictated by statutes and court decisions shows us that arbitration can be seen independently from the statutory legal order.

Secondly, we observe that professionals have developed practices independently and even sometimes against legislative requirements. In history, this is the case of the use of various techniques by which parties to arbitration have tried to avoid their statutory right to challenge an arbitral award. One of the technic which has been used has consisted in disguising arbitration awards into settlement agreement as these conventions are much more difficult to challenge. This practice has been observed since the 12th till the Revolution.[20] Even, after the Revolution, when the French code of Civil Procedure provided for mandatory recourses, authors have observed several references to clauses "*inhibiting any challenge of any kind*".[21] These situations show that practitioners have efficiently resisted to statutory rules. This resistance is not particular to international arbitration. We may therefore justify this prevalence of practice over statutes more by arbitration than by internationality. This resistance is not only a practice of the past. Thus, the new version of Article 2061 of the French civil code resulting from the recent law n°2016-1547 of November 18, 2016 is already leading to a practice of resistance. The new version of article 2061 entitles the persons who have committed to arbitration out of their professional activity to object to their participation to the arbitral proceedings. This text may force claimants to initiate parallel proceedings before the state courts for these persons which would complexify the situation. In order to avoid this complexity, arbitrators propose to all parties, even those who have not contracted within their professional activity, to consent to participate to the arbitration proceedings. This resistance could possibly become a *contra legem* usage. In this ancient as well as in this most recent example, we observe that practices tend to prevail over statutes. This priority is not the same as the one presented by Fabien Gelinas. This priority is not a priority *de jure* or more precisely *ex foro* but a more factual one based upon practice.

Thirdly, part of the justification for parties choosing to have their case settled by arbitrators rather than state courts is to give priority to a business judgment rather that to a legal solution. This is particularly striking when parties to an arbitration allow arbitrators to settle their dispute in amicable composition. This type of goal

[20]Jallamion (2009), n°17, p. 3.

[21]« inhibant tout recours en cassation ou par voye de requête civile ». On this topic, Jallamion (2004), p. 443 and following.

will be better achieved by enlarging and strengthening the legal authority of usages rather than by sticking to statutes and legislation. Even in regular domestic arbitration, legal pluralism is more intense than in proceedings before state courts.[22] This can be based on the premise that arbitration can be viewed as a contractual way to fix a contractual relationship.[23] Within this contractual perspective, the role of usages and of usages of trade in particular, is more natural than in state proceedings where the priority is not to complement a contract but to render justice for the general interest and not only for the interests of the parties.

As a conclusion, we would like to propose to grant a special regime to usages not only in international but also in domestic arbitration.[24] Internationality would have to share with arbitration the credit of reinforcing the role of usages. Philippe Fouchard seemed to share this appreciation. In his conclusion to his contribution to the tribute to Berthold Goldman, he stressed "*the important role of usages in arbitration, with no distinction in this respect between domestic and international cases*".[25] One may even prolong this observation by noticing that usages should be granted a special force in arbitration not only in commercial but also in civil matters.

Acknowledgements Special thanks to my colleague Carine Jallamion for providing me with historical and inspiring sources about arbitration. Thanks also to Rontavian Mack, Candidate for Juris Doctor at the University of Florida, Levin College of Law for reviewing this contribution.

References

Fouchard P (1982) Les usages, l'arbitre et le juge. À propos de quelques récents arrêts français, Le droit des relations économiques internationales. Études offertes à Berthold Goldman, Litec, Paris, pp 67–87

Gaillard E (1991) La distinction des principes généraux du droit et des usages du commerce international. Etudes Pierre Bellet, Litec Paris, pp 203–217

Gelinas F (ed) (2016a) Trade usages and implied terms in the age of arbitration. Oxford University Press

Gelinas F (2016b) Trade usages as transnational law. In: Gelinas F (ed) . Trade usages and implied terms in the age of arbitration, Oxford University Press, pp 253–278

Jallamion C (2004) L'arbitrage en matière civile du XVII au XIXème siècle. L'exemple de Montpellier, Thèse droit Montpellier

Jallamion C (2009) Tradition et modernité de l'arbitrage et de la médiation au regard de l'histoire, Gaz. Pal. 17 janvier 2009, n° 17

---

[22] Oppetit (1998), p. 87.

[23] Oppetit (1998), p. 106.

[24] CA Grenoble September 16, 2010, n° 10/00062, JCP éd. E 2011, p474, note P Mousseron. In this case, the Court of Appeal of Grenoble validated a domestic arbitral award which had referred to usages in order to squeeze out a shareholder even though the bylaws of that company did not provide for any squeeze-out provision.

[25] Fouchard (1982), pp. 67–87.

Jallamion C, Clay T (2014) Justice publique et arbitrage. Hier et aujourd'hui, in Itinéraires d'histoire de la procédure civile, Regards français, Bibliothèque de l'IRJS André Tunc 51:177–222

Jolivet E (2005) The UNIDROIT Principles in ICC arbitration, Bulletin de la Cour Internationale d'arbitrage de la CCI, in Principes UNIDROIT: nouvelles évolutions et applications, Supplément spécial 2005 (Paris)

Jolivet E, Marchisio G, Gelinas F (2016) Trade usages in ICC arbitration in trade usages and implied terms in the age of arbitration, (dir). Fabien Gelinas, Oxford University Press, pp 211–232

Kassis A (1984) Théorie générale des usages du commerce. LGDJ, Paris

Loquin E (2013) Retour sur les sources premières de la lex mercatoria: Les usages du commerce international. In: Mélanges en l'honneur du Professeur Jean-Michel Jacquet, LexisNexis, Paris, pp 215–234

Mousseron P (2010) L'exception d'internationalité applicable aux contrats. Études à la mémoire de Fernand Charles Jeantet, LexisNexis, Paris, pp 377–387

Mousseron P (2011) Faut-il dissocier les usages du commerce international des usages du commerce? Rev. jur. com. pp 21–30

Oppetit B (1998) Théorie de l'arbitrage. PUF, Paris

Park W (2003) The specificity of international arbitration: the case for FAA reform. Vanderbilt J Transnl Law 36:1241, 1245–1290

Polanski P (2007) Customary law of the internet, In the search for a supranational cyberspace law, Information Technology & Law Series. T.M.C. Asser Press, The Hague

Postema GJ (2007) Custom in international law: a normative practice account. In: The nature of customary law, legal, historical and philosophical perspectives. Cambridge University Press, pp 279–306

Sauvagnac I (2016) L'internationalité de l'arbitrage en droit français: un critère univoque ? Revue Droit des Affaires, Paris, pp 226–264

Tropper M (2015) Sur quelques arguments de Kelsen contre la conception dualiste des rapports entre Droit international et droit interne. In: Droit international et culture juridique, in Mélanges offerts à Charles Leben, Editions Pedone, p 553–569

Customary International Law

John Yoo and Ivana Stradner

Résumé Dans ce chapitre, nous étudions le débat sur la nature et les sources du Droit international coutumier. Le Droit international coutumier qui est le Droit qui lie les nations sans être exprimé dans des traités a traditionnellement deux sources: la pratique étatique et l'opinio juris. Contrairement à la plupart des auteurs, nous soutenons que l'opinio juris devrait avoir peu de valeur dans la détermination du Droit international coutumier. En revanche, en utilisant une approche fondée sur un choix rationnel, nous montrons que les pratiques étatiques passées devraient déterminer des normes internationales puisqu'elles sont les seuls signaux significatifs qui permettent de dépasser les obstacles à la coopération entre nations

1 Introduction

For most of human history, the rules governing relations between states remained unwritten. This does not mean that they did not create a law of nations or *ius gentium*, or in modern terms, public international law. In wartime, for example, nations steadily developed a principle of distinction, which seeks to exclude civilians as targets of military force. On the high seas, nations recognized territorial boundaries and the possession of islands according to uncodified rules of discovery and effective control. Even important international legal doctrines, such as foreign sovereign immunity and act of state, remain uncodified to this day.

Such law today is known as "customary international law," (CIL) and may represent the legal system's most widely accepted and enforced form of customary law. Nevertheless, because of its nature as custom, dispute arises not just over its content, but over the process by which a norm assumes the status of law. The textbook approach, articulated by nations and scholars, is that customary law is a

J. Yoo (✉)
Berkeley Law, UC Berkeley, Berkeley, CA, USA
e-mail: jyoo@law.berkeley.edu

I. Stradner
Center for European Studies, Harvard University, Cambridge, MA, USA

L. Mayali, P. Mousseron (eds.), *Customary Law Today*,
https://doi.org/10.1007/978-3-319-73362-3_16

rule that is widely followed by states out of a sense of legal obligation.[1] Observers have divided this definition into two parts: first, whether a rule is universally followed (the element of state practice); and second, whether the practice arises out of a sense of legal obligation (the element of *opinio juris*). This definition, however, has become fraught with dissension, as international law has exploded in scope and advocates have sought to use unorthodox materials—such as U.N. general assembly resolutions, the declarations of international organizations, and even the views of non-government organizations—to show *opinio juris*.

This chapter explains the formation of CIL and the dispute over its definition. We criticize the traditional view that CIL is determined by the two elements of state practice and *opinio juris*. We argue instead that CIL should depend solely on what states do, not what they say. The adoption of the present thesis would bring doctrine more into line with practice. We suggest that only state practice should be considered as a constitutive element of CIL. It is not our intention to reopen a theoretical debate in this article, rather to demonstrate how international talk works in international politics in order to discern the limits of *opinio juris*.

We argue that international courts, when considering cases where CIL is at issue, should only take state practice into account. Although several scholars have made similar proposals to substitute the two-element approach with a single element,[2] we reach this conclusion through a different route. In contrast to the majority of scholars who have relied on a positivist or moralist approach to CIL, we employ a rational choice theory approach, which assumes that actors comply with international law for instrumental reasons. We begin with the rationalist assumptions that international system operates in anarchy. By anarchy, we do not mean an absence of order or chaos but we assume that the international system lacks a supranational authority to enforce laws.[3] Moreover, we assume that actors in international politics are rational with an ultimate goal of advancing their self-interest. By rationality, we do not assume any normative behavior. In other words, rational behavior does not pertain to moral or ethical behavior. Instead, we assume an instrumental rationality that supposes a purposive behavior where actors are behaving rationally if they are able to relate their means to their goals.

Following an initial outline of the two-element approach to CIL, the article then puts forward the main arguments for why nations talk in international politics. This is followed by a theoretical study of cheap talk and signaling games.

---

[1]Restatement (Third) of Foreign Relations Law 102(2) (1987) that defines international customary law as the law that "results from a general and consistent practice of states followed by them from a sense of legal obligation."

[2]See D'Amato (1998), Schwebel (1979), Mendelson (1996).

[3]In particular, by anarchy we mean that, "[n]o agency exists above individual states with authority and power to make laws and settle disputers. States can make commitment and treaties, but no sovereign power ensures compliances and punished deviations. This - the absence of a supreme power - is what is meant by the anarchic environment of international politics." Art and Jervis (1992), p. 1 cited in Powell (1994).

The second part of this chapter focuses on the problem of commitment. We argue that CIL faces significant limits because of the problem of credible commitments. It begins by describing the theoretical debate among international law scholars who employ a rational choice theory approach to the study of CIL. While some scholars use a one-shot prisoner's dilemma game to show that CIL does not affect a state's behavior, another group of scholars has used an infinitely repeated version of the game to show that CIL can influence how states behave. Our chapter advances beyond these two approaches by showing that their accounts of CIL are incomplete. First, repeated games are a helpful framework to understand how states can cooperate over time and we use the logic of repeated games to show that states may have incentives to violate CIL when short-term reputations are present. Second, we use a model of interstate bargaining to show the limits of compliance with CIL due to commitment problems. We suggest two ways in which an inability to make credible commitments to bargain might undermine compliance with CIL.

This Chapter proceeds in three parts. Part I will provide the necessary context for our discussion by describing the doctrinal elements of CIL. It will also describe the leading academic theories of CIL and their faults. Part II develops the leading rational choice theories on CIL. It shows that the one-shot prisoner's dilemma game and the infinitely repeated variation of it do not fully capture the dynamics of state interaction over CIL. Part III develops our own contribution to the use of rational choice theories by introducing a bargaining game used to explain why nations go to inefficient wars. We argue that CIL is likely to develop only when nations are sending costly signs of commitment by their actions—in other words, their practices over time, rather than their costless signals.

CIL and treaties constitute primary sources of international law. Article 38 of the Statute of the International Court of Justice defines international custom as "a general practice accepted as law."[4] A more precise definition was given by the American Law Institute's Restatement (Third) of Foreign Relations Law, which states "customary international law results from a general and consistent practice of states followed by them from a sense of legal obligation."[5]

CIL is composed of two elements. The first element is state practice, which is considered to be a material and objective element. The second element is *opinio juris*, which is a psychological and subjective element, that depends on whether states engaging in the practice believe that is legally required. As many have observed, even taking these doctrinal elements at face value leaves many problems unsolved. How much state practice is enough? How many states must follow the practice and for how long? For example, must state practice run for at least several decades among all nations that engage in a practice? Do the characteristics of the states matter? Should the rules of the law of the sea be set only by the practices of major seafaring nations? With regard to *opinio juris*, whose views count and how are they made known? Do scholars and international officials have weight in addition to

[4]ICJ Statute, Article 38(1)(b).

[5]Restatement (Third) of Foreign Relations Law 102(2) (1987).

the official pronouncements of states? How can we tell a statement of agreement with a norm emerges only from a sense of legal obligation rather than just policy?

In this Part, we put these important doctrinal questions aside to examine the more fundamental question of what constitutes CIL. We explain how nations and international authorities have defined state practice and *opinio juris* and we lay out leading scholarly opinion on both.

2 Approaches to CIL

Academic acceptance of this two-element approach is widespread. Moreover, the ICJ has, in a number of decisions, identified these two requirements of state practice and *opinio juris* as comprising the sources of CIL. In the 1985 Continental Shelf Case, the ICJ stated that the substance of CIL must be "looked for primarily in the actual practice and *opinio juris* of States.[6]" Moreover, the ICJ in the North Sea Continental Shelf case held:

> Not only must amount to a settled practice, but they must also be such, or be carried out in such a way, as to be evidence of a belief that this practice is rendered obligatory by the existence of the rule of law requiring it. The need for such a belief, i.e. the existence of a subjective element, is implicit in the very notion of the opinio juris sive necessitatis. The states concerned must therefore feel that they are conforming to what amounts to a legal obligation. The frequency or even habitual character of the acts is not in itself enough.[7]

This two-element approach was adopted in the Nicaragua case and the Jurisdictional Immunities of the State case, where the ICJ stated "the existence of a rule of customary international law requires that there be 'a settled practice' together with *opinio juris*."[8]

2.1 *The Objective Element*

State practice is considered to be the objective or material element of CIL. Scholars are divided between those who believe that a state practice is the most significant element of CIL,[9] and those who support the argument of supremacy of *opinio juris*. The first issue regarding the evaluation of state practice is whether it must be general,

---

[6]Not only must the acts concerned amount to a settled practice, but they must also be such, or be carried out in such a way, as to be evidence of a belief that this practice is rendered obligatory by the existence of a rule of law requiring it. The need for such a belief is, ie the existence of a subjective element, is implicit in the very notation of the *opinio juris sive necessitatis*.

[7]See North Sea Continental Shelf Case.

[8]Jurisdictional Immunities of the State.

[9]D'Amato (1971).

constant and uniform. Although the ICJ has noted that "constant and uniform usage practiced by the states in question" is the necessary condition for discovering CIL,[10] the Court also stated that perfect consistency was not essential. The International Law Association noted that "general practice suffices" to generate CIL as binding on all states.[11]

An example that practice must be practically uniform and no general conflicting practice can exist can be found in the Nicaragua case. There, the ICJ stated "[i]t is not to be expected that in the practice of States the application of the rules in question should have been perfect, in the sense that States should have refrained, with complete consistency, from the use of force or from intervention in each other's internal affairs.".[12]

The second issue concerns the duration of state practice. There is no set standard specifying when state practice turns into law. A traditional view held that long-term practice required several decades to pass before a norm evolved into a rule of CIL. Today, courts and scholars consider the period to be shorter. In the North Sea Continental Shelf Cases, the ICJ stressed that a "passage of only a short period of time is not necessarily, or of itself, a bar to the formation of a new rule of customary international law," if the practice is "both extensive and virtually uniform."[13]

A related question is whether statements, unaccompanied by physical actions, can amount to practice. For the majority of scholars, the International Law Association and the International Law Commission, statements count as evidence of state practice. They take many different forms, including diplomatic correspondence, declarations of government policy, the advice of government legal advisers, press communiqués, official manuals dealing with legal questions, orders to the armed forces, statements and votes in international organizations, the comments of governments on draft texts produced by the International Law Commission or similar bodies, national legislation, domestic court decisions, and pleadings before international tribunals.[14] In addition, UN General Assembly resolutions and other resolutions by multilateral bodies count as state practice. This expansive position has been taken by those scholars who claim that verbal acts can count as either the objective or subjective element, with the International Law Association observing that it is possible for the same conduct to manifest both.[15] ICJ practice also supports the

[10]Asylum Case (Colombia v. Peru), Judgment of 20 November 1950, paras. 276–277.

[11]International Law Association, Final Report of the Committee on the Formation of Customary (General International Law), Statement of Principle Applicable to the Formation of General Customary International law, Report of the Sixty-Ninth Conference, principle 14 (2000).

[12]Military and Paramilitary Activities in and against Nicaragua (Nicaragua v United States of America), Merits, Judgment, ICJ Reports 1986, p. 14, para 186.

[13]North Sea Continental Shelf Cases (Federal Republic of Germany v Denmark; FRG v The Netherlands) ICJ Rep 1969, para 74.

[14]See Crawford (2012).

[15]See the "Final Report of the Committee on Formation Formation of Customary (General) International Law, 2000, International law Association, Reports of Conferences 712.

view that state practice embraces any act or a verbal statement by a state.[16] According to Akehurst "state practice means any act from which views about customary international law can be inferred; it includes physical acts, claims, declarations *in abstracto* (such as General Assembly resolutions), national laws, national judgments and omissions."[17]

This approach has also been taken by Professor Guzman who argues that "there is no certainty that these statements bear any relationship to what states actually believe or do."[18] He provides an example of torture by saying that "there is no shortage of agreements and statements condemning torture, yet its use by states is commonplace."[19] By adopting the "modern approach," he concludes that "the main lesson to be drawn from the theory [. . .] is that CIL is really about the *opinio juris* requirement and not practice requirement."[20] He argues for a rational choice approach, but then leaves no room for a state practice requirement other than as an evidentiary touchstone to reveal *opinio juris*. "Practice can shed light on whether a particular norm is regarded as obligatory, but it does not by itself make it so."[21]

A restrictive view of analyzing CIL in which only state practice is relevant to the formation of CIL, has been often attached to the so-called American way of thinking.[22] It has attracted considerable criticism mostly because it appears to be very narrow in its analysis. In addition, taking into account only physical acts has not been embraced by the ICJ. International law scholars who embrace the restrictive view argue that state practice amounts to the physical acts of a state. Anthony D'Amato holds that only physical acts and not oral statements account for state practice.[23] Wolfke echoes D'Amato in arguing that statements in the form of voting in international organizations do not "constitute acts of conduct, nor, even multiplied, any conclusive evidence of any State practice."[24] In addition, Michael Glennon also notes that "[w]e need to look not at words but at deeds—not at paper rules but at real rules—not at *opinio juris* but at practice."[25]

This view has caused controversy among international legal scholars. As Akehurst has observed, the problem with D'Amato's argument is the unavoidable

[16]See Asylum case (1950); The North Sea Continental Shelf Cases (1969); Nicaragua Case (1986).

[17]Akehurst (1976), p. 53.

[18]Guzman (2005), p. 152.

[19]Ibid.

[20]Ibid, p. 153.

[21]Ibid.

[22]See Fox and Roth (2000), p. 267.

[23]"A state may make certain claims in diplomatic correspondence, but these often clash with competing claims of other State and thus are not a reliable indicator of the content of international law. . .But a state can act in only one way at one time, and its unique actions recorded in history. Speak eloquently and decisively." D'Amato (1971), p. 50. For a similar restrictive view see Wolfke (1993), p. 84.

[24]Wolfke (1993), p. 84.

[25]Glennon (2001), p. 65.

dispute that will come from states declaring physical acts contrary to one another.[26] Moreover, for Michael Byers, D'Amato's claim "leaves little room for diplomacy and peaceful persuasion, and, perhaps most importantly, marginalizes less powerful states in the process of customary international law."[27]

The ICJ has shed little light on state practice as a constitutive element of CIL. In several cases, the ICJ has discerned a rule of CIL without making reference to state practice. In the case of the Delimitation of the Maritime Boundary in the Gulf of Maine Area (Canada v. United States of America), the USA and Canada asked the Court to locate a single maritime boundary line to separate the continental shelf and the fisheries zone in the Gulf of Maine area.[28] The ICJ found that states can claim fishing zones extending 200 miles out from their coasts. The ICJ did not base its reasoning on state practice, however, but instead relied on the Third United Nations Conference on the Law of the Sea.[29]

The dispute between Denmark and Norway regarding the maritime delimitation in the area of Greenland represents another case where the ICJ dismissed the importance of state practice regarding exclusive economic zones. The case concerned delimitation of a maritime area located between Greenland and the island of Jan Mayen.[30] The Court found that the delimitation of the fishery zone was founded on CIL. In particular, the Court based its decision on an arbitral award from 1977 as well as the Continental Shelf case.[31]

Another example that illustrates a situation where the court failed to take state practice into consideration was the Gabcikovo-Nagymaros Project.[32] Hungary and Slovakia signed a treaty in 1977 for the building of dam structures. In 1989, Hungary suspended this project arguing that it posed a risk to the Hungarian environment. Slovakia denied these allegations and demanded that Hungary comply with the treaty obligations. The ICJ had to decide an issue of state succession under CIL. The ICJ concluded that the Vienna Convention on the Succession of States reflected a rule of CIL. In this case, the ICJ quoted the International Law Commission (ILC) but it did not rely on the analysis of state practice.[33]

There are also cases where the ICJ's ruling was contrary to state practice. The Case Concerning Military and Paramilitary Activities in and against Nicaragua (Nicaragua v. United States of America), is a landmark case in international law and is especially significant for the formation of CIL. In this case, Nicaragua argued

---

[26] Akehurst (1976), p. 53.

[27] Byers (1999), p. 134.

[28] Delimitation of the Maritime Boundary in the Gulf of Maine Area (Canada v United States) ICJ Reports 165, [1984].

[29] Ibid.

[30] Maritime Delimitation in the Area between Greenland and Jan Mayen (Denmark v Norway), Judgment, ICJ Reports 1993.

[31] Ibid.

[32] Case Concerning the Gabcikovo-Nagymaros Project (Hungary v Slovakia), ICJ Reports 1997.

[33] Ibid., p. 123.

that the US backing of the Contras and the mining of Nicaraguan harbors violated international law.[34] The ICJ was asked, among other questions, whether the United States violated its customary law obligation not to intervene in the affairs of another state. The ICJ held that the United States violated its customary law prohibition on the use of force when it directly attacked Nicaragua in 1983 and 1984.[35] The ICJ reached this conclusion contrary to state practice and to the rule the Court stated in its judgment.[36]

DRC v. Uganda is another case where the ICJ delivered a judgment that was inconsistent with the state practice. This case arose out of Uganda's participation in a conflict in the Democratic Republic of Congo (DRC). The ICJ found that Uganda was in breach of Article 2(4) of the UN Charter.[37] The ICJ also dismissed Uganda's counterclaim that in supporting the Allied Democratic Forces and other groups, the DRC itself breached Article 2(4).

Contrary to these cases, however, the ICJ has also relied on state practice at times. State practice was the center of the analysis for ICJ resolution of a dispute between Libya and Malta.[38] The Court was asked to establish the rules of international law that applied to the delimitation of the continental shelf boundary between Libya and Malta. The Court based its decision on CIL because no relevant treaties were binding on the parties and the Court stated that it was "axiomatic that the material of customary international law is to be looked for primarily in the actual practice and *opinio juris.*" However, the ICJ relied on state practice only in parts of its decision.

In the Arrest Warrant of 11 April 2000 case, the ICJ used state practice as one of several sources of CIL to decide a dispute between the DRC and Belgium.[39] The DRC filed an Application instituting proceedings against Belgium regarding a dispute over an international arrest warrant. A Belgian judge had sought the detention and extradition to Belgium of the acting Congolese Minister of Foreign Affairs for "grave violations of international humanitarian law."[40] The DRC asked the ICJ to declare that Belgium had violated the rule of CIL concerning "the absolute inviolability and immunity from criminal process of incumbent foreign ministers."[41] The ICJ found that Belgium failed to regard the CIL of immunity from criminal jurisdiction and inviolability which foreign ministers enjoy according to international law.

---

[34]Military and Paramilitary Activities in and against Nicaragua (Nicaragua v United States of America), Merits, Judgment, ICJ Reports 1986.

[35]Ibid., paras 187–201.

[36]Ibid., paras. 202 and 203.

[37]*Case Concerning Armed Activities on the Territory of the Congo (Democratic Republic of the Congo v. Uganda)*, ICJ, 2005.

[38]Continental Shelf (Libyan Arab Jamahiriya v Malta), ICJ Reports, 1985, pp. 29–30, para 27.

[39]Case Concerning Arrest Warrant of 11 April 2000 (Democratic Republic of Congo (DRC) v Belgium), 2002.

[40]Ibid.

[41]Case Concerning Arrest Warrant of 11 April 2000 (Democratic Republic of Congo (DRC) v Belgium), ICJ Reports 2002, p. 8, para 11.

This section has sought to show that the ICJ's approach to the state practice has not been consistent and the following discussion shows that the situation with *opinio juris* is not very different from the objective element.

2.2 The Subjective Element

Along with uniform, consistent and general practice, states must acknowledge the binding character of the norms. According to conventional doctrine, *opinio juris* is a subjective or psychological element, which serves to distinguish situations that are legally binding from those that are not. The main debate among international law scholars focuses on the issue whether it is necessary to demonstrate *opinio juris* for a CIL rule to exist. Some traditional international law scholars argue that for CIL to emerge, it is not obligatory to demonstrate *opinio juris*. Maurice Mendelson argues that the ICJ should not search for evidence of *opinio juris* in cases where "there is a well-established practice."[42] This position was further supported by the International Law Association in its 2000 Report, which claimed that "where practice exists which satisfies the conditions, it is not necessary to prove the existence of an *opinio juris*."[43] However, the new 2016 Report on the formation of CIL by the International Law Commission continued to state that both elements are necessary for the creation of CIL.

However, the large majority of scholars support the view that CIL cannot be established without both elements. The main argument advanced by these scholars can be summarized in the words of Kammerhofer: "the reason why both elements can be seen to be necessary is that without *usus*, it would not be customary and without *opinio* it would not be law."[44] Another reason given by Dumberry is that "*opinio juris* is necessary to distinguish between different kinds of omissions: those that count as relevant State practice in the formation of rules of custom and those that do not."[45]

International tribunals follow a similar definition. In the famous S.S. Lotus case, the Permanent Court of International Justice (the predecessor to the ICJ) stated that *opinio juris* was a necessary element in the creation of CIL.[46] The ICJ restated the necessity of *opinio juris* in the North Sea Continental Shelf case:

> Not only must the acts concerned amount to a settled practice, but they must also be such, or be carried out in such a way, as to be evidence of a belief that this practice is rendered obligatory by the existence of a rule of law requiring it. The need for such a belief, i.e., the existence of a subjective element, is implicit in the very notion of opinio juris sive

[42]Mendelson (1999), pp. 206–207.

[43]ILA, Final Report, Pt. III p 31.

[44]Dumberry (2016).

[45]Ibid. p. 308.

[46]The Case of the S.S. Lotus, (France v Turkey), PCIJ,1927.

> necessitates. The States concerned must therefore feel that they are conforming to what amounts to a legal obligation. The frequency, or even habitual character of the acts is not in itself enough. There are many international acts, e.g., in the field of ceremonial and protocol, which are performed almost invariably, but which are motivated only by considerations of courtesy convenience or tradition, and not by sense of legal duty.[47]

The next natural question is how *opinio juris* is established. In the North Continental Shelf case, the ICJ suggested that "the frequency or even habitual character" of a state practice is not a sufficient requirement for demonstrating *opinio juris*. In dissent, however, Judge Tanaka indicated the problems of collecting evidence by emphasizing "the fact of external existence of a certain custom and its necessity felt in the international community."[48]

Where to find *opinio juris*? The International Law Commission (ILC) adopted 16 draft conclusions regarding the identification of CIL in 2016. The text of the ILC's draft conclusions regarding the "Identification of Customary International Law" lists the forms of evidence of acceptance as law: "public statements made on behalf of states; official publications; government legal opinions; diplomatic correspondence; decisions of national courts; treaty provisions; and conduct in connection with resolutions adopted by an international organization or at an intergovernmental conference."[49]

The landmark case regarding the identification of *opinio juris* is the Advisory Opinion regarding the Legality of the Threat or Use of Nuclear Weapons. The General Assembly of the UN asked the ICJ to deliver a legal opinion on the question of the legality of nuclear weapons. The Court concluded that neither customary nor treaty law explicitly authorize the use of nuclear weapons.[50] It held that UN General Assembly resolutions could provide evidence of the *opinio juris* of States:

> General Assembly resolutions, even if they are not binding, may sometimes have normative value. They can, in certain circumstances, provide evidence of an *opinio juris*. To establish whether this is true of a given General Assembly resolution, it is necessary to look at its content and the conditions of its adoption; it is also necessary to see whether an *opinio juris* exists as to its normative character. Or a series of resolutions may show the gradual evolution of the *opinio juris* required for the establishment of a new rule.[51]

The ICJ's Advisory Opinion on the Legality of the Threat or the Use of Nuclear Weapons is important because the Court adopted the view that UN General Assembly resolutions could constitute evidence of *opinio juris*.[52]

---

[47]North Sea Continental Shelf Cases; (Federal Republic of Germany/Denmark; Federal Republic of Germany/Netherlands), ICJ Rep1969, p. 44 para 77.

[48]Ibid. para 77.

[49]The text of draft conclusions provisionally adopted by the Drafting Committee on Identification of Customary International Law, available at http://legal.un.org/ilc/guide/1_13.shtml.

[50]Legality of the Threat or Use of Nuclear Weapons, Advisory Opinion, ICJ GL No 95, [1996], para 52. (Hereinafter Legality of the Threat of Nuclear Weapons).

[51]Legality of the Threat or the Use of Nuclear Weapons, Advisory Opinion, ICJ Report 1996, 254–255 para 70.

[52]The Court stated: "General Assembly Resolutions, even if even if they are not binding, may sometimes have normative value. They can, in certain circumstances, provide evidence important

Although a number of states supported the view that these resolutions could demonstrate *opinio juris* and acts as evidence for CIL formation, others opposed this view. For instance, Russia in its written statement to the ICJ claimed: "They do not create new law and do not signify the recognition of any rules as such but are only of a recommendatory nature."[53] Russia's view was supported by written statements from the US, the UK and France.[54] This ICJ ruling provoked another debate among scholars whether the UN General Assembly resolutions alone can contribute to the creation of new "instant" CIL.[55]

In the Nicaragua case, the ICJ stated that the *opinio juris* of States regarding the obligation to abstain from the use of force "may, though with all due caution, be deduced from, inter alia, the attitude of the Parties and the attitude of States towards certain General Assembly resolutions."[56] The ICJ indicated that "expressions of an *opinio juris* regarding the existence of the principle of non-intervention in customary international law [were] numerous and not difficult to find."[57] The ICJ listed a number of General Assembly resolutions, the United States reservations and ratification of treaties, and the Final Act of the Conference on Security and Co-operation in Europe.

We draw the same conclusion as Mendelson by using a different path. He criticizes the Nicaragua case because a vote by a state in favor of a non-binding UN General Assembly resolution cannot represent its *opinio juris*. UN General Assembly resolutions are not binding, and a rational state has incentive to support them. Moreover, Mendelson states that this would amount to "double-counting", i.e. interpreting the resolution as evidence of both State practice and *opinio juris*.[58] In 2012 in the case Jurisdictional Immunities of the State faced the issue of 'double counting'. The Court stated that state practice could be found in "the claims to immunity advanced by States before foreign courts."[59]

---

for establishing the existence of a rule or the emergence of an *opinio juris*. To establish whether this is true of a given General Assembly resolution, it is necessary to look at its content and the conditions of its adoption; it is also necessary to see whether an *opinio juris* exists as to its normative character. Or a series of resolutions may show the gradual evolution of the *opinio juris* required for the establishment of a new rule. Ibid. para 70.

[53]Legality of the Threat of Nuclear Weapons, Written Submissions, 'Statement of Russia of 19 June 1995.' p16 cited in Schlütter (2010), pp. 137–138.

[54]Ibid. p. 138.

[55]See Cheng (1965).

[56]Military and Paramilitary Activities in and against Nicaragua (Nicaragua v United States of America), Merits, Judgment, ICJ Reports, 1986 para 188.

[57]Ibid. 202.

[58]"Mendelson (1999). Wolfke provides a very similar reasoning by arguing that "Individual positive votes cast by the members do not necessarily represent the actual acceptance as law of the conduct only verbally postulated in the content of the recommendation, since the motive for such votes may be various. See Wolfke (1993), p. 84.

[59]Jurisdictional Immunities of the State, (Germany v Italy), 2012, para 55.

There is a wide spectrum of views held by scholars on the two elements of CIL, which ranges from those who support the prevalence of *opinio juris* as the only relevant element, to those who support state practice only. The discussion below looks at the modern approaches to CIL and concludes that these academic debates raise at least two problems. First, the scholarly debates do not solve the practical problems of selecting evidence of the formation of CIL. Second, the ICJ's decisions related to CIL are also not in harmony, which poses further hurdles for states to identify CIL.

3 Academic Theories About CIL

Some scholars recently have argued that CIL should only derive from *opinio juris* and not from past practice. Professor Andrew Guzman, for example, uses a rational choice analysis in arguing that state practice is not a separate requirement of CIL, but rather should only be used as evidence of *opinio juris* itself. He bases this argument on the assertion that since the consequences of violating a legal rule depend only on the attitudes of other states, state practice can help determine those attitudes and thus whether a rule exists or not.[60] Professor Guzman has hardly been alone in these views. Cheng has developed the concept of instant custom and argues that *opinio juris* is the essential element for its creation.[61] Briand Lepard has also supported this view of the importance of *opinio juris,* though he does not dismiss state practice as a constituent element of CIL.[62]

Numerous international law scholars favor *opinio juris* over state practice. Probably a majority of scholars of modern CIL might adopt both elements, but would give greater weight to *opinio juris*. A minority of scholars are critical of the rise of *opinion juris* over state practice. Professor D'Amato critiques the ICJ's reliance on *opinio juris* in forming CIL in the *Nicaragua* decision. D'Amato argues the ICJ's notion of CIL is faulty because it first looks to treaties and resolutions as determination of *opinio juris*, and writes off state practice in conflict with those sources as violations of CIL. Under the Court's reasoning, voting in favor of a United Nations General Assembly (UNGA) resolution or declaration automatically creates customary law despite actual state practice. If state practice inconsistent with resolutions and non-binding documents is considered simply a violation of CIL, then the requirement of state practice is robbed of all its meaning.[63] Professors Curt Bradley and Jack Goldsmith argue that one of the most dramatic changes in new CIL is that it is less tied to state practice, instead relying on UNGA resolutions, multilateral treaties, and other instruments.

---

[60]See Guzman (2005), pp. 115–176.

[61]See Cheng (1965).

[62]See Lepard (2010).

[63]See D'Amato (1987).

Traditionally, international law was built upon the consent of states, which of their own free will accepted limits on their sovereignty. New CIL, which can be developed rapidly by NGOs and international organizations, can be forced upon weaker states sometimes even without their knowledge. One example of new CIL is the creation of *jus cogens* norms, where any state practice that is contrary to the norm is simply written off as a violation. In addition, Bradley and Goldsmith caution that there is no hierarchy among these different instruments from which new CIL is derived.[64]

Patrick Kelly critiques what he calls the "new CIL" by specifically attacking reliance on *opinio juris*. In an international society that lacks shared values or common ideology from which to derive and perceive norms, *opino juris* is a fiction. These norms generally are raised only out of self-interest. Even when norms are said to be accepted by several countries, they are generally only based on a few isolated incidents and cannot represent the normative convictions of a majority of states, whose practice has not been studied. Kelly argues that this reliance actually constitutes a new form of lawmaking, where documents such as UNGA resolutions and declarations become both *opino juris* and state practice, and therefore customary law. He argues that just because a state signs a resolution does not mean it accepts that norm as binding.[65]

Professor McGinnis critiques the new CIL by arguing that reliance on instruments other than state practice has several shortcomings. He argues that it gives undemocratic and totalitarian states the ability to force norms upon others through treaties and international instruments, when they have no intention of following those norms themselves. For example, China and the USSR participated in the crafting of the UN Convention on the Rights of the Child, but they do not adhere to those norms while other states now feel obliged to.[66]

4 Compliance with CIL

In the last Part, we set the groundwork for our discussion by setting forth the doctrine of CIL and its two elements. Here, we take the analysis further with an examination of rational choice approaches to CIL. Rather than ask why CIL does not work internally from the perspective of legal doctrine, we instead ask the positive question whether states have a real-world incentive to comply with it. Our examination here relies on rational choice theory, which assumes in the field of international relations that unified nation-states pursue their self-interest, which is primarily maximizing their security. Whether CIL will exist, as a positive matter, will depend on whether international conditions favor cooperation or competition between nations. Rational

[64] See Bradley and Goldsmith (1997).

[65] See Kelly (1999).

[66] See McGinnis (2006).

choice theories to date are either highly pessimistic that such cooperation will occur, due to the absence of a supranational government to enforce agreements, or claim that CIL can arise among states intent on developing a reputation for honoring their promises.

4.1 Rational Choice Theory

One of the most pressing issues in international law is the question of compliance with international treaties, as well as customary international law. Why would states comply with international legal rules when there is no a central authority to enforce those international legal obligations? This question has been widely discussed in international relations. While realism perceives international law as epiphenomenal and argues that cooperation under anarchy is not possible, liberal institutionalism supports the view that "cooperation can under some conditions develop on the basis of complementary interests and that institutions, broadly defined, affect the patterns of cooperation that emerge."[67]

This debate has continued also in the international law arena where scholars have attempted to solve the puzzle of the compliance with international treaties and CIL. Professors Posner and Goldsmith argued that international law has severe limits. They show that CIL does not affect state behavior by using a prisoner's dilemma game.[68]

In their work, they employ four different models such as coincidence of interests, coordination, cooperation, and coercion to show how CIL affects states' behavior. In the case of cooperation, they use a one shot prisoner's dilemma game to explain why states do not have incentives to comply with CIL and they take an additional step to show that reputation for compliance with CIL does not promote cooperation or alter the behavior of states.[69] They also put forward two additional arguments regarding CIL. First, their fishing example supports the claim that the large number of states does not promote cooperation. Second, they argue that only state practice creates norms of CIL. They support their findings by discussing traditional CIL examples such as the "free ships, free goods" rule of wartime maritime commerce; the breadth of the territorial sea; ambassadorial immunity; and the wartime exemption from prize for coastal fishing vessels.[70]

On the other hand, Professor Guzman argues that CIL affects a state's behavior because of the reputational sanctions. Concerns about reputational sanctions in international law are a natural successor to the liberal institutional literature on

[67]Keohane (1984), p. 9; Jospeh Grieco responded to the institutionalist theory by emphasizing the importance of relative gains. See Grieco (1988).

[68]Goldsmith and Posner (2005).

[69]Goldsmith and Posner (1999), p. 1135.

[70]Goldsmith and Posner (2005).

cooperation. Guzman's main argument is that "a refusal to comply with international obligations today signals to other countries a willingness to violate law."[71] In order to see how reputation affects state behavior, he applies game theory to a customary norm of diplomatic immunity. After showing that violation of this norm is possible in a one-shot prisoner's dilemma game, he continues with the assumption that a state might be concerned "to have a 'good' reputation for following CIL, which simply means that other states believe that the state complies with CIL."[72]

The most important aspect of this theory of cooperation is how the parties to a dispute value future payoffs. In his model where CIL has changed behavior, Guzman assumed that there are "sufficiently large values of R (meaning a sufficiently low discount rate, r)" hence, states have an incentive to obey the customary rule.[73] In other words, the more a state cares about the future, the easier cooperation is to accomplish, because a state that values future payoffs will be less tempted to pursue immediate gains at the price of long-term relationships. Hence, *the shadow of the future* advances cooperation.

Liberal institutionalist theory rests on the idea of the shadow of future, which assumes that under certain circumstances, states that gain in the short run from noncooperation can be persuaded to participate in cooperative relationships if they are shown that to do so would benefit them in the long run.[74] This theory responded to the realists' pessimistic conclusion that states do not cooperate because they face one-shot prisoner's dilemma situations.[75] Realists replied to liberal institutionalists by developing an argument based on "relative gains." According to Grieco, states are interested in relative gains rather than absolute gains, as liberal institutionalists believe. With international anarchy and zero-sum situations in international politics, cooperation is unlikely to occur.[76]

We return to this argument below in order to depict situations when CIL can alter behavior of states. We shall begin by showing that a simple one-shot prisoner's dilemma game does not promote cooperation. Then, we explore situations when reputational sanctions provide states with different incentives to comply with CIL. We use the logic of repeated games to show that if states interact finitely over many periods, they still do not have incentives to follow CIL. Moreover, contrary to the prevailing orthodoxy that states may follow CIL if they care enough about the future and if they interact infinitely, we submit that states choose to violate CIL because of their short-run temptations when stakes are high.

[71]Guzman (2005).

[72]Ibid p. 136.

[73]Ibid.

[74]See Axelrod and Axelrod (1984).

[75]See Oye (1985), Keohane (1984).

[76]See Grieco (1988). For the debate about relative-absolute gains see Snidal (1991), Powell (1991).

4.2 CIL in an Infinitely Repeated Game

In this section, we will depict situations when states are able to sustain cooperation and when they cannot. We argue that cooperation on CIL is possible in a repeated version of the prisoner's dilemma only if the shadow of the future is long enough, the gains from long-run cooperation are great enough, and suitable strategies exist to penalize defection. In the case of *jus cogens* norms, where stakes are high, the shadow of the future makes cooperation less likely because benefits of defecting are greater than the costs.

In order to understand the repeated version of the prisoner's dilemma game, it is important to briefly explain the one-shot version. In the Prisoner's Dilemma game, player 1 chooses the row and player 2 chooses the column. The cells represent the utility values for the players. This is a positive sum game where the strategies are labeled as C (cooperate) and D (defect). The payoffs are T (temptation), R (reward), P (punishment), and S (sucker). We assume that the payoff ordering is this: T > R > P > S. This is a positive sum game where mutual cooperation is better than defection for both players. However, a dominant strategy for both players is to defect, which is the unique Nash equilibrium to the game.

The Prisoner's Dilemma

	Player B's Choice	
Player A's Choice	Cooperate	Defect
Cooperate	R, R	S, T
Defect	T, S	P, P

How can one escape the Prisoner's Dilemma? According to liberal institutionalists, if the shadow of future is large enough to permit a state to recover from a temporary defection, then possible equilibria of this game allows cooperation. The prerequisite for this cooperation is to consider how players value future payoffs. This game can be implemented in the case of compliance with *jus cogens* norms. We should assume that two states (A and B) are considering compliance with a CIL of aggression.

Here, we shall elicit situations when the players are engaged in a repeated situation. Players must take into account not only their short-term gains but also long-term costs. If a prisoner's dilemma is played only once, both players have incentives to defect. If, however, the game is played repeatedly, then opportunities for cooperation may be possible. Here, we shall consider different cases of repeated games.

First, we will see different situations when games have finitely repetition and infinite games. A finitely repeated game is a stage-game that is repeated a finite number of times and have a fixed time horizon $T < \infty$. Here, players can condition their actions based on the way their opponents behaves in a previous period. Let G be the stage-game and denote by G (δ, T) the finite repeated game with discount factor δ. Now, imagine that the states are playing the game today and with some probability

$\delta < 1$ they will play this game again tomorrow. Since the game has a finite time horizon, we should apply backward induction. In period T the only Nash equilibrium is to both players to defect. Since both players have incentives to defect in period T, the only optimal action for period $T - 1$ is also to defect. In other words, if states have an opportunity to choose whether or not to comply with CIL in a case of a fixed time horizon, they will have incentives to violate those rules.

However, states in the real life situations interact with each other often and without knowing when this interaction will end. Now we should assume that these situations in international relations do not have a final period (time horizon is $T = \infty$). Here, we will see when players are given an opportunity to interact with each other infinitely, they will have many different strategies to choose.

In the infinite version of the Prisoner's Dilemma game we should consider several strategies that may promote cooperation. The first strategy that states may employ is "always defect." Therefore, the strategy where a player always defects, establishes the Nash equilibrium. In our case, if state A knows that state B is going to commit an act of aggression, then the best strategy for a state A is to ignore those peremptory norms. Therefore, for both states an act of aggression is a Nash equilibrium. If an "always defect" strategy leads to the pessimistic result of mutual acts of aggression, an "always cooperate" strategy need not result in compliance with the peremptory norm. Unfortunately, cooperation here is not a Nash equilibrium. If state A is going to comply with the norm against aggression regardless of state B's actions, then B is better off violating the rule. The second strategy represents situations where the players are given the opportunity to "always cooperate", which suggests that players should cooperate after every history regardless of the other player does.

The third strategy is a "naïve grim" strategy that assumes the players should cooperate as long as the other player cooperates, Once the other player defects, the best strategy is to defect forever. The fourth "grim trigger" strategy prescribes cooperation in the first round and then cooperating as long as both players cooperate in all previous rounds.

It is important to address whether states can deter each other from breaching the norm with the threat of reprisal after one state defects. In order to solve this puzzle, it is important to set forth the reciprocal strategy, Tit for Tat. This strategy has widely been used among international relations scholars to explain the motives for compliance with international law. Professor Guzman outlines a model where states care about establishing a reputation for compliance with CIL. His model shows that if state 1 complies with CIL but then state 2 defects, both sides return to a Tit-For-Tat strategy (although he does not employ this particular wording). In round 2, the initial violation by state B is punished by state A; state B can then decide whether to comply, taking into account the costs of state A's retaliation. In round three, the roles reverse and state A can decide whether to defect, while state B cooperates. Put simply, this strategy suggests that players should cooperate in the first period and then copying whatever the other player did in the previous round. This leads to an endless cycle of cooperation and defection. This strategy is the most forgiving retaliatory strategy because it punishes one defection with another defection and reestablishes cooperation as soon as the other player cooperates. This strategy assumes that if the shadow of the future is long enough, players can sustain cooperation. We have seen that the incentives for a single deviation principle exists in finite games. However, we can also find that the single-deviation principle in infinitely repeated games when payoffs are discounted with a discount rate $\delta < 1$. Even if a Tit-for-Tat strategy might promote compliance, there can be incentives to violate the rules because valuing the shadow of the future does not always lead to cooperation. Here, if δ is close to 0, then the most patient states would not be able to sustain compliance with the CIL because the temptation to defect would be too great.[77] In other words, although the only Nash equilibrium in the prisoner's dilemma game is mutual defection, states that value future payoffs can cooperate with each other.

It is also important to emphasize that if players are sufficiently patient and the discount factor approaches 1, any payoff can be an equilibrium outcome. In other words, any outcome is possible. This is called the Folk Theorem, which allows us to see the key outcomes from the theory of infinitely games. This theorem "proves that any payoff pair that is at least as good as the player's min-max payoffs can be sustained by suitable strategies in equilibrium."[78]

Repeated games and in particular the grim trigger and tit-for-tat strategies help us understand how states cooperate over time and how reputations for cooperating can be sustained. However, we have also outlined several intermediate punishment strategies that can help us understand why states have incentives to violate CIL even when the interaction between them is infinite.

5 CIL as a Problem of Commitment

This section focuses on the lack of compliance with CIL due to the problem of commitment. The previous section has shown how the prisoner's dilemma game answers this puzzle. In a nutshell, although the prisoners in this game would like to cooperate with each other, they prefer to defect because their promises to cooperate are not credible. Conflicts and interests are necessary but not a sufficient explanation as to why conflicts occur. In order to understand this conundrum, we need to look at those situations through strategic interactions.

A game theory approach to international conflict explains why. As economist Thomas Schelling observed, "conflict situations are essentially bargaining situations."[79] This approach assumes that nation-states rationally pursue interests such as protecting their territory and population or gaining new resources. Nations will seek to defend themselves against neighbors or rivals who might threaten their security. Or they will seek to reduce harms, such as pollution, drugs, terrorism, or

[77]See Oye (1985).

[78]Kydd (2015).

[79]See Schelling (1960).

disease. Disputes will arise when one nation's interests come into conflict with those of another. One nation may want to add territory or resources at the expense of another, stop pollution from crossing into its borders, or counter the threatening behavior of a neighbor. Nations can defuse a crisis by agreeing to cooperate and peacefully divide the benefits.[80]

Rational states should choose a negotiated settlement over armed conflict to resolve their dispute. War creates deadweight loss by destroying lives and property. Both sides would be better off by agreeing to a settlement at the beginning of a crisis and avoiding the costs of war. Nations can conclude disputes with bargains that both sides should prefer to fighting. They can replace the possibility of losing a conflict with some certain benefits, while avoiding the deadweight losses of war.[81]

A rational peace settlement should mirror the balance of forces between the two nations.[82] We can illustrate with a model about a conflict between two nations over border territory, in which nations can decide whether to go to war or agree to a settlement. Suppose Nation A issues a threat that it will use force unless nation B withdraws its forces from disputed land. Nation B must decide whether to comply with the demand or use force to resist. While war may allow either Nation A or Nation B to control the territory, the outcome of an armed conflict is uncertain. Nation A has an expected value of going to war: a function of the probability that it will prevail in any conflict times the value of controlling the territory, minus the expected cost of fighting the war.[83] Nation B has its own expected value of war dictated by the same variables. The probability of nation A and nation B winning must add up to 100%—if nation A enjoys a 70% probability of prevailing in an armed conflict B must have only a 30% chance. A more powerful nation should generally receive a larger share of a disputed territory, for example, because of its higher chances of winning a conflict.

Armed with perfect information, both nations should agree to a settlement rather than war. If Nation A's expected value of controlling the territory is higher than its expected costs, it should go to war. But nation B will have a lower expected value from going to war, because its probability of prevailing will be lower than that of nation A. In this case, nation B should withdraw from the disputed territory because nation B would likely lose a conflict and would also suffer the costs of fighting. If it reaches an agreement with nation A, the same outcome will result, but nation B will at least avoid the costs of war. If nation B should have the higher expected value of winning, because its probability of prevailing is higher than nation A, then the settlement should give nation B the territory instead. In both cases, nations A and

[80]Fearon (1995), Powell (1996). For applications to the legal context, see Yoo (2017), Nzelibe and Yoo (2006).

[81]See generally Powell (2006), Powell (2004).

[82]Yoo (2017), p. 148.

[83]Ibid p 149. This is similar to Learned Hand's formula for tort liability. *See* United States v. Carroll Towing Co., 159 F.2d 169 (2d. Cir. 1947).

B are better off, because the settlement will mirror the likely outcome of the armed conflict, while avoiding the deadweight loss of war itself.[84]

But obstacles can prevent states from reaching a peaceful settlement of their dispute. Nations may act out of emotion, fear, or hubris, they may seek risk, or they may hold very different values for a disputed land. But even if nations behave rationally, asymmetric information can prevent them from accurately estimating important variables critical to reaching a bargain. Nation A, for example, will have a good idea about its own value for disputed territory. It will also possess the best information on its own military capabilities, its tactics and strategy, and its political will. But it will have less ability to judge Nation B's military strength, economic resources, and popular support. Imperfect information will prevent each nation from determining their competitor's probability of winning a conflict. Without a good sense of the probability of winning or losing, the states will have imprecise estimates of the other's expected benefits and costs of going to war. They could fail to reach a negotiated settlement and instead go to war because they overestimate their odds of winning or underestimate the costs.[85] Nations may blunder into war because they do not know the other side's true military capabilities.

Both nations could reduce the chances of a war by revealing credible information to each other about these variables, such as military capabilities and political support. They will not trust information from the other, however, because of the possibility of bluffing. If nation A successfully exaggerates its military resources, it can persuade nation B that nation A's chances of prevailing in a conflict are higher. Such bluffing would allow Nation A to steal a greater share of any settlement. Nations have a strong incentive to bluff to win a better outcome than they should receive, as Germany successfully did in seizing Austria and Czechoslovakia before the outbreak of World War II, or in invading Poland while leaving its western border with France lightly defended. The Nazis successfully exaggerated the size of their armed forces and guessed correctly that the Western Allies would not risk war to test their claims.

A similar problem can afflict domestic negotiations. Parties in litigation, for example, might misrepresent the strength of the facts in their possession to gain an unwarranted advantage. Litigants who remain unsure about the facts and law of a case will have difficulty reaching a settlement. As Robert Cooter and Daniel Rubinfeld have shown, the U.S. legal system helps solve this problem by providing a procedure—discovery—which allows parties to reveal information to each other credibly. Discovery ensures that parties convey truthful information about the facts of their case, which allows them to establish a bargaining range for settlement.[86]

Because of the lack of a supranational government with coercive enforcement powers, however, the international system cannot provide a legally binding method

---

[84]Yoo (2017), p. 149.

[85]Ibid p 151.

[86]See Cooter and Rubinfeld (1994), pp. 435, 449–450; Cooter and Rubinfeld (1989), pp. 1067, 1075, 1078.

equivalent to U.S. discovery. Nation A may wish to communicate details about its military strength to show Nation B its high probability of winning a conflict. But Nation B cannot trust Nation A's information, because Nation A might simply be bluffing so as to win a greater share of any settlement. No government can impose sanctions, as the courts do with parties who engage in discovery abuse, on nations that misrepresent their strength.

International relations scholars theorize that nations can overcome this problem through costly signaling. Diplomatic threats or political demands do not send much information because they cost little to send and bear no downsides if they never come to bear. Coercive measures short of war, however, can display military resources, political will, or other abilities that determine a nation's probability of winning a conflict. A nation might accompany a threat to use force with expensive actions, such as deploying heavily armed troops to the border. The signal is costly because sending military units consumes resources and put assets at risk. If the nation's leaders actually had no intention of using force, such an empty threat would waste the dedication of these resources.

The more expensive is the signal, the more credible is the information. Escalating threats of force can send progressively more costly signals by consuming more resources and revealing more military capabilities. If Nation A first sent lightly armed troops to the border of a disputed region, but without any resolution of the dispute, it can then dispatch large armored units. The increased deployment sends information to Nation B about its military capabilities and its political willingness to use them. Deployments consume resources that a state would be less likely to waste if it were bluffing. More credible signals will increase the chances of a peaceful settlement. The greater the number of means of signaling that become available, the more avenues to communicate will open.

"Audience costs" provide another means of communicating information credibly. Audience costs refer to the political costs incurred by political leaders who make a threat of force and then fail to carry it out.[87] Making a threat that causes leaders to suffer domestic political harm will have more credibility because of the higher cost of the signal. A nation's leader, for example, can make a threat of war and send military forces into a potential theater of operations. But if the leader later backs down and gives up disputed territory, the leader will suffer costs in his or her domestic political standing. Some theorists argue that audience costs encourage democratic leaders to be more selective in choosing wars and more committed to avoiding defeat.[88] Audience costs may also help explain the fact that democracies do not wage war on each other by allowing them to make more credible threats than autocracies, where there may be lower political costs to backing down in a crisis.

Commitment problems pose a second obstacle to the settlement of disputes. Even if nations overcome the problem of asymmetric information, they may still prove reluctant to reach a deal because there is no way to compel compliance with an

[87] Schultz (1999), pp. 233, 241; Fearon (1997), pp. 68–69; Fearon (1994), pp. 577, 578–579.

[88] De Mesquita et al. (1999), pp. 791, 799–801 (1999).

agreement, particularly one that requires sequential actions that may make a nation's assets temporarily vulnerable. By contrast, parties to a domestic lawsuit can rely on the U.S. legal system to provide courts and police to enforce a judgment or settlement. In an anarchic international system defined by weak institutions, however, nations cannot depend on a supranational body to compel compliance to a settlement.[89]

Commitment problems become even more acute in disputes over territory or resources. A change in possession of the resource could itself shift the balance of power underlying a settlement, which could then undermine the incentives for compliance.[90] Gaining control over a disputed territory, for example, could give one side an advantage for future conflicts by improve its strategic position or adding more resources, such as oil or population. If Nation A were to cede these advantages in a peace settlement, for example, it could reasonably fear that Nation B with its increased powers would re-open the agreement and seek an even better deal in a second dispute. Nation A might choose not to make the agreement in the first place.

This bargaining model of international cooperation shows why state practice is the only important element for CIL. CIL is one form by which nations can engage in cooperative activity, rather than wasteful competition, in situations where both nations will gain by cooperation (if they believe they would gain by competing regardless of cooperation, then they should not cooperate and CIL will make little difference). CIL can perform a limited role in encouraging cooperation, but its weakness should be understood.

We do not think, for example, that CIL would perform any useful role in communicating asymmetric information between the states. CIL rules themselves do not contain information specific to a nation in the circumstances of a discrete dispute. Take, for example, the current controversy over the South China Seas. Assume that the nations involved in the dispute are the United States and China, which are engaged in a struggle for influence in Asia. Theoretically, they should avoid the deadweight costs of war, and instead negotiate a settlement that divides control over the sea and its islands that mirrors their relative balance of power. In order to reach that agreement, each side must have reliable information about the military force and political will of the other. International law can provide rules over how far a nation may claim control over seas contiguous to its coasts, or how new land is acquired, or whether an island or other feature (such as a rock or shoal) can give rise to maritime control. But those rules will not convey any information in the specific dispute between the U.S. and China over their relative military strength and their political willingness to use it.

But we do think that CIL could play a role in addressing the more serious challenge to international cooperation, that of commitment. Nations involved in a dispute must show that they will obey the terms of an agreement, rather than

[89]For leading applications of realist principles to international law, see Guzman (2008), Posner and Sykes (2013), pp. 163–224.

[90]Grieco (1988), p. 485; Powell (1989) pp. 171–172.

reneging or seeking to taking advantage of a change in the balance of power wrought by the agreement itself. They can do this by sending costly signals, such as expensive deployments of troops, or politically costly commitments, in order to show trustworthiness.

Complying with CIL can send just such a costly signal. If a nation has complied with CIL in the past, it may be more likely to cooperate in the future. It has shown that it was willing in the past to keep an agreement that required compliance with a CIL rule, even though it might have gained a temporary advantage from reneging. So consider again our South China Seas example. Suppose the U.S. and China reach an agreement effectively dividing control of the Seas down the middle, which would leave the islands near Vietnam within China's sphere of interest, while giving the United States those near the Philippines. But neither the U.S. and China can assume that the other will obey the agreement after they have taken steps to deploy their forces away from the new lines. China, for example, could gain sufficient strength from its exploitation of the western part of the South China Seas, where it had little control before the agreement, to renege on the deal and push its control even farther East. That prospect could cause the U.S. to refuse to enter into any deal in the first place, because it would only be adding to the strength of an opponent who intends only to keep building up its strength and pushing against the U.S. sphere of influence in Asia.

CIL could provide a means for China to signal that it will keep its promise in any agreement. If China could show that it had, in the past, scrupulously complied with CIL, it would send a signal to the U.S. that it is a reliable partner in cooperating to avoid a conflict in the South China Seas. Suppose, for example, that China had maintained a record in the past of only pushing its maritime control and its economic zone precisely as far as permitted by the laws of the sea, and no farther. Or suppose that China permitted freedom of navigation voyages that came extremely close to its territory, or that it allowed inspections of its ships in order to comply with norms against proliferating WMD technology. This would send signals to the U.S. that is was willing to accept short-run costs in order to comply with international law and its agreements, which would conceivably yield the long-term benefits of cooperation.

Notice several significant features of the role of CIL in resolving international disputes. First, the important factor for bargaining purposes is *past* compliance with the CIL rule, which equates nicely with the idea of state practice. China could make many promises about its future compliance about CIL after the agreement. But this would not provide any signal about its reliability, because the statements about the future status of CIL are essentially costless. The only signal that would communicate trustworthiness would be China's past examples of compliance with CIL when, in similar circumstances, they entailed short-run costs.

Second, the more costly is compliance with the CIL rule, the greater the signal of commitment sent. In other words, compliance with a CIL rule that a nation would have followed anyway does not send a costly signal. It is exactly those times when a nation in the past has given up a greater advantage by adhering to a rule that provides the clearest signal. Under this analysis, scholars' claims that CIL has a strong, widespread existence because most nations comply with it most of the time are quite mistaken. Scholars defend such arguments, for example, by arguing that most of the time, most nations do not attack each other—therefore, a CIL rule against aggressive war exists. Such claims depend on state passivity, rather than on a state's active choice to forgo benefits by complying with CIL. Such CIL norms, if they truly existed, cannot help encourage international cooperation because they have virtually no value as signals.

Third, these elements of the role of CIL track the two-part division of doctrine. The practice of states presents exactly the track record of past compliance with CIL in a way that may have incurred some costs. In this respect, past practice could contain examples of expensive signals that show likelihood of commitment to a current agreement. While the objective element provides value for international cooperation, the *opinio juris* element does not. If *opinio juris* represents what nations say, rather than what they do, then they provide no help as signals because the statements themselves incur no costs. They are, cheap talk. They are especially without value if they are oriented toward the future. If nation's *opinio juris* represent their views of what international law is in the future, they are merely duplicating the promise to comply with an agreement, rather than providing any independent signals to show commitment.

6 Conclusion

CIL remains a controversial source of international law mostly because of its unwritten nature and the absence of guidelines for establishing CIL. This paper has developed two major claims. First, it puts forward an argument that international courts should attach less importance to the subjective element of CIL and focus their attention more on the objective element such as state practice. Our second argument focuses on the lack of compliance with CIL due to the problem of commitment. Because no central government exists to solve conflicts between states, interstate disputes have to be solved through bargaining. We apply models of bargaining in international disputes in order to understand when nations might conform to CIL.

We recognize, of course, that this paper constitutes only a first step in understanding the creation and evidence of CIL. Many important questions require further consideration. For instance, it remains to be seen whether those oral statements could foster coordination of strategies among states. Moreover, it is of equal importance that we test our theory and make a comparison between our theoretical findings and the dataset on the voting and the U.N. General Assembly Resolutions. At least, we hope this chapter will hopefully provide a useful point of comparison for those seeking to understand how customary law works in our legal system.

References

Akehurst M (1976) Custom as a source of international law. Br Yearb Int Law 47(1):1–53

Art RJ, Jervis R (1992) International politics: enduring concepts and contemporary issues. Harper Collins, New York

Axelrod R and Axelrod RM (1984) The evolution of cooperation, vol 5145. Basic Books (AZ)

Bradley CA, Goldsmith JL (1997) Customary international law as federal common law: A critique of the modern position. Harv Law Rev:815–876

Byers M (1999) Custom power and the power of rules: international relations and customary international law. Cambridge University Press

Cheng B (1965) United Nations resolutions on outer space:"Instant" International Customary Law? Indian J Int Law 5(23)

Cooter RD, Rubinfeld DL (1989) Economic analysis of legal disputes and their resolution. J Econ Lit 27(3):1067–1097

Cooter RD, Rubinfeld DL (1994) An economic model of legal discovery. J Leg Stud 23 (S1):435–463

Crawford J (2012) Brownlie's principles of public international law. Oxford University Press

D'amato A (1971) The concept of custom in international law. Cornell University Press

D'Amato A (1987) Trashing customary international law. Am J Int Law 81:101–105

D'Amato A (1998) Customary international law: a reformulation. Int Leg Theory 4:1–6

De Mesquita B, Morrow JD Siverson RM, Smith A (1999) An institutional explanation of the democratic peace. Am Polit Sci Rev 93:791–807

Dumberry P (2016) The formation and identification of rules of customary international law in international investment law, vol 119. Cambridge University Press

Fearon JD (1994) Domestic political audiences and the escalation of international disputes. Am Polit Sci Rev 88:577–592

Fearon JD (1995) Rationalist explanations for war. Int Organ 49:379–414

Fearon JD (1997) Signaling foreign policy interests: tying hands versus sinking costs. J Confl Resolut 41:68–90

Fox GH, Roth BR (2000) Democratic governance and international law. Cambridge University Press, Cambridge

Glennon M (2001) Limits of law prerogatives of power: interventionism after Kosovo. Springer

Goldsmith JL, Posner EA (1999) A theory of customary international law. Univ Chicago Law Rev 66:1113–1177

Goldsmith JL, Posner EA (2005) The limits of international law. Oxford University Press

Grieco JM (1988) Anarchy and the limits of cooperation: a realist critique of the newest liberal institutionalism. Int Organ 42:485–507

Guzman AT (2005) Saving customary international law. Mich J Int Law 27:115–1261

Guzman AT (2008) How international law works: a rational choice theory. Oxford University Press

Kelly JP (1999) The twilight of customary international law. Va J Int Law 40:449–544

Keohane RO (1984) After hegemony: cooperation and discord in the world political economy. Princeton University Press

Kydd AH (2015) International relations theory: the game-theoretic approach. Cambridge University Press

Lepard BD (2010) Customary international law: a new theory with practical applications. Cambridge University Press

McGinnis JO (2006) The comparative disadvantage of customary international law. Harv J Law Public Policy 30:7–14

Mendelson M (1996) The subjective element in customary international law. Br Year Book Int Law 66:177

Mendelson MH (1999) The formation of customary international law. Hague Acad Int Law Collect Courses 272:155–410

Nzelibe J, Yoo J (2006) Rational war and constitutional design. Yale Law J 115:2512–2541

Oye KA (1985) Explaining cooperation under anarchy: hypotheses and strategies. World Polit 38:1–24
Posner EA, Sykes AO (2013) Economic foundations of international law. Harvard University Press, Cambridge
Powell R (1989) Crisis stability in the nuclear age. Am Polit Sci Rev 83:61–76
Powell R (1991) Absolute and relative gains in international relations theory. Am Polit Sci Rev 85:1303–1320
Powell R (1994) Anarchy in international relations theory: the neorealist-neoliberal debate. Int Organ 48:313–344
Powell R (1996) Bargaining in the shadow of power. Games Econ Behav 15:255–289
Powell R (2004) The inefficient use of power: Costly conflict with complete information. Am Polit Sci Rev 98:231–241
Powell R (2006) War as a commitment problem. Int Organ 60:169–203
Schelling TC (1960) The strategy of conflict. Harvard University Press, Cambridge
Schlütter B (2010) Developments in customary international law: theory and the practice of the International Court of Justice and the international ad hoc criminal tribunals for Rwanda and Yugoslavia. Brill, Leiden
Schultz KA (1999) Do democratic institutions constrain or inform? Contrasting two institutional perspectives on democracy and war. Int Organ 53:233–266
Schwebel SM (1979 April) The effect of resolutions of the UN general assembly on customary international law. In: Proceedings of the Annual Meeting (American Society of International Law). The American Society of International Law, pp 301–309
Snidal D (1991) Relative gains and the pattern of international cooperation. Am Polit Sci Rev 85:701–726
Wolfke K (1993) Custom in present international law. Springer, Netherlands
Yoo J (2017) Embracing the machines: rationalist war and new weapons technologies. Cal Law Rev 105:443–500

Index

L. Mayali, P. Mousseron (eds.), *Customary Law Today*,
https://doi.org/10.1007/978-3-319-73362-3

The manufacturer's authorised representative in the EU is Springer
Nature Customer Service Centre GmbH, Europaplatz 3, 69115 Heidelberg,
Germany. If you have any concerns regarding our products, please
contact ProductSafety@springernature.com

Printed and bound by CPI Group (UK) Ltd, Croydon, CR0 4YY
22/09/2026
02221064-0014